陕西师范大学唐史研究所
中国唐史学会　主办

唐史論叢

杜文玉　主编

第二十七辑

陕西新华出版传媒集团
三秦出版社

图书在版编目（ＣＩＰ）数据

唐史论丛.第二十七辑/杜文玉主编.—西安：三秦
出版社，2018.6

ISBN 978-7-5518-1811-7

Ⅰ.①唐… Ⅱ.①杜… Ⅲ.①史评—中国—唐代—
丛刊 Ⅳ.①K242.07-55

中国版本图书馆CIP数据核字（2018）第075653号

唐史论丛　第二十七辑

杜文玉　主 编

出版发行	陕西新华出版传媒集团　三秦出版社	
社　　址	西安市北大街147号	
电　　话	（029）87205121	
邮政编码	710003	
印　　刷	西安创维印务有限公司	
开　　本	787mm×1092mm　　1/16	
印　　张	23	
字　　数	380千字	
版　　次	2018年9月第1版	
	2018年9月第1次印刷	
印　　数	1-1000	
标准书号	ISBN 978-7-5518-1811-7	
定　　价	90.00元	
网　　址	www.sqcbs.cn	

目录

C
O
N
T
E
N
T
S

关于唐代诏敕中对武则天的评价

〔日〕金子修一　撰　　王艳　译

一

　　唐王朝是中国历史上的主要王朝之一，并因其中插入了武则天的周王朝且在武氏死后国祚也基本没有断绝，与其他王朝不同。因此，考察中宗复位后对于武周政治是如何继承或摒弃的，是唐史研究的一大问题。从韦后毒杀中宗到玄宗与太平公主反目，以至玄宗诛杀太平公主一派，围绕这些所谓"女祸"，存在着种种议论。但是，对于武则天死后唐代史料中对其如何处理的问题，目前仅有小岛浩之氏的研究引人注目[1]。对于本文提出的唐代诏敕中对武则天如何评价的问题，迄今为止，几乎还未被学界所注意。笔者前几年出版了《中國古代皇帝祭祀の研究》一书，在考察唐代皇帝祭祀的运用这一问题的过程中，对以上问题十分在意[2]。例如，中宗复位后的神龙元年（705）二月所发布的《中宗即位赦》〔后揭史料（3）〕中，对于被退位的武则天并非持全然否定态度。此外，武则天从光宅元年（684）就开始迈出自己统治的第一步，但其时发布的《改元光宅诏》〔后揭史料（1）〕中却以很长的篇幅赞颂了高祖、太宗、高宗的丰功伟绩。也就是说，在从唐到周、从周到唐的朝代更替过程中，武则天都高度评价了前代皇帝的业绩，并强调其统治政权与前朝的连续性。

　　如上所述，着眼于唐代诏敕中对诸皇帝事迹的表述，可以看到以往政治史研

[1] 〔日〕小岛浩之：《唐の玄宗—その歷史像の形成—》，《古代文化》总第52卷第8号，2000年，第64页。

[2] 参考拙著《中國古代皇帝祭祀の研究》第七章《唐代における郊祀・宗廟の運用》，特别是注44。东京：岩波书店，2006年，第309页。

究中不太注意的一些政治特征。因此，笔者接下来想通过一些琐碎的论证，就唐代诏敕中如何评价皇帝的问题做一探讨。至于为何以武则天为中心，将在行文中明确。本文的前半部分，是以在第三届中国史学会（台北政治大学，2007年9月）上发表的《关于唐朝诏敕中则天武后之评价》一文为主干进行修订的结果[1]，第四部分以后的内容为增添的新稿。

二

说起来，在包含大赦等在内的唐代诏敕中，将诸先帝的名字在文中一一列举出来的例子并不多。根据宋代宋敏求的《唐大诏令集》（商务印书馆，1959年，以下简称《诏令集》）以及李希泌主编的《唐大诏令集补编》上下册（上海古籍出版社，2003年，以下简称《补编》），将其中符合条件的例子列举如下[2]。但是，由于太宗在位时的先帝仅有高祖，高宗在位时的先帝仅有高祖、太宗，故以上时期的事例暂且略去不举，而高宗朝提及高祖、太宗的诏敕事例将在本文的最后再做一探讨。另，下一部分以后所举的事例也都出自《诏令集》与《补编》二书，且《补编》所载史料中注明原始史料来源的都依据原始史料，并标注其所在《补编》的卷数。此外，关于《补编》的二、三例，感谢本刊编辑部予以指正[3]。

（1）改元光宅诏（光宅元年［684］九月）

高祖神尧皇帝，披图汾水，仗钺参墟，廓氛祲而安四维，扫攙枪而清六合。太宗文武圣皇帝，负日月而膺运，鼓雷霆以震威，荡海夷山，功浃八荒之外，救焚拯溺，仁霑万域之表。乐和礼洽，天平地成，茂绩光于遂初，鸿名冠于阊阖。高宗天皇大帝，云房诞睿，虹渚降灵，受绿错之祯符，应朱绂之景命。飞车乘鼋，臣轩顼之不臣，没羽浮金，服禹汤之未服。开边服远，更阐寓于先基，富贵

---

[1] 参考拙稿《关于唐朝诏敕中则天武后之评价》，黄宽重主编《基调与变奏：七至二十世纪的中国》第3册，台北：联经文化事业有限公司，2008年，第29页。

[2] 译者注：以下诸例诏敕文及本文所引其他史料，均按著者日本原文所译日文史料的标点进行句读，或与上述版本中原始史料的句读有些许差异，在此指出，敬请留意。

[3] 译者注：此处的"本刊"是指原文所载刊物《东洋史研究》总第68卷第2号，2009年。

宁人，重增辉于前烈，抚琁当宁，调五气于明堂，考瑞升中，朝百神于日观。[1]（《诏令集》卷三）

（2）改元载初敕（载初元年［689］正月）

我高祖神尧皇帝，龙兴汾晋，凤起寰区，殪枭獍而安八荒，剪鲸鲵而清四海。太宗文武圣皇帝，膺昊穹之历数，鼓雷电之雄威，服远冠巢燧之前，开边越羲农之际，鸿名迈于三五，茂绩隆于往初。高宗天皇大帝，禀雷泽之祯符，降天纵之神器，湛恩所披，匝乾坤覆载之乡，至化所覃，尽舟车所通之境。抚璇丹极，辑瑞苍严，天平地成，淳风启千年之运，乐和礼备，宝祚隆三圣之基，遂听王猷，无闻帝载。[2]（《诏令集》卷四）

（3）中宗即位敕（神龙元年［705］二月五日）

我大唐高祖神尧皇帝，圣期首出，天与神器，有大功于区夏，有大造于生灵。太宗文武圣皇帝，道则继明，业推构极，类商汤之起亳，若姬发之承周，弹压九皇，牢笼万古。高宗天皇大帝，上圣御图，大明司契，手调元气，心运洪庐，齐五纬而平太阶，应三神而登日观。网罗开辟，包冠羲胥[3]，大猷备阐，能事斯毕，仙驾不返，逆臣开衅。敬业挺灾于淮甸，务挺潜应于沙场，天柱将摇，地维方挠，非拨乱之神功，不能定人之危矣。则天大圣皇帝，叡聪成德，濬哲应期，用初九之英谟，

---

[1]（宋）宋敏求：《唐大诏令集》卷三，北京：商务印书馆，1959年，第15页。"抚琁当宁"的"当宁"典出《礼记·曲礼》"天子当宁而立"，此处的"宁（zhù）"是指古代宫室门内屏外之地，君主在此接受诸侯、臣下的朝见，与前文"富贵宁人"的"宁"意义完全不同，为防止混淆，故将前文"富贵宁人"的"宁"写作繁体，下文亦同。

[2]《唐大诏令集》卷四，第18页。本文最后的"无闻帝载"顺着读下来却与前文意思相反，这种反语的表达理解起来略有困难。四库全书本《诏令集》记载为"熙闻帝载"（依据原东京大学研究生现德岛大学综合科学部准教授新田元规氏的赐教）。

[3]"包冠羲胥"的"羲"可能指伏羲氏，"胥"指赫胥氏（炎帝），这四个字的意思可能是说高宗的功绩超越了伏羲氏与赫胥氏。

开太一之宏略。振玉铃而殪封豕，授金钺而斩长鲸，受河洛之图书，当昊羲之历数，惠育黎献，并登仁寿。既而凝怀问道，属想无为，以大宝为劳生，复忝于明辟。且有后命，俾承先绪，光启大唐之国，用崇兴复之基。交际在辰，情深感慰，奉高祖之宗庙，遵太宗之社稷，不失旧物，寔在于兹。业既惟新，事宜更始，可改大周为唐，社稷、宗庙、陵寝、郊祀、礼乐、行运、旗帜、服色、天地等字、台阁官名、一事以上，并依永淳以前故事。[1]（《诏令集》卷二）

（4）景龙三年南郊赦（景龙三年［709］十一月二十三日）

我高祖神尧皇帝开阶立极，配永循机。太宗文武圣皇帝，仗金策而清四方，运璇玑而齐七政。高宗天皇大帝，与乾坤合其德，与日月合其明。则天大圣皇后，建补天立极之功，受河图洛书之统，五精归运，四叶重光。[2]（《诏令集》卷六八）

（5）太极元年北郊赦（太极元年［712］五月十三日）

高祖神尧皇帝，膺箓（录）受（授）图，继天立极。太宗文武皇帝，吊人伐罪，南征北怨，是用拯生灵于涂炭，登物类（态）于休和。高宗天皇大帝，惟睿作圣，垂衣而理。大圣天后，受（阙）托从权，当宁而化（化治）。中宗孝和皇帝，允恭克让，守文御寓，能致刑措，于变时雍。[3]（《诏令集》卷七三，括号内为《文苑英华》卷四二五《祀

---

[1]《唐大诏令集》卷二，第6页。

[2]《唐大诏令集》卷六八，第379页。

[3]《唐大诏令集》卷七三，第409页。括号内的写法见（宋）李昉：《文苑英华》卷四二五《祀后土制》，北京：中华书局，1966年，第2154页。

《补编》下卷卷一八收录了一篇内容与《太极元年北郊赦》几乎完全相同的诏敕，题为《祀后土制》，年代记为开元年间。但是，本引文之后接着是"朕以眇身，恭荷丕构……"若说这是开元年间的诏敕，对于睿宗的存在却只字不提。此外，将文中"故以岁首，肃事禋宗，爰撰令辰，亲祀方泽"一句视作睿宗太极元年正月的南郊亲祀（肃事禋宗）和五月的北郊亲祀（唐代方泽与北郊同义）是没有问题的。《补编》依据《文苑英华》卷四二五《祀后土制》，因为玄宗在开元十一年（723）和开元二十年两次于汾阴（山西省）亲祀后土，而将年代记为开元年间，是为有误。

后土制》里的写法）

（6）开元十三年封泰山诏（开元十二年［724］闰十二月）

天祚我唐，武文二后[1]，应图受箓。洎于高宗，重光累盛，承至理，登介丘，怀百神，震六合，绍殷周之统，接虞夏之风。中宗弘懿铄之休，睿宗穆粹精之道。巍巍荡荡，无得而称者也。[2]（《诏令集》卷六六）

（7）开元玉牒文（开元十三年［725］十一月九日）

有唐天子臣隆基，敢昭告于昊天上帝。天启李氏，运兴土德，高祖、太宗，受命立极，高宗升中，六合殷盛。中宗绍复，继体丕定。上帝眷佑，锡臣忠武，底绥内难，推戴圣父。[3]（《诏令集》卷六六）

---

[1] 从其后"洎于高宗"来看，"武文二后"应是指高祖与太宗无误。"后"是君主之意。《诏令集》卷五《改元大和赦》"我有唐祖武祖文，光宅天下，列圣承统，遂康区中"中"祖武祖文"也当是指高祖和太宗。像本文后述的贞观二十三年（649）九月（五月太宗逝世）的《求贤诏》（《补编》下卷卷二三，典出《册府元龟·帝王部·求贤一》）中"太宗文皇帝，神明配德，灵武兼资"一样，唐代诏敕中称"太宗文皇帝"的例子很多。将高祖和太宗连称及并列的例子也很多。而且，从《诏令集》卷一一二《用旧钱诏》（乾封二年［667］五月）中"高祖拨乱反正，爰创轨模，太宗立极承天，无所改作"一句来看，高祖因其拨乱反正之功被赞为"武"。总之，"武文二后"中的"武文"，"武后"指高祖，"文后"指太宗。《补编》下卷卷二三《进贤能诏》（贞观九年［635］十一月，典出《册府元龟·帝王部·发号令二》）"高祖文皇帝，天纵神武，膺箓受图"中的"高祖文皇帝"应当看作先帝仅有高祖一人的太宗朝的特例。

此外，高祖的谥号，在其崩御最初为大武皇帝，上元元年（674）八月称神尧皇帝，天宝十三载（754）二月变为神尧大圣大光孝皇帝。太宗的谥号，最初为文皇帝，上元元年八月称文武圣皇帝，天宝十一载二月变为文武大圣大广孝皇帝，即上元元年以后太宗谥号加"武"字。但举例来说，如《文苑英华》卷四七〇翰林制诏五一《与纥扢斯可汗书》（会昌三年［843］三月发布）中"我太宗文皇帝，圣德高于百王，英才轶于千古"这样，唐后期将太宗称为文皇帝的诏敕不少。

[2]《唐大诏令集》卷六六，第370页。

[3]《唐大诏令集》卷六六，第371页。

（8）玄宗幸普安郡制（天宝十五载［756］七月）

我高祖神尧皇帝，奄有大宝，应天顺人。我太宗文武圣皇帝，戡难造邦，光泽（宅）天下。我高宗天皇大帝，修文偃武，惠绥四方。我中宗孝和皇帝，聿遵（导）孝德，惟新其命。我睿宗大圣贞皇帝，清明在躬，玄化溥畅。[1]（《补编》上卷卷一，依据《文苑英华》卷四六二及《册府元龟》卷一二二，括号内为《册府元龟》写法）

（9）明皇令肃宗即位诏（至德元载［756］八月十六日）

高祖当宝运，太宗定鸿业，高宗宁蒸人，中宗复旧绩，睿宗弘至理。朕承五圣之谟训，师三代之淳朴。[2]（《诏令集》卷三十）

如上所示，有唐一代，一一言及诸先帝的诏敕，年代最晚的即为安史之乱中有关玄宗逊位于肃宗的两则。正如所见，（1）（2）条是在武则天建立周王朝的过程中发布的，（3）是中宗复位时发布的，（4）（5）的发布时间为韦后毒杀中宗前后，（6）（7）为伴随着唐朝复兴的玄宗的封禅诏文，（8）（9）为安史之乱爆发后玄宗让位于肃宗的诏敕。以上言及诸先皇的诏敕[3]均是在唐王朝发展的

---

[1] 李希泌：《唐大诏令集补编》上卷卷一，上海古籍出版社，2003年，第37页。《文苑英华》卷四六二，第2351页。括号内的写法见（宋）王钦若：《册府元龟》卷一二二，北京：中华书局，1960年，第1457页。

[2]《唐大诏令集》卷三十，第117页。

[3] 诏敕（4）与景龙三年的南郊祭祀有关，（5）与太极元年北郊祭祀有关，这些活动在唐代政治史上的作用可能有些不好判断。（4）是韦后参加中宗的南郊祀摆明自己夺取政权的姿态之际发布的大赦。（5）是在韦后被诛杀，睿宗即位后，被毒杀的中宗的丧期满后睿宗举行一系列亲祀的最后一个北郊祀时所发布的大赦，这也是有唐一代皇帝亲行北郊祀的唯一一次。与（6）（7）相关的玄宗的封禅是经过（5）之后睿宗和太平公主与玄宗对立，玄宗打倒了太平公主一派，为了确信自己统治的安定而举行的祭祀。总之，（4）（5）（6）（7）中回顾高祖以后各皇帝功绩的理由可以从与这些诏敕发布的时间点有关的祭祀所起的政治作用来说明。参考《中国古代皇帝祭祀的研究》第七章《唐代における郊祀·宗庙の运用》及拙著《古代中国と皇帝祭祀》第七章《唐代皇帝祭祀の二つの事例》，东京：汲古书院，2001年（1988年年初发表），第223页，肖圣中、吴思思、王曹杰译《古代中国与皇帝祭祀》，上海：复旦大学出版社，2017年。

各个转折节点上发布的。换言之，这些都是由于某种理由需要对前代进行总体回顾的诏敕。肃宗朝以后，同样类型的诏敕没有流传下来也许是偶然，但前代皇帝数量增加，难以在诏敕中全部列举言及也不失为一个理由吧。例如，《诏令集》卷一记载的宝历二年（826）的《文宗即位册文》，是在穆宗被宦官弑杀之后，以太皇太后名义发布的继立文宗的册文，算是特殊事态下的广义诏文[1]，其中对诸先帝记载如下：

> 维宝历二年，岁次景午，十二月甲午朔，十二日乙巳，太皇太后若曰，（中略）奉册即皇帝位，永维高祖、太宗之翦定隋乱，玄宗之浸渍利泽，宪宗之坚拔蠹孽。[2]

正如所见，此诏文（册文）在高祖、太宗之后就只提了开元之治的玄宗和唐后期的英主宪宗，其余诸帝并未言及。不过如后所述，肃宗朝以后，仅列举至诏敕发布时为止的皇帝的世系数的例子增加了。

如上所述，在唐代的诏敕以及大赦中，一一言及诸先帝的例子并不多。在以上所举的九例中，与武则天无关的仅为玄宗朝的（6）～（9）例、（1）～（5）例，要么是诏敕文中提及了武则天，要么本就是由武则天自身所发布。因此，可以说，在一一言及诸先帝的诏敕中，与武则天相关的诏敕比例甚大。这些诏敕从时间上说，是从武则天权力的抬头期一直到所谓"女祸"的结束期，因此笔者推测，这一时期的政治史和这些一一言及先帝的诏敕之间，存在着某种关联。以此为前提，笔者决心以武则天为中心对唐代诏敕文中对先帝的处理问题进行具体探讨。

三

武则天退位后，与其相关的年代最早的诏敕为上部分所录的（3）《中宗即位敕》。在中宗即位之际，将武则天称为则天大圣皇帝，严格来说，当时的情况

---

[1] 关于文宗即位的经过，参照［日］尾形勇：《中國の即位儀禮》，［日］井上光贞等编《東アジア世界における日本古代史講座》第九卷《東アジアにおける儀禮と國家》，东京：学生社，1982年，第21页，以及《中國古代皇帝祭祀の研究》第八章第四节《唐代の即位儀禮》，第474页。

[2]《唐大诏令集》卷一，第3页。

变成了则天大圣皇帝与中宗两位皇帝并存的局面，即使如此，这个即位赦中仍沿用了则天大圣皇帝的称号。而且，在这份赦文中，将武则天即位之前发生的徐敬业等人反武后、复李唐的叛乱说成动摇天柱地维的逆行[1]，而将武则天平定此叛乱的行为当作拨乱反正的神功来记述、赞扬。另一方面，对于高祖、太宗、高宗的功绩也进行了郑重的记载，且按照在位顺序，由先至后越发详细。也就是说，在中宗复位时发布的大赦中，将武则天作为自高祖—太宗—高宗以来唐的统治的继承者来加以肯定，并表明中宗的复位并不是对武周政治的全盘否定。从这里可以看出当时政治局面的复杂性。

上一部分列举了言及唐朝历代诸先帝的诏敕，此外还有其他言及武则天个人的诏敕。作为《中宗即位赦》的后续，《补编》上卷卷七记载了一则拟题为《答敬晖等表请削武氏诸王王爵诏》的诏。据推测，此诏颁布于神龙元年（705）五月，《旧唐书》卷一八三《武承嗣传附武延义传》中有记载如下[2]：

> 伏以则天大圣皇帝，内辅外临，将五十载，在朕躬则为慈母，于士庶即是明君。往者垂拱之中，嗣皇（睿宗）临政，当此之际，鲁卫并存。及乎全节兴妖[3]，琅琊构逆，灾连七国，衅结三监，既行大义之怀，遂有泣诛之事。周唐革命，概为从权，子侄封王，国之常典。[4]

这段文字将尚在人世的武则天称为则天大圣皇帝，并盛赞她为中宗的慈母，士庶的明君，还把从唐到周的革命说成是在平定琅琊王冲叛乱基础上的权宜之计，完全没有表现出对唐统曾一度中断的遗憾，虽说根据《旧唐书·武承嗣传附武延义传》可得知，唐统治者听从了敬晖等的请求，对武三思、武攸暨等诸武氏

---

[1] 与徐敬业并立的"务挺潜应于沙场"中的务挺指程务挺。"沙场"指程务挺作为左武卫大将军、单于道安抚大使与突厥对峙之事。但是，程务挺是因为有人进谗言说其与徐敬业潜相接应而被杀的，并非直接谋反（《旧唐书》卷八三《程务挺传》）。

[2] 《全唐文》卷十七收录《答敬晖请削武氏王爵表敕》。东洋文库唐代史研究委员会编《唐代诏敕目录》（东洋文库，1981年）是根据略引这篇敕文的《资治通鉴》卷二〇八，神龙元年（705）五月癸巳（十五日）条敬晖等的上表，判断这个诏敕是神龙元年五月发布的。

[3] 关于"全节"的人名不能特别确定，恳请有识之士不吝赐教。

[4] 《唐大诏令集补编》上卷卷七，第145、146页。（后晋）刘昫：《旧唐书》卷一八三《武承嗣传附武延义传》，北京：中华书局，1975年，第4732页。

的爵位进行了例降，但从上文来看，他们对于从唐到周的革命绝不是全然否定的。并且，敬晖等人于神龙二年（706）六月戊寅就被左迁至崖州等地做州司马，且在记载此次处分的《旧唐书》卷九一《敬晖传》的中宗的诏（《补编》上卷卷一六收录，拟题为《贬降敬晖张柬之袁恕己崔玄暐诏》）中，开头即言"则天大圣皇后，往以忧劳不豫，凶竖弄权"[1]。这段文字不过是提及了退位时的武后，将敬晖等发动政变的原因归于"凶竖"，也就是张易之、张昌宗兄弟。此外，对于武则天的称谓，则和下例相同，称为则天大圣皇后。

《诏令集》卷一一四神龙三年（707）二月的《不许言中兴敕》记载如下：

> 往自永淳，至于天授，奸臣称乱，鼎运不安。则天大圣皇后，思顾托之隆，审变通之数，忘己济物，从权御宇。四海由其率顺，万姓所以咸宁，唐周之号暂殊，社稷之祚斯永。[2]

这份是中宗复位后下令废除全国的中兴寺、中兴观之名，而改为龙兴寺、龙兴观的敕文，这是中宗朝武氏势力之反扑日渐显著的象征性事件。武则天在神龙元年十一月去世，在其遗制中去帝号改称则天大圣皇后。这份敕文的称谓表现就是遵从其遗制，但"唐周之号暂殊，社稷之祚斯永"一句恰恰是强调了唐与周的连续性，将武则大称帝之事称为"从权"，和前面提到的《答敬晖等表请削武氏诸王王爵诏》之诏完全相同。如果说将武则天称帝视为权宜之计，也就是将从高宗末年的永淳年间到武周建国的天授年间发生的徐敬业及琅琊王冲的反武后叛乱视作导致武后即帝位的逆行，那么《答敬晖表请削武氏诸王王爵诏》之诏和此处的《不许言中兴敕》正是这种思想的体现。在《不许言中兴敕》的上述引文之后，表述了不许将中宗复位视为中兴的意思，可以说这是随着武氏势力卷土重来而更加深入贯彻上述思想的体现。

接下来的敕文（4）是两年后的景龙三年（709）发布的。如前文注释所述，这次南郊祀是为向天下夸示韦后掌握了政治主导权而举行的祭天活动。引文最后的"五精归运，四叶重光"的"四叶"应该是指高祖、太宗、高宗、武后四代，"五精"是指五行。敕文（4）中提及武后的部分是"建补天立极之功，受河

---

[1]《唐大诏令集补编》上卷卷一六，第689页。《旧唐书》卷九一《敬晖传》，第2933页。

[2]《唐大诏令集》卷一一四，第598页。

图洛书之统"这14字的对偶句，赞美高祖、太宗、高宗功绩的也是这种对偶句，因此可以说，赦文中对于武则天的处理，除了"则天大圣皇后"的表述外，和之前的皇帝并无二致。而且，因为则天大圣皇后的称谓也是基于武则天本人的遗制决定的，因此可以说，中宗复位后对于武则天的处理，与高宗以前的唐朝皇帝几乎没有差别。称武后"受河图洛书之统"，表明了武周政治并不是由革命得来，而是遵从传统的结果，这一点正是和上述想法有关。

此外，《补编》下卷卷三二所录，拟题为《平韦氏乱宣示中外制》的制，原载《册府元龟》卷二〇《帝王部·功业二》，是唐隆元年（710）六月辛丑温王重茂所发布的。温王是韦后杀害中宗后所立的皇帝，因为临淄王玄宗的政变而退位。此制是政变翌日，作为皇帝的温王，为承认此次政变的正当性而公开发布的。其中：

> 又顷者王庆之、李悇、张嘉福、前麟游县令杜无二、越州长史宋之问潜行表状，请立武承嗣为皇太子，则天皇后斩庆之一人，之问以附托三思获免。[1]

以上提到了天授二年（691）十月，武则天杖杀强烈主张废除皇嗣睿宗而立武承嗣为皇太子的王庆之之事。此制本是为批判韦后一派毒杀中宗并肯定玄宗政变的正当性而作，却叙述了武则天不立武承嗣为皇太子，而守护李氏的皇位继承权之事。此制全然没有提及唐代的其他皇帝，且将武则天称为"则天皇后"。

顺便说一下，《诏令集》卷一一〇所载，同年（唐隆元年=景云元年，710）九月发布的《诫谕天下制》，向天下宣示了睿宗立玄宗为皇太子的理由，内容如下：

> 顷属昊穹降祸，云驭上仙，外戚成挟主之谋，奸臣起移国之计，皇太子讳[2]见危而起，补天立极。朕方息肩朱邸，拭目清时，幸天平之无事，期小山之自逸。温王以推崇叔父，固禅万几，讳（隆基）以克奖帝图，进登储贰。（中略）中宗之时，吾乃一王耳，忧危不暇，今讳静祸

---

[1]《唐大诏令集补编》下卷卷三二，第1451页。《册府元龟》卷二〇《帝王部·功业二》，第213页。

[2]在有避讳习惯的中国，不能直书皇帝的本名，往往只记为"讳"。虽然只是皇太子，这也是其中一例。记的是玄宗，"讳"的部分实际应当写作"隆基"。

难，安社稷，天下赖之。所谓非常之事，不可以常礼议之。[1]

也就是说，玄宗虽是睿宗的第三子，但其讨伐毒杀中宗的韦后及其女安乐公主，解救了唐朝。所以在温王将帝位让给其叔父睿宗时，玄宗因其救国功绩被立为皇太子，这是不可以常理计的非常之事，也就是所谓的特例。此诏不仅武则天，中宗以前的唐代诸帝全部没有被提及。两年后的太极元年（712）四月十七日发布的载于《诏令集》卷一〇八的《停修金仙、玉真两观诏》中有如下记载（日期依据《唐会要》卷五〇"玉真观"）：

> 朕顷居谅闇，茕疚于怀，奉为则天皇后，东都建荷泽寺，西京建荷恩寺。及金仙、玉真公主出家，京中造观，报先慈也，岂愿广事营构，虚殚力役。[2]

这虽是一份宣布停止建造睿宗为其女金仙公主、玉真公主所建的金仙观、玉真观的诏文，但其中提到为供养武后而建的洛阳荷泽寺、长安荷恩寺之事，此诏中对武则天的称谓为"则天皇后"。

其次，《补编》上卷卷五所录，原载于《册府元龟》卷一三三《帝王部·褒功二》、太极元年四月所发布的、拟题为《镇国太平长公主皇太子诸王郡公禁中定策编于史册诏》（以下简称《编于史册诏》）的诏，其中有如下内容：

> 朕高宗少子，特蒙慈爱，顾复之至，礼绝诸王，运属上仙。遭家难未嗣，历中宗出藩，大圣天后临朝，以权立朕为嗣。朕自惟虚薄，固让中宗，诚愿上从，用宁社稷，比居藩邸，深嘉清闲。不意景龙之间，先帝暴弃天下，凶族潜计，谋覆邦家，高祖之业，几坠于地。皇太子隆基，忠孝天感，仗义行诛，一夕之间，戡定祸难。（中略）温王幼冲，频属艰疚，因发惊悸，日夜啼号。因以先圣立朕为太弟（皇太弟）之意，令镇国太平长公主、谏议大夫薛稷等奉承先旨。（中略）隆基、镇国太平长公主……等以为宗庙不可无主，万机不可暂旷，且从人望，因定策禁中。朕又固辞，（中略）事不获已，乃顺众望，要盟之言，其文

---

[1] 《唐大诏令集》卷一一〇，第571页。

[2] 《唐大诏令集》卷一〇八，第560页。（宋）王溥：《唐会要》卷五〇"玉真观"，北京：中华书局，1955年，第871页。

犹在。朕纂承洪业，于今三年，谓宗庙郊天，大礼斯备。永惟所以获奉宗裸，临兆人者，盖非朕之本心，实乃镇国太平长公主、皇太子、诸王、郡公之意也。[1]

这份诏文即是表明，在韦后杀害中宗之后，由于温王的意志以及太平公主和太子玄宗等的强烈劝进，睿宗方即帝位。最后的"宜敕左右，编于史册"一句，就是吩咐将以上事情的原委载入史册。关于武则天，称其临朝称制是由于中宗出为藩王而采取的权宜之计，睿宗也因此暂时居于皇嗣之位。"大圣天后临朝，以权立朕为嗣"，这虽是睿宗为了申明自己居于相当于皇太子的地位是情非得已，但其文将中宗左迁为庐陵王、睿宗继立为皇嗣称为权宜之计，可以说是为了袒护武则天。文中对武则天的称谓是"大圣天后"，先圣是指中宗。此外，睿宗在圣历元年（698）中宗被立为太子时受封为相王，神龙元年（705）因诛杀张易之兄弟之功而进封为安国相王。同年被立为皇太弟，但固辞不受。因此，睿宗是以相王（安国相王？）的身份而即帝位的。

提及武则天的年代最晚的诏敕是上部分第（5）条《太极元年北郊赦》。正如前注所述，这条赦文是中宗的丧期满后，睿宗在其举行的一系列亲祭的最后一个——北郊祀上所发布的，这次的北郊祀是唐代皇帝亲祀北郊的唯一事例。赦文（5）的未引之文中，"故以岁首肃事裸宗，爰撰令辰，亲祀方泽"及"顷缘郊籍，已肆眚灾"二句[2]提及了这年祭祀南郊、籍田、北郊活动的实施状况。而且，上文的《编于史册诏》的引文末句，"朕纂承洪业，于今三年，谓宗庙郊天，大礼斯备。永惟所以获奉宗裸，临兆人者，盖非朕之本心，实乃镇国太平长公主、皇太子、诸王、郡公之意也"也提到了睿宗亲祀的正月南郊祀，但这个活动的成功举办靠的并不是睿宗自己的力量，而是太平公主和玄宗等人的力量。将武后称为"大圣天后"这点，赦文（5）与《编于史册诏》相同。（5）中"大圣天后，受托从权，当宁而化"一句，虽说将武周政治称为受中宗之托而建立的临时政权，但也肯定了其统治本身的教化功绩。

---

[1]《唐大诏令集补编》上卷卷五，第120页。《册府元龟》卷一三三《帝王部·褒功二》，第1606页。

[2]《唐大诏令集》卷七三，第409页。

如上所述，中宗、睿宗朝对于武则天的评价绝不是否定的。在武则天退位时发布的（3）《中宗即位赦》中，将武则天称为"则天大圣皇帝"，对于武后在病床上被逼退位之事，描述为"凝怀问道，属想无为"，即其出于自身意志从政治上隐退以求逍遥的意思。这虽可以说是描述被退位的皇帝的惯用套语，但将武则天镇压徐敬业等的反武后叛乱称为"殪封豕""斩长鲸"就无疑是对其的一种肯定评价了。然后，在武则天去世并去皇帝号而称皇后之后的《答敬晖等表请削武氏诸王王爵诏》（705年五月）、《不许言中兴敕》（707年二月）、（5）《太极元年北郊赦》（712年五月）中，都无一例外将武后即位称为"从权"，即临时的权宜之措。并且，赦文（5）之前的《编于史册诏》（712年四月）言武后临朝之后"以权立朕为嗣"，将睿宗被立为皇嗣之事也说成"权立"。可以说，在中宗、睿宗朝的诏敕中，将包括睿宗被立为皇嗣之事在内的全部武周政权的存在，都视为权宜之计[1]。

---

[1]《旧唐书》卷二五《礼仪志五》所载开元四年（716）太常卿姜皎上表云：

"伏见太庙中则天皇后配高宗天皇大帝，题云天后圣帝武氏。伏寻昔居宸秩，亲承顾托，因摄大政，事乃从权。神龙之初，已去帝号，岑羲等不闲政体，复题帝名。若又使帝号长存，恐非圣朝通典。夫七庙者，高祖神尧皇帝之庙也，父昭了穆，祖德宗功，非夫帝子大孙，乘乾出震者，不得升祔于斯矣。但皇后祔庙，配食高宗，位号旧章，无宜称帝。今山陵日近，升祔非遥，请申陈告之仪，因除圣帝之字，直题云则天皇后武氏。诏从之。"

也就是说，在开元四年这个阶段，在太庙中配食高宗的武则天的牌位上所书称谓为"天后圣帝武氏"。据姜皎所言，其理由为武后"亲承（高宗的）顾托，因摄大政，事乃从权"。如本文之后述，从玄宗朝开始，言及唐代先帝时包含武则天的诏敕便不为所见，但即使如此，开元初期仍将武则天的统治称为"从权"。并且，这一时期太庙中武则天的称号为"天后圣帝武氏"，与本文所列举的武则天的谥号并不一致。关于这一点，和本文所言及的谥号的变化以及唐朝的宗庙制度问题，希望再找机会一并详述。下面仅将现阶段所发现的问题做一简要论述。

睿宗即位时将武则天的"天后"称号改为"大圣天后"是景云元年（710）十月之事（《资治通鉴》卷二一〇）。但是，从延和元年（712）八月三日庚子玄宗即位两日后的壬寅，就将"大圣天后"改为了"圣帝天后"（同书同卷）。因此，"大圣天后"的称号一直沿用到此时。关于"圣帝天后"，本注最初所引的姜皎上表中的"天后圣帝"应该是正确表达方式。姜皎上表有言"神龙初年，已去帝号（武后崩御时），岑羲等不闲政体，复题帝名"，但是据《旧唐书》卷七〇《岑羲传》可知，岑羲明显为太平公主一派。姜皎上表的"昔居宸秩，亲承顾托，因摄大政，事乃从权"的"从权"也是说武氏的统治是受高宗所托的权宜之措。其后之文"神龙之初，已去帝号，岑羲等不闲政体……"前后应为逆接关系。总之，"从权"作为合理解释武后统治的用语，在中宗、睿宗朝发挥了其作用。伴随着睿宗驾崩，作为皇帝的武则天的存在也被埋葬了。

关于武则天的称谓，从则天大圣皇帝（705年二月、五月）到则天大圣皇后（706年六月、707年二月、709年十一月）到则天皇后（710年六月、《停修金仙、玉真两观诏》712年四月）再到大圣天后（《编于史册诏》712年四月、同年五月），一直在变化。从《旧唐书·则天皇后本纪》来看，武后的称号在神龙元年（705）正月退位时是则天大圣皇帝，十一月去世之际称则天大圣皇后（与谥号同），景龙四年（唐隆元年，710）六月睿宗即位时称天后，没多久就被追尊为大圣天后，又改号为则天皇太后[1]。上文所列举的诏敕文中语言表达的变化，基本对应上述称号的推移。唐隆元年六月的诏敕不称天后而称则天皇后，是因为这是睿宗即位前的温王重茂的制。如此一来，诏敕文中对于武则天的称谓表达可以视为遵循正式确定的武则天的称号。玄宗朝以后的诏敕中未见到言及武则天的事例，可能是与武则天的正式称谓在睿宗朝时就已确定下来不再变化相关吧。反过来说，对于中宗、睿宗来说，对于其生母武则天的存在，即使想要否定也不能否定。从中宗、睿宗朝的诏敕中对于武则天的称号的描述，就可窥见这一点。

四

如第二部分所叙述的那样，至玄宗朝，在言及祖宗的诏敕中提到武则天的事例就没有了。接下来，将继续观察玄宗朝的诏敕在言及祖宗时的表达方式，确认上述事实。

首先，《诏令集》卷七五《明皇即位谒太庙赦》：

> 我国家首出开元，继文膺统，七代观德，至道洽于生人，三后在天，世裕光于后嗣。太上皇帝，道超寰表，功轶帝先。[2]

这是玄宗即位两个月后的先天二年（713）十月四日举行谒太庙大典之后颁布的大赦。文中"七代观德"与"三后在天"都有其各自之典故。前者出自《尚书·商书·咸有一德》篇"七世之庙，可以观德，万夫之长，可以观政"[3]。由

---

[1] 则天皇太后是从作为其子的睿宗的立场出发的称谓。

[2] 《唐大诏令集》卷七五，第426页。

[3] （清）王先谦撰，何晋点校：《尚书孔传参正》，北京：中华书局，2011年，第422页。

于"世"字是李世民的讳，故唐代引为"七代之庙，可以观德"，即皇帝的祖先七代，当时将初代唐国公李虎（太祖）之父李天锡追封为光皇帝，然后太祖、世祖（即代祖李昞）、高祖、太宗、高宗及中宗依次在太庙列祭。由于这个大赦是玄宗谒太庙时颁布的，所以上述七代应该正是"七代观德"中的"七代"。另一方面，"三后"出自《毛诗·大雅·下武》"三后在天，王配于京"[1]，《毛传》解释说"三后"指大王、王季、文王，"王"指武王，而郑笺也有"此三后既没登遐，精气在天"之语。根据这些解释，"三后"指建立周王朝的武王以前的三代，应用于唐朝就是指高祖以前的光皇帝、太祖、世祖（代祖）三代。但是，这三代包含于上述的七代之中却又单独拿出来说，让人无法理解。从郑笺"此三后既没登遐"来看，也可能是笼统地指未在太庙列祭的李天锡之前的唐代祖先。但无论是何种情况，可以确认的是以上的"七代""三后"中都不包括武则天[2]。

此外，睿宗让位于玄宗时自称太上皇帝[3]，上述敕文中称其功劳超越帝先，也就是上述的祖先们。另外，《唐文粹》卷三一《唐玄宗明皇帝受禅告南郊文》中又言"上皇厌理万机，凝情太古，兹释重负，与道优游"[4]。关于玄宗即位时举行的南郊告天之事诸书未见记载，若是即位当日举行，则应是在比上述的"谒太庙"早两个月的八月三日[5]。令人深感兴趣的是，当时的睿宗绝不是主动放弃政治权力的，而是跟被逼退位的武则天的"凝怀问道，属想无为"一样，用"凝情太古……与道优游"之言来赋予其让位的正当性。

其次，《册府元龟》卷一五一《帝王部·慎罚》所载的先天二年（713）四

---

[1]（清）王先谦撰，吴格点校：《诗三家义集疏》，北京：中华书局，1987年，第866页。

[2]关于以上"七代""三后"的解释也是仰赖新田元规氏的赐教，特此感谢。

[3]睿宗从让位于玄宗至其逝世期间自称太上皇之事可参见［日］中村裕一《唐代制敕研究》第一章第七节《唐代の诰》（东京：汲古书院，1991年，1988年初发表）。

[4]（宋）姚铉：《唐文粹》卷三一，长春：吉林人民出版社，1998年，第365页。

[5]关于玄宗即位时的南郊告天以及谒太庙的意义，参考《中國古代皇帝祭祀の研究》第八章四-1《玄宗即位時の谒廟の解释》（1992年年初发表）。此外，《补编》卷一将《明皇即位谒太庙敕》题为《玄宗受禅制》，并认为是先天二年七月发布，是为有误。另外，卷十八根据《全唐文》卷三八元宗一九将《唐玄宗明皇帝受禅告南郊文》题为《受禅告南郊文》，但将皇帝误以为肃宗。

月发布的一份诏文，《补编》下卷卷二〇拟题为《禁州县严酷诏》，其中有"太上皇仁罩万寓，泽被群生，子爱黎甿，慎恤刑罚"[1]之言，描绘了睿宗慈爱黎民的形象。此外，载于同书卷十一《帝王部·继统三》同年七月癸酉的，《补编》上卷卷三拟题为《受太上皇诰敕》的敕文中有"太上皇志尚无为，捐兹俗务，军国庶政，委成朕躬"[2]之语。

　　以上玄宗所发布的诏敕，其时间跨度是从睿宗让位于玄宗，至翌年七月的玄宗诛灭太平公主一派，再到睿宗还政于玄宗并从政局中隐退为止。在最初的《谒太庙敕》之中，如果本文对"七代三后"的解释是正确的话，即未将武则天算入唐代诸先帝之中，且言睿宗之功绩超越先祖。但是，在和睿宗让位及还政于玄宗相关的另外两篇诏敕文《受禅告南郊文》及《受太上皇诰敕》之中，将睿宗退位的理由记述为"上皇厌理万机，凝情太古""太上皇志尚无为，捐兹俗务"，与描述武则天的"属想无为"有异曲同工之妙。与以上诏敕时间相近的诏敕是开元二年（714）六月甲子所发布的诏，《补编》下卷卷二〇拟题为《令两京及诸州长官亲理冤狱诏》（《册府元龟》卷八五《帝王部·赦宥四》），其中有"伏以太上皇宴居保卫，涤虑清闲，迹不往于甘泉，心每期于汾水"[3]之言。如题所示，本诏是为敦促两京及诸州长官行仁政而发布，其中"宴居保卫，涤虑清闲"二句是说睿宗想要居家静养，悠闲自适。"迹不往于甘泉，心每期于汾水"是将睿宗比作向往神仙之道，在甘泉郊祀泰畤，在汾水祭祀后土[4]的汉武帝。玄宗的制特地以"伏以"为开头，是因为顾虑到其时尚在人世的睿宗，即使是要求地方长官亲理冤狱的这篇诏文，也要描述出睿宗向往神仙属想无为的状态。

　　总而言之，睿宗在世期间，玄宗发布的言及唐代祖先的诏敕，多是说睿宗属

---

[1]《唐大诏令集补编》下卷卷二〇，第871页。《册府元龟》卷一五一《帝王部·慎罚》，第1825页。

[2]《唐大诏令集补编》上卷卷三，第93页。《册府元龟》卷十一《帝王部·继统三》，第116页。

[3]《唐大诏令集补编》下卷卷二〇，第893页。《册府元龟》卷八五《帝王部·赦宥四》，第1000页。

[4]参考《汉书·郊祀志上下》以及《古代中國と皇帝祭祀》第三章《漢代の郊祀と宗廟と明堂及び封禅》（1982年年初发表），第83页。

想无为、向往逍遥，而未言及其他先帝。睿宗的称谓除了最初的太上皇帝以外，称太上皇的例子也很多，但正如前注所述，睿宗从让位于玄宗至其崩御，都自称太上皇帝。

其次，《张说之文集》卷十一中有对张说《上党旧宫述圣颂》的《答制》[1]，开头即言"往者中宗违代，国步微艰，天祚我唐，大命集于睿宗大圣真（贞）皇帝"[2]。此制是行幸山西时，玄宗应允张说等臣下奏请纪颂的制。文中"为农雍上"，提到了在汾阴雍上祭祀后土之事。玄宗于开元十一年（723）二月和开元二十年十一月两次在雍上举行后土祀。但是，张说于开元十八年即已去世，《旧唐书》卷九七《张说传》开元十年条记载了他劝告玄宗在行幸太原时于雍上祭祀后土之事，所以可以肯定上制发布于开元十一年[3]。"中宗违代"指中宗被韦后毒杀之事，此制仅提及了中宗和谥为"大圣贞皇帝"的睿宗。

再次，第二部分（6）《开元十三年封泰山诏》是开元十二年（724）闰十二月发布的宣布翌年举行封禅的诏书，也是玄宗朝直接言及唐朝初代以降诸先帝的最早诏书。如前注所述，"武文二后"指高祖与太宗。高宗、中宗、睿宗自不必说，但值得注意的是，此诏书中全然未提及武则天，这一点与下述事例相同。第二部分（7）《开元玉牒文》是封禅（确切说是其中的封礼）时放在石礑中的玉牒文。其中对高祖、太宗、高宗、中宗诸皇帝都称其庙号，末尾的"圣父"指睿宗。《诏令集》卷六六所录的此次封禅后的同年十一月十二日所发布的《开元十三年东封赦书》中有以下内容：

> 朕接统千载，承光五叶，（中略）遂奉遵高祖、太宗之业，宪章乾封之典，时迈东土，柴告岱岳。[4]

"五叶"就是指五世代，即指高祖、太宗、高宗、中宗、睿宗。但此诏书中除了高祖、太宗之名外只提到了高宗乾封元年（666）的封禅，并未直接述及中宗和睿宗。

---

[1] 此"答制"收入《全唐文》卷二〇元宗《答张说进上党旧宫述圣颂制》。

[2] （清）董诰：《全唐文》卷二〇，北京：中华书局，1983年，第240页。

[3] 《补编》下卷卷十九收录本制并题为《答张说进上党旧宫述圣训颂制》，但未标明年次。此外，关于开元十一年玄宗亲祭诸寺的意义，参考《唐代皇帝祭祀のこつの事例》。

[4] 《唐大诏令集》卷六六，第371页。

　　如上所示，在开元十三年封禅前后的诏敕中，除了应群臣奏请的答制以外的三例，都以某种形式言及了睿宗以前的诸先帝，但其中对武则天的存在却只字不提。由此可见中宗朝、睿宗朝和玄宗朝对武则天的态度是截然不同的。关于这一点，江川式部氏关于玄宗封禅的以下解释引起了我的兴趣。在皇帝亲祀中，有向主祭神三度献酒即初献、亚献、终献的仪式，但是在高宗乾封元年的封禅中，举行祭祀皇地祇的禅礼时，是作为女性的武则天行亚献，太宗的越国太妃燕氏行终献。张说对此事进行了批评，他主张，相对于乾封封禅以文德皇后（太宗的长孙皇后）配祀皇地祇，开元十三年封禅应以玄宗之父睿宗配祀皇地祇，玄宗听取了他的建议。此外，在中宗景龙三年（709）的南郊祀中是韦后行亚献，而开元年间则确立了亲王行亚献、终献的惯例，这种惯例也适应于封禅。而且，在开元十三年的封禅中，皇后与外戚也不再参与皇帝亲祀。换言之，在开元前半期，与亲王行亚献、终献成为定例的同时，也可见其时对高宗的封禅和中宗的南郊祀的礼仪持彻底的否定态度[1]。在至封禅为止的开元前半期的玄宗的祭祀中，可以看到其时对和武后相关的祭祀方式都持以上否定态度，且相关的同时期的诏敕中也对武后只字不提，这两者之间应该不无关系。可以推测出，关于对武则天的评价和处理问题，玄宗朝与中宗、睿宗朝是不同的，即玄宗企图改变中宗朝、睿宗朝的方针。

　　《补编》下卷卷三〇拟题为《崇祀玄元皇帝制》的制，原载于《册府元龟》卷五三《帝王部·尚黄老一》，为开元十四年（726）九月发布，其中有以下内容：

> 玄元皇帝，先圣宗师，国家本系，昔草昧之始，告受命之期。高祖
> 应之，遂于神降之所置庙，改县曰神仙。[2]

即高祖在唐朝被奉为祖先的圣祖玄元皇帝[3]神迹出现之所置庙。此制发布的时间与

---

[1] ［日］江川式部：《唐朝祭祀における三獻》，《骏臺史學》第一二九号，2006年，第21页。感谢此论文著者江川式部先生提供论文原文及页码（译者）。

[2]《唐大诏令集补编》下卷卷三〇，第1378页。《册府元龟》卷五三《帝王部·尚黄老一》，第590页。

[3] 玄元皇帝是太上玄元皇帝的略称，乾封元年封禅后，高宗中途驾临老子故乡亳州，于二月己未日追封（《旧唐书·高宗本纪下》）。

和封禅相关的几例诏敕接近，但像这种出于某种目的而言及特定皇帝的诏敕和以上诸例一一言及前代诸帝的诏敕，其言及皇帝的意义应当是有区别的。例如，《唐大诏令集》卷六所载开元二十六年（738）发布的《答朝集使蒋钦绪等上尊号诏》：

> 惟圣与文，焉得轻议。况太宗、睿宗俱称圣谥，予末小子，安敢同
> 之，宜断来表。[1]

以上是玄宗拒绝蒋钦绪等奏请在玄宗的尊号"开元神武皇帝"前加"圣"字和"文"字的答诏[2]。在这里提到太宗和睿宗，是因为太宗谥文武圣皇帝，睿宗谥大圣贞皇帝，两者的谥号中都有"圣"字，并没有其他特殊的含义。这种事例有很多，但本文仅论述高宗朝有关太宗的例子。

在玄宗朝言及唐朝历代诸先帝的诏敕中，年代最晚的就是第二部分所举的（8）和（9），也就是安史之乱后玄宗本人被迫退位之际发布的制和诏，且起草者均为贾至。（8）是从长安逃亡入蜀的玄宗行至普安郡时所发布的制，宣布授予其时尚为皇太子的肃宗及其余数子各地节度使的职务，以重整国家体制。（8）的引文在开头部分对唐代统治的回顾，与迄今所见的为确立皇位交替的正当性而回顾诸先帝的诏敕风格迥然不同。但是，这些诏敕都是在发生与皇帝权威相关的重要事件时发布的，在这一点上可以说是一样的。且《册府元龟》卷一二二《帝王部·征讨二》在此诏之后还有以下记载：

> 初，江岭之人闻京师陷贼，不知舆驾所在，互相震骇，及见是诏，
> 远近相贺，思有所效。[3]

由此可见，根据诏敕的发布可以确认皇帝身在安全之地，这一史料在揭示唐代诏敕的作用上具有重要的价值。那么（8）的引文也可能是由于意识到诏敕的此

---

[1]《唐大诏令集》卷六，第37页。

[2]《补编》上卷卷一收录了《答朝集使蒋钦绪等上尊号诏》，资料来源为《全唐文》卷三一，但未注明年次。而据《旧唐书》玄宗本纪上开元十八年（730）条："是岁百僚及华州父老累表请，上尊号内请加圣文两字，并封西岳。不允。"可知，要在玄宗的尊号里加入圣、文二字的动向，自开元十八年始。

[3]《册府元龟》卷一二二《帝王部·征讨二》，第1457页。

种作用而起草发布的。

但是，作为皇太子的肃宗自行于灵武即位了。制（8）发布于天宝十五载（756）七月十五日丁卯，肃宗即位于三天前的十二日甲子。在十二日当天，将即位之事通报玄宗的肃宗的使者已经出发，但逃亡至成都的玄宗得到消息已经是八月十二日了。于是，玄宗宣布确认肃宗即位，自称太上皇，此即诏书（9）。值得注意的是，玄宗将传国宝和玉册也送与肃宗，但玉册文上的日期是天宝十五载七月十二日甲子，将日期上溯到肃宗即位当日，是为了表明其即位的正当性[1]。与制书（8）相比，（9）所见的对高祖至睿宗等五帝事迹的描述十分简略，这或许反映了以改定唐朝体制和收揽人心为目的的制书（8）与追认肃宗即位的诏书（9），其作为诏敕作用的不同。此外，（9）的引文之后有“朕承五圣之谟训，师三代之淳朴”[2]之语。“五圣”很明显是指高祖至睿宗五帝。与五圣相对应的“三代”所指为何不能确定，但从“淳朴”一词来看，可能是指夏殷周三代。

以上就是玄宗朝言及唐代先帝的诏敕，一一言及诸先帝的诏敕中年代最晚的即为诏书（9）。各种事例都已巨细无遗地探讨了，但无一例提及武则天。如江川氏所指出的那样，可以推测出，玄宗朝至封禅期间，在祭祀皇地祇的配神和亚献、终献的人选方面，与武后、韦后等行献的方式相比发生了变化。中宗、睿宗作为武则天的亲子，在其当政时期不得不将武周政治作为受托从权的政权来解释，但至玄宗朝就改变了说法（参考前注），明确限定了非李唐皇室不得继承帝位。这种倾向在玄宗扳倒太平公主以后，至从政局中隐退的睿宗驾崩的开元四年（716）就已十分鲜明。因此可以说，从玄宗朝言及诸先帝的诏敕中对武则天只字不提这件事情本身就可以看到玄宗对于武则天的评价。

五

接下来将大致探讨一下肃宗以后的诏敕中对于先帝的处理问题。如前所述，由于肃宗以后诏敕中一一言及诸先帝徽号等的事例不见记载，故以下仅举出提及先代皇帝世系数的事例。

---

[1] 参考《中國古代皇帝祭祀の研究》第八章《中國古代の即位儀禮と郊祀・宗廟》，第513~516页。

[2]《唐大诏令集》卷三十，第117页。

首先，《诏令集》卷六九所载，代宗广德二年（764）二月十二日发布的《广德二年南郊赦》开头即言：

> 惟我高祖、太宗之有邦，罔不昭示于上帝，严恭寅畏，与神合符，七圣在天，眷命永固。[1]

上文的"七圣"应是指高祖至肃宗七代皇帝，不包括武则天。在此之前的宝应二年（763）三月，上一年驾崩的玄宗、肃宗相继被埋葬，《文苑英华》卷八三六王缙《玄宗大明皇帝哀册文》中有言"惟皇得一，承帝（《文粹》作乾）嗣五"[2]，同卷裴士淹《肃宗大宣孝皇帝哀册文》又有"文昭武穆，累圣重光，'七叶'增睿（一作濬）"[3]之语。玄宗"承帝嗣五"的"五"是指高祖至睿宗五帝，肃宗的七叶并没有和玄宗一样的"承""嗣"之言，故应是指加上玄宗和肃宗的七代皇帝。这些哀册文和谥册文一样，都是要放入陵寝中的，故其作用和以公开为前提的大赦文是不同的。但是，在其历数先帝世系数时也同样是将武则天排除在外。大历十四年（779）十月四日的崔祐甫《代宗睿文皇帝哀册文》（同书同卷）中"有唐不昽，帝命不叶，丰融葳蕤，八叶其盛"，其中的"八叶"，也是指高祖至代宗八代[4]。同卷元和元年（806）七月十一日壬午赵宗儒《顺宗至德大圣大安孝皇帝哀册文》中"十叶丕庆，膺兹骏命"[5]中的"十叶"也是指高祖至顺宗十代。

除哀册文以外，《诏令集》中提及皇帝世系数的诏敕可以找出以下六例。卷一二三所载德宗兴元元年（784）七月二十三日发布的《平朱泚后车驾还京赦》中"国家受命，百七十载，八圣储庆，敷佑下人"[6]中的"八圣"，和代宗哀册文中的"八叶"相同，都是指高祖至代宗八代。卷七〇所载宪宗元和二年（807）正

---

[1]《唐大诏令集》卷六九，第385页。

[2]《文苑英华》卷八三六，第4411页。

[3]《文苑英华》卷八三六，第4412页。引文的括号内为书中原注。由于关系到对引文的解释，为慎重起见在此标出。

[4]《文苑英华》卷八三六，第4413页。关于代宗的哀册文，参考［日］金子修一：《大唐元陵仪注新释》（24）《文苑英华》卷八三六·哀册文二·哀册文下《代宗睿文皇帝哀册文》的注释（由榊佳子执笔），东京：汲古书院，2013年，第254页。

[5]《文苑英华》卷八三六，第4414页。

[6]《唐大诏令集》卷一二三，第660页。

月三日发布的《元和二年南郊赦》中有以下内容：

> 我国家祖武宗文，继天抚运，声名所被，车书必同。承桃而御极，
> 业光十圣，体元而纪号，年将二百。[1]

此与之前顺宗的哀册文同样，"十圣"应是指高祖到顺宗十帝。并且，"祖武"指高祖，"宗文"指太宗（参考前注）。卷一二二所载，文宗大和三年（829）八月发布的《雪王庭凑诏》中"朕以寡昧，获守昌图，享二百余年之丕基，纂十三列圣之洪业"[2]中的"十三列圣"，指高祖至敬宗十三帝。卷一二五所载，懿宗咸通十年（869）十月发布的《平徐州制》中"朕以眇身，获承丕业，虔恭惕厉，十载于兹。况荷十七圣之鸿休，绍三百年之庆祚"[3]中的"十七圣"，和高祖至宣宗十六代的世系数不合。那么是只有这条诏敕将武则天也算入了帝王世系中呢，还是说"十七圣"只是对"十六圣"的误记呢？关于这一点，将结合以下事例进行再次探讨。

接下来的僖宗中和四年（884）十二月所发布的载于卷一一〇的《诫谕藩镇诏》，其中"我国家天历自归，君临无外，十七圣滂流玄泽，积惠生灵"[4]中的"十七圣"应当是指高祖至懿宗十七代无误。《诏令集》卷八六所载，同为僖宗所发布的《光启三年（887）七月德音》，是诏敕中言及唐帝世系数的最后事例。其中也有"朕以眇身，嗣膺大宝，垂三百年之宗社，奉十七圣之威灵"[5]之言，此"十七圣"当还是指高祖至懿宗十七代。此外，《补编》上卷卷一所录《昭宗遗诏》，原载于《旧唐书·哀帝纪》天祐元年（904）八月十三日，其中有言"我国家化隋为唐，奄有天下，三百年之盛业，十八叶之耿光。（中略）百辟卿士，佑兹冲人，载扬我高祖太宗之休烈"[6]。虽说此文是弑杀昭宗的蒋玄晖的矫诏，但"十八叶"应是指高祖至僖宗十八代无误。即便是说由于前述的咸通十年

---

[1]《唐大诏令集》卷七〇，第391页。

[2]《唐大诏令集》卷一二二，第652页。

[3]《唐大诏令集》卷一二五，第673页。

[4]《唐大诏令集》卷一一〇，第573页。

[5]《唐大诏令集》卷八六，第492页。

[6]《唐大诏令集补编》上卷卷一，第40、41页。《旧唐书》卷二〇下《哀帝本纪》，第785页。

的《平徐州制》的全文很长不能全部引用，然而笔者认为只有此文特地将武则天算入帝王世系是没有必要的。因此，这里所见的"十七圣"应为"十六圣"的误记。

以上对肃宗以后的诏敕中言及唐代皇帝世系数的事例进行了探讨，包含哀册文在内，除一例外，在计算皇帝世系数时都将武则天排除在外。且作为例外的《平徐州制》也没有特地将武则天算入世系的必然性。可以说，肃宗朝以后承袭了玄宗朝的变化，将武则天排除在唐朝皇帝的世系之外。也就是说，从肃宗朝以至唐末，原封不动地继承了在玄宗朝变化了的对于武则天的评价。

六

最后再回过头来探讨一下武则天以前的言及先帝的诏敕。由于太宗时期的先帝只有高祖，故以下仅列举高宗和武后时期的事例。高宗朝的诏敕中当然不会提及武则天，但为了全面了解唐代诏敕中对于先帝的处理问题，也必须对高宗朝的诏敕进行探讨。

高宗朝的诏敕中，提及高祖、太宗双方的事例并不多，仅言及太宗一人的事例较多。因此先来探讨一下仅言及太宗一人的事例。原载于《旧唐书·高祖纪上》的贞观二十三年（649）六月甲戌朔发布的《补编》上卷卷 拟题为《高宗即位大赦诏》的诏文中有言"大行皇帝奄弃普天，痛贯心灵，若置汤火"[1]，"大行皇帝"是指是年五月刚驾崩的太宗。其次，原载于《册府元龟》卷六七《帝王部·求贤一》的、同年九月发布的、《补编》下卷卷二三拟题为《求贤诏》的诏文，其中有"太宗文皇帝，神明配德，灵武兼资，扫欃枪而王区夏，混阴阳而作天地"[2]之语。再次，《补编》上卷卷一所录，原载于同书卷一五帝王部年号的永徽元年（650）正月辛丑所发布的拟题为《改元永徽诏》的诏文中有"太宗文皇帝，龚行天罚，宁一区夏"之言[3]。此外，《文苑英华》卷四六四《翰林制诏》四五所载，永徽二年（651）闰九月十四日发布的《详定刑名制》中有言"太宗文

[1]《唐大诏令集补编》上卷卷一，第4页。《旧唐书》卷一《高祖本纪》，第66页。

[2]《唐大诏令集补编》下卷卷二三，第757页。《册府元龟》卷六七《帝王部·求贤一》，第757页。

[3]《唐大诏令集补编》上卷卷一，第9页。《册府元龟》卷十五《帝王部·年号》，第175页。

皇帝，至道难名，玄功不测，拨乱反正，恤狱慎刑。社浇弊之余源，削繁苛之峻法，道臻刑措，二十余年"[1]。如上所述，高宗朝言及太宗的诏敕都是在即位至两年后的永徽二年期间发布的，即集中在即位后的数年间。关于太宗的称谓，除即位赦中称大行皇帝外，其余都称"太宗文皇帝"[2]。太宗初谥文皇帝，上元元年（674）改谥文武圣皇帝（参考前注）。也就是说，以上对于太宗的称谓都是遵从其最初的谥号。

接下来探讨一下高宗朝言及高祖、太宗双方的诏敕。《诏令集》卷六六《乾封玉牒文》有言："高祖仗黄钺而救黎元，锡玄龟而拯沉溺。太宗功宏炼石，定区宇于再麾，业壮断鳌，饮沧溟而一息。"[3]高宗在乾封元年（666）正月朔日举行了封禅中的封礼，上述玉牒文就是在此期间被放入石磌中的高宗的祈愿文。其次，同书卷九九所载，两年后的总章元年（668）十一月二十二日发布的《置乾封明堂县制》中有以下内容：

> 高祖皇帝，诞应灵命，启开景业，括囊轩顼，孕育胥庭。太宗文皇
> 帝，大圣登期，自天纵哲，扑昆仑之猛獠，拯沧海之飞流，巍巍荡荡，
> 无得而名。[4]

---

[1]《文苑英华》卷四六四，第2369页。《补编》下卷卷二〇从《全唐文》卷十一中摘录此文，将发布年次定为永徽初年。另外，此文亦被收入《唐大诏令集》卷八二，题为《颁行新律诏》，且在末尾的原注中将发布年代定为永徽二年九月。但是其文与《文苑英华》的《详定刑名制》相比甚为节略，故本文从《文苑英华》所载。但引用文中的"社浇弊之余源"的"社"应该是"杜"的讹误。

[2]根据《通典》中记载代宗丧葬礼仪的《大唐元陵仪注》，先帝自驾崩之后遗体被放入灵柩的大殓称"大行皇帝"，其后举行殡礼之后便不再用此称谓。并且，新帝的即位仪式是在入殓和行殡礼之间举行。关于这点可参考《大唐元陵仪注新释》第一章第一节《大唐元陵仪注解说》（由金子修一执笔），第5页。贞观二十三年（649）五月二十六日己巳于终南山翠微宫驾崩的太宗，灵柩被移居太极殿并于二十九日壬申发丧，六月甲申朔日于太极殿行殡礼，同日高宗即位。两个月后的八月四日丙子上谥号为文皇帝，庙号为太宗，十八日庚寅葬于昭陵（《旧唐书·太宗本纪下》）。因此，大行皇帝的称号应用至六月一日，故仅有当日颁布的《高宗即位大赦诏》中用大行皇帝的称号是符合对上述《大唐元陵仪注》的考察结果的。

[3]《唐大诏令集》卷六六，第370页。

[4]《唐大诏令集》卷九九，第498页。

此制是在计划建造象征皇帝德治的明堂时所颁布的，意欲在长安设置县名与封禅和建造明堂有关的县[1]。此制在赞美高祖和太宗的功业这一点上是相同的，但其表述的语句却是后者长于前者。此外，同书卷二六上元二年（675）八月五日发布的《册谥孝敬皇帝文》，是授予在皇太子位上薨的高宗第五子李弘以孝敬皇帝谥号的册文。其中有以下内容：

> 我高祖神尧皇帝，应天御物，拨乱反正，斩白蛇而定天下，誓苍兕而会诸侯，底绥万邦，□宁六合。太宗文武圣皇帝，循机统极，出震开阶，炼彩石而补乾纲，拯横流而恢地络，远穆迩肃，时清颂平。[2]

以上就是高宗朝言及太宗或高祖、太宗双方的诏敕。在仅言及太宗的诏敕中，除了即位赦文外，对太宗的称谓都是太宗文皇帝。这一点和言及高祖、太宗双方的《置乾封、明堂县制》是一致的。最后的《册谥孝敬皇帝文》由于其作为册谥文的特殊性，对于高祖、太宗的称谓是其谥号的全称，即高祖神尧皇帝、太宗文武圣皇帝。总而言之，对于太宗的称谓是遵从其谥号，即文皇帝或文武圣皇帝。但应当注意的是，高祖初谥大武皇帝，太宗初谥文皇帝，即高宗朝对太宗的本质的评价是"文"。在提到高祖、太宗双方的事例中，最后的《册谥孝敬皇帝文》是在赠谥李弘孝敬皇帝时言及在此之前的高祖、太宗的诏敕。此前的两例，是和封禅或未曾实现的明堂的建设这种重要礼仪的实施相关的诏敕。可以说，比起太宗朝以前，高宗朝进行过一定程度的皇帝祭祀，在这样的氛围下，有些祭典会捧出前代诸先帝大加赞扬一番。此外，在提及高祖、太宗双方的诏敕中对两者的形容词句依次变长，这可能是偶然现象，但笔者对此现象和接下来的武则天的诏敕中对于高祖至高宗的处理比较感兴趣。

在武则天统治时期，言及唐代先帝的诏敕只有第二部分所举出的（1）《改元光宅诏》和（2）《改元载初赦》，但以上两例都是在武则天获得权力过程中的重要时点所发布的重要诏敕。（1）是嗣圣元年（684）九月发布的，这一年二月，武则天废中宗为庐陵王，立其弟睿宗为皇帝。此赦文宣布改元光宅，大赦天

---

[1] 乾封元年（666）析长安县置乾封县，析万年县置明堂县。长安三年（703）并废两县（《旧唐书》卷三八《地理志一》），且建造明堂之事在高宗朝并没有机会实现。

[2]《唐大诏令集》卷二六，第86页。

下，旗帜尚金，将其从高宗末年以来的滞在所洛阳改称神都，并作为事实上的首都。（3）《中宗即位赦》中所提到的徐敬业的叛乱，就是发生在九月的此赦文发布后至十月之间。此文以长篇赞颂了高祖、太宗、高宗的业绩，实际上却是武则天在政治上向建立周王朝踏出的一步。史书中此诏也记为赦，这是大赦文中提出变更行政法规的最初的事例[1]，这一点值得注意。另外，这也可以说是同时宣布改元和大赦的诏文。

周制以建子月为正月，十二月为腊月，正月为一月。赦文（2）就是在据周制将永昌元年十一月改为载初元年正月时发布的。是年九月，武后称圣神皇帝，将作为皇帝的睿宗降置于皇嗣这一新设立的位分上，改唐为周。也就是说，（2）是在周建国这一年，且是在此前将历法改为周正时发布的大赦。对于高祖、太宗、高宗的功绩，虽然不能和诏（1）相比，但也是以相对较长的篇幅进行了赞颂。不过，对于各个皇帝的形容基本可以说是以（1）为蓝本而作。对于高祖的形容，包含对偶句在内都明显雷同。关于太宗，（1）的"负日月而膺运，鼓雷霆以震威"与（2）的"膺昊穹之历数，鼓雷电之雄威"也是异曲同工。可以看到对于高宗的形容基本没有雷同的表达，但（1）的"受绿错之祯符，应朱绨之景命"与（2）的"禀雷泽之祯符，降天纵之神器"也可以说有相似之处。

总而言之，虽说（1）和（2）各自是在周建国的不同节点时期所发布的，但二者在内容上有很强的连续性，都赞颂了高祖至高宗诸唐朝皇帝的功绩。也就是说，武则天在周建国的两个重要阶段发布了以上两例赞扬唐朝皇帝功绩的诏和赦。以上诏和赦都可以一并称为大赦文，且无论哪个都赞扬了唐朝皇帝的功绩。可以想到，武则天此举是为了强调周王朝是唐王朝的正当后继者。另外，这篇文章的写作动机是笔者发现李唐复国后的诏敕中对武则天的处理并不是全然否定的，可以想见，其代表事例（3）《中宗即位赦》对（1）之后发生的徐敬业的叛乱进行否定，也是武后至中宗政权平稳过渡的必然要求。

七

以上就是对唐代诏敕中所见的对于唐代皇帝及武则天的记述的探讨。武后所

---

[1] 禹成旼：《从〈改元光宅诏〉的结构与性质来看唐代赦文的变化》，中国唐史学会第九届年会论文，2004年7月。

发布的诏敕（1）（2）和作为本文写作动机的中宗所发布的敕（3），都是在政权过渡期为了强调和前代政权的连续性而极力美化前代皇帝功绩的产物。其后的中宗朝与睿宗朝，对武则天的称谓先去帝号，再依谥号的"则天大圣皇后""大圣天后"而逐渐变化。与此相对应，诏敕中对于武则天的形容词句也在递减，但至睿宗让位于玄宗前依然有言及武则天的诏敕。不过，即使在睿宗朝，与玄宗被立为太子相关的制中也全然未提及武后，且武后以前的诸帝也未言及。并且，由于玄宗时期的诏敕中没有一条提及过武则天，可以认为，至玄宗上台，与武则天有关的评价即中断了[1]。关于肃宗以后言及唐朝先代皇帝的诏敕，仅列举了提及先帝世系数的事例，但除一例以外都未将武则天算入先帝世系之中。而作为特例的《平徐州制》，也不是特定政治形势下的产物，更像是单纯的笔误。仅就上述诏敕来看，可以说，关于武则天的处理问题，以玄宗被立为皇太子为一个转折，玄宗即帝位以后明显对武则天的存在日渐走向否定。今后，有必要从这点出发对于中宗朝至玄宗朝的政治过程再做探讨。此外，直至睿宗朝都将武周政治作为"从权"来解释，这一点本身就是唐朝统治过程中存在过武周政治的事实的官方说法，应予以重视。

另外，观察高宗朝、玄宗朝的言及先代皇帝的诏敕，其中有关封禅和建设明堂计划的推进的内容，也可以用于考察这些以往没有的祭祀活动的具体实施状况。这种用法，同样也适用于考察敕文（4）（5）中，中宗、睿宗进行的南郊、北郊亲祀的具体状况。还应当看到，作为武后建周节点的诏敕（1）（2）及中宗复位的敕文（3），在强调与前代王朝的连续性这一作用上，和与祭祀相关的其他诏敕相比，在言及先代皇帝时，其意义是不同的。关注唐代诏敕中言及诸先帝的事例，探讨其中对于皇帝的处理与描述，看起来是个微不足道的问题。但是，通过纵览这些诏敕，使探讨唐代政治中的历史意识成为可能，在这一点上其价值应当得到认可。并且，多数诏敕中对于先帝的称谓都是遵从其谥号，因此，在思考以上问题时，又明确了对谥号进行探讨的意义[2]。此外，还应当看到的是，唐代诏

---

[1] 如前注所指出的那样，伴随着开元四年（716）睿宗的驾崩，供奉于太庙中的武则天的神主上书的称号由"天后圣帝武氏"改为"则天皇后武氏"。

[2] 关于包含谥号在内的唐代诸皇帝的尊号的变迁，可参考［日］户崎哲彦：《唐诸帝号攷》上、下，《彦根論叢》第264号，1990年，第71页；《彦根論叢》第266号，1990年，第71页。

敕中高祖、太宗普遍都是成对出现的，且多数情况下，高祖=武、太宗=文，表现了唐朝对于高祖、太宗的公共评价。

如上所述，与某些政治局面相关的课题可以通过对与这一时期的礼仪及其礼仪的实施相关的诏敕、大赦文等的分析来把握。从这点来看，不能轻视政治史中的礼仪研究，通过朝廷发布的诏敕与大赦可以使其政治动向与整个中国社会相联系。从这个观点出发，笔者希望有机会试图对朝廷的祭祀礼仪与地域的关系进行研究。

（作者单位：日本国学院大学；译者单位：陕西师范大学历史文化学院）

许敬宗篡改国史问题新探

——政治史视野下的唐代国史撰修*

杨永康　马晓霞

许敬宗篡改国史问题，学术界已经有一些文章进行过讨论，但是还存在着一定的争议[1]。例如，牛致功先生、岳纯之先生认为许敬宗篡改国史为铁案，不容推翻；王元军先生则认为许敬宗篡改国史证据不足，对传统说法提出质疑[2]。笔者认为这一问题尚有继续讨论的余地。中国古代官方修史活动与朝廷政治关系密切，将许敬宗篡改国史问题置于唐代政治史的背景之下进行动态考察，更能够对这一问题进行全面而客观的评估，由此亦可以进一步探讨中国古代政治与官方史学之间的关系。

一、"长孙无忌谋反案"与许敬宗篡改国史

中国古代史学自诞生之日起就与政治关系密切，史学自觉地强调经世致用，服务于政治，官方也十分重视对史学的控制和利用，掌握历史书写的话语权。每次激烈的政治斗争之后，几乎总伴随着历史的重新书写，这种情况下的官方修史

*本文系2016年度"山西省高等学校中青年拔尖创新人才"项目阶段性成果之一。

[1] 唐代"国史"所指有狭义和广义之分，狭义专指纪传体国史；广义泛指本朝历史，包括实录和纪传体国史。本文题目所用"国史"用泛指意义，正文中则依据语境不同区别使用。

[2] 牛致功：《许敬宗对唐代史学的功过》，《史学月刊》1987年第3期，第12~16页；岳纯之：《也谈许敬宗篡改唐代实录、国史问题》，《烟台大学学报》（哲学社会科学版）2000年第1期，第89~94页；王元军：《许敬宗篡改唐太宗实录及国史问题探疑》，《中国史研究》1996年第1期，第149~155页。

活动本身就是政治斗争的一部分，也是政治斗争的延续。唐太宗李世民发动"玄武门之变"后，曾命令史官修改高祖、今上实录，丑化李建成、李元吉，抬高自己，将篡逆行为粉饰为"周公诛管蔡"的义举[1]；明成祖朱棣发动"靖难之役"后，篡改实录、玉牒，将自己打扮成嫡出之子，丑化建文君臣，借以证明自己继统的合法性[2]。事实已经证明，政治斗争的胜利者必然要掌握历史书写的话语权，美化自己，贬低敌人，以树立自己的正义性和合法性。从政治史角度来看，许敬宗篡改国史问题恰恰就有着激烈政治斗争的背景，弄清楚这场政治斗争的始末，以及许敬宗的政治立场和政治派别，是准确解读其篡改国史问题的关键。

　　贞观二十三年（649），唐太宗李世民临终嘱托长孙无忌、褚遂良辅佐李治，军国大政遂为二人专制。为了打击政治对手，他们很快发动了"房遗爱谋反案"，长孙无忌在审理案件过程中，为了清除异己有意株连扩大，先后诛杀或逼死了房遗爱、高阳公主、巴陵公主及夫柴令武、太宗弟李元景、吴王李恪，他的骄狂专横，引起了高宗的不满。永徽六年（655），在唐高宗的授意下，许敬宗等人发起了"废王立武"的政治斗争，朝堂上形成了以长孙无忌、褚遂良为首的"挺王派"和以许敬宗、李义府为核心的"挺武派"。由于唐高宗和武则天强有力的支持，许敬宗一派获得胜利，武则天被立为皇后，王皇后被废，褚遂良被贬官外放，长孙无忌一派受到沉重打击，许敬宗因功官拜侍中，监修国史，成为宰相。显庆四年（659），在唐高宗的默许之下，许敬宗发动"长孙无忌谋反案"，长孙无忌被外贬黔州安置，最终被逼自杀，褚遂良、柳奭、韩瑗等人被牵连，其家族继续受到打击。至此，以长孙无忌、褚遂良为代表的元老派被一网打尽。许敬宗则因替高宗冲锋陷阵充当打手，成为高宗的心腹。是为"长孙无忌谋反案"的始末缘由。实录、国史所记直接关系本朝人物的是非善恶，控制国史纂修意味

　　[1]关于"唐太宗李世民篡改历史"的问题，学界关注较多，可以参考罗香林、汪篯、李树桐、牛致功、岳纯之等先生的相关研究。

　　[2]关于"明成祖朱棣篡改历史"的问题，学界研究成果也较多，可以参考傅斯年、吴晗、王崇武、谢贵安等先生的相关研究。也可参考杨永康：《〈天潢玉牒〉考论》，《学术研究》2013年第1期，第97～103页；《朱棣篡史述论》，《社会科学战线》2014年第11期，第94～101页；《明初晋王朱棡事迹辨正——兼及〈太祖皇帝钦录〉的史料价值》，《史学史研究》2015年第3期，第7～16页。

着掌握评价本朝人物的话语权。在这样的政治局面之下，许敬宗必然要利用监修国史的机会，贬低长孙无忌、褚遂良，对他们进行舆论上的攻击。

显庆四年（659），长孙无忌、褚遂良一派被彻底打倒，许敬宗开始着手篡改实录也是在这一年。显庆四年二月五日，中书令许敬宗等五人受诏，"撰贞观二十三年以后至显庆三年（658）实录"[1]，即今上李治的实录。而长孙无忌谋反案爆发在同年（659）四月，许敬宗一定会利用修实录的机会盛加其罪，因为撰修《今上实录》，不可避免地要涉及"废王立武"政治斗争的书写。此时的长孙无忌、褚遂良已经被官方定以谋反之罪，罪名坐实，因而完全可以想象在《今上实录》中长孙无忌和褚遂良的形象是什么样子。许敬宗篡改的不仅仅是《今上实录》中的内容，也一定会篡改《太宗实录》中的相关记载，因为长孙无忌、褚遂良等人本来就是太宗朝的重臣，《太宗实录》必然记载着他们的事迹，而且篇幅一定不会少。更重要的是，太宗一朝贞观十五年（641）以后的实录成书于长孙无忌之手，可想而知《太宗实录》会如何记载长孙无忌和褚遂良的功绩。《太宗实录》第一次撰修完成于贞观年间，事迹起自李唐创业、迄于贞观十四年（640）。《唐会要》卷六三《修国史》记载："贞观十七年（643）七月十六日，司空房玄龄、给事中许敬宗、著作佐郎敬播等，上所撰高祖、太宗实录各二十卷。"许敬宗参加了这次的撰修。《太宗实录》第二次撰修完成于高宗永徽年间，由长孙无忌监修。"长孙无忌，为太尉，受诏与史官同续修《贞观实录》。永徽五年（654）闰五月五日毕功，诣阙表上之。起贞观十五年，至二十三年五月，勒成二十卷。帝览而觊歆。无忌等赐爵、加级、布帛各有差"[2]。永徽五年，此时的长孙无忌刚刚处理完"房遗爱谋反案"，正处在权力的顶峰，唐高宗、许敬宗发动的"废王立武"斗争还未展开，可以想见这部《太宗实录》会如何美化长孙无忌和褚遂良。是可忍孰不可忍，作为你死我活的政治对手，许敬宗一定不会让这样的实录存在，所以他也一定会利用修《今上实录》的机会，对《太宗实录》进行系统的

---

[1]（宋）王溥：《唐会要》卷六三《史馆上·修国史》，北京：中华书局，1955年，第1093页。（南宋）王应麟：《玉海》卷四八，南京：江苏古籍出版社，1987年，第904页。

[2]（宋）王钦若等编纂，周勋初等校订：《册府元龟》卷五五四《国史部一·恩奖》，南京：凤凰出版社，2006年，第6349页。

篡改。王元军先生认为许敬宗没有机会篡改《太宗实录》[1]，此说有误。《郡斋读书志》记载："《唐太宗实录》四十卷。右唐许敬宗等撰。起即位，尽贞观二十三年。初，贞观十七年，房玄龄、许敬宗、敬播撰《今上实录》，止十四年，成二十卷。永徽五年，无忌与史臣续十五年后，尽昭陵事，合四十卷。其后敬宗改定。"[2]《直斋书录解题》亦云："长孙无忌《太宗实录》四十卷。今本惟题'中书令许敬宗奉敕撰'。盖敬宗当高宗时用事，以私意窜改国史。"[3]由此看来，许敬宗曾将前两次撰修的《太宗实录》合为四十卷，并加以改定。谢贵安先生对这一问题有过详细的考证，所言极是[4]。既然是奉敕所撰，许敬宗篡改《太宗实录》的行为是得到高宗认可的，其动机肯定是为了丑化长孙无忌和褚遂良。总之，就当时的政治气氛而言，许敬宗篡改实录的行为应该是全面和系统的，《高宗实录》和《太宗实录》都涉及了。

除了篡改《太宗实录》《高宗实录》，许敬宗还篡改过纪传体国史。高宗龙朔中，许敬宗曾负责撰修纪传体国史。《唐会要》载："显庆元年（656）七月三日，史官太尉无忌、左仆射于志宁、中书令崔敦礼、国子祭酒令狐德棻、中书侍郎李义府、崇贤学士刘胤之、著作郎杨仁卿、起居郎李延寿、秘书郎张文恭等修国史成，起义宁，尽贞观末，凡八十一卷，藏其书于内府。至四年二月五日，中书令许敬宗、中书侍郎许圉师、太史令李淳风、著作郎杨仁卿、著作郎顾胤受诏，撰贞观二十三年以后至显庆三年实录，成二十卷，添成一百卷。"[5]根据这条材料的记载，显庆元年，长孙无忌等人奉诏修成纪传体国史八十一卷；显庆四年，许敬宗奉诏修《今上实录》，修成二十卷，许敬宗将这二十卷实录与长孙无忌所修的国史合在一起，凑成了一百卷。那么问题是，编年体的实录怎么能够与

[1] 王元军：《许敬宗篡改唐太宗实录及国史问题探疑》，《中国史研究》1996年第1期，第149～151页。

[2]（宋）晁公武撰，孙猛校证：《郡斋读书志校证》卷六，上海古籍出版社，1990年，第215页。

[3]（宋）陈振孙：《直斋书录解题》卷四，上海古籍出版社，1987年，第123页。

[4] 谢贵安：《中国已佚实录研究》，上海古籍出版社，2013年，第79、80页。

[5]《唐会要》卷六三《史馆上·修国史》，第1093页。《玉海》卷四八，第904页。记载大致与《唐会要》相同。

纪传体的国史"添"在一起呢？《唐会要》的记载会不会有问题呢？另一条材料可以证明这种说法的可靠性，刘知幾《史通》说："贞观初，姚思廉始撰纪传，粗成三十卷。至显庆元年，太尉长孙无忌与于志宁、令狐德棻、著作郎刘胤之、杨仁卿、起居郎顾胤等，因其旧作，缀以后世，复为五十卷。虽云繁杂，时有可观。龙朔中，敬宗又以太子少师总统史任，更增前作，混成百卷。如高宗本纪及永徽名臣、四夷等传多是其所造，又起草十志，未半而终。敬宗所作纪传，或曲希时旨，或猥饰私憾，凡有毁誉，多非实录。"[1]由此看来，《唐会要》所指的长孙无忌八十一卷国史，包括姚思廉的三十卷和长孙无忌缀续的五十卷，另外一卷应该是目录。纪传体国史体例不同于编年体实录，需要目录表明各卷内容。许敬宗也确实混成百卷国史，他增加了二十卷的内容，包括高宗本纪、永徽名臣传、四夷传等。当然，增加的内容是在新修的《今上实录》的基础上撰成的。《唐会要》的说法过于简略，让人产生歧义。作为与许敬宗同时代的史官，刘知幾对许敬宗篡改纪传体国史的做法是清楚的。龙朔去显庆未远，纪传体国史的撰修自然会秉承实录的书法，抬高许敬宗一派，贬低长孙无忌和褚遂良集团。

综上所述，从唐高宗时期政治史的角度来看，许敬宗篡改实录、国史事实俱在，可谓铁案。但是谁应该对此负责？难道是许敬宗一个人的责任吗？这个问题是值得继续追究的。如果不考虑政治斗争的背景，许敬宗是宰相，监修国史，当然应该负责。但当我们对唐高宗时期残酷的政治斗争有所了解的话，就会发现唐高宗才是许敬宗篡改国史幕后的主使者。笔者十分同意孟宪实先生的观点：唐高宗并不是一个软弱无能的皇帝，相反，他是一位有见地、有策略、有贡献的英明君主[2]。在打击长孙无忌、褚遂良等元老的政治斗争中，他才是真正的"后台老板"，许敬宗篡改国史也是在他的支持和纵容下进行的。当他准备为长孙无忌平反时，又毫不犹豫地指责许敬宗所记不实，把篡改国史的黑锅甩给了许敬宗，其政治手腕不可谓不高明。另外，武则天也应该承担一部分责任。武则天是"废王立武事件""长孙无忌谋反案"最直接的受益者，毫无疑问她是唐高宗最重要的帮手，也一定会全力支持许敬宗篡改国史的行为。武则天掌握政权后对许敬宗

---

[1]（唐）刘知幾撰，浦起龙释：《史通通释》卷十二《古今正史》，上海古籍出版社，1978年，第373页。

[2]参见孟宪实：《唐高宗的真相》，北京大学出版社，2008年。

父子的封赠与嘉奖即是最好的证明。总之，许敬宗篡改国史一案，唐高宗乃是主谋，武则天是从犯，许敬宗只是具体的执行者。

二、"李唐复辟"与许敬宗形象被丑化

唐高宗时期的另一场政治风波又引起了国史的重新书写，这就是唐高宗为长孙无忌平反事件。显庆四年（659），长孙无忌被判定谋反，十五年之后的上元元年（674），唐高宗为其平反，"优诏追复无忌官爵，特令无忌孙延主齐献公之祀"[1]。上元三年（676），受牵连的于志宁也被平反，"追复其左光禄大夫、太子太师"[2]。唐高宗为什么要给长孙无忌平反，史无确载。或许是因为自己逼死亲舅，良心上过意不去；或许是因为安抚受打击士族的情绪，稳定政治局面；或许是为了牵制许敬宗一派，平衡政治势力；或许兼而有之。平反意味着将官方之前的定论完全推翻，也意味着对长孙无忌重新进行评价。体现在国史中，就意味着对长孙无忌相关史实的重新书写。

唐高宗正式给长孙无忌平反发生在上元元年，早在前一年，也就是咸亨四年（673），他已下诏改修国史，为给长孙无忌平反制造舆论。"三月，丙申，诏刘仁轨等改修国史，以许敬宗等所记多不实故也"[3]。他通过指摘许敬宗的一些具体做法，证明国史所记不实："至如先朝作《威风赋》，意属阿舅及士廉，敬宗乃移向《尉迟敬德传》内。"[4]许敬宗撰修国史时，尉迟敬德、长孙无忌已死，国史自然会为他们立传。之前已经分析过，在当时的政治气氛下，许敬宗修实录、国史本来就有贬低长孙无忌的意图，国史的内容也一定会经过高宗的审定，现在唐高宗之所以开始赖账，根本原因还是在于他准备替"阿舅"平反，把责任推到了许敬宗头上。先不说此时许敬宗已死，死无对证，即便是敬宗在世，恐怕他也只能认了。值得注意的是，唐高宗虽然给长孙无忌平反，但却没有给褚遂良、韩瑗

---

[1]（后晋）刘昫：《旧唐书》卷六五《长孙无忌传》，北京：中华书局，1975年，第2456页。

[2]《旧唐书》卷七八《于志宁传》，第2700页。

[3]（宋）司马光：《资治通鉴》卷二〇二，咸亨四年三月条，北京：中华书局，1956年，第6371页。

[4]《唐会要》卷六三《史馆上·修国史》，第1093页。

等人平反，这是一次不太彻底的平反，所以他对许敬宗有所指责，并没有完全否定。唐高宗指摘许敬宗"所纪多非实录"，给长孙无忌平反，意味着朝廷政治气氛的改变，为后人更为激烈地批评许敬宗开了口子。如前所述，刘知幾就曾指责许敬宗"矫妄"，"或曲希时旨，或猥释私憾，凡有毁誉，多非实录"，对许敬宗修史持全面否定态度。

神龙政变之后，唐中宗李显为褚遂良、韩瑗、上官仪等人平反，更让许敬宗的个人形象受到沉重打击。许敬宗生前备受高宗宠爱，死后高宗也给予他很高的荣誉。"咸亨元年（670），抗表乞骸骨，诏听致仕，仍加特进，俸禄如旧。三年薨，年八十一。高宗为之举哀，废朝三日，诏文武百官就第赴哭，册赠开府仪同三司、扬州大都督，陪葬昭陵"[1]。唐高宗去世后，武则天通过一系列的政治斗争，最终通过武周革命取代李唐王朝，建立武周王朝。为了表彰许敬宗在"废王立武"活动中的拥立之功，"垂拱中，诏敬宗配飨高宗庙廷"[2]，如意元年（692），"则天以义府与许敬宗、御史大夫崔义玄、中书舍人王德俭、大理正侯善业、大理丞袁公瑜等六人，在永徽中有翊赞之功，追赠义府扬州大都督，义玄益州大都督，德俭魏州刺史，公瑜江州刺史"[3]，武则天又对许敬宗、李义府等人的儿子追加赏赐，礼遇更为隆重。"长安元年（701），又赐义府子左千牛卫将军湛及敬宗诸子实封各三百户，义玄子司宾卿基、德俭子殿中监璿实封各二百五十户，善业子太子右庶子知一、公瑜子殿中丞忠臣实封各二百户"[4]。然而，随着武周政权的垮台，许敬宗身后所享受的礼遇很快就被取消了。神龙元年（705），武则天病重，张柬之等人发动政变，杀死了武则天宠幸的张易之、张昌宗兄弟，拥戴太子李显复位。唐中宗复位之后，立刻给褚遂良、韩瑗等人平反，"神龙元年，则天遗制复遂良及韩瑗爵位"[5]，标志着朝廷给"长孙无忌案"彻底平反。因"梁王李忠谋反案"被诛杀的上官仪也被朝廷平反，"麟德元年（664），宦者王伏胜与梁王忠抵罪，许敬宗乃构仪与忠通谋，遂下狱而死，家口籍没。子庭

[1]《旧唐书》卷八二《许敬宗传》，第2764页。

[2]（宋）欧阳修、宋祁：《新唐书》卷二二三上《奸臣上·许敬宗传》，北京：中华书局，1975年，第6339页。

[3][4]《旧唐书》卷八二《李义府传》，第2770页。

[5]《旧唐书》卷八〇《褚遂良传》，第2739页。

芝，历位周王府属，与仪俱被杀。庭芝有女，中宗时为昭容，每侍帝草制诰，以故追赠仪为中书令、秦州都督、楚国公，庭芝黄门侍郎、岐州刺史、天水郡公，仍令以礼改葬"[1]。神龙二年（706），许敬宗配享高宗庙的资格被撤销[2]。至此，高宗一朝被许敬宗打倒的政敌全部被官方平反，官复原职，加以抚恤。唐隆元年（710），李隆基联合太平公主发动政变，杀了韦后与安乐公主，拥立李旦复位，是为"唐隆之变"。"睿宗即位，景云元年（710），并停义府等六家实封"[3]。至此，武则天时期备受优待的许敬宗、李义府等人的子孙被取消实封。许敬宗、李义府等人因为与武则天关系过于密切，李唐复国之后自然会把他们打入政治"冷宫"，与武则天有过节的褚遂良、韩瑗、上官仪等人自然是新政权抬举的对象，这是政治斗争的基本规律。"神龙政变"之后政治气氛的反转显然对许敬宗的重新评价极为不利。

唐代官方正式为长孙无忌、褚遂良、韩瑗、上官仪等人平反，这对国史中许敬宗、李义府形象的影响是灾难性的。官方的平反意味着官方评价的改变，也意味着官方历史的重新书写。既然长孙无忌、褚遂良、韩瑗等人都变成了尽忠直谏的忠义之臣，许敬宗、李义府等人也只能变成谄媚弄权的奸佞小人。刘知幾对许敬宗"矫妄"曲笔的激烈指责，显然也是这种政治气氛之下的产物。唐代国史中许敬宗的传最早出现在高宗时期，《史通》云："左史李仁实续撰丁志宁、许敬宗、李义府等传，载言纪事，见推直笔，惜其短世，功业未终。"[4]李仁实撰写的许敬宗传估计揭发了许敬宗的一些过失，故刘知幾表彰其直笔，这与高宗为长孙无忌平反的政治气氛相吻合。"长寿中，春官侍郎牛凤及又断自武德，终于弘道，撰为《唐书》，百有十卷"[5]。刘知幾指责牛凤及"狂惑"，此史撰成于武则天称帝时期，自然要为武则天说话，非但不会说许敬宗的坏话，还会说他的好话。"长安中，余与正谏大夫朱敬则、司封郎中徐坚、左拾遗吴兢，奉诏更撰《唐书》，勒成八十卷。神龙元年，又与坚、兢等重修《则天实录》，编为三十

[1]《旧唐书》卷八〇《上官仪传》，第2743、2744页。

[2]《唐会要》卷十八《配享功臣》，"其许敬宗，神龙二年闰二月一日敕停"一条，第371页。

[3]《旧唐书》卷八二《李义府传》，第2770、2771页。

[4][5]《史通通释》卷十二《古今正史》，第373页。

卷"[1]。刘知幾等人奉诏撰修《唐书》事在武则天"长安"时期，但"长安"年号只有四年，紧接着就是"神龙"，从这段引文的上下文来看，刘知幾撰修的《唐书》应当与重修的《则天实录》一样，于神龙年间撰成。考虑到"神龙政变"之后拥唐反周的政治潮流，以及刘知幾指责许敬宗"曲笔"时的激烈态度，刘知幾撰修的《唐书》对许敬宗的贬低可想而知。在李唐复辟这样的大政治背景之下，对许敬宗、李义府等"废王立武"派大臣的贬低应当是官修史书的趋势，只会愈演愈烈。之后韦述的《唐书》和柳芳的《国史》也一定延续了这样的立场和态度，对后来的《旧唐书》产生了重要的影响。清代学者赵翼曾说，《旧唐书》纪传多抄实录国史旧文[2]。如果我们检阅《旧唐书》相关传记，就会发现它基本上沿袭了神龙政变以来的官方定论，以长孙无忌、褚遂良、韩瑗等人为忠臣，相关传记以褒扬为主；以许敬宗、李义府等人为佞臣，相关传记以贬斥为主。

《旧唐书》对许敬宗的贬斥主要体现在两个方面。首先，指责其私生活不检点。比如，贪财与婚。"敬宗嫁女与蛮酋冯盎之子，多纳金宝"[3]；"敬宗嫁女与左监门大将军钱九陇，本皇家隶人，敬宗贪财与婚"[4]；"敬宗为子娶尉迟宝琳孙女为妻，多得赂遗"[5]。唐代士族或勋贵之间婚姻的奢侈程度我们不难想象，许敬宗传不厌其烦地拿嫁妆和聘金说事，反映了作传者败坏许敬宗名声的良苦用心。又如，父子矛盾。许敬宗母亲的侍婢有姿色，"敬宗嬖之，以为继室，假姓虞氏。昂素与通，烝之不绝，敬宗怒黜虞氏，加昂以不孝，奏请流于岭外"[6]。这件事本来是许敬宗之子许昂有错在先，到头来却指责许敬宗"弃长子于荒徼"，作传者看笑话的心态暴露无遗。又如，贪生怕死。"世基被诛，世南匍匐而请代；善心之死，敬宗舞蹈以求生"[7]。借封德彝之口，指责许敬宗贪生怕死。这类口头说法，充满着主观性，很难被证实。其次，因为私德败坏，所以记事阿曲。因为个人好恶，"为德彝立传，盛加其罪恶"[8]；因为贪财，所以为钱九陇曲叙门阀，

[1]《史通通释》卷十二《古今正史》，第374页。

[2]参见赵翼著，王树民校正：《廿二史札记校正》卷十六《旧唐书前半全用实录国史旧本》，北京：中华书局，1984年，第345～349页。

[3][4][5][6][7][8]以上皆见《旧唐书》卷八二《许敬宗传》，第2762～2764页。

妄加功绩；为尉迟宝琳之父尉迟敬德作传，"悉为隐诸过咎"[1]；为蛮酋庞孝泰虚美功绩。《旧唐书》通过丑化许敬宗私德，进一步坐实了许敬宗篡改国史的行为。个人私德的败坏会加重人们对他篡改国史的恶感，篡改国史反过来又会刺激人们对他品行的怀疑，如此恶性循环，许敬宗的形象自然会越来越不堪。到了欧阳修的《新唐书》，许敬宗竟然名列《奸臣传》第一，成为唐代第一奸臣。

许敬宗真的如此不堪吗？答案显然是否定的。唐高宗不是一个软弱无能的皇帝，许敬宗也不是一个奸佞弄权的宰相。但是在李唐复辟的政治背景之下，曾经为武则天上位立下汗马功劳，并被武周政权抬举的许敬宗很自然会成为众矢之的，他的功绩会被隐没，他的缺点会被放大。不仅私生活问题会被放大，篡改国史的问题也同样会被放大。《旧唐书·许敬宗传》最初的文本就是在这样的气氛下形成的。

三、许敬宗篡改国史史实再辨正

毫无疑问，"长孙无忌谋反案"发生之后，为了贬斥、打击长孙无忌、褚遂良集团，许敬宗在实录、国史的撰修过程中一定会揭露他们的恶行，对他们进行丑化；同时也会抬高自己，对同一阵营的战友进行美化。反过来，"神龙政变"和"唐隆之变"之后，在"李唐复辟"和"倒周拥李"的政治气氛之中，许敬宗也被后来的史官过分丑化，他的私德被拿来作为其篡改国史的证据。但是，许敬宗篡改国史问题归根结底是一个政治立场问题而非个人品行问题，许敬宗篡改国史的行为有被放大的一面，因而也有进一步厘清的必要。

首先，关于为尉迟敬德"隐过虚美"的问题。《旧唐书》说："敬宗为子娶尉迟宝琳孙女为妻，多得赂遗，及作宝琳父敬德传，悉为隐诸过咎。太宗作《威凤赋》以赐长孙无忌，敬宗改云赐敬德。"[2]如前所述，唐高宗因为《威凤赋》的问题亲口指责过许敬宗。难道真的是因为有姻亲关系，又拿了尉迟宝琳的钱财，许敬宗才美化尉迟敬德吗？让我们看看唐高宗与尉迟宝琳的关系：

> 延祐从弟藏器，高宗时为侍御史。卫尉卿尉迟宝琳胁人为妾，藏器

---

[1] 以上皆见《旧唐书》卷八二《许敬宗传》，第2762～2764页。

[2]《旧唐书》卷八二《许敬宗传》，第2764页。

劾还之，宝琳私请帝止其还，凡再劾再止。藏器曰："法为天下县衡，
万民所共，陛下用舍徇情，法何所施？今宝琳私请，陛下从之；臣公
劾，陛下亦从之。今日从，明日改，下何所遵？彼匹夫匹妇犹惮失信，
况天子乎。"帝乃诏可，然内衔之，不悦也。[1]

从这条材料中，我们读出了唐高宗对尉迟宝琳的宠爱。尉迟宝琳因为"胁人
为妾"被刘藏器弹劾，高宗因为私情替尉迟宝琳说话，如此再三，高宗虽然最终
同意了刘藏器的意见，心里却很不高兴，这也直接影响了刘藏器后来的仕途，直
到70岁官才做到尚书郎[2]。高宗为什么会如此不惜颜面一而再、再而三地替尉迟宝
琳说话呢？这与尉迟家族在"废王立武"斗争中的立场相关。毫无疑问，尉迟家
族是支持唐高宗的，他们与亲家许敬宗立场一致。尉迟敬德死于显庆三年（658），武
则天于永徽六年（655）被立为皇后，尉迟敬德本人支持"废王立武"，这才是高
宗宠爱尉迟宝琳的真正原因，也是许敬宗胆敢将《威凤赋》放在尉迟敬德名下的
真正原因。许敬宗为尉迟敬德"隐过虚美"，唐高宗显然是知情的，也说不定就
是他授意的，只是到后来为"阿舅"平反时，他就不认账了，一股脑儿全都推到
了许敬宗头上。敬宗已死，无从辩白。这条材料还能回答另一个有趣的问题——
刘知幾为什么会激烈地指责许敬宗？因为刘藏器是刘知幾的父亲！刘藏器的政治
立场与许敬宗、尉迟宝琳不同，虽然没有受到长孙无忌、褚遂良的牵连，却因为
批评尉迟宝琳仕途受阻，刘知幾对此一定十分清楚。受父亲的影响，于公于私他
对许敬宗一派都不会有好感。刘知幾对许敬宗的激烈批评反映了他的"反周拥
唐"的政治立场，他同情长孙无忌、褚遂良一派，厌恶许敬宗、李义府一派。如
前所述，刘知幾应该是较早贬低许敬宗的史官之一。

其次，关于美化蛮酋庞孝泰的问题。《旧唐书》说："白州人庞孝泰，蛮酋
凡品，率兵从征高丽，贼知其懦，袭破之。敬宗又纳其宝货，称孝泰频破贼徒，
斩获数万，汉将骁健者，唯苏定方与庞孝泰耳，曹继叔、刘伯英皆出其下。虚美
隐恶如此！"[3]这里又指责许敬宗因为贪财，给人说好话。庞孝泰其人果真是怯懦

[1]《新唐书》卷二〇一《文艺上·刘延祐传》，第5733页。

[2]《新唐书》卷一二二《魏元忠传》，第4343页，"刘藏器行副于才，陛下所知，今七
十为尚书郎"一条。

[3]《旧唐书》卷八二《许敬宗传》，第2764页。

之将，不值得国史为其树碑立传吗？《旧唐书》庞孝泰无传，估计许敬宗为庞孝泰所立之传已被人删去。幸好《册府元龟》中保存了一段材料，可以让我们了解其为人：

> 庞孝泰为左骁卫将军。高宗遣将征高丽，孝泰为沃沮道总管。时孝泰率岭南水战之士军于蛇水之上，高丽盖苏文益兵击之，孝泰大败。或劝突围就刘伯英、曹继叔之营，孝泰曰："我伏事国家两代，过蒙恩遇，高丽不灭，吾必不还。伯英等何必救我？又我将乡里子弟五千余人，今并死尽，岂一身自求生邪？"贼内薄攻之，死者累万，箭如猬毛，遂与其子一十三人皆死之。[1]

庞孝泰携十三子、五千子弟兵战死于高丽，如此英勇壮烈之牺牲，仍然被视为怯懦，这难道不是赤裸裸的丑化和偏见么？因为敌视许敬宗而湮灭了庞孝泰的事迹，史官之失也。修史者之所以如此贬低庞孝泰，并不仅仅因为许敬宗抬举他，更深层的原因在于庞孝泰属于许敬宗阵营中的人。庞孝泰是许敬宗的亲家——冯盎的部下。隋末唐初，冯盎和庞孝泰都是南越的蛮酋。武德四年（621），"盎以南越之众降，高祖以其地为罗、春、白、崖、儋、林等八州，仍授盎上柱国、高罗总管，封吴国公，寻改封越国公"[2]。庞孝泰曾经担任过"南州刺史"，即后来的"白州刺史"，他应该是冯盎的属下。《旧唐书》在谈及许敬宗与冯盎的关系时，也提到了许敬宗嫁女是为了贪图他的钱财。这样的说法显然就是为了丑化许敬宗，将其与陈寿索米、班固受金之类的故事联系起来，指责他为了钱财篡改国史。无论如何，后来的史官为了贬低许敬宗而废除庞孝泰之传都是有失公允的。

最后，关于丑化褚遂良的问题。根据《太宗实录》的记载，贞观十九年（645），侍中刘洎因为褚遂良诬奏被太宗赐死。司马光认为，像褚遂良这样刚正不阿的忠直之臣怎么会诬陷他人，一定是许敬宗利用撰修实录的机会丑化褚遂良，他说："按此事中人所不为，遂良忠直之臣，且素无怨仇，何至如此！盖许

---

[1]《册府元龟》卷三七三《将帅部·忠第四》，第4226、4227页。

[2]《旧唐书》卷一〇九《冯盎传》，第3288页。《新唐书》卷一一〇《冯盎传》，第4113页，记载的时间是武德五年。

敬宗恶遂良，故修实录时以洎死归咎于遂良耳。今不取。"[1]司马光修《资治通鉴》没有采信《太宗实录》的说法。然而，一些研究表明，褚遂良确实诬陷了刘洎，因为他们属于不同的政治集团，在立太子问题上发生过矛盾，褚遂良拥戴李治，刘洎则支持魏王李泰[2]。这件事在当时并没有引起人的注意，永徽六年（655），褚遂良被流放，第二年显庆元年（656），这件事才被刘洎的儿子揭发出来："刘洎之子讼其父冤，称贞观之末，为褚遂良所谮而死，李义府复助之。上以问近臣，众希义府之旨，皆言其枉。"[3]如此看来，许敬宗记载褚遂良诬奏刘洎之事，是有事实依据的，并非完全捏造。反而是司马光被褚遂良身上刚直不阿的光环蒙蔽了。大凡政治人物都有两面性，在你死我活的政治斗争中，长孙无忌、褚遂良们对待敌人是毫不手软的，"刘洎案""房遗爱案"即是例证。在考察许敬宗篡改国史问题时应该具体问题具体分析，而不应该一概而论，谓之"捏造"，谓之"诬蔑"。

综上所述，"求真求实"是史学得以存在的基础，官方史学作为中国古代史学的重要组成部分，同样有着"求真求实"的学术追求。但是，"直书""实录"的学术追求遭遇到激烈的政治斗争时，就会显得十分脆弱和无奈，尤其是在涉及本朝史的撰修时，官方修史活动会成为政治斗争的一部分，官方史学会沦为政治斗争的工具。许敬宗篡改国史就是唐高宗打击长孙无忌、褚遂良的重要手段。在打击元老派的政治斗争中，许敬宗、李义府只是马前卒，负责冲锋陷阵，唐高宗才是核心人物，是许敬宗篡改国史的幕后主使者，许敬宗替高宗背了黑锅。从唐高宗时期政治斗争史的角度来看，许敬宗篡改实录、国史问题是不容否定的，"李唐复辟"之后，在"倒周拥唐"的政治气氛之下，长孙无忌、褚遂良的形象不断被抬高、被美化，许敬宗、李义府的形象不断被贬低、被丑化，许敬宗篡改国史问题由一个政治问题演变成了一个个人私德问题，其篡改史问题也存在着被放大的倾向。总之，中国古代政治斗争深刻地影响着官方历史的书写，无论是唐代"玄武门之变"还是明代的"靖难之役"，也都印证着这样的规律：

---

[1]《资治通鉴》卷一九八，贞观十九年十二月条，第6234页。

[2] 参见唐长孺等编：《汪篯隋唐史论稿》，北京：中国社会科学出版社，1981年，第109～113页；王元军：《刘洎之死真相考索》，《人文杂志》1992年第5期，第87～90页。

[3]《资治通鉴》卷二〇〇，显庆元年十二月条，第6300页。

政治斗争的成败影响着中国古代政治史的书写，政治斗争的胜利者掌握着历史书写的话语权；政治斗争的胜利者总是极力地美化自己，丑化敌人；当政治斗争出现反复时，官方历史书写也会出现改变。

（作者单位：山西大学历史文化学院）

唐代巡幸迎谒制度研究[*]

张　琛

巡幸是指天子离开京城到地方的视察活动，承担着传递国家意识形态、强化君权、考察政绩、德化天下、建构社会秩序的重要功能，对其进行研究具有较强的学术价值和应用价值。就唐代巡幸制度而言，杜文玉在巡幸起居制度，金滢在巡幸仪卫制度，高文文在巡狩制度，陈戍国、任爽、王美华在巡狩礼方面取得了丰硕的研究成果[1]，有着积极的指导意义。因研究的侧重点不同，天子巡幸中的迎谒制度还没有进入学界视野，也没有相关研究成果问世。就迎谒制度而言，现存唐史史料对迎谒制度的制度形式及运作机制缺乏详细的记载，相关记载散见在各种史料中，零星而分散，给研究带来了不少困难，迎谒制度研究成果并不多，主要集中在宾礼考述方面[2]。宾礼是一种自上而下的迎谒礼，对于自下而上的巡幸迎

*本文系河南省哲学社会科学规划项目一般项目（编号：2018BLS008）阶段性成果。

[1] 杜文玉：《五代起居制度的变化及其特点》，《陕西师范大学学报》（哲学社会科学版）2005年第3期，第102～110页。杜文玉：《五代十国制度研究》，北京：人民出版社，2006年，第280～302页。杜文玉、谢西川：《唐代起居制度初探》，《江汉论坛》2010年第6期，第70～78页。杜文玉：《论唐大明宫延英殿的功能与地位——以中枢决策及国家政治为中心》，《山西大学学报》（哲学社会科学版）2012年第3期，第199、200页。［韩］金滢：《唐前期皇帝行幸的威仪》，《中国古中世史研究》第20辑，2008年，第431～453页。高文文：《唐代巡狩制度研究》，陕西师范大学硕士学位论文，2009年，第4～57页。陈戍国：《中国礼制史·隋唐五代卷》，长沙：湖南教育出版社，1998年，第245～261页。任爽：《唐代礼制研究》，长春：东北师范大学出版社，1999年，第96页。王美华：《唐宋礼制研究》，东北师范大学博士学位论文，2004年，第135页。

[2] 杨志刚：《中国礼仪制度研究》，上海：华东师范大学出版社，2001，第384～409页。杨阳：《唐代宾礼研究》，陕西师范大学硕士学位论文，2014年，第5～31页。拜根兴：《石刻墓志与唐代东亚交流研究》，北京：科学出版社，2015年，第221～233页。李丽艳：《唐代宾礼研究——以〈大唐开元礼〉为研究视角》，辽宁大学硕士学位论文，2015年，第7～24页。王贞平：《唐代宾礼研究——亚洲视域中的外交信息传递》，上海：中西书局，2017年，第1～256页。

谒制度来说，参考价值并不大。笔者不揣浅薄，爬梳史料，对巡幸迎谒制度进行研究，庶几使相关研究不断走向深入。

一、何为迎谒制度

"迎，逢也。"[1]段玉裁注："逢，遇也。"[2]"谒，白也。"[3]颜师古注"上谒"为"若今通名也"[4]。段玉裁注"谒"为："《广韵》曰：'白，告也。'按谒者，若后人书刺自言爵里姓名并列所白事。"[5]可知，迎即迎接，谒即持名帖拜谒，迎谒也就是迎接谒见的意思。

迎谒制度渊源颇深，先秦有之，以郊迎的形式存在。《礼记》曰：

> 君使士迎于竟，大夫郊劳，君亲拜迎于大门之内，而庙受，北面拜贶，拜君命之辱，所以致敬也。敬让也者，君子之所以相接也。故诸侯相接以敬让，则不相侵陵。卿为上摈，大夫为承摈，士为绍摈；君亲礼宾，宾私面，私觌；致饔饩，还圭璋，贿、赠、飧、食、燕，所以明宾客君臣之义也。[6]

这是郊迎外来宾客之礼。首先，国君遣士将宾客迎入境内。其次，国君遣大夫劳于城郊之外。周制以王城为中心，离都城五十里为近郊，百里为远郊，郊外也就是城郊之外。最后，国君与宾客行迎劳之礼。这种郊迎制度也存在于国君与士、大夫之间。秦、晋崤山（今河南洛宁县东）之战，秦国战败，秦将孟明视、西乞术、白乙丙被俘，在文嬴斡旋下，晋襄公许归秦三将。"三将至，（秦）穆

---

[1]（汉）许慎撰，（宋）徐铉校定：《说文解字》卷二下，北京：中华书局，1963年，第40页。

[2]（汉）许慎撰，（清）段玉裁注：《说文解字注》，上海古籍出版社，1981年，第71页。

[3]《说文解字》卷三上，第51页。

[4]（东汉）班固：《汉书》卷四九《袁盎传》，北京：中华书局，1962年，第2272页。

[5]《说文解字注》，第90页。

[6]（汉）郑玄注，（唐）陆德明音义，（唐）孔颖达等正义：《礼记正义》卷六三《聘义》，（清）阮元校刻《十三经注疏》，北京：中华书局，1980年，第3675、3676页。

公素服郊迎"[1]。民间也有相关记载。苏秦早年不专营农业生产，逞口舌之利，出外游历多年，穷困潦倒，回到家后"妻不下纴，嫂不为炊，父母不与言"。游说赵国成功后，路过洛阳，"父母闻之，清宫除道，张乐设饮，郊迎三十里。妻侧目而视，倾耳而听；嫂蛇行匍伏，四拜自跪而谢"[2]。

汉代迎谒制度得到了较大发展。"迎谒"一词最早出现在《史记》卷五六《陈丞相世家》中，其文曰：

> （陈）平曰："古者天子巡狩，会诸侯。南方有云梦，陛下弟出伪游云梦，会诸侯于陈。陈，楚之西界，信闻天子以好出游，其势必无事而郊迎谒。谒，而陛下因禽之，此特一力士之事耳。"高帝以为然，乃发使告诸侯会陈，"吾将南游云梦"。上因随以行。行未至陈，楚王信果郊迎道中。高帝豫具武士，见信至，即执缚之，载后车。[3]

"会诸侯于陈"说明天子巡幸，诸侯皆来拜谒。陈州在楚国西界，会于陈，韩信必郊迎，则说明天子过境，地方长官郊迎已经成为制度。对于"郊迎谒"的解释，颜师古曰"出其郊，远迎谒也"[4]，仍是郊迎的意思，但"迎谒"开始成为独立词语出现在史籍中，进而突破"郊迎"的藩篱，成为一种广泛意义的制度形式。

《汉书》卷一下《高帝纪》载："（汉高祖）六年冬十月，令天下县邑城。人告楚王信谋反，上问左右，左右争欲击之。用陈平计，乃伪游云梦。十二月，会诸侯于陈，楚王信迎谒，因执之。"[5]《汉书》卷七一《疏广传》载："宣帝幸太子宫，受迎谒应对，及置酒宴，奉觞上寿，辞礼闲雅，上甚欢悦。"[6]《后汉书》卷五一《任光传》载："（任光）闻世祖至，大喜，吏民皆称万岁，即时

[1]（汉）司马迁：《史记》卷五《秦本纪》，北京：中华书局，1959年，第192页。

[2]（汉）刘向撰，何建章注释：《战国策》卷三《秦策一》，北京：中华书局，1990年，第76页。

[3]《史记》卷五六《陈丞相世家》，第2057页。

[4]《汉书》卷四〇《陈平传》，第2044页。

[5]《汉书》卷一下《高帝纪下》，第59页。

[6]《汉书》卷七一《疏广传》，第3039页。

开门，与李忠、万修率官属迎谒。"[1]同是记载汉高祖伪游云梦山，擒杀韩信故事，《汉书·高帝纪》用的是"迎谒"而不是"郊迎谒"；汉宣帝幸太子宫受"迎谒"；信都郡官员任光、李忠、万修及僚属、民众"迎谒"刘秀。这些史料足以说明"迎谒"在汉代已成为广泛意义上的迎接谒见形式。

唐代是迎谒制度全面发展时期，迎谒范围较广，既有自上而下的迎谒，也有自下而上的迎谒。自上而下的迎谒主要是指唐天子对诸侯、蕃国主、蕃国使者、官员的迎谒活动。遣使迎劳诸侯、蕃国主及其使者，属于宾礼的范畴，《大唐开元礼·宾礼》有详细记载。对官员的迎谒也是以遣使迎劳的形式来完成的。

自下而上的迎谒范围较广，既有百姓、下属对上司的迎谒，也有百姓、官员对天子的迎谒。百姓、下属对上司迎谒例证较多。裴行俭护送泥涅师回波斯途中，路过西州，"人吏郊迎"[2]。裴行俭曾任西州都督府长史、安西大都护，西州"人吏郊迎"属百姓、下属对上司的迎谒。"颍王璬之至成都也，崔圆迎谒，拜于马首"[3]。崔圆时任"蜀郡长史、剑南节度副大使"，颍王李璬时任"剑南节度大使"，是崔圆的上司。颍王李璬至成都，崔圆行迎谒礼。李晟"至凤翔，托以巡边，至泾州，（田）希鉴迎谒，于坐执而诛之"[4]。李晟时任凤翔尹、凤翔陇右节度使，仍充陇右泾原节度，兼管内诸军及四镇、北庭行营兵马副元帅，田希鉴时任泾原节度使，治所在泾州（今甘肃泾川北），是李晟的下属。李晟至泾州，田希鉴要行迎谒礼。

百姓、官员对天子的迎谒分京内和京外两种情况。京内迎谒多以朝参礼进行，京外迎谒则复杂得多。就迎谒者来说，主要包括士庶群体、地方长官、朝廷百官、皇室成员等。就迎谒对象而言是天子，可以是即将称帝的君主，可以是在任皇帝，也可以是太上皇。就迎谒形式来说，有班迎、郊迎、得诣行在等。就迎

[1]（南朝宋）范晔：《后汉书》卷五一《任光传》，北京：中华书局，1965年，第751页。

[2]（后晋）刘昫：《旧唐书》卷八四《裴行俭传》，北京：中华书局，1975年，第2802页。

[3]（宋）司马光：《资治通鉴》卷二一九，至德元年十月条，北京：中华书局，1956年，第7003页。

[4]《旧唐书》卷一三三《李晟传》，第3671页。

谒礼来说，有伏于道左、夹道欢呼、捧足、控辔、拜舞等。这些都是本文的研究内容。

二、士庶迎谒

士庶迎谒有正式迎谒与非正式迎谒两种。正式迎谒是指士庶群体参加官方组织的迎谒活动，这种迎谒活动往往带有一定的强制性。贞观十八年（644）十月，唐太宗下诏征高丽，其文曰："御营非近州县学生、父老等，无烦迎谒。"[1]"无烦迎谒"是指"御营非近州县"的士庶群体有迎谒任务。皇帝开恩，免除了其迎谒任务，但"御营近州县"的士庶团体仍要参与迎谒。对此，《新唐书》记载为："行在非近州县不得令学生、耆老迎谒。"[2]强制色彩极为浓厚。

参与正式迎谒的士庶群体范围较广，前引史料中的"父老"是这一群体的重要组成部分。"父老"一词由来已久，一般指古时职掌管理乡里事务的年长者，也指对老年人的尊称，在不同的语境中，有着不同的称谓，如耆寿、耆旧、耆老、耆宿、乡望、邑老、村老等。作为老年人，父老参与迎谒符合礼制要求。

《礼记》曰："天子五年一巡守。岁二月，东巡守至于岱宗，柴，而望祀山川。觐诸侯，问百年者，就见之。"[3]《册府元龟》卷一一二《帝王部·巡幸一》载："汉制曰：'巡狩之制，以宣声教。'如此，则王者巡幸之礼，有自来矣。是故，省风俗、见高年，所过必给复，所至必赦宥。"[4]"存问百年"成为天子巡狩的重要目的，也是行巡幸之礼的重要内容。唐天子巡幸继承了这一古礼。总章二年（669）八月一日，"诏以十月幸凉州。时陇右虚耗，议者咸云车驾西巡不便，上闻之，召五品以上谓曰：'帝王五载一巡狩，群后四朝，此盖常礼。朕欲暂幸凉州，今闻在外咸谓非宜，何也？'宰臣以下，莫有对者。详刑大夫来公敏

---

[1]（宋）宋敏求：《唐大诏令集》卷一三〇《讨高丽诏》，北京：中华书局，2008年，第703页。

[2]（宋）欧阳修、宋祁：《新唐书》卷二二〇《东夷》，北京：中华书局，1975年，第6190页。

[3]《礼记正义》卷一一《王制》，第2874、2875页。

[4]（宋）王钦若：《册府元龟》卷一一二《帝王部·巡幸》，北京：中华书局影印本，1960年，第1327页。

曰：'陛下巡幸凉州，遐宣王略，求之故实，未亏令典。……'上曰：'卿等既有此言，我止渡陇，存问父老，蒐狩即还。'"[1]唐高宗改巡狩凉州为止于渡陇，仍要行"存问父老"之礼。

"存问父老"往往是以父老献食、天子抚慰的形式完成的，献食是牛酒，抚慰是赐以绢帛。所谓牛酒是"牛与酒的并称，用于赏赐、慰劳和馈赠"[2]。《周礼注疏》卷一三《地官·牛人》载："凡宾客之事，共其牢礼、积、膳之牛。（郑玄）注：牢礼飧饔也，积，所以给宾客之用。"[3]牛成为主人款待宾客之资，也是一种待客之礼。这一古礼在唐代有了很好的继承。开元十三年（725）八月，唐玄宗"发东都巡狩，庚午至濮州，河南百五里内父老皆献牛酒，还其牛，各赐帛一匹，遣之。"[4]献牛酒的主体是父老，范围延至河南五百里内。"还其牛"说明是现实中的牛，并非代指。开元十三年十一月壬辰"封禅礼毕，大赦天下……丁酉，徐、曹、亳、汴、许、仙、豫等州父老献牛酒，还其牛酒，各赐帛二匹"[5]。献食的主体仍是父老，献物仍是牛酒，范围为徐、曹、亳、汴、许、仙、豫等州，规模也比较大。开元十三年的两次巡幸迎谒，天子均还其牛酒，赐以绢帛，完成"存问百年"的互动。

学生、僧尼、道士、致仕官等也是士庶迎谒的重要组成部分。前引唐太宗讨高丽诏："御营非近州县学生、父老等，无烦迎谒。"[6]迎谒的主体不仅有父老，还有学生。开元十一年（723）正月幸潞州，以历试旧宅为飞龙宫诏曰："今停跸潞州，劳以牛酒，其外州刺史及迎驾父老、道士、女道士、僧尼等远来至此，颇以艰辛，宜并令预会。"[7]民间迎谒的主体不仅有父老，还有男道士、女道士、僧

[1]（宋）王溥：《唐会要》卷二七《行幸》，上海古籍出版社，2006年，第602页。

[2]郑天挺、吴泽、杨志玖主编：《中国历史大辞典》（上卷），上海辞书出版社，2000年，第491页。

[3]（汉）郑玄注，（唐）陆德明音义，（唐）贾公彦疏：《周礼注疏》卷一三《地官·牛人》，（清）阮元校刻《十三经注疏》，第1559页。

[4]《册府元龟》卷三六《帝王部·封禅第二》，第399页。

[5]《册府元龟》卷八〇《帝王部·庆赐第二》，第937页。

[6]《唐大诏令集》卷一三〇《讨高丽诏》，第703页。

[7]《册府元龟》卷一七二《帝王部·求旧第二》，第2079页。

人、尼姑等。开元二十二年（734）驾幸东都，宋璟"于路左迎谒，上遣荣王亲劳问之，自是频遣使送药饵"[1]。开元二十年（732）宋璟致仕在东都静养，开元二十二年参与迎谒，说明致仕官也是迎谒群体之一。

非正式迎谒是指士庶群体自愿或者自发参与的迎谒活动，既有群体迎谒，也有个体迎谒。就群体迎谒而言，百姓是重要的迎谒者。贞观十九年（645），唐太宗攻打高丽，诸军所俘高丽民一万四千口，先集于幽州，将以赏给军士。唐太宗悯其父子夫妇离散，命有司平其直，悉以钱布赎为民。当他抵幽州，高丽民迎于城东，"拜舞呼号，婉转于地，尘埃弥望"[2]。唐太宗的仁义之举，得到了高丽百姓的拥戴，有了高丽民迎谒太宗皇帝的壮举，这种迎谒是自发的或自愿的。至德二载（757）十月，唐肃宗入西京。"百姓出国门奉迎，二十里不绝，舞跃呼万岁，有泣者"[3]。天祐元年（904）正月，唐昭宗至华州，"民夹道呼万岁，上泣谓曰：勿呼万岁，朕不复为汝主矣！"[4]至德、天祐年间百姓均为迎谒的主体，且都是自愿或自发行为。

就个体迎谒而言，因迎谒目的不同，身份各异。大唐建国时，为分享胜利果实，于路迎谒唐高祖李渊者较多。窦轨迎谒于长春宫，伏挺迎谒于新林，长孙敞迎谒于新丰，韦云起迎谒于长乐宫等，这些人后来都成了大唐立国的支柱。唐后期战乱不断，銮舆播迁，于路迎谒皇帝，有扈卫之意。天宝末，唐玄宗幸蜀，罗公远"于剑门奉迎銮辂，卫至成都，拂衣而去。及玄宗自蜀还京，方悟蜀当归之寄矣"[5]。迎谒者身份是道士，迎谒目的是护送玄宗至蜀。

三、地方官迎谒

《礼记》曰："天子巡守诸侯待于竟。"[6]巡守即巡狩，竟通境。《白虎通

[1]《旧唐书》卷九六《宋璟传》，第3036页。

[2]《资治通鉴》卷一九八，贞观十九年十一月辛未条，第6231页。

[3]《资治通鉴》卷二二〇，至德二载十月丙寅条，第7042页。

[4]《资治通鉴》卷二六四，天祐元年春正月甲子条，第8627页。

[5]（宋）李昉：《太平广记》卷二二《神仙二十二·罗公远》，北京：中华书局，1961年，第150页。

[6]《礼记正义》卷四八《祭义》，第3473页。

义》曰："王者巡狩，诸侯待于境者何？诸侯以守蕃为职也。"[1]这一礼仪范本在唐代礼制书写中得到了继承。《大唐开元礼》卷六二《巡狩礼》"銮驾出宫"条载："所经州、县，刺史、县令先待于境。"[2]迎谒的主体是州、县的刺史、县令，参与迎谒的地方官范围是"所经州、县"。这一理想化的礼仪规范，与实际的巡幸活动有着较大的差异。开元十一年（723）正月，唐玄宗幸潞州，以历试旧宅为飞龙宫，诏曰：

> 朕巡狩晋阳，观风问俗，肆觐群后，存问百年，候于境者，抑为故
> 事。今停跸潞州，劳以牛酒，其外州刺史及迎驾父老、道士、女道士、
> 僧尼等，远来至此，颇以艰辛。宜并令预会刺史，赐物四十四，父老以
> 下，各赐物三匹。[3]

唐玄宗巡幸潞州诏书强调"候于境"的古礼，但仍有外州刺史远来迎谒，并非是所经州、县的刺史，迎谒的主体也并非是刺史、县令，而是组成了一个以地方官为中心，父老、道士、女道士、僧、尼等人参加的迎谒团队。

《唐六典》《大唐开元礼》对于皇帝巡幸，参与迎谒的地方官及迎谒形式进行了规定。《唐六典》卷四"礼部郎中"条载：

> 凡车驾巡幸及还京，百官辞迎皆于城门外；留守宫内者，在殿门
> 外。行从官每日起居，两京文武职事五品以上三日一奉表起居，三百里
> 内刺史朝见。[4]

《大唐开元礼》卷三《杂制》载：

> 凡车驾巡幸，每月朔，两京文武官职事五品以上，表参起居。州界
> 去行所在三百里内者，刺史遣使起居。若车驾从比州及州境过，刺史朝

[1]（汉）班固：《白虎通义》卷下《德论下·巡狩》，《文渊阁四库全书》第850册，上海古籍出版社，1987年，第38、39页。

[2]（唐）萧嵩：《大唐开元礼》卷六二《皇帝巡狩·銮驾出宫》，北京：民族出版社，2000年，第321页。

[3]《册府元龟》卷一七二《帝王部·求旧第二》，第2079页。

[4]（唐）李林甫等撰，陈仲夫点校：《唐六典》卷四《礼部郎中》，北京：中华书局，1992年，第114页。

见，巡幸还去京三百里内，刺史遣使起居。[1]

《唐六典》《大唐开元礼·杂制》都规定地方官迎谒的形式是"刺史朝见"，参与迎谒的地方官略有不同。《唐六典》强调"三百里内"，《大唐开元礼·杂制》规定"比州及州过境"，都比《大唐开元礼·巡狩礼》中"所经州县"要宽泛得多。《唐六典》卷四记载的是开元七年（719）的唐令[2]，《大唐开元礼》成书于开元二十年（732），是对开元二十年及以前唐令的总结。尽管有时间上的差异及表述上的不同，但两者在皇帝巡幸的实际生活中都适用。

先天二年（713），唐玄宗讲武于新丰。"故事，天子行幸，牧守在三百里者，得诣行在。时帝亦密召崇，崇至，帝方猎渭滨，即召见，帝曰：'公知猎乎？'对曰：'少所习也。'"[3]《旧唐书》卷九六《姚崇传》载："（姚崇）俄除同州刺史，先天二年，玄宗讲武在新丰驿，召元之代郭元振为兵部尚书、同中书门下三品，复迁紫微令。"[4]唐玄宗为强调式尊"故事"才将身为同州刺史的姚崇召至行在的。新丰在京兆府，与同州相邻属于比州，说明开元二十年唐令也适用。不过是强调式尊故事的情况下，才会将范围限制在"三百里"的虚数内，实际运行要灵活得多。

《唐六典》《人唐开元礼·杂制》都规定地方官迎谒的形式是"刺史朝见"，但实际情况并非如此。前引史料"故事，天子行幸，牧守在三百里者，得诣行在。时帝亦密召崇，崇至，帝方猎渭滨，即召见"[5]。"得诣行在"是指参与迎谒，到行在所，并没有朝见。"密召崇"才得以朝见皇帝。开元四年（716）春，李朝隐出为滑州刺史，后转同州刺史。开元六年（718）唐玄宗"驾幸东都，路由同州，朝隐蒙旨召见赏慰，赐衣一副、绢百匹。寻迁河南尹，政甚清严，豪右屏迹"[6]。唐玄宗驾过同州，刺史李朝隐参与迎谒。"蒙旨召见"才得以朝见，说明李朝隐也是以"得诣行在"的形式迎谒唐玄宗的。《唐六典》卷九"通事舍人"

---

[1]《大唐开元礼》卷三《杂制》，第32、33页。

[2]［日］仁井田陞：《唐令拾遗》卷一八《仪制令》，栗劲等译，长春出版社，1989年，第403页。

[3][5]《新唐书》卷一二四《姚崇传》，第4383页。

[4]《旧唐书》卷九六《姚崇传》，第3023页。

[6]《旧唐书》卷一〇〇《李朝隐传》，第3126页。

条载：

> 通事舍人十六人，从六品上。通事舍人掌朝见引纳，及辞谢者于殿
> 廷通奏。注曰：京官文武职事五品以上假、使，去皆奏辞，来皆奏见；
> 其六品以下奉敕差使亦如之。外官五品以上假、使至京及经京过，若新
> 授及驾行在三百里内过，并听辞、见。[1]

通事舍人主管驾行三百里内外官的辞、见通传，表明三百里内五品以上的外官是以"得诣行在"的形式迎谒巡幸天子的。

唐后期，"三百里内"或"车驾从比州及州境过"地方官迎谒的制度仍在坚持。朱泚之乱，唐德宗仓促出幸，"县令杜正元上府计事，闻大驾至，官吏惶恐，皆欲奔窜山谷。（苏）弁谕之曰：'君上避狄，臣下当伏难死节。昔肃宗幸灵武，至新平、安定，二太守皆潜遁，帝命斩之以徇，诸君知其事乎！'众心乃安。及车驾至，迎扈储备无阙，德宗嘉之，就加试大理司直"[2]。唐肃宗斩杀兴平、安定二太守，说明这种制度带有律令性质。苏弁所言则说明这种制度在德宗朝也适用。中和元年（881）春正月，唐僖宗幸蜀，"（西川节度使）陈敬瑄迎谒于鹿头关……上至绵州，东川节度使杨师立谒见"[3]。鹿头关在成都府"汉州德阳县万胜堆"[4]，"东川治梓州，北至绵州一百六十八里"[5]。绵州和梓州属于比州，距离也在三百里内，说明中和元年的迎谒对于开元七年、开元二十年的唐令都适用。

值得注意的是，唐后期銮舆播迁决定了地方长官迎谒的性质带有迎卫色彩，参与迎谒的地方官的范围也会随之扩大。宝应元年（762）冬十月吐蕃寇京，代宗仓皇行幸，"鱼朝恩领神策军自陕迎驾"[6]。兴元元年（784）二月，德宗迫幸梁州，山南节度使严震"遣大将张用诚将兵五千至螯屋以来迎卫"[7]。广明元年

[1]《唐六典》卷九《通事舍人》，第278页。

[2]《旧唐书》卷一八九下《苏弁传》，第4976页。

[3]《资治通鉴》卷二五四，中和元年春正月条，第8245页。

[4]（宋）郭允蹈：《蜀鉴》卷七《高崇文讨刘辟》，上海：商务印书馆，1937年，第86页。

[5]《资治通鉴》卷二五四，中和元年春正月辛未条胡注，第8245页。

[6]《旧唐书》卷一一《代宗》，第273页。

[7]《资治通鉴》卷二三〇，兴元元年二月条，第7408页。

（880），义武节度使王处存闻长安失守，遣二千人，"间道诣兴元卫（僖宗）车驾"[1]。乾宁二年（895）八月，李克用"发骑军三千赴三桥屯驻，以备（昭宗）回銮"[2]。神策军迎驾代宗，山南军迎谒德宗，义武军迎谒僖宗，太原军迎谒昭宗，都是出于扈卫的需要迎谒皇帝的。同时，参与迎谒的地方官也超出了"三百里"或"比州及州过境"的范围。晋高祖天福二年（937）诏："宜取今月二十七日巡幸汴州，诸道州府节度防御团练使刺史，不计远近，并不得辄离州城，来赴朝觐。"[3]五代时期出现的"不计远近"皆来朝觐的局面，是唐后期迎谒地方官范围不断扩大的结果。

四、朝廷百官迎谒

《唐六典》卷四"礼部侍郎"条载："凡车驾巡幸及还京，百官辞迎皆于城门外；留守宫内者，在殿门外。"[4]"辞"是指"辞送"，"迎"是指"迎谒"。《新唐书》卷四八载：守宫署"掌供帐帟。祭祀、巡幸，则设王公百官之位。"[5]"王公百官之位"，即班位。孔颖达疏："班，次也；朝，朝廷也。次，谓司士正朝仪之位次也。"[6]班即班次、班序，具体指按一定的资序排班。所以守宫署要陈设王公百官之位。可以说，朝廷百官迎谒巡幸天子是以排班的形式进行的，谓之班迎。

一般来说，班迎是对天子迎谒而言的，但有重大贡献的皇室成员及强藩重臣也会得到朝廷百官班迎的待遇。会昌三年（843）三月，太和公主回京，"百官班于章敬寺迎谒"[7]。太和公主和亲回鹘为唐王朝做出巨大贡献，唐武宗令百官班迎。"天复元年（901）十一月，朱全忠至长安，"宰相帅百官班迎于长乐坡；明

---

[1]《资治通鉴》卷二五四，广明元年十二月条，第8243页。

[2]《旧唐书》卷二〇上《昭宗》，第755、756页。

[3]《册府元龟》卷一一四《帝王部·巡幸》，第1364页。

[4]《唐六典》卷四《礼部侍郎》，第114页。

[5]《新唐书》卷四八《百官三》，第1250页。

[6]《礼记正义》卷一《曲礼上》，第2664页。

[7]《旧唐书》卷一八《武宗上》，第595页。

日行，复班辞于临皋驿"[1]。天复元年朱全忠率军进入关中，控制了唐王朝的中央政权，宰相崔胤为讨好朱全忠才有班迎之举，这一举动得到了胡三省的批评，他说："班迎、班辞，非藩臣所得当。"[2]

据仁井田陞考察，《唐六典》"礼部侍郎"条是开元七年的唐令[3]。这是对开元七年以前迎谒制度的总结。班迎制度由来已久，永淳二年（683）九月癸亥，唐高宗幸奉天宫。十一月丁未，自奉天宫至东都，"文武百官见于天津桥南路左"[4]。奉天宫在河南府登封县[5]，说明皇帝是在离京巡幸的情况下受到百官班迎的。《资治通鉴》卷二〇二，永隆元年八月甲子条的"东都"注文："东都北据邙山，南对伊阙，洛水贯都，有河汉之象，跨洛为桥，曰天津桥。"[6]天津桥在洛阳城内，桥南地势开阔，历史上曾用于陈兵[7]，便于众多人员参与迎谒，"迎于城门外"的制度得以灵活运用。

开元七年以后，班迎制度仍得到坚持。广德元年（763）十二月，唐代宗返回至长安，"郭子仪帅城中百官及诸军迎于浐水东，伏地待罪"[8]。浐水东理想的迎谒地是长乐坡。它地处要冲，东出潼关，南向荆楚，交通便利，再加上附近有长乐驿，既方便驻足休憩，也方便摆开迎谒大军。天复三年（903）春正月，唐昭宗自凤翔还京，"次兴平，宰臣崔胤率百官迎谒。戊辰，次咸阳。己巳，入京师"[9]。唐代宗和唐昭宗是因为战乱被迫离京，返京的班迎不仅出于礼仪需要，而且出于扈卫需要，所以"迎于城门外"的制度得到了灵活运用。

---

[1]《资治通鉴》卷二六二，天复元年十一月条，第8563页。

[2]《资治通鉴》卷二六二，天复元年十一月条胡注，第8563页。

[3]《唐令拾遗》卷一八《仪制令》，第403页。

[4]《册府元龟》卷一一三《帝王部·巡幸二》，第1351页。

[5]《新唐书》卷三八《地理志·河南府》，第1423页。

[6]《资治通鉴》卷二〇二，永隆元年八月甲子条胡注，第6397页。

[7]《旧唐书》卷十《肃宗》载："（至德二载，冬十月）壬戌，广平王入东京，陈兵天津桥南，士庶欢呼路侧。"见《旧唐书》卷十《肃宗》，第247页。

[8]《资治通鉴》卷二二三，广德元年十二月条，第7158页。

[9]《旧唐书》卷二〇上《昭宗》，第775页。

五、皇室成员迎谒

唐代皇室成员迎谒主要有亲王迎谒、皇太子迎谒和皇帝迎谒三种，迎谒形式均是郊迎。亲王迎谒的记载仅一例，发生于唐高祖时期。《旧唐书》卷五五《刘武周传》载："高祖亲幸蒲津关，太宗自柏壁轻骑谒高祖于行在所。"[1]蒲津关在"蒲州河东县县西四里"[2]，属同州。柏壁则"在正平县西南二十里"，属绛州[3]。秦王李世民自绛州去往同州迎谒唐高祖李渊，重视程度可见一斑。

皇太子迎谒记载仅一例，发生于唐太宗时期。贞观十九年（645）冬十月丙辰，皇太子李治自定州迎谒唐太宗李世民于临渝关。顾炎武说："丙辰，皇太子迎谒于临渝关。关在今抚宁之东，则柳城又在其东。太宗之行迟，故十日而后至也。"[4]皇太子提前十日先到临渝关，唐太宗后到迎谒地。《资治通鉴》卷一九八，贞观十九年冬十月丙辰条的临渝关注文："临渝关在平州卢龙县城东百八十里。"[5]定州在河北道，在"京师东北二千九百六里，至东都一千二百里"[6]。平州在"京师东北二千六百五十里，至东都一千九百里"[7]。两州虽同为河北道，但相距较远。可见，皇太子要到很远的地方迎谒巡幸皇帝，以示重视。

皇帝迎谒太上皇的记载有两例，均发生于唐肃宗时期。至德二载（757）十一月，唐玄宗至凤翔郡。"肃宗遣精骑三千至扶风迎卫。十二月丙午，肃宗具法驾至咸阳望贤驿迎奉。……丁未，至京师，文武百僚、京城士庶夹道欢呼，靡不

[1]《旧唐书》卷五五《刘武周传》，第2254页。

[2]（唐）李吉甫：《元和郡县图志》卷一二《河东道·河中府》，北京：中华书局，1983年，第326页。

[3]《资治通鉴》卷一八八，武德二年十一月己卯条，第5872页。

[4]（清）顾炎武撰，黄汝成集释：《日知录集释》卷三一《柳城》，上海古籍出版社，2006年，第1754、1755页。

[5]《资治通鉴》卷一九八，贞观十九年冬十月丙辰条，第6231页。

[6]《旧唐书》卷三九《河北道·定州》，第1510页。

[7]《旧唐书》卷三九《河北道·平州》，第1519页。

流涕"[1]。"望贤宫在咸阳县东数里，玄宗幸蜀还京，肃宗至望贤宫奉迎"[2]。咸阳县在京师"正东微南四十里"[3]，说明唐肃宗是在去京四十余里的地方迎谒唐玄宗的，郊迎距离较长，重视程度非常高。

乾元元年（758）十月甲寅，"上皇幸华清宫，上送于灞上……十一月丁丑……上皇至自华清宫，上迎于灞上"[4]。这里由辞送和迎谒两部分组成。肃宗辞、迎之地均在灞（霸）上。灞（霸）上即白鹿原，在万年县东南二十里[5]。灞（霸）上距京距离难考，但可以证明肃宗是在离京较远的地方行迎谒礼的。

六、巡幸迎谒礼

离京的迎谒礼与在京的朝参礼有共通之处，表现为朝拜天子的蹈舞礼、趋步礼等[6]。由于迎谒中有朝参的内容，伴随着迎谒者身份、迎谒形式、迎谒环境的多变，迎谒礼比朝参礼的内容要丰富得多。

（一）迎于道左

《资治通鉴大辞典》将"道左"解释为"道边，路旁"[7]。《诗经》曰："有杕之杜，生于道左。彼君子兮，噬肯适我？中心好之，曷饮食之？有杕之杜，生于道周。彼君子兮，噬肯来游？中心好之，曷饮食之？""道左"指道路的左边，"道周"指道路的右边，合乎道边、路旁的解释。但在古代典籍中，道左更

---

[1]《旧唐书》卷九《玄宗下》，第235页。

[2]（宋）程大昌撰，黄永年点校：《雍录》卷四《望贤宫》，北京：中华书局，2002年，第70页。

[3]《元和郡县图志》卷一《关内道·京兆府·咸阳》，第12页。

[4]《旧唐书》卷一〇《肃宗》，第253、254页。

[5]（宋）宋敏求：《长安志》卷一一《县一·万年》，台北：成文出版社，1970年，第260页。

[6]李斌城：《唐代上朝礼仪初探》，郑学檬、冷敏述主编《唐文化研究论文集》，上海人民出版社，1994年，第122页。

[7]施丁、沈志华主编：《资治通鉴大辞典·上编》，长春：吉林人民出版社，1994年，第388页。

多的是用来表示尊卑关系的方位。对此，道左有"道东"之说。《毛诗正义》卷六《国风·有杕之杜》载："有杕之杜，生于道左。（毛亨）传：兴也。道左之阳，人所宜休息也。（郑玄）笺云：道左，道东也。"[1]郑玄认为"道左即道东"。《因话录》卷五载："人道尚右，以右为尊。礼先宾客，故西让客，主人在东，盖自卑也。"[2]就迎谒客人来说，道左位是主人位，是卑位。胡三省还对道左具体方位进行阐发，他说："郑玄曰：道左，道东也。余按古者乘车尚左，故迎拜于车下者皆拜于道左。盖自北而来者以道东为左，自南而来者以道西为左，自东西而来者亦随车之所向而分左右也。郑玄举一隅耳。"[3]

皇帝巡幸，迎谒道左，自古有之。西晋惠帝幸邺，司马颖"率群官迎谒道左"[4]。隋炀帝巡幸燕支山"高昌王、伊吾设等，及西蕃胡二十七国，谒于道左"[5]。唐人因之，终唐一世皆有相关记载。贞观十二年（638）二月十日，唐太宗巡幸蒲州，"刺史赵元楷课父老服黄纱罩衣，迎谒路左"[6]。开元年间，唐玄宗驾幸东都，宋璟"于路左迎谒"[7]。建中年间，泾原兵变，唐德宗仓促出逃，"郭曙与家仆数十人于苑中猎射，闻哗，伏谒道左"[8]，说明"迎于道左"是唐代巡幸迎谒礼的一种。

（二）夹道欢呼

夹道欢呼也是唐代巡幸迎谒礼的一种。至德二载（757）十二月丙午，唐肃宗"具法驾至咸阳望贤驿迎奉。……丁未，至京师，文武百僚、京城士庶夹道欢呼，靡不流涕"[9]。唐肃宗在望贤宫已经完成了对唐玄宗的迎谒仪式，唐玄宗至京

[1]（汉）毛亨传，（汉）郑玄笺，（唐）孔颖达疏：《毛诗正义》卷六《国风·有杕之杜》，（清）阮元校刻《十三经注疏》，第777页。

[2]（唐）赵璘：《因话录》卷五《征部》，上海古籍出版社，1978年，第107页。

[3]《资治通鉴》卷二四〇，元和十二年辛巳条胡注，第7743页。

[4]（唐）房玄龄：《晋书》卷四《惠帝》，北京：中华书局，1974年，第103页。

[5]（唐）魏徵：《隋书》卷六七《裴矩传》，北京：中华书局，1973年，第1580页。

[6]（宋）王溥：《唐会要》卷二一七《行幸》，第598页。

[7]《旧唐书》卷九六《宋璟传》，第3036页。

[8]（唐）赵元一：《奉天录》卷一，北京：中华书局，1985年，第3页。

[9]《旧唐书》卷九《玄宗下》，第235页。

师，文武百僚、京城士庶二次迎谒，迎谒礼就有"夹道欢呼"。

兴元元年（784）七月十三日，唐德宗"至自兴元，浑瑊、韩游环、戴休颜以其兵扈从，晟与骆元光、尚可孤以其兵奉迎。时元从禁军及山南、陇州、凤翔之众，步骑凡十余万，旌旗连亘数十里，倾城士庶，夹道欢呼"[1]。天祐元年（904）正月甲子，唐昭宗至华州"民夹道呼万岁"[2]。唐德宗至自兴元，唐昭宗至华州的迎谒礼中都有"夹道欢呼"。

（三）拜舞礼

拜舞礼又称舞蹈礼、蹈舞礼，是"蹈舞"者"舞蹈，手舞足蹈之礼也"[3]。《隋书》卷八《礼仪志三》云：

> 开皇中，乃诏太常卿牛弘、太子庶子裴政撰宣露布礼。及（开皇）九年平陈，元帅晋王，以驿上露布。兵部奏，请依新礼宣行。承诏集百官、四方客使等，并赴广阳门外，服朝衣，各依其列。内史令称有诏，在位者皆拜。宣讫，拜，蹈舞者三，又拜。郡县亦同。[4]

这样原本用于宣布露布的礼仪很快成为臣下对皇帝的朝参之礼。有唐一代，拜舞礼成为"最尊贵，也是最具特色的礼仪"[5]。它不仅是朝参礼还是迎谒礼，在皇帝巡幸期间广泛使用。贞观十九年（645），唐太宗到达幽州，高丽民迎于城东，"拜舞呼号，婉转于地，尘埃弥望"[6]。至德二载（757）十月，唐肃宗返回从安史叛军手中收复的长安，"百姓出国门奉迎，二十里不绝，舞跃呼万岁"[7]。泾原兵变，唐德宗"至于奉天，丞、尉惶惧，拜舞于县门。其日，上幸县令宅，宰臣、近侍各居廨署"[8]。可见拜舞礼也是唐代巡幸迎谒礼的一种。

---

[1]《旧唐书》卷一三三《李晟传》，第3670页。

[2]《资治通鉴》卷二六四，天祐元年春正月甲子条，第8627页。

[3][5]李斌城：《唐代上朝礼仪初探》，第122页。

[4]《隋书》卷八《礼仪志三》，第170页。

[6]《资治通鉴》卷一九八，贞观十九年十一月辛未条，第6231页。

[7]《资治通鉴》卷二二〇，至德二载十月丁卯条，第7042页。

[8]《奉天录》卷一，第3页。

（四）捧足、控辔

捧足也是一种巡幸迎谒礼。胡三省说：“夷礼以拜跪捧足为敬。”[1]捧足礼被认为是“夷礼”，其实并非如此，唐代宫廷里早就流行捧足礼。《册府元龟》卷二七《帝王部·孝德》载：“中宗为皇太子，大足元年（701）从则天幸京师，时属凝寒，亲捧天后足，步从一里余。天后大悦，下制褒美，宣付史官。”[2]唐中宗“捧足而行”虽不是用于迎谒，但足可以说明捧足也是一种礼节。长庆四年（824）四月，宫内匠张韶等叛乱，穆宗幸左神策军避难。“左神策中尉河中马存亮闻上至，走出迎，捧上足涕泣，自负上入军中，遣大将康艺全将骑卒入宫讨贼[3]。马存亮对唐穆宗行捧足礼，说明这种礼节在唐后期仍然沿用。

这种礼节也用于巡幸迎谒。至德二载（757）十二月，上皇自蜀至咸阳，肃宗“备法驾迎于望贤宫。上皇在宫南楼，上释黄袍，着紫袍，望楼下马，趋进，拜舞于楼下。上皇降楼，抚上而泣，上捧上皇足，呜咽不自胜”[4]。肃宗迎谒玄宗，行捧足礼。可见，捧足礼也是巡幸迎谒礼的一种。

控辔是针对皇帝乘马的迎谒礼。上元元年（760）六月，李辅国“诈言皇帝请太上皇按行宫中，至睿武门，射生官五百遮道，太上皇惊，几坠马，问何为者……力士复曰：‘辅国可御太上皇马！’辅国靴而走，与力士对执辔还西内，居甘露殿，侍卫才数十，皆尫老”[5]。唐玄宗迁西内，李辅国与高力士行控辔礼。这种迎谒礼对于巡幸迎谒也适用。乾元元年（758）十一月，玄宗幸华清宫还。肃宗“至灞上，迎候下马，趋进百余步，再拜舞蹈，前抱玄宗足。玄宗抚帝背，帝又控辔行数十步，有命乃止”[6]。肃宗迎谒玄宗“控辔行数十步”，可见“控辔”也是唐代巡幸迎谒礼的一种。

---

[1]《资治通鉴》卷二二〇，至德二载九月条胡注，第7034页。

[2]《册府元龟》卷二七《帝王部·孝德》，第297页。

[3]《资治通鉴》卷二四三，长庆四年夏四月条，第7836页。

[4]《资治通鉴》卷二二〇，至德二载十二月丙午条，第7044页。

[5]《新唐书》卷二〇八《李辅国传》，第5881页。

[6]《册府元龟》卷二七《帝王部·孝德》，第299页。

七、结　语

唐代巡幸迎谒制度是围绕"皇权至上"展开的。为保证皇帝权威，举办隆重的迎谒仪式是必不可少的。首先是遣使奉迎。奉迎者不仅可以充当导驾，还能满足扈卫的需要。其次是组织迎谒团队。地方官组织以刺史、县令为核心，父老、道士、僧尼、致仕官、学生等参加的迎谒团队；朝廷百官以班迎的形式来完成迎谒；皇室成员为主导的迎谒往往选择郊迎的形式，来增加迎谒的隆重性。再次是行迎谒礼。迎谒者基本以伏于道左、夹道欢呼、拜舞、捧足、控辔等形式完成迎谒。有时候为显示迎谒的隆重，几种礼节并用。最后是皇帝慰抚。面对百姓献牛酒之礼，皇帝会赐以绢帛进行抚慰。面对皇室成员及官员的迎谒礼，皇帝也会进行抚慰，推动迎谒礼顺利进行。

隆重的迎谒仪式不仅符合唐代礼制发展的要求，还满足了唐代皇帝的政治诉求。就礼制而言，"存问百年"与父老迎谒，"诸侯待于境"与地方官迎谒，符合巡狩礼的要求，是对古礼的继承和发展。以拜舞礼和趋步礼为核心的朝参礼不能满足巡幸迎谒的需要，进而发展出伏于道左、拜舞、夹道欢呼、捧足、控辔等多种礼仪形式。这些都是"君尊臣卑"的反映，对于维护皇权至上的权威有积极意义。就皇帝的政治诉求而言，"问百年"父老迎谒，满足了皇帝德化天下的诉求；从"刺史朝见"到"得诣行在"的变革，满足了皇帝考察政绩的诉求；参与迎谒地方官范围不拘于三百里或过境州、比州的规定，满足了皇帝供备及扈卫的诉求，班迎制度的坚持及皇室成员高规格的郊迎谒，是皇权至上的反映。这些对于维护社会的稳定、强化唐王朝的统治有积极意义。

（作者单位：河南师范大学历史文化学院）

品阶与血缘：唐代假荫问题解析[*]

孙 俊

假荫是指有荫人和承荫者之间，本来达不到唐令所规定的门荫条件，却凭借其他手段骗取门荫的行为。唐代假荫现象非常普遍，造成的影响也特别深远。但就笔者寡见所及，目前很少有论著专门讨论假荫，即便是在研究门荫制度的论著中，对假荫问题大多也只是进行简单的现象描述，缺乏深层次的思考[1]。显然，如果我们能进一步探研假荫问题，将有助于完整地认识门荫制度，对唐代官制的研究也有所裨益。因此本文拟对假荫发生的原因、唐政府的应对措施，以及假荫的影响等问题做一解析，希望能获取师友指正。

一、门荫审查与假荫原因

唐代门荫以职事官本品为标准，诸如散官、职事官五品以上，勋官视二品以

---

*本文系国家社科基金青年项目"唐代特权阶层仕宦与社会流动研究"（编号：14CZS012）阶段性成果。

[1] 研究门荫制度的论著非常丰富，涉及假荫问题的主要参见张泽咸：《唐代的门荫》，《文史》1986年第27辑，第55、56页；田廷柱：《唐代门荫制度考论》，《历史教学》1986年第3期，第10、11页；宁欣：《唐代门荫制与选官》，《中国史研究》1993年第3期，第81页；［日］爱宕元：《唐代的官荫入仕——以卫官之路为中心》，刘俊文主编《日本中青年学者论中国史·六朝隋唐卷》，宋金文、马雷译，上海古籍出版社，1995年，第257～267页；杨西云：《唐代门荫制》，《大连大学学报》1997年第1期，第32页；杨西云：《唐代门荫制与科举制的消长关系》，《南开大学学报》（哲学社会科学版）1997年第1期，第61页。其中，爱宕元先生对假荫讨论较为深入，但观点颇值得商榷，详见后文。

上，及爵位都可以有荫[1]，且"三品以上荫曾孙，五品以上荫孙"[2]。显然，门荫制度的基本精神就是要以官品、血缘为依据，来保障高级官员子弟的入仕特权。为使这一精神能够真正得到贯彻，在程序上就要严格审查所荫人两方面的信息：一是，其父、祖告身品阶是否在五品以上；二是，血缘关系是否真实。

品阶审查方面，有甲历为依据。唐官员"五品以上皆制授。六品以下、守五品以上及视五品以上，皆敕授。凡制、敕授及册拜，皆宰司进拟。自六品以下旨授。其视品及流外官，皆判补之。凡旨授官，悉由于尚书，文官属吏部，武官属兵部，谓之铨选"[3]。这些与官员选任有关的制、敕、旨以及在铨选过程中所产生的一系列文书，最终都要形成档案存档，这就是甲历。它分存于中书、门下及尚书省的各个库房中，其中尤以中书、门下及吏部所存的甲历最为重要，有着"三库"[4]之称。大体上说"中书省甲库集藏朝廷授官的册书，门下省甲库汇存授官的甲历"[5]，吏部甲库则存储有关六品以下官员的资历簿书，三者之间相互印证，共同交织成一个庞大的官员档案体系。

血缘审查方面，有户籍为依据。唐户籍每三年一造。造籍之年，先进行"团貌"，然后在里正、"巡儿"等胥吏的监督下由百姓自报手实，州县再据此手实编成户籍，具注户口、土地、赋役三项内容，户口部分以户主为首，兼记其家庭成员的姓名、年龄、性别、丁中、身份等情况。玄宗时又进一步要求，在户主名下加注曾祖、祖父之名，形成"三状"。户籍修成后，一式抄写三份，一份送户部，两份存州、县籍坊（库）[6]。现从敦煌、吐鲁番等地出土的唐前期户籍来看，对户主身份及血缘关系的记载尤为清晰，仅以P.3354《唐天宝六载敦煌郡敦煌县

[1] 详见拙作《唐代门荫制度诸问题再探讨》，《西北大学学报》（哲学社会科学版）2015年第6期，第27~29页。

[2]（宋）王溥：《唐会要》卷八一《用荫》，上海古籍出版社，2006年，第1774页。

[3]（唐）杜佑撰，王文锦等点校：《通典》卷一五《选举三·历代制下》，北京：中华书局，1988年，第359页。

[4]《唐会要》卷五四《省号上·中书省》，第1090页。

[5] 葛承雍：《唐代甲库考察》，《人文杂志》1987年第1期，第99页。

[6] 宋家钰：《唐代的手实、户籍与计帐》，《历史研究》1981年第6期，第17页；隋唐五代史编写组编：《隋唐五代史》，北京：中国大百科全书出版社，1988年，第191、192页；朱雷：《敦煌吐鲁番文书论丛》，兰州：甘肃人民出版社，2000年，第97~100页。

龙勒乡都乡里籍》中曹思礼一家为例。曹思礼，曾祖高、祖廓、父珎皆是中下户，母孙氏、妻张氏，思礼于开元十一年（723）九月十六日被授队副，育有一子五女，子令璋为中男。思礼还有兄一人，弟两人，妹一人。兄，琼璋为上柱国子（其父德建为上柱国），已亡故，有子琼玉；弟，令休已故，有孤孀王氏；弟，思钦于开元十五年（727）流散；妹，妙[1]。可见，要查阅某人的身份及亲族血缘，只需翻检他的户籍，便可一目了然。

虽然官品和血缘都有直接勘验的依据，但承荫者仍需经过地方和中央几个部门的反复审核。据"开元四年（716）户部格，敕：'应用五品以上官荫者，须相衔告身三道。若历任官少，据所历任勘。如申送人色有假滥者，州县长官、上佐、判官、录事参军并与下考。'"[2]可知，州县和户部都有审核身份的责任。首先，州县审核。承荫人先写出具有"资绪、郡县乡里名籍、父祖官名、内外族姻、年齿形状、优劣课最、谴负刑犯"[3]等内容的状书，所属州县据户籍审核无误后送省。第二，户部审核。到省后，户部会据户籍再次勘验血缘，然后据三库甲历验明告身品阶。第三，本司审核。户部审核完毕后，若以荫为卫官，则属有出身人，需赴兵部铨选，"当司即引过本行尚书侍郎、郎中、员外郎点检年貌，及勘会荫序，引问习试合格，方得收补"[4]。若以荫为斋郎，则由"礼部奏补"[5]，礼部除核实身份外，还要求承荫人"读两经粗通，限年十五以上、二十以下……仪状端正无疾"[6]。若以荫入学馆，亦由礼部核实身份，再交送两馆或国子监学习。第四，以门荫参加铨选，（除卫官外）要由吏部、中书、门下三部门共同审明身份。承荫人"先下吏部、中书、门下三库，委给事中、中书舍人、吏部格式郎中，各与本甲库官同检勘，具有无申报。中书门下审无异同者，然后依资进

[1] 唐耕耦、陆宏基：《敦煌社会经济文献真迹释录》（一），北京：书目文献出版社，1986年，第164、165页。

[2]《唐会要》卷八一《用荫》，第1774、1775页。

[3]《通典》卷一五《选举三·历代制下》，第360页。

[4]（宋）王溥：《五代会要》卷一五《兵部》，上海古籍出版社，1978年，第253页。

[5]（宋）欧阳修、宋祁：《新唐书》卷四八《百官志三》，北京：中华书局，1975年，第1242页。

[6]《新唐书》卷四五《选举志下》，第1174页。

拟"[1]。

据此来看，门荫依据清楚完备，审查过程严谨，按理假荫者是极难蒙混过关的。但由于各种政治事件频发，常致甲历失坠、户籍失实，遂使假荫者有可乘之机，得以伪造血缘或官品混入门荫队伍。这在唐初及德宗至文宗的两个时期表现得尤为明显。

唐初，假荫主要是由于甲历失坠导致的。"武德、贞观世重资荫"[2]，故"周、隋官亦听成荫"[3]，但在隋末民变中，前代甲历等档案毁失殆尽，这给门荫造成了极大的困难。太宗曾专就此事与房玄龄进行探讨：

> 贞观元年（627），上问中书令房玄龄曰："往者周、隋制敕文案，并在否？"玄龄对曰："义宁之初，官曹草创，将充故纸杂用，今见并无。"太宗曰："周、隋官荫，今并收叙，文案既无，若为凭据？"[4]

在这种情况下，"选人多诈冒资荫"[5]。如"温州司户参军柳雄于隋资妄加阶级……大理推得其伪，将处雄死罪"[6]，亏得大理少卿戴胄力谏，才改判徒刑。后太宗励精图治，甲历制度粗具规模[7]，不料不幸再次发生。"永徽五年（654）十二月四日夜，司勋大火，甲历并烬"[8]，这势必又会对门荫勘验造成影响。其时，有邢州人李怀远"早孤贫好学，善属文。有宗人欲以高荫相假者，怀远竟拒

[1]《唐会要》卷八二《甲库》，第1795页。

[2]《新唐书》卷四九上《百官志四上》，第1281页。

[3] 刘俊文笺解：《唐律疏义笺解》卷二五《诈伪·伪写官文书印》，北京：中华书局，1996年，第1687页。

[4]《唐会要》卷五六《起居郎起居舍人》，第1127页。

[5]（宋）司马光：《资治通鉴》卷一九二，贞观元年正月条，北京：中华书局，1956年，第6031页。

[6]《唐会要》卷四〇《臣下守法》，第845页。

[7] 窦晓光：《唐代甲库档案工作考述》，《历史档案》1987年第3期，第130页。

[8]《唐会要》卷五八《尚书省诸司中·司勋员外郎》，第1183页。

之"[1]。虽是拒绝，可从"宗人欲以高荫相假"的从容和"怀远竟拒之"的"竟"字中却可以看出，假荫已成一时之风尚，不但可以毫无避讳地讲出，而且罕有不受者。

德宗至文宗时期是假荫爆发的又一个高峰，和前一个时期相比，这一时期甲历失坠、户籍失实都是导致假荫的原因。首先，安史之乱及其后的一系列政治事件使甲历丧失殆尽。安史乱中，肃宗驻跸凤翔"兵吏三铨，簿籍煨烬，南曹选人，文符悉多伪滥"[2]。不久，广德元年（763）吐蕃攻入长安"剽掠府库市里，焚闾舍，长安中萧然一空……六军散者所在剽掠，士民避乱，皆入山谷"[3]。建中四年（783）泾原兵变，乱军"欢噪，争入府库，运金帛，极力而止。小民因之，亦入宫盗库物，通夕不已。其不能入者，剽夺于路"[4]。到贞元四年（788），吏部面对铨选无所依据，颇有感慨地上奏道："伏以艰难以来，年月积久。两都士类，散在远方；三库敕甲，又经失坠。因此人多冒滥。"[5]

第二，安史乱后，人口流散，户籍失实。建中元年（780）杨炎总结道："迨至德之后，天下兵起，始以兵役，因之饥疠，征求运输，百役并作，人户凋耗，版图空虚……是以天下残瘁，荡为浮人，乡居地著者百不四五，如是者殆三十年。"[6]这期间户籍紊乱，伪滥现象非常普遍。大历四年（769）曾下敕制止，"名籍一家，辄请移改，诈冒规避，多出此流。自今已后，割贯改名，一切禁断"[7]，但并没有取得多大的效果。至建中两税法颁布后，原则上应"户无主

---

[1]（后晋）刘昫：《旧唐书》卷九〇《李怀远传》，北京：中华书局，1975年，第2920页。按：李怀远生年不详，但《旧唐书》载"长安四年（704），以老辞职"，其时至少应有六十余岁，以此推算怀远生于贞观时，入仕当在永徽、显庆前后。

[2]《旧唐书》卷一〇八《韦见素传》，第3278页。

[3]《资治通鉴》卷二二三，广德元年十月条，第7152页。

[4]《资治通鉴》卷二二八，建中四年十月条，第7354页。

[5]《唐会要》卷七四《选部上·论选事》，第1587页。

[6]《旧唐书》卷一一八《杨炎传》，第3421页。

[7]《唐会要》卷八五《籍帐》，第1849页。

客，以见居为簿"[1]，可实际上实施的却是"据地造籍"[2]的户籍制度，"非论土著客居，但据资产差率"[3]，血缘关系已非户籍所看重的内容。又"刺史以户口增减为其殿最，故有析户以张虚数，或分产以系户名，兼招引浮客，用为增益"[4]者，这就使得户籍的混乱，更加不可收拾。

这就给了假荫者以绝好的可乘之机，他们或利用甲历的丧失，或利用户籍的漏洞，先附会上有门荫资格的祖先，再更改品阶、血缘，然后骗过审查获取门荫。有以此入学者，贞元六年（790）敕中提到："本置两馆学生，皆选勋贤胄子……比闻此色，幸冒颇深，或假市门资，或变易昭穆，殊愧教化之本，但长侥竞之风。未补者务取阙员，已补者自然登第，用荫既已乖实，试艺又皆假人。"[5]有假荫为斋郎、挽郎者，宝历元年（825）礼部指出，斋郎存在"源流或异，支属全疏，罔冒门资，变易昭穆"[6]的现象。两年后，礼部又在选补挽郎时，提出挽郎有"仕进多门，身名转滥"[7]之患。但相较而言，假荫入三卫者人数最多。太和三年（829）南郊敕文中说"诸色出身，三卫最滥，假冒官荫，妄用优劳"[8]。次年，兵部上奏："伏以三卫出入禁署，番署子弟，期于恭恪。近日顽弊，皆非正身。诸卫公然纳资，访闻亦不雇召士庶，假荫混杂搢绅。"[9]显见，到德宗至文宗时，假荫已充斥着门荫的各条途径，呈现出一种不可逆转的泛滥之势。

此外，还有一个问题需要辨明。开、天之际，逃户问题严重，户籍已经出现

[1]《旧唐书》卷一一八《杨炎传》，第3421页。

[2]（唐）杜牧：《樊川文集》第七《唐故太子少师奇章郡开国公赠太尉牛公墓志铭》，上海古籍出版社，1978年，第117页。

[3]《唐会要》卷八五《定户等第》，第1847页。

[4]《唐会要》卷八四《杂录》，第1839页。

[5]《唐会要》卷七七《贡举下·弘文崇文生举》，第1659页。

[6]《唐会要》卷五九《尚书省诸司下·太庙斋郎》，第1206页。

[7]（宋）王钦若等撰，周勋初等校订：《册府元龟》卷六三一《铨选部·条制第三》，南京：凤凰出版社，2006年，第7292页。

[8]（宋）宋敏求：《唐大诏令集》卷七一《太和三年南郊敕》，北京：商务印书馆，1959年，第398页。

[9]《唐会要》卷七一《十二卫》，第1524、1525页。

了失实的现象，所谓"开元中，玄宗修道德，以宽仁为理本，故不为版籍之书，人户寖溢，堤防不禁。丁口转死，非旧名矣；田亩移换，非旧额矣；贫富升降，非旧第矣。户部徒以空文总其故书，盖得非当时之实"[1]，但开、天之际的假荫问题却并不突出，原因就在于当时虽户口逃逸，可并未将户籍上的姓名及血缘关系消除。天宝时，王鉷还"以丁籍且存，则丁身焉往"[2]为由，凭旧籍逆征了三十年的租庸。可以看出，户籍不削其名本是为了聚敛钱财，但却在客观上避免了假荫者因割贯改名而进行的政治投机。《太平广记》中就曾提到"开元中，有一人姓刘不得名，假荫求官，数年未捷"[3]。

二、应对假荫的措施

为纯洁门荫队伍，唐政府制定了许多限制假荫的措施：

（一）颁布律法

在《武德律》中就已有关于假荫的处罚。贞观元年（627）太宗"以选人多诈冒资荫，敕令自首，不首者死。未几，有诈冒事觉者，上欲杀之。（戴）胄奏：'据法应流'"[4]。此"法"显系《武德律》，只是这时律令尚显粗简。此后，又做了细致的规定，最终在永徽时形成了两类、四等的判罚措施。所谓两类，即假荫既遂和假荫未遂。假荫既遂，判罚由重到轻分为四等：一、"若无官荫，诈妄承取他人官荫而得官者，徒三年"[5]。二、"若用假荫求赎徒刑以上罪者，除不免本罪外，另徒一年"[6]。三、若用假荫求赎杖刑以下罪者，除不免本罪外，另杖一百[7]。四、"'非流内'，谓假荫得学生及七品色若勋品以下"[8]者，

---

[1]《旧唐书》卷一一八《杨炎传》，第3420页。

[2]《旧唐书》卷一一八《杨炎传》，第3420、3421页。

[3]（宋）李昉：《太平广记》卷二一六《卜筮一·李老》，北京：中华书局，1961年，第1656页。

[4]《资治通鉴》卷一九二，贞观元年正月条，第6031页。按前引《唐会要》中温州司户参军柳雄事，略于此事相同，但判为徒。当是唐初"徒""流"皆是处置假荫之法。

[5]《唐律疏义笺解》卷二五《诈伪·非正嫡诈承袭》，第1717页。

[6][7][8]《唐律疏义笺解》卷二五《诈伪·非正嫡诈承袭》，第1718页。

杖一百。若假荫未遂，处罚力度在上述的基础上，各减二等[1]。即假荫得流内官，徒二年；假荫求赎徒刑以上罪，不免本罪，另杖九十；假荫求赎杖刑以下罪，不免本罪，另杖八十；"假荫得学生及七品色若勋品以下"，杖八十。从司法实践来看，杖至一百，大半犯人都会毙命[2]。可见，对假荫立法的主要精神是从重从严，即便未遂，最轻也要遭受危及生命的八十杖刑。

（二）建立相保制度，并鼓励举报

开元之前就已有相保之制，凡选人应"以同流者五五为联，以京官五人为保，一人为识，皆列名结款，不得有刑家之子、工贾殊类及假名承伪、隐冒升降之徒"[3]。至开元时，在此五人相保的基础上，又进一步对保人提出要求，四年（716）九月敕："诸色选人纳纸保后五日内，其保识官各于当司具名品，并所在人州贯头衔，都为一牒，报选司。若有伪滥，先用缺，然后准式处分。"[4]还鼓励对假荫者进行举报，"应选者有知人之诈冒而纠得三人以上者，优以授之"[5]，"每告一家，赏钱五十千，钱出荫人及与荫家"[6]。敦煌文书中就提到过一起假荫纠告案，据P.2979《唐开元二十四年（736）九月岐州郿县尉勋牒判集》载：

（前缺）

1. ☐☐☐ ☐ ☐☐☐

2. ☐☐☐☐ ☐ 诸色被推勾剥破人等，恐有☐☐☐☐

3. ☐☐☐☐推问，具申所由，审更详覆，尽理处分，☐☐☐☐

4. ☐☐☐申观用父之荫，告者元无所凭，事雪当时，岂得言☐伪

5. 称伪弊邑，容识彼情，无伪言伪，吏曹何以临断，手执

6. ☐不是伪人，辩引　敕条，无凭改贯，况当华省公白，

7. 吏议无偏，欲抑此人，何明国典。员状重上州司户，请乞据实为

[1]《唐律疏义笺解》卷二五《诈伪·非正嫡诈承袭》，第1718页。

[2]《唐会要》卷四〇《君上慎恤》，第841页。

[3][5]《通典》卷一五《选举三·历代制下》，第360页。

[4]《唐会要》卷七五《选部下·杂处置》，第1611页。

[6]《唐会要》卷八一《用荫》，第1774、1775页。

8.申尚书户部，请裁垂下。[1]

从残存内容可知：郿县有一位名观的人用父荫参选，被人向县里举报其荫为假，县里审核后认为所告无凭，按照程序将观的状书上报到岐州。不料，举报人又到岐州举报，于是岐州便命郿县来人到州衙解释情况，虽然来人解释得合情合理，但是岐州官衙为慎重起见，仍要郿县重新审理案件。郿县县尉依令重审后，仍维持原判，再次将状上报到岐州司户，并请将此事记录在案，以备户部查阅。这虽是一起诬告，却可清楚地看到，在开、天之际地方官吏对假荫问题是何等地重视。

（三）修复甲历

元和八年（813），吏部侍郎杨於陵针对甲历失坠问题提出建议，他说："铨选之司，国家重务，根本所系，在于簿书。承前诸色甲敕等，缘岁月滋深，文字凋缺，假冒逾滥，难于辨明，因循废阙，为弊恐甚"[2]，因此应该重修甲历，具体来看，"大历以前，岁序稍远，选人甲历，磨勘渐稀。其贞元二十一年以后，敕旨尚新，未至讹谬……从大历十年至贞元二十年，都三十年，其间出身及仕宦之人要检覆者，多在此限之内，且据数修写，冀得精详，今冬选曹，便获深益。其大历十年向前甲敕，请待此一件修毕，续条贯补缉"[3]，这一由近及远逐次修复的建议，获得了宪宗的肯定。随后修复工作完成得也很有成效，直到太和九年（835），文宗还在敕令中说："中书、门下、吏部，各有甲库，历名为'三库'，以防伪滥。如闻近日诸处奏官，不经所司检寻，未免奸伪。"[4]说明此时"三库"已能正常地发挥勘检作用，这当是元和修复之功。

（四）加强审查

贞元四年（788），吏部面对铨选人数众多、假荫泛滥的情况，提出了加快地方审核的办法，获得了德宗的同意。具体方案是"诸州府县，于界内应有出身

---

[1]唐耕耦、陆宏基：《敦煌社会经济文献真迹释录》（二），北京：全国图书馆文献缩微复制中心，1990年，第616页。

[2]《唐会要》卷八二《甲库》，第1793页。

[3]《唐会要》卷八二《甲库》，第1794页。

[4]《唐会要》卷八二《甲库》，第1795页。

以上，便令依样通状。限敕牒到一月内毕，务令尽出，不得遗漏。其敕令度支急递送付州府，州司待纳状毕，以州印印状尾，表缝相连，星夜送观察使。使司定判官一人，专使勾当都封印，差官给驿递驴送省。至上都五百里内，十二月上旬到。千里外，中旬到。每远校一千里外，即加一旬。虽五千里外，一切正月下旬到。尽黔中、岭南应不合北选人，不纳文状限，其状直送吏曹，不用都司发。人到日，所司造姓攒勘合，即奸伪必露，冤抑可明"[1]。这一方案实质是要求地方官府快速搜集所辖区域选人的基本情况，再将文状以最快速度报至中央，赶在假荫者伪造材料之前存档，这样若再有假荫者以伪造状书参选，就会被轻而易举地识破。

宝历元年（825），礼部又对两馆生、斋郎提出严格磨勘的办法，"据旧敕，应补两馆生所用荫第，皆门地清华，勋贤胄裔。近者时有源流或异，支属全疏，罔冒门资，变易昭穆。今请如有此色，自本司磨勘得实，坐其家长。所用荫告身，用本司印印，郎官押署，更不在行用之限。保官具事由，申上中书门下，请诸司官典检，报不实，并请准法科处分。其太庙、郊社斋郎亦并准此处分"[2]。这实际上是从三方面对假荫加以限制：一、本司郎官要严格审查，并盖印署名；二、保人要向中书门下做书面担保；三、礼部内诸司官员都有检举揭发假荫的责任。如此一来，就在礼部内形成了对假荫联合纠察的负责制。此后，太和七年（833），又出台了严格两馆生、斋郎考试监察制度的敕令，"依令式试经毕，仍差都省郎中二人覆试，须责保任，不得辄许替代，苟涉情故，必加罪责"[3]。

以上种种措施，虽然在限制假荫方面起到了很大作用，但却无力从根本上扭转唐后期假荫日渐泛滥的大势。原因在于安史乱后，政府陷入财政危机，为便于征收两税，不得已而实行"据地造籍"的户籍制度，这使得国家对户口血缘关系管理松弛，导致了假荫查处的困难。文宗时发生的假国舅事件，是对这一情况的最好诠释。文宗生母萧氏自幼"因乱去乡里，自入王邸，不通家问，别时父母已丧，有母弟一人。文宗以母族鲜亲，惟舅独存，诏闽、越连率于故里求访。有户

---

[1]《唐会要》卷七四《选部上·论选事》，第1588页。

[2]《唐会要》卷五九《尚书省诸司下·太庙斋郎》，第1206、1207页。

[3]《唐大诏令集》卷二九《太和七年册皇太子德音》，第106页。

部茶纲役人萧洪，自言有姊流落……上以为复得元舅"[1]，封鄜坊节度使。"时有自左军出为鄜坊者，资钱未偿而卒于镇，乃征钱于洪"[2]，洪不予，因此得罪了左军中尉仇士良。不久，有闽人萧本因"太后有真母弟，孱弱不能自达，本就之，得其家代及内外族属名讳"[3]，遂"称太后弟，（仇）士良以本上闻，发洪诈假，自鄜坊追洪下狱，御史台按鞠，具服其伪"[4]。文宗本以为事情到此终了，但"开成二年（837），福建观察使唐扶奏，得泉州晋江县人萧弘状，自称是皇太后亲弟，送赴阙庭，诏送御史台按问，事皆伪妄，诏逐还本贯"[5]。开成四年（839）在刘从谏的强烈提议下，诏御史台、刑部、大理寺三司会审，结果水落石出，萧本、萧弘俱是诈伪。随后，文宗下诏感慨道："奸滥之徒，探我情抱，因缘州里之近，附会祖先之名，觊幸我国恩，假托我外族……合当极法，尚为含忍，投之荒裔。萧本除名，长流爱州；萧弘配流儋州"[6]。此事让我们看到，由于户籍失实，假荫者只要缘州里之近，探知有荫家的"家代及内外族属名讳"，便有机会骗过审查获取门荫。萧洪等人若非事务处置失当，牵扯到了多方政治势力的博弈，是极难被识破的。

三、假荫的影响

假荫泛滥对门荫制度形成了巨大的冲击，直接导致门荫官员素质不断降低，白居易就曾指出"每岁假文武而筮仕者众，冒资荫而出身者多。故官不得人，员不充吏"[7]，在种种限制措施失败以后，唐政府不得不对门荫制度本身做出改变，即通过大量削减门荫的法定人数，来达到减弱假荫影响的目的。具体表现在几个方面：

（一）入选千牛的条件更为严格

本来按唐前期例"凡千牛备身、备身左右及太子千牛皆取三品已上职事官子

---

[1][2][3][4]《旧唐书》卷五二《后妃下·穆宗贞献皇后萧氏传》，第2201页。

[5]《旧唐书》卷五二《后妃下·穆宗贞献皇后萧氏传》，第2201、2202页。

[6]《旧唐书》卷五二《后妃下·穆宗贞献皇后萧氏传》，第2202页。

[7]（唐）白居易著，朱金城笺注：《白居易集笺校》卷六三《策林二·革吏部之弊》，上海古籍出版社，1988年，第3493页。

孙、四品清官子，仪容端正，武艺可称者充"[1]，但到贞元七年（791）对此做了改变。首先，千牛"其荫取嗣王、任常品四品已上清资官、宰辅及文武职事正二品已上官、御史大夫、诸司卿监、国子祭酒、京兆河南尹子孙主男……三品已上官，仍须兼三品已上阶"[2]，而若以四品清官左右丞、诸司侍郎及左右庶子等用荫，就必须前任为三品官并且还要保证在任现职之前未曾用荫。第二，千牛不但要仪容端庄、武艺出众，还要"年十一已上、十四已下，试读一小经"[3]通过方可入选。第三，千牛身有"庶孽、酗酒、腋疾等，并不应限"[4]。第四，"一荫之下，不得两人应补，并周亲有见任千牛，亦不在应限"[5]。第五，"所用荫若是摄、试、检、员外、兼官等，非正阙厘务者，并不在应补限。应用赠荫者，须承前历任清资，事兼门地，与格文相当者"[6]。相比较来看，贞元七年的改制，在用荫层次、用荫人数、文化素养、身体素质等多个方面对千牛提出了更为严格的要求，此后能被荫为千牛已是十分不易了。可到太和八年（834）还是削减了千牛人数，在"左右仗、千牛、仆寺、殿中省进马、左右金吾、仗长上共一百六十一员"[7]的基础上，又减掉了六十七人。

（二）挽郎、斋郎、两馆生人数减少

文宗太和元年（827）五月，礼部以"仕进多门，身名转滥，苟循往例，为弊滋深"[8]为由，奏请将挽郎的数量由原来的二百二十人减至一百．十人，获得了批准。太和八年，文宗又同意了礼部所提出的"明经、弘文馆生、太庙郊社斋郎、掌坐等，共五百五十二人，今六色共请减一百三十八人"[9]的建议。此时，挽郎、斋郎及两馆生的人数，都加在一起也不到五百人了。

（三）三卫人数锐减

太和三年（829），南郊赦文说"诸色出身，三卫最滥，假冒官荫，妄用优劳，其三卫宜三二年且不得补，待人数尽无始更补。委有司条流，严为限制，每

---

[1]（唐）李林甫等撰，陈仲夫点校：《唐六典》卷五《尚书兵部》，北京：中华书局，1992年，第154页。

[2][3][4][5][6]《唐会要》卷七一《十二卫》，第1523页。

[7][9]《册府元龟》卷六三一《铨选部·条制第三》，第7296页。

[8]《册府元龟》卷六三一《铨选部·条制第三》，第7292页。

所补注挟名替阙，如便可停废，亦制实闻奏"[1]，赦文延长三卫递补的周期，主要是为减少三卫人数做准备。仅一年之后，就下令"其资荫三卫，并请停废"[2]，首先裁汰了三卫中的纳资人部分。接着又在太和八年，下令"文简、武简、三卫，每年三铨都请留六十人为定"[3]，相较于唐前期"六番三卫，都四千九百六十三人"[4]的规模是大大减少了。即便如此，到武宗时仍强调三卫"逾滥莫甚于斯，入仕之门此徒最弊，自今已后但令武简，其文简并停"[5]。这样一来，三卫不但人数减少，而且被取消了参加吏部选的资格，地位进一步下降。

门荫制度的这一变化，实质上是缩减了高官子弟及其宗族向上流动的机会。高官子弟以血缘关系凭借门荫进入仕途，而他们的宗支亲属却往往是假荫入仕的主体。这些宗支亲属串通有荫家变换昭穆、更改户籍骗取门荫，故《通鉴》中称："搢绅之家或以告赤鬻于族姻，遂乱昭穆，至有舅、叔拜甥、侄者。"[6]武宗时，就有"太子宾客卢尚书贞，犹子为僧。会昌中，沙汰僧徒，斥归家，以荫补光王府参军"[7]，按唐令，犹子是无荫的，此必是附会上了卢贞的户籍，用假荫入仕。还有鸿胪寺卿柳英将斋郎文书卖与同姓人柳居，助其取得门荫[8]。河南府长水县主簿赵知远，更是为了承荫，不惜认兄为父[9]。这两则事虽见于五代，但可以肯定的是类似事件唐代也必然存在。爱宕元先生认为假荫多源自庶民阶层[10]，

[1]《唐大诏令集》卷七一《太和三年南郊赦》，第398页。

[2]《唐会要》卷七一《十二卫》，第1524、1525页。

[3]《册府元龟》卷六三一《铨选部·条制第三》，第7296页。

[4]《唐会要》卷五九《尚书省诸司下·兵部侍郎》，第1211页。

[5]（宋）李昉：《文苑英华》卷四二九《会昌五年正月三日南郊赦文》，北京：中华书局影印，1966年，第2174页。

[6]《资治通鉴》卷二七三，同光二年三月条，第8917页。

[7]《太平广记》卷二七八《梦三·卢贞犹子》，第2209页。

[8]《册府元龟》卷六三三《铨选部·条制第五》，第7317页。

[9]《册府元龟》卷六三三《铨选部·条制第五》，第7313页。

[10]［日］爱宕元：《唐代的官荫入仕——以卫官之路为中心》，刘俊文主编《日本中青年学者论中国史·六朝隋唐卷》，第257～266页。另，爱宕元先生所举魏邈子为假荫之例，也是可以商榷的，《唐代墓志汇编》（周绍良主编，上海古籍出版社，1992年）收录有魏邈（元和082，第2006页）与妻赵氏（会昌045，第2243页）的墓志，但两方墓志所述颇有不同，魏邈墓志言曾祖宾，为陇州长史（从五品上）；赵氏墓志却言祖为宾，无有官职。因无法断定哪方墓志为是，所以也不能肯定魏邈子没有祖荫。

是值得商榷的。一般来讲，庶民对朝廷的礼仪制度极为陌生，隋文帝时"外家吕氏，其族盖微，平齐之后，求访不知所在。至开皇初，济南郡上言，有男子吕永吉……勘验知是舅子……性识庸劣，职务不理。后去官，不知所终。永吉从父道贵，性尤顽骏，言词鄙陋。初自乡里征入长安，上见之悲泣。道贵略无戚容，但连呼高祖名"[1]，庶民的尴尬由此可见一斑。因此，庶民由假荫入仕是很难获得成功的。前引假国舅事件中的萧洪、萧本，主要是得益于权贵吕璋、仇士良的帮助，他们的情形与普通庶民还是有很大不同的。

在上面讨论的基础上，如果我们再放开眼光，就不难发现假荫仅是导致门荫制度变化的直接原因，而远非根本。门荫制度是在唐后期官阙严重不足的大背景下，被迫做出的改变。唐后期由于多种原因，导致吏部官阙大量流失，直至无阙可注[2]。为缓解选人与官阙的矛盾，德宗至文宗时期多次省并官职，如文宗甫一即位，就"省教坊、翰林、总监冗食千二百余员"[3]。这样，由假荫充斥的门荫之途自然成为减省的重点。可以说，只要官阙数量不足，门荫人数就必然会受到限制。不唯唐朝，五代时总体来看仍是选人多官阙少[4]，所以五代门荫"仅限于太子千牛、进马、斋郎等职……后来太子千牛、太子进马又退了出来，只剩下太仆寺、殿中进马与斋郎用于门荫授官"[5]。直到北宋初，官阙才多了起来，于是宋太宗、真宗广开荫补之门，所荫名日繁多，不但可荫五服以内的亲属，甚至外亲、门客、仆从也都纳入了荫补之列[6]。这实际是把唐代大部分的假荫合法化，正是"恩逮于百官者惟恐其不足"[7]的表现，在造成严重的冗官后，庆历新政又提出"抑侥幸"，这似乎又回到了唐代减少门荫人数的轨道上，只不过这一循环是在新的历史条件下进行的。

---

[1]（唐）魏徵：《隋书》卷七九《外戚·高祖外家吕氏传》，北京：中华书局，1973年，第1788页。

[2]宁欣：《唐代的选人与官阙》，《人文杂志》1991年第5期，第98、99页。

[3]《资治通鉴》卷二四三，宝历二年十二月条，第7853页。

[4]杜文玉：《五代十国制度研究》，北京：人民出版社，2006年，第87~90页。

[5]杜文玉：《五代十国制度研究》，第85页。

[6]苗书梅：《宋代官员选任和管理制度》，开封：河南大学出版社，1996年，第64页。

[7]赵翼著，王树民校证：《廿二史札记校证》，北京：中华书局，1984年，第534页。

四、结　语

综上我们可以看出，品阶与血缘是分辨荫与假荫的两个关键因素。唐初以及德宗至文宗时期所发生的种种政治事件，导致甲历失坠、户籍失实，给辨别品阶与血缘造成了极大的困难，假荫者趁此机会纷纷涌入仕途，直接拉低了官员的整体素质。唐政府虽然采取多种措施限制假荫，但却始终无法克服"据地造籍"所带来的消极影响。不得已而采取玉石俱焚的政策，通过改变门荫制度，大量缩减人数来控制假荫。而这又是在唐后期官阙数量严重不足的背景下进行的，只要这一背景条件不变，门荫人数就会被限制。五代亦然，直到宋初情况才得到改变。但当荫补泛滥之后，又回到了缩减人数的轨道上。唐宋时代这种看似回归的循环，实则包含了深刻的历史变迁，这是本文所无法包容，而是有待进一步探讨的问题。

（作者单位：辽宁师范大学历史文化旅游学院）

论唐宋时期阁门与阁门司的变化及特点[*]

杜文玉

阁门是古代宫廷中的内门，进入阁门即进入内廷，因此十分重要，设置有专门机构即阁门司进行管理。有关唐宋时期的这一问题，学术界研究不多，唐代部分的内容，只对阁门使偶有涉及[1]，连同论述及所引史料总共不过三四百字；宋代部分倒是有数篇文章，但是未尽之处亦不少[2]，故有必要继续深入讨论。本文主要论述唐宋时期阁门与阁门司，兼论五代、辽、金时期这一制度的变化情况，以期对这一历史时期的整个情况有一个比较全面系统的认知。

一、关于唐代阁门司的几个问题

这里仅就唐代阁门司研究中未尽之处谈几点意见。

首先，唐代宫中之阁门设置并非仅限于大明宫。目前凡涉及这一问题的论述，均提到大明宫之阁门，对其他诸宫是否有此门之置没有论及。史载：太极宫承天门，"其北曰太极门，其内曰太极殿，朔、望则坐而视朝焉。盖古之中朝也。隋曰大兴门、大兴殿。炀帝改曰虔福门，贞观八年改曰太极门。武德元年改

---

*本文系国家社科基金重大项目"五代十国历史文献的整理与研究"（编号：14ZDB032）阶段性成果之一。

[1] 唐长孺：《山居存稿》，北京：中华书局，1989年，第260、261页。

[2] 赵冬梅：《试论宋代的阁门官员》，《中国史研究》2004年第4期，第107～121页；赵冬梅：《试论通进视角中的唐宋阁门司》，《历史研究》2008年第3期，第128～131页；周佳：《沟通内外：北宋阁门的位置与功能考论》，《文史》2015年第2辑，第93～108页。［日］松本保宣：《唐代の閣门の様相について——唐代宫城における情报伝达の一出》，《立命馆文学》608号，2008年12月，第149～167页。

曰太极殿。有东上、西上二阁门，东、西廊，左延明、右延明二门"[1]。可知太极宫亦有东上、西上阁门，进入阁门，通过两仪门，便可到达举行内朝朝会的两仪殿。众所周知，太极宫乃隋代大兴宫的改称，故这两处宫门早已存在，韦述《两京新记》亦曰："太极殿旁东上阁、西上阁门，东、西廊。"[2]这里的"阁"字应为"阁"字。至于大明宫之阁门，在宣政殿东西，所谓"宣政之左曰东上阁，右曰西上阁"[3]。唐之东都洛阳宫内亦有阁门之置，徐松《唐两京城坊考》曰："按隋之乾阳殿有东、西上阁门。《通鉴》：王世充执越王君度等，引入东上阁门是也。唐制当亦同之。"[4]亦可证明早在隋代宫中已有阁门之制。其实唐之东宫亦有阁门，《旧唐书》载："典内掌东宫阁门之禁令，及宫人粮廪赐与之出入。"[5]

五代时期各国亦沿袭唐制，在宫中置有阁门。五代中原诸朝除后唐外，均建都于汴梁，据《河南志》载："次北文明殿，正衙殿也。唐之武成、宣政，又改贞观殿。梁开平三年改文明殿。殿东南隅有鼓楼，西南隅有钟楼。东西横门，曰左、右延福门。殿两挟，曰东上、西上阁门。"[6]这一时期的其他诸国，凡称帝者也多置有阁门，如前蜀建都成都，改"西亭门为东上阁门，亭子西门为西上阁门"[7]。再如南唐，见于记载的有阁门承旨李延祚[8]、阁门承旨刘承遇等[9]，说明

[1] （唐）李林甫：《唐六典》卷七《尚书工部》，北京：中华书局，1992年，第217页。

[2] （唐）韦述撰，辛德勇辑校：《两京新记辑校》，西安：三秦出版社，2006年，第3页。

[3] 《唐六典》卷七《尚书工部》，第218页。

[4] （清）徐松：《唐两京城坊考》卷五《东京·宫城》，北京：中华书局，1985年，第133页。

[5] （后晋）刘昫：《旧唐书》卷四四《职官志三》，北京：中华书局，1975年，第1909页。

[6] （清）徐松：《河南志》卷四《宫城》，北京：中华书局，1994年，第146、147页。

[7] （宋）张唐英撰，王文才、王炎校笺：《蜀梼杌校笺》卷上，成都：巴蜀书社，1999年，第84页。

[8] （宋）王钦若：《册府元龟》卷一六七《帝王部·招怀五》，北京：中华书局，1960年，第2020页。

[9] （宋）陆游：《南唐书》卷二《元宗本纪》，《五代史书汇编》，杭州出版社，2004年，第5482页。

南唐也有阁门之置。北宋的东上、西上阁门则位于文德殿后左右两侧。

其次，唐代在阁门进呈表章和召对臣僚有印引，凡朝会出入阁门则有门籍[1]。如唐宪宗时，宰相于頔因其子杀人，诣建福门上表请罪，"阁门以无印引不受"[2]。这里所谓"印"，指上表官员的职印，"引"则指"内引"，是宫中的一种公文。关于这一点还有史料可以进一步证实，代宗大历九年（774）四月，"中书舍人常衮率常侍、给舍、谏议、遗补一十八人，诣阁门请论事。有诏三人一引，各尽己怀，帝皆毕词听纳"[3]。所谓"三人一引"，就是指这一制度。如果阁门使擅自接受官员表状，则会受到处罚。如懿宗咸通十三年（872）五月，"国子司业韦殷裕于阁门进状，论淑妃弟郭敬述阴事"。懿宗大怒，将"阁门使田献铦夺紫，配于桥陵，阁门司阁敬直决十五，配南衙，为受殷裕文状故也"[4]。懿宗罚处阁门官员的借口就是没有内引而擅自进状。

自辽宋以来，大驾入宫则有勘箭之制。《梦溪笔谈》说："大驾卤簿中有勘箭，如古之勘契也。其牡谓之'雄牡箭'，牝谓之'辟仗箭'。本胡法也。熙宁中罢之。"[5]《宋朝事实》卷一三对这一制度有详细的记载，在此不多论述。另据《辽史》记载："勘箭车驾远归，阁门使持雄箭，勘箭官持雌箭，比较相合，而后入宫。"[6]《梦溪笔谈》说此制乃胡法，结合上引《辽史》记载，此制应来自契丹。

---

[1]（宋）欧阳修、宋祁：《新唐书》卷二三《仪卫志上》载："朝日，殿上设黼扆、蹑席、熏炉、香案。御史大夫领属官至殿西庑，从官朱衣传呼，促百官就班，文武列于两观。监察御史二人立于东西朝堂砖道以莅之。平明，传点毕，内门开。监察御史领百官入，夹阶，监门校尉二人执门籍，曰："唱籍。"既视籍，曰："在。"入毕而止。次门亦如之。序班于通乾、观象门南，武班居文班之次。入宣政门，文班自东门而入，武班自西门而入，至阁门亦如之。夹阶校尉十人同唱，入毕而止。"北京：中华书局，1975年，第488页。按上引之文没有提到勘契之制，不知何故。

[2]（宋）司马光：《资治通鉴》卷二三九，元和八年正月条及胡注，北京：中华书局，1956年，第7699页。

[3]《册府元龟》卷九九二《外臣部·备御五》，第11656页。

[4]《旧唐书》卷一九上《懿宗纪》，第679页。

[5]（宋）沈括撰，胡道静校注：《新校正梦溪笔谈》卷一《故事》，北京：中华书局，1957年，第27页。

[6]（元）脱脱：《辽史》卷一一六《国语解》，北京：中华书局，1974年，第1542页。

从上引记载看，勘箭之制主要用于大驾还宫，那么百官及仗卫入阁以何物为凭呢？上引《辽史》又载："木契，正面为阳，背面为阴，阁门唤仗则用之。朝贺之礼，宣徽使请阳面木契下殿，至于殿门，以契授西上阁门使云：'授契行勘。'"阁门使以所授之契与金吾仗所持之契勘合，则唤仗入阁[1]。此制既用朝贺之礼，百官入阁时亦当以此为凭。宋朝亦有木契，用于调兵、追胥、试阅，此外皇城司有木鱼契，制造精巧[2]。据《玉海》记载："皇祐二年九月十四日庚子，皇城司上新作文德殿香檀鱼契。契有左右，左留中，右付本司。各长尺有一寸，博二寸八分，厚六分，刻鱼形，凿枘相合，缕金为文。车驾至门，勘契官执右契奏，阁门使降左契，勘契官跪奏勘毕，奏云'外契合。'"[3]上引《梦溪笔谈》说勘箭之法废于熙宁中（1068~1077），而这里却说皇祐二年（1050）又制造了木鱼契，而两者均用于车驾回宫，故这两种记载明显存在矛盾，不知何故。

那么，中原王朝入阁是否也有勘契之制？据《五代会要》卷五《入阁仪》载：皇帝在御座坐定后，"卷帘，殿上添香，喝'控鹤官拜'，次鸡叫官，次阁门勘契，次阁门承旨唤仗，次阁门使引金吾将军南班拜讫"云云。另据《玉海》卷七〇载：唐制，"所谓入阁者，盖只日御紫宸，上阁之时，先于宣政殿前立黄麾、金吾仗，俟勘契毕，唤仗自东西阁门入，故谓之入阁"[4]，可知唐代入阁时亦有勘契之制，五代的这一制度亦是沿袭唐制。宋代入阁仪亦有此制，《宋史》卷一一七《礼志二十》载：入阁仪。"皇帝升位，扇却，仪鸾使焚香；次文武官等拜；次司天鸡唱；次阁门勘契"，可见辽宋入阁时的勘契之制皆源自于唐制。《玉海》卷八五还载："熙宁四年，王珪议罢勘箭。元丰元年，陈襄请罢勘契。"[5]

再次，阁门司设置的时间。阁门十分重要，自然有专人负责把守，从相关史籍的记载看，在唐代并非一开始就设置了阁门司。史载："武德九年九月八日，吏部尚书、权检校左武卫大将军长孙无忌被召，不解佩刀，入东上阁门。尚书右

[1]《辽史》卷五七《仪卫志三》，第915页。

[2]（元）脱脱：《宋史》卷一〇七《舆服志六·符券》，北京：中华书局，1977年，第3595页。

[3][5]（宋）王应麟：《玉海》卷八五《皇祐文德殿鱼契》，上海书店、江苏古籍出版社，1988年，第1572页。

[4]《玉海》卷七〇《淳化文德殿入阁》，第1331页。

仆射封德彝议，以监门校尉不觉，合死。无忌误带刀入，徒二年，罚铜二十斤。诏从之。"[1]此议因有人反对，最终未能实施。但从"监门校尉不觉"一句看，说明唐初阁门尚未置司，由监门卫负责把守。当时唐太宗刚刚即帝位不久，此事发生在太极宫。唐朝何时设置阁门司，史无明载。贞观十三年（639）正月，加宰相房玄龄太子少师，房玄龄不受，太宗不许，玄龄固请不已，"诏断表，乃就职"。胡三省在这里注云："今之让官者，奉表三让，不许，敕断来章，则阁门不复受其表，即唐制之断表也。"[2]阁门不受其表，说明此时在阁门已经设置了相关官员，并负责接受表章，因为监门卫作为军事机构，断不能参与此种事务，只是尚不清楚这时的官员官名是什么，但阁门置司当在此时。从上引咸通十三年（872）懿宗将"阁门司阁敬直决十五，配南衙"的记载看，没有记阁敬直的职事名，说明阁敬直为阁门司的所属人员，尚没有担任官职，当是当天值班人员，作为直接当事者而被处罚的。

最后，有关东、西上阁门的分工问题。历代宫中的阁门皆为东、西两处，必然有一个分工的问题。《唐会要》卷二五《文武百官朝谒班序》载："文武官行立班序：通乾、观象门外序班，武次于文。至宣政门，文由东门而入，武由西门而入。至阁门亦如之。"又程大昌曰："凡唐世命为入阁者，仗与朝臣虽自两阁门分入，入竟乃是内殿。"[3]可知无论是宣政东、西门或东上、西上阁门，举行朝会时都是文官从东门入，武官从西门而入。不知何时又改为常朝及奉表进状皆从东上阁门而入，唐人王建《宫词》曰："未明东上阁门开，排仗声从后殿来。"[4]描写的显然是宫中举行朝会的情景。王建是大历进士，主要生活在唐德宗时期，其《宫词》撰成的时间不详，大体上可以确定在代宗、德宗时期。"乾元元年五月壬申朔，回纥使多亥阿波八十人，黑衣大食酋长阁之等六人并朝见，至阁门争长，通事舍人乃分为左右，从东西门并入。"[5]因为都要从东上阁门先入，于是才

[1]（宋）王溥：《唐会要》卷三九《议刑轻重》，上海古籍出版社，2006年，第825页。

[2]《资治通鉴》卷一九五，贞观十三年正月胡注，第6143页。

[3]（宋）程大昌：《雍录》卷三《西内两阁》，北京：中华书局，2002年，第62页。

[4]（清）彭定求：《全唐诗》卷三〇二《宫词一百首》，北京：中华书局，1960年，第3443页。

[5]《旧唐书》卷一九五《回纥传》，第5200页。

发生了争长的问题，如果如唐初那样东上、西上皆可进入，就不会发生争执了。这条史料将这一变化的时间又提前至肃宗乾元时，估计可能还要更早一些。《唐会要》卷三〇《杂记》载："天祐二年四月敕：'自今年五月一日后，常朝出入，取东上阁门，或遇奉慰，即开西上阁门。永为定制。'"这条敕文的颁布只是再次肯定了从东上阁门上朝的规定，并非自此时才发生的变化。那么是什么原因导致了这种变化呢？据《旧唐书》记载："比因阉官擅权，乃以阴阳取位，不思南面，但启西门。迩来相承，未议更改，详其称谓，似爽旧规。"[1]可知是唐后期宦官擅权所导致的变化，从"迩来相承，未议更改"一句看，这一变化历时已久。

关于奉表进状也经东上阁门的问题，唐代相关史料记载颇多，如"刑部尚书柳仲郢诣东上阁门进表"[2]，即是一例。这种情况在《全唐文》有大量的例证，所谓"诣东上阁门拜疏辞谢"，"谨诣东上阁门奉表陈献以闻"，"先诣东上阁门拜表称庆"等。这种趋势一直延续到五代、两宋时期。如后梁"开平三年正月戊辰朔，帝御金祥殿，受宰臣翰林学士称贺，文武百官拜表于东上阁门"[3]。"后唐崔协为御史中丞。庄宗同光中，与殿中侍御史韦悦、魏逊诣东上阁门进状待罪，罚俸有差。刑狱奏牍脱略文字故也"[4]。北宋礼典规定："尊号之典，唐始载于礼官。宋每大祀，群臣诣东上阁门，拜表请上尊号，或三上，或五上，多谦抑弗许；如允所请，即奏命大臣撰册文及书册宝诣。"[5]可知北宋群臣拜表上尊号的这种仪注是沿袭唐制而来的。直到北宋末年仍是如此，宋徽宗于政和三年（1113）颁诏说：群臣"止东上阁门拜表"[6]。南宋也是如此，如"天申节，群臣诣东上阁

[1]《旧唐书》卷二〇下《哀帝纪》，第793页。

[2]（唐）裴庭裕：《东观奏记》卷中，北京：中华书局，1994年，第113页。

[3]（宋）薛居正：《旧五代史》卷四《梁太祖纪四》，北京：中华书局，1976年，第66页。

[4]《册府元龟》卷五二二《宪官部·谴让》，第6236页。

[5]《宋史》卷一一〇《礼志十三》，第2639页。

[6]（宋）佚名：《宋大诏令集》卷一三六《天神下视太师蔡京乞宣付史馆御笔手诏》，北京：中华书局，1962年，第482页。

门拜表称贺"[1]。"节前一日，自内降旨，文武百僚及使人并免贺，止就东上阁门拜表起居"[2]。可见唐代所确定的"以东上为先"的原则[3]，一直沿续下来。《宋史·职官志》亦载："若庆礼奉表，则东上阁门掌之；慰礼进名，则西上阁门掌之。"[4]

二、宋代阁门司职能与职官设置

关于唐代阁门司的职能，胡三省说："掌供奉朝会，赞引亲王、宰相、百官、蕃客朝见、辞。"[5]除此之外，其还有接受表章、颁敕宣赦、进名奉慰、拜表称贺、谢官辞见、待罪之处等许多职能。宋代沿袭了唐代的这些职能，所谓"凡取禀旨，命供奉、乘舆、朝会、游宴及赞导三公、群臣、蕃国朝见、辞谢，纠弹失仪之事"[6]。唐代阁门所具有诸多其他职能，宋代皆沿袭下来，甚至还有传送官员告身的功能，但是其中最重要的职能仍是沟通内廷与外朝通进职能[7]。有关宋代阁门司的诸多职能，前引的不少文章有所涉及，不过仍有一些未及的问题，主要表现在如下方面：

首先，阁门司的礼仪纠弹功能。唐之阁门无此职能，百官失仪之事由殿中侍御史纠弹。上引《群书考索》有纠弹之文，宋人孙逢吉的《职官分纪》卷四四亦载阁门司有"纠弹失仪"之权。那么，阁门司负责纠弹的范围有多大呢？《宋史·职官志六》载："视其品秩以为引班、叙班之次，赞其拜舞之节而纠其违失。"[8]宋仁宗时，三司副使刘湜参加宴会时，因坐错了地方，"为阁门所弹，帝

[1]（宋）李心传：《建炎以来系年要录》卷五，北京：中华书局，1988年，第135页。

[2]（宋）李心传：《建炎以来朝野杂记》乙集卷三《淳熙谅闇罢诞节正旦庆礼》，北京：中华书局，2000年，第553页。

[3]《旧唐书》卷二〇下《哀帝纪》，第793页。

[4]《宋史》卷一六六《职官志六》，第3936、3937页。

[5]《资治通鉴》卷二五〇，咸通四年八月条胡注，第8106页。

[6]（宋）章如愚：《群书考索》后集卷一二《官制门》，四库全书文渊阁本，上海古籍出版社，1986年，第937册，第164页。

[7]赵冬梅：《试论通进视角中的唐宋阁门司》，《历史研究》2008年第3期，第128～131页。

[8]《宋史》卷一六六《职官志六》，第3936页。

怒而责出之"[1]。江邻几《嘉祐杂志》云："一朝士五月起居，衣绯纱公服，为台司所纠。三司使包拯，亦衣纱公服，阁门使易之。且诘有何条例，答云：'不见旧例，只见至尊御此耳！'"[2]阁门使令三司使包拯易服，亦在其"纠其违失"的职权范围之内。欧阳修的《论许怀德状》一文记有一事，当时欧阳修任翰林学士。"故事，节度使移镇加恩，皆别上表再辞，每降批答，遣内侍赍赐，必有所遗。怀德以祫享加恩，既又移镇，乃共为一表以辞。"[3]欧阳修针对此事劾"其前来恩制，久已稽留，不让不受，显是轻侮朝廷，违慢君命。阁门无所申举，台司风宪亦无弹纠"[4]。欧阳修所说此事的纠弹本为宪台之责，其中又提到阁门的职能问题，即对百僚表章应进而未进，阁门有权申举。说明宋代的阁门司并非被动地接受上表进状，对于违反"故事"者亦负有申举之责。

阁门司还有一项权力，即决定宰相能否"独留"。唐朝宰相不能独对皇帝，而群臣可以独对，称之为独留。《却扫编》载，唐宣宗雅爱翰林学士蒋伸，曾一日之内"三起三留"。宋朝宰执"遇欲有所密启，必先语阁门，使奏知进呈罢，乃独留，谓之'留身'。此与唐制颇异"[5]。据此看来，阁门司并非被动地履行通进之职，还在一定程度上决定着政事的成败。如韩侂胄以知阁门事而擅权，便是一典型事例。不过有宋一代，这种事例比较少见。

其次，关于朝会导引之制。有一些史料长期以来得不到重视，据《宋史》载："前代宫闱多不肃，宫人或与廷臣相见，《唐入阁图》有昭容位。本朝宫禁严密，内外整肃，此治内之法也。"[6]宋人对唐代此制多采取批评态度，或采取否认态度。唐人段成式《酉阳杂俎》曰："今阁门有宫人垂帛引百僚，或云自则天，或言因后魏。据《开元礼疏》曰：晋康献褚后临朝，不坐，则宫人传百僚

[1]（清）徐松：《宋会要辑稿》职官六五之一，上海古籍出版社，2014年，第4797页。

[2]（宋）赵与时：《宾退录》卷三，上海古籍出版社，1983年，第37页。

[3]《宋史》卷三二四《许怀德传》，第10478页。

[4]（宋）欧阳修：《文忠集》卷一一二《论许怀德状》，四库全书文渊阁本，上海古籍出版社，1986年，第1103册，第142页。

[5]（宋）徐度：《却扫编》卷中《宋元笔记小说大观》，上海古籍出版社，2007年，第4505页。

[6]《宋史》卷三四〇《吕大防传》，第10843页。

拜。有房中使者见之，归国遂行此礼。时礼乐尽在江南，北方举动法之。周、隋相沿，国家承之不改。"[1]所考甚核。又，方回《瀛奎律髓》卷二引梅圣俞《殿后书事和范纯仁诗》云："老杜云：'户外昭容紫袖垂。'则知唐之外庭以宫女引朝仪。"[2]唐天祐二年（905）十三月敕曰："宫嫔女职，本备内任，近年已来，稍失仪制。宫人出内宣命。宷御参随视朝，乃失旧规，须为永制。今后每遇延英坐朝日，只令小黄门祗候引从，宫人不得擅出内门，庶循典仪，免至纷杂。"[3]据此来看，唐代确实存在以宫嫔女官参与朝会之史实。杜绝此事，并非始于宋初，而应始于天祐二年。从前引《五代会要》的"入阁仪"看，至五代时已不存在这种情况了，导引百僚之事完全归于阁门。

再次，宋代阁门官员多奉命出使。有唐一代，极少派阁门司官员出使。自五代始频频遣其出使，如后梁太祖"仍命阁门使王瞳、供奉官史彦璋等使于燕"；后唐明宗遣"阁门使刘政恩充西川宣谕使"；后唐任李彝超为延州留后，彝超借故不奉诏，于是"遣阁门使苏继颜赍诏促彝超赴任"[4]。两宋时期这种情况更加普遍，从宋太祖时就是如此，如契丹遣使访宋，"上命阁门副使郝崇信至境上迓之"[5]。陈尧叟因久疾求罢枢相，"上遣阁门使杨崇勋至第抚慰，且询其意"[6]。更多的则是出使外国，如开宝八年（975）七月，"遣阁门使郝崇信、太常丞吕

[1]（唐）段成式：《酉阳杂俎校笺》续集卷四《贬误》，北京：中华书局，2015年，第1733页。

[2]（宋）周辉：《清波杂志》卷一《祖宗家法》注释六，北京：中华书局，1994年，第17、18页。

[3]《旧唐书》卷二〇下《哀帝纪》，第804页。按：唐昭宗于天复二年（902）尽诛宦官，以内夫人传宣诏命及领内诸司使之事。天祐元年（904）四月"戊申，敕内诸司惟留宣徽等九使外，余皆停废，仍不以内夫人充使"（《通鉴》卷二六四）。因此，此举与天复时命内夫人掌宣传之事无关。

[4]《旧五代史》卷一三五《僭伪列传》，第1804页；卷四三《唐明宗纪九》，第594页；卷四四《唐明宗纪十》，第604页。

[5]（宋）李攸：《宋朝事实》卷二〇《经略幽燕》，丛书集成初编，上海：商务印书馆，1936年，第317页。

[6]《宋朝事实》卷一〇《宰执拜罢》，第164页。

端使契丹"。次年五月，"以阁门副使田守奇等充贺契丹生辰使"[1]。童贯"先遣阁门宣赞马扩持宋徽宗手招，抚谕燕王，使纳土以归"[2]。金章宗明昌五年（1194）正月，"宋翰林学士倪思、知阁门使王知新贺正旦"。泰和六年（1206）正月，"宋试刑部尚书陈景俊、知阁门事吴瑞贺正旦"[3]。这一现象在辽金时期更为常见，在《辽史》与《金史》中有大量的记载，仅《金史》卷六一《交聘表上》就记载了大量的遣阁门使出使南宋、高丽、西夏的事例。这些实际上都是受五代、宋制度的影响所致，表明阁门司职能与唐制相比较发生了较大的变化。

宋代阁门司职官主要有："东上阁门、西上阁门使各三人，副使各二人，宣赞舍人十人，旧名通事舍人，政和中改。祗候十有二人。掌朝会宴幸、供奉赞相礼仪之事，使、副承旨禀命，舍人传宣赞谒，祗候分佐舍人。"[4]其中阁门通事舍人早在五代时就已设置了[5]。阁门使一职这一时期已经开始阶官化，如后周太祖广顺三年（953）正月敕"青州在城及诸县镇乡村人户等……据知州、阁门使张凝近奏陈八事，于人不便，积久相承，宜降指挥，并从改正"云云[6]。张凝就是以阁门使阶任青州知州的，前者为阶官，后者则为职事官。至宋代遂将阁门使等使职官列入武职阶官系列，所谓"内客省使至阁门使谓之横班"。在两宋时期阁门司官员可以在阁门司任职，也可以不在这里任职，所谓"初犹有正官充者，其后但以检校官为之，或领观察使、防御使、团练使、刺史"[7]。孙逢吉指出："国朝东、西上阁门司，紫宸殿前南廊置，使、副使常领本局事。阙，即取客省使、副使以

[1]《宋史》卷三《太祖纪三》，第47页。

[2]（宋）叶隆礼：《契丹国志》卷之一一，上海古籍出版社，1985年，第122页。

[3]（元）脱脱：《金史》卷六二《交聘表下》，北京：中华书局，1975年，第1457～1477页。

[4]《宋史》卷一六六《职官志六》，第3936页。

[5]（宋）王安石：《临川文集》卷九八《右领军卫将军致仕王君墓志铭》："曾祖讳安，当周世宗时，为阁门通事舍人。"四库全书文渊阁本，上海古籍出版社，1986年，第1105册，第821页；《册府元龟》卷七六六《总录部·攀附二》：王景崇，"明宗践祚，擢为通事舍人，历引进、阁门使"。第9110页。

[6]《册府元龟》卷四八八《邦计部·赋税二》，第5842页。

[7]《宋史》卷一六九《职官志九》，第4033页。

上同管勾，或全阙官，亦有通事舍人权发遣者。"[1]这样的事例不胜枚举，如"萧注在仁宗时，以阁门使知邕州几十年"[2]。甚至阁门宣赞舍人、祗候也被作为阶官而广泛使用，如"祥符中，阁门祗候使臣谢德权领治京畿沟洫"[3]。"高士瞳，宣和三年七月初二日，以武显大夫、兼阁门宣赞舍人到任（越州），当年九月初九日依旧淮南提刑"[4]。南宋时期这种情况愈来愈多，如"武功大夫、文州刺史、阁门宣赞舍人、提举台州崇道观刘刚"[5]。"林伯成，字知万，之望之弟，长乐人。历阁门舍人、知高邮军，终知直州"[6]。

有宋一代，凡任阁门司长官者，多加知阁门事、判阁门事、兼阁门事等名衔。宋神宗元丰七年（1084），诏客省、四方馆使、副使，除掌管本司之务外，"官最高者一员兼领阁门事"。元祐元年（1086），"诏客省、四方馆、阁门并以横行通领职事"[7]。横行即横班。总之变化颇多。至宋徽宗政和二年（1112）十一月，"置知客省、引进、四方馆、东西上阁门事"[8]。不久，又出现了同知阁门事的职事衔。故马端临说："其后所除，总名知阁门事，仍兼客省、四方馆之职焉。"[9]这种情况一直延续到南宋时期，除了阁门司职员数量有所增减外，再无发生过大的变化。需要说明的是，这种趋势早在五代时期就已存在了[10]。

[1]（宋）孙逢吉：《职官分纪》卷四四《东西上阁门》，北京：中华书局，1988年，第816页。

[2]（宋）魏泰：《东轩笔录》卷八，北京：中华书局，1983年，第90页。

[3]《新校正梦溪笔谈》卷二五《杂志二》，第250页。

[4]（宋）张淏：《会稽续志》卷二，四库全书文渊阁本，上海古籍出版社，1986年，第486册，第459页。括号内系笔者所加。

[5]《建炎以来系年要录》卷一三四，第2156页。

[6]《淳熙三山志》卷三〇《人物五》，四库全书文渊阁本，上海古籍出版社，1986年，第484册，第426页。

[7]《宋史》卷一六六《职官志六》，第3937页。

[8]《宋史》卷二一《徽宗纪三》，第390页。

[9]（元）马端临：《文献通考》卷五八《职官考十二》，北京：中华书局，2011年，第1742页。

[10]《册府元龟》卷七六六《总录部·攀附二》载：阎晋卿，"（汉）高祖在镇，颇见信用，后历阁门使、判四方馆事"。第9111页。

还有一点需要说明，在南宋凡大驾外出，仪卫中人员名衔多加"阁门"二字，如驾头阁门祗候乘骑棒驾、阁门提点、阁门簿书、阁门承受、阁门库、阁门觉察官、知阁门事、阁门觉察舍人、阁门觉察宣赞舍人等[1]。反映了这些人员与皇帝关系的亲近性。

三、辽金时期的阁门司

辽朝建国在金朝之前，虽然没有入主中原，但在五代时期一度与中原诸朝往来频繁，因此对中原王朝之制度是有所了解的，其中就包括入阁制度。据《辽史》记载，东上阁门司与西上阁门司，太宗会同元年（938）置，并置有使、副使[2]。最重要的是，在辽太宗统治时期，还举行过两次入阁礼，一次在会同三年（940），地点在燕京（即幽州），另一次在大同元年（947），地点在汴梁[3]。之所以在汴梁举行此仪，是因为辽朝刚刚灭亡后晋，进入中原之故。辽朝之所以没有将入阁礼常规化，有人认为与其政治体制有关，四时捺钵的巡狩之制，受行在营帐条件的限制，无法举行这种规模宏大的典礼。通过对出土墓志资料的挖掘，辽朝的阁门司官员还有阁门通事舍人、阁门祗候等职[4]，说明其职官设置与北宋完全相同。辽朝入阁时的勘箭之制，是其独创，并一度影响中原王朝，以见前述，不再赘言。

有关金朝的阁门司及入阁礼，史书有大量的记载，且未见有专论出现，故有必要稍加论述。有关这方面的记载，主要见于《大金集礼》与《金史》等书，与唐宋时期比较，主要具有以下几方面的特点。

第一，金朝阁门司及其职官情况是：东上阁门使二员，正五品，副使二员，正六品，签事一员，从六品，"掌签判阁门事"；西上阁门司的官员员数与品阶与东上同，其签事，"掌赞导殿庭礼仪"。其下置有阁门祗候二十五人，阁门通事舍人二员，从七品，"掌通班赞唱、承奏劳问之事"。承奉班都知，正

---

[1]（宋）周密：《武林旧事》卷一《四孟驾出》，北京：中华书局，2007年，第9、10页。

[2]《辽史》卷四七《百官志三》，第777页。

[3]《旧五代史》卷九九《汉高祖纪一》，第1326页。

[4] 以上见李月新：《辽朝"入阁礼"考论》，《史学集刊》2016年第4期，第111~118页。

七品，"掌总率本班承奉之事"，其下置有判官，后废；内承奉班押班，正七品，"掌总率本班承奉之事"；御院通进四员，从七品，"掌诸进献礼物及荐享编次位序"[1]。

与唐宋不同的是，金朝还置一些参与阁门事务的机构与官员，如宫闱局，设提点、使、副使、直长、内直等员，"掌宫中阁门之禁，率随位都监、同监及内直各给其事"。此外，还置有内侍局，职官人数众多，"掌正位阁门之禁"[2]，即掌管内宫诸殿阁阁门之事务，与掌管朝会及国家礼仪的阁门司性质不同，在此不作赘述。

以上所述，可以看出金代的阁门司制度与唐宋不同，机构更加庞大，在设官方面无论是职数还是人数都明显多于唐宋。

第二，金代的阁门司官员不再是阶官，已发展成为职事官。与唐代使职官不同，金代的阁门司官员有明确的品阶规定，统属于宣徽院，已发展为国家正官。相关史料中有大量的阁门使出使外国以及承敕劳问的记载，这些都是其本职事务，即上述的"承奏劳问之事"。像两宋时期那样以阁门司官员为阶官，充任各种职事尤其是充任观察使、防御使、团练使、刺史等外官的现象，在金代不再出现了；以阁门官员兼管引进、四方馆，或者引进、四方馆使兼掌阁门事务的情况也不再出现。这些都表明阁门司作为国家机构至金代已基本成熟了，不再有唐宋时期那种过渡性质。需要说明的是，阁门祗候一职，从八品，后改为出职从七品，通常作为门荫入仕或选试者的初始之职。如卢玑，"以荫补阁门祗候"。卢亨嗣，"以荫补阁门祗候，内供奉"[3]。宗室宗道，初入仕为阁门祗候。刘颍，"以大臣子孙充阁门祗候"[4]。类似记载还很多，不一一列举。

第三，阁门司参与了朝廷大多数的礼仪典礼。据《大金集礼》记载，阁门司参与的典礼主要有：上尊号、上尊谥、册皇太后与皇后、追谥皇后、册皇太子、

[1]《金史》卷五六《百官志二》，第1258、1259页。

[2]《金史》卷五六《百官志二》，第1262页。

[3]《金史》卷七五《卢彦伦传附卢玑传》，第1716页；同卷《卢彦伦传附孙亨嗣传》，第1717页。

[4]《金史》卷七三《宗道八十传》，第1677页；同书卷七八《刘彦宗传附族人刘颍传》，第1774页。

时享、原庙，大赦、宣诏、启用新宝、外国使入见、班序、常朝与朔望朝等，其参与的典礼中最重要的是朝参与常朝。"天眷二年五月十三日，详定内外制度仪式，所定到常朝及朔望仪式"[1]。与宋制不同的是，"以朔日、六日、十一日、十五日、二十一日、二十六日为六参日。后又定制，以朔、望日为朝参，余日为常朝"[2]。关于参加朝参的官员，金制规定："亲王及宗室已命官者，年十六以上，并赴起居。诸色人任七品以上职事，及七品以上散官充吏职，伎术官同，七品以下散官，权翰林院应奉，并随班起居。"[3]有趣的是，金人根本不提其制与宋制有何关系，反而认为其入阁之制是参照唐制而成，所谓"拟依唐制"[4]，反映了金人自认为是前代中原诸朝自然延续的心理，同时也有与宋朝分庭抗礼、不甘于文化上落后于南宋的地位。

统观《大金集礼》与《金史·礼志》的记载，其仪制与唐宋之制大同小异，除了参与官员、仗卫名称、仪物、所用之乐等稍有差异外，典礼程序大体相似。此外，金代亲王参与常朝朝会，且班位居前，与唐宋之制明显不同，这是其部落制度残余的表现。还有一点需要强调，唐代阁门司在仪制方面的作用主要体现在便殿举行的内朝朝会上，宋代虽然有所扩大，但与金制相比，其范围明显小得多，这应是阁门制度进一步发展的表现。

（作者单位：陕西师范大学历史文化学院）

---

[1] （金）张玮：《大金集礼》卷四〇《朝会下》，北京：中华书局，1985年，第339页。

[2] 《金史》卷三六《礼志九》，第840～941页。

[3][4] 《大金集礼》卷四〇《朝会下》，第341页。

盛唐文馆学士碑志文平议

——以张说为中心[*]

徐海容

奉诏应制是唐代文馆学士的基本职能之一，也是其主要文学活动形态。长期以来，学界将学士纳入"宫体文学""御用文人"的研究范畴。故在围绕"宫体"构建的文学话语体系中，帝王成为文学活动的中心，学士往往被视为附庸，其主体性亦多被忽视。盛唐文馆学士基本由进士出身的高级文官兼任，突出其主体性身份，把学士文当作一种文学形态去深入研究，有利于我们认识当时的文学生态环境和文学发展规律。有鉴于此，本文以玄宗朝文馆学士张说为主要考察对象，对盛唐文馆学士的碑志文创作进行考察与批评。

一、学士碑文的政治宣教精神

盛唐时期设立的文馆主要有弘文、崇文、崇贤馆及集贤院、翰林院等，其时供职的学士如张说、苏颋、李乂、张九龄、裴光庭、贺知章、李邕、李林甫、崔沔、萧颖士、孙逖、包融、徐坚、徐浩、韦述、赵冬曦、陆坚、徐安贞等常奉诏制文，"唐制，乘舆所在，必有文词、经学之士……文书诏令，则中书舍人掌之……玄宗初，置'翰林待诏'，以张说、陆坚、张九龄等为之，掌四方表疏批答、应和文章；既而又以中书务剧，文书多壅滞，乃选文学之士，号'翰林供奉'，与集贤院学士分掌制诏书敕"[1]。学界论及其创作时，多批评其御用性的应

---

*本文系国家社科基金重大项目"中国古代文学制度研究"（编号：17ZDA238）阶段性成果。

[1]（宋）欧阳修、宋祁：《新唐书》卷四六《百官志一》，北京：中华书局，1999年，第778页。

时制景、粉饰太平，以及由此产生的阿谀媚时等体征。对于文馆学士而言，颂美王政和帝德是其职责，如史传载张说"掌文学之任凡三十年"[1]，"引文儒之士，佐佑王化，当承平岁久，志在粉饰盛时"[2]。对于碑志文而言，颂美更是其根本功能，刘熙在论述碑志的起源时就说："碑者，被也。此本葬时所设也。……臣子追述君父之功美，以书其上，后人因焉。故建于道陌之头，显见之处，名其文谓之碑也。"[3]蔡邕《铭论》于此也多有说明。可见学士碑文的颂美时政与其品藻德行并无必然关系，因此不能单从文学角度评判之。结合政治考量看，学士碑文的颂美并不仅仅是对于帝王个人的赞颂，更重要的是通过颂美来传播意识形态，发起舆论造势，强化国家对社会的整合力度，提升全社会对帝唐国家政治的认同感与参与度，具有强烈的意识形态构建功能和政治宣教精神，故不宜简单以粉饰太平、阿谀媚时等词汇进行评判。

按照历史规律，帝王在夺取政权后，都会进行文化建设，借以展现自身政权的合法性，具体包括王朝建立的顺时性、权力继承的合法性和意识形态的先进性。以玄宗朝为例，开元之前，从高祖晋阳起兵到太宗玄武门之变，再到武后、韦氏、太平公主，至玄宗，无一不是通过政变方式执掌政权，不具有传统文化所强调的光明正大、名正言顺的政治背景。自然，一个充满着阴谋变数、权力之争的政权也难以获得人民的真心拥护，实现长治久安。伴随着开元盛世的到来，李唐皇室日益巩固发展，自然要对自身政权的正统性与合法性加强建设，追求"雅颂之盛，与三代同风"[4]，早日完成盛世意识形态的构建，加强政治宣教。这必须依靠文士来完成。文士是帝王的喉舌，是统治集团的重要成员，其有义务、责任和能力协助君主构建国家意识形态、发展文教政治，借以维护长治久安，而碑志就是一种重要的建设方式。

查看玄宗时期的碑志文可知，在描述帝唐政权时，学士多从中国历史中寻找依据，附会以儒学的天人感应等，歌颂帝唐政权的君权神授、有序继承，借以宣

[1] 何正平：《大唐新语译注》，桂林：广西师范大学出版社，1998年，第27页。

[2]（后晋）刘昫：《旧唐书》卷九七，北京：中华书局，1975年，第3057页。

[3]（东汉）刘熙：《释名》，天津古籍出版社，1999年，第32页。

[4]（唐）张说：《中宗上官昭容集序》，熊飞校注：《张说集校注》卷二十八，北京：中华书局，2013年，第1318页。

传"圣皇在上，于昭于天。唐虽旧邦，其命维新"[1]的思想，比如提及君主，多以神武、英明、圣主等词形容，"及盛唐纂历，天下文明……神皇临驭区宇"[2]，"神皇玉册受天，金坛拜洛，顿纲而鹤书下，辟门而群龙至"[3]，"有唐神龙元年龙集丁巳，应天神龙皇帝出乎震御乎乾也"[4]。身为学士群体的领军人物，张说《故开府仪同三司上柱国赠扬州刺史大都督梁国公姚文贞公神道碑奉敕撰》宣称："画为九州，禹也，尧享鸿名；播时百谷，弃也，舜称至德。由此言之，知人则哲，非贤罔乂，致君尧舜，何代无人？"[5]以儒家积极入世思想激励士人参与帝唐国政建设，张九龄也声称："致君尧舜，齐衡管乐，行之在我，何必古人。"[6]唐玄宗《忠宪公裴光庭碑》及张九龄《忠献公裴公碑铭并序》、韦述《韦济墓志铭并序》、贺知章《唐故银青光禄大夫封公祯墓志铭并序》等碑文，都充斥着此类描写。张说《大唐开元十三年陇右监牧颂德碑》追根溯源，为唐王朝的建立提供历史语境，通过马政之繁荣突显帝唐开国以来的文治武功：

> 秦并一海内，六万骑之国马尽归之帝家，则周制陋矣。汉孝武当文、景俭约之积，雄卫、霍张皇之势，勒兵塞上，厩马有四十万匹。及东汉、魏、晋，国马陵夷，不可复逮武帝时矣。后魏以胡马入洛。蹴蹋千里，军阵之容虽壮，和銮之仪亦阙。大唐接周、隋乱离之后，承天下征战之弊，鸠括残烬，仅得牝牡三千，从赤岸泽徙之陇右，始命太仆张万岁茸其政焉。而奕代载德，纂修其绪，肇自贞观，成于麟德四十年间，马至七十万六千匹，置八使以董之，设四十八监以掌之。跨陇西、金城、平凉、天水四郡之地，幅员千里，犹为隘狭，更析八监，布于河

[1]（唐）张说：《唐陈州龙兴寺碑》，《张说集校注》卷十九，第950页。

[2]（唐）范履冰：《大唐韦府君仁约墓志铭》，吴钢主编《全唐文补遗》第2辑，西安：三秦出版社，1995年，第6、7页。

[3]（唐）张说：《大唐中散大夫行淄州司马郑府君神道碑》，《张说集校注》卷十八，第908页。

[4]（清）董诰：《全唐文》卷二五七苏颋《陕州龙兴寺碑》，北京：中华书局，1983年，第2598页。

[5]《张说集校注》卷十四，第742页。

[6]《全唐文》卷一八徐浩《唐尚书右丞相中书令张公神道碑》，第952页。

曲丰旷之野，乃能容之。于斯之时，天下以一缣易一马，秦汉之盛，未始闻也。[1]

再看李邕《兖州曲阜县孔子庙碑并序》：

> 我国家儒教浃宇，文思庚天，伸吏曹以追尊，建礼官而崇祀，侯襃圣于人爵，尸奠享于国庠。是用大起学流，锡类孝行，敦悦施于万国，光覆弥于允宗。[2]

可见盛唐君臣在治统延续方面有着普遍共识，其上追天命，中期尧舜，下俯周秦，以儒家仁政思想为旨，这就进一步确立了文德政治的主流意识形态，也确立了政治宣教的根本目的。而通过碑志作品开展这种政治宣教，是非常有效的形式之一，因为碑志载体坚固、流传不朽、受众面广，特别是著名文人的碑志作品，传播更广，影响更大。文馆学士是当时的精英文学群体，利用其文学才华和政治感怀，构建和传播意识形态，加强政治宣教，促进国家建设，正是开元朝推行文治国策的精髓所在。所以说学士碑文不能单从文学角度理解，必须看到其文学性是服务于政治性的。如张说、苏颋的碑志文辞采华美，情感强烈，但在这些藻饰精美的字眼之下，大部分篇章都隐含着一个基本逻辑，即通过歌咏帝王的丰功伟业来显示其法统政治的合法性，宣扬儒家思想，激发广大士人的现实责任感和使命认识，具有明显的政治宣教精神。如张说《中书令逍遥公墓志铭》："圣朝知其周慎忠肃，简易循良，是以绸缪两禁，重叠千里。……明主封立帝之谋，表高臣之志也。"[3]《右羽林大将军王公神道碑奉敕撰》："夫事君效命之谓忠，杀敌荣亲之谓勇，干星袭月之谓气，逐日拔山之谓力，有一于此，名犹盖代，矧兼其四，人何间焉。"认为帝唐"圣主推仁恕于天下，悬大信于后人，爱欲其生……谋臣饮恩于望表，猛将感德于事外，然后任人之固，众可知也。"[4]

这种碑文尽管充满强烈的政治宣教精神，但合乎时代发展要求，文风刚健雄浑、昂扬奋发，在政治性和艺术性上都达到巧妙的统一，因而颇受推崇，为作

---

[1]《张说集校注》卷十二，第623页。

[2]《全唐文》卷二六三，第2666页。

[3]《张说集校注》卷二十二，第1055、1056页。

[4]《张说集校注》卷十七，第840页。

者本人赢得良好的声誉。《新唐书·李邕传》载"峤为内史，与监察御史张廷珪荐邕文高气方直"，"邕之文，于碑颂是所长，人奉金帛请其文，前后所受钜万计。邕虽诎不进，而文名天下，时称李北海"[1]。而张说更因擅长碑文步步高升，以致"深谋密画，竟清内难，遂为开元宗臣。前后三秉大政，掌文学之任凡三十年。为文俊丽，用思精密，朝廷大手笔，皆特承中旨撰述，天下词人，咸讽诵之"[2]。以张说为代表的学士群体，讴歌盛世之治，展现时代美好图景，将大一统政权的繁盛风貌以历史的方式载之碑志，立此存照，以期传之后世，宣教永远。这对于中华民族历史文化的积淀和士民家国情怀的形成，有着巨大影响。张说等人在纵横笔墨、铺陈丽藻的时候，坚持儒学原则，弘扬道统精神，从文人视野入手，将综论经国之大业与孜孜文句之技巧巧妙融合，文质彬彬，尽善尽美。《旧唐书·张说传》载其"为文俊丽……尤长于碑文、墓志，当代无能及者。……喜延纳后进，善用己长，引文儒之士，佐佑王化，当承平岁久，志在粉饰盛时"[3]。这种对文学的定位自然影响到其创作，特别是碑志文。

　　因为偏重于政治宣教，学士碑文创作不可避免地会沾上铭功颂美意味。这是学士应时制景性文章创作的必然特征，与其个人品德并无多大关联，甚至与帝王的贤能与否也无多大关系。毕竟颂美不是其落脚点，通过颂美而构建国家意识形态、宣扬政治理想、加强义治教化，实现国泰民安，为创建千年一遇的开元盛世服务才是其最终目的。如果君臣不践行于此，文士们就会风之动之、讽诵劝谏。苏颋《唐长安西明寺塔碑》写西明寺的修建，行文一开始不谈佛法，却强调帝唐政权奉行天道之治，其强盛势在必行："赫矣帝唐，发于天光，鸿勋铺亿载，盛业冠三代，钦明濬哲，以至高宗天皇，绍元命而导要道也。"[4]张说《唐西台舍人赠泗州刺史徐府君神道碑》赞颂墓主投身国家建设："奋明哲之姿，当高宗之盛，天保大定，俊乂用章，而光耀天台，云飞纶阁。文敏以畅机务，稽古以析嫌疑，礼乐政刑，择三代之令典，典谟训诰，有唐虞之遗风。"[5]徐坚《唐故右骁卫大将军上柱国金河郡开国公裴公墓志铭》写墓主："计深虑远，急国家之难，而乐尽人臣之力，乃率宾边土，辞弃乡间，图东南而归圣朝。……参委诸军，建非

[1]《新唐书》卷二〇二《文艺上》，第5757页。

[2][3][4]《旧唐书》卷九七，第3057页。

[5]《张说集校注》卷十八，第898页。

常之功，怀赤心而冒白刃，深践戎马之地。"[1]通过赞扬墓主的才性品节和施政之功，倡明为官为臣之表率。类似的描写在张九龄《泾州刺史牛公碑铭并序》《赠太子少保东海徐文公神道碑铭并序》、韦述《韦济墓志铭并序》、李华《杭州开元寺新塔碑》等作品中层出不穷，可见文士坚持自身政治理念的统一性和普遍性。

二、学士碑文的模式化体征

长期以来，碑志文形成了固定的体例，刘勰《文心雕龙·诔碑》云："属碑之体，资乎史才，其序则传，其文则铭。标序盛德，必见清风之华；昭纪鸿懿，必见峻伟之烈：此碑之制也。"[2]以史为据是碑志文的基本要求，写法上则"标序盛德"，"昭纪鸿懿"，即对人物的纪功彰美。唐代碑文继承并发展了这一要求，其多政治颂美之辞，对墓主纪功彰美，以迎合备极哀荣的殡葬需要。而学士们入主台阁，其居庙堂之高，身份重要、官职显赫，常参与军国大事的谋划，内心的自豪和优越感长期积淀，其碑文也大都应诏而作，用于殡葬礼仪等重要场合，是为纪念朝廷重臣，体现抚恤之意。而殡葬礼仪本身的特殊性必然影响文学活动的思想内容和表现形式，因此学士的行文风格，也必须与之匹配，追求庄严郑重、典雅恢宏的仪式性需求。故长此以往，学士碑文就形成一种雍容和雅、宏阔高远的台阁气象。如张说《故括州刺史赠工部尚书冯公神道碑》："金之为宝，百炼而惟精；玉之称德，久幽而不昧。圣人美焉，君子比焉。可铄也，不可夺其刚；可毁也，不可污其洁。伟哉冯公，秉斯操矣。"[3]《赠太尉裴公神道碑》："星辰悬象，所以殷时布气，然而行不言之道者，天也；文武用才，所以勤官定国，然而致无为之理者，帝也。当高宗之休运，任名世之良臣，清九流而辟四海，代天工而张帝德，历选前哲，岂多乎哉！"[4]开头都通过例行的议论说理，铺陈罗列，颂扬墓主的品阶政绩，奠定行文感情基调。这种严谨庄重、平稳和雅的抒写，和墓主所享盛大隆重的葬仪相符合，时、地、人协调统一，呈现出

---

[1]《全唐文》卷二七二，第2767页。

[2] 范文澜：《文心雕龙注》，北京：人民文学出版社，1958年，第214页。

[3]《张说集校注》卷二十五，第1229页。

[4]《张说集校注》卷十四，第719、720页。

明显的礼制之文色彩。其余李乂《幽州刺史崔公群墓志铭并序》、贺知章《大唐故中散大夫尚书比部郎中郑公墓志铭》及徐浩《唐故赠工部尚书张公墓志铭并序》等，也往往在文章开头，通过一番政治性的叙说议论，张扬情感，宣教育化，条理毕现，台阁风范日益积累，这就形成学士碑文写作的典型模式性体征。

　　这种体征首先表现为通过时代生活场景的描写，赞颂明君圣主、贤臣良将，表达作家的人生豪情和乐观心理。如张说《唐陈州龙兴寺碑》、苏颋《赠礼部尚书褚公神道碑》、李乂《大唐大慈恩寺法师基公碑》、贺知章《唐故银青光禄大夫封公祯墓志铭并序》及张九龄《正平忠献公裴公碑铭并序》等，或以大量篇幅描写庙宇的建筑精美、装饰壮丽，或浓墨重彩显耀墓主的忠勇报国、人生得意，字里行间都充满了对帝唐盛世生活美景的描摹与赞颂。其次表现为对时代政治人物，特别是墓主经历贡献、才性功绩的描绘，有着强烈的美化倾向，甚至是夸大其词，如张说《右羽林大将军王公神道碑奉敕撰》写墓主才艺高强、威猛过人："公威声发于雷泉，武毅标于峒岭，小头锐上，猿臂虬须，龙剑摧百胜之锋，蛇矛得万人之敌。拔自行阵，果有吕蒙之才；拜于坛场，不爽韩信之用。"[1]苏颋《御史大夫赠右丞相程行谋神道碑》赞扬墓主文韬武略："公神灵特应，金火殊发。……拉二竖于威弧之张；神羊既立，挫三思于止戈之武。固亦霜驱隼劲，露落鹏摧。"[2]《右仆射太子少师唐璿神道碑》叙写墓主军功："公训钲镯完甲兵以御之。虏见积尸之凶，我悬斩级之赏，遁则忘草，在而蒙棘，他他籍籍，不可胜云。"[3]凡斯种种，写人记事充满传奇色彩。再次体现在祥瑞描写的兴盛，凡称颂人事必附会祥瑞。在中国封建社会的历史长河中，祥瑞一直都是为国家政治服务的工具，"古今圣王不绝，则其符瑞亦应累属"[4]。而盛唐学士志，更热衷于描写祥瑞，这是一个值得关注的文化现象。如张说《大通禅师碑》《赠户部尚书河东公杨君神道碑铭》《崔公神道碑》、苏颋《唐河南龙门天竺寺碑》《凉国长公主神道碑》、李乂《大唐大慈恩寺法师基公碑》、徐峤《大唐故金仙长公主神道碑铭并序》及王利贞《郭君墓志》等，将自然界的各种神秘现象与人事政

[1]《张说集校注》卷十七，第840页。

[2]《全唐文》卷二五八，第2614、2615页。

[3]《全唐文》卷二五七，第2606页。

[4]黄晖：《论衡校释》卷二〇《须颂》，北京：中华书局，1990年，第856页。

治联系在一起，以祥瑞再现、扑朔迷离、神奇浪漫之情景描写，为和墓主相关的人事活动寻找文化渊源和自然支撑，服务于殡葬礼仪。

学士碑文写作中，文学叙事必须与礼仪程序相结合，与墓主的功德政绩相吻合。即使其一生平庸，碑文叙写也要铺陈排比，罗列繁缛，而不能寒酸晦涩，吝于赞美。辞采用语、感情基调也必须与宏大庄重的氛围保持一致，可以骈俪藻饰，尽情颂扬，而不能失之轻佻、敷衍了事。所以学士碑文的体式特征与礼仪环境及写作对象的特殊性密切相关。就文体形态而言，学士碑文多以骈俪体写就，追求庄重整肃、平稳典丽的美学风格，宏大繁富，篇幅甚巨。如张说、苏颋的碑志文，一般都在两千多字，张说碑文《赠太尉裴公神道碑》等，更是多达三千多字。典型的如张说《拨川郡王碑奉敕撰》，以大段的篇幅描写墓主论弓仁的从军生涯，重点叙述其抵抗侵略、镇压叛乱方面的战功：

> 公洗兵诺真之水，刷马草心之山，以为外斥，而版徒安堵、郑卿之和歠啜也，公授馆李陵之台，致饔光禄之塞，以为内侯，而宾至如归。九姓之乱单于也，公四月度碛，过白柽林，收火拔部帐，纳多真种落，弥川满野，怀惠忘亡，漠南诸军，题其计也；降户之叛河曲也，公千骑奋击，万虏奔走，戡翦略定，师旅方旋，而延、陁、跌复相啸聚，上军败于青刚岭，元帅没于赤柳涧，公越自新堡，奔命冠场，赢粮之徒，不满五百，凶丑四合，众寡万倍，公杀牛为垒，啖寇为饷，决命再宿，冲溃重围，连兵蹋踵，千里转战，合薛讷于河外，反知运于寇手：朔方诸军，壮其战矣！……信皇威之所加，亦武臣之力也。[1]

这篇文章作于开元十一年，是为纪念左骁卫大将军、拨川郡王论弓仁而作。关于论弓仁，史书的真正记载只有区区二百字，关于其作战的描写也只有"以兵出诺真水、草心山为逻卫。……战赤柳涧"[2]寥寥几句，而张说碑文却用了将近两千字表现其一生，仅仅作战场面就用了近五百字。总而言之，墓主本身的显赫地位、巍巍功德与葬礼本身的隆重性，特别是与张说本人的文采相结合，产生了这样一篇气象宏大、格调庄重、用词典丽、铺叙繁缛而层次井然的碑志佳作。

---

[1]《张说集校注》卷十七，第840页。

[2]《新唐书》卷一一〇，第4126页。

《新唐书·张说传》云："（张）说敦气节，立然许，喜推藉后进，于君臣朋友大义甚笃。帝在东宫，所与秘谋密计甚众，后卒为宗臣。朝廷大述作多出其手，帝好文辞，有所为必使视草。善用人之长，多引天下知名士，以佐佑王化，粉泽典章，成一王法。天子尊尚经术，开馆置学士，修太宗之政，皆说倡之。"[1]当时的学士如贺知章、张九龄、孙逖、王翰、王湾、徐坚、李泌、房琯、韦述、赵冬曦、刘宴、孟浩然、许景先、裴漼、徐浩、常敬忠、王丘、齐澣等，都出自张说门下。他们以张说为中心，崇其人，师其文，以共同的写作准则和理念进行文学创作，形成强大的创作队伍，最终迎来学士碑志文的繁荣，如苏颋《唐长安西明寺塔碑》、张九龄《忠献公裴公碑铭并序》《泾州刺史牛公碑铭并序》《赠太子少保东海徐文公神道碑铭并序》、李华《杭州开元寺新塔碑》、贺知章《大唐故中散大夫尚书比部郎中郑公墓志铭》、李白《天长节度使鄂州刺史韦公德政碑并序》、阎伯玙《大唐故中散大夫崔府君湛墓志铭》及王洨《唐故开府扬州大都督杨府君志廉墓志铭》等，都是此类充满程式化体征的碑志作品。

当然，这类作品最被诟病的是思想内容华而不实，"谀墓"明显，形式上四平八稳、条例固定，行文按部就班，模式呆板僵化。从纯文学的角度而言，这不能说没有道理，但如果能进一步理解学士碑文的应制特征和宣教精神，会发现这样的行文方式蕴含着很高的政治智慧和文学素养。《周礼·春官·大宗伯》云："以凶礼哀邦国之忧：以丧礼哀死亡，以荒礼哀凶札，以吊礼哀祸灾，以禬礼哀围败，以恤礼哀寇乱。"[2]丧葬是人之大事，而礼法就是其中重要的规范之一。历代正史中的"志"部分，《礼仪志》往往被放于最重要的位置，其叙述也最为繁琐，这都显示出"礼"在封建王朝社会政治生活中的重要性。学士以文辞颂美的方式介入礼法活动的前提就是政治正确，而确保政治正确的最佳方式就是依据现实需要寻求传统机制，使得文学描写与国家政治礼仪法治活动相吻合。所以学士此类应制碑文的叙述，不但体现出忠诚，还传达出自己的情志，也展现出责任和使命，在政治和文学两方面都具有很高的水准[3]。

---

[1]《新唐书》卷一二五，第4410页。

[2] 徐正英：《周礼译注》，北京：中华书局，2014年，第403页。

[3] 梁尔涛：《唐初文馆学士诗歌平议》，《郑州大学学报》2014年第1期，第109～113页。

三、学士碑文的革新化倾向

伴随着开元盛世的到来，社会状况发生了巨大变化，这也影响到文学的发展，最典型的是对于碑志文体功能的认识。碑志文体用于殡葬礼俗，以"追述君父之功美"为准，但玄宗时期，人们对于碑志的认识日趋深化，张九龄《请东北将吏刊石纪功德状》云：

> 伏以成功不宰，君人所以为量；有美不宣，臣子所以成罪。臣虽蒙瞽，安敢无言？既预闻始谋，又幸见成事，岂可使天功虚往，而日用不知？竹帛相传，复纪何事？请具状宣付史馆，垂示将来，仍请将吏等刊石勒颂，以纪功德。[1]

在张九龄看来，借碑志以记事铭功，更易颂扬王权、流传不朽，起着显扬美政、威加海内、垂示将来的作用，于帝国统治大有裨益。这就强化了碑志文的政治宣教精神，导致学士碑文承担起帝唐意识形态构建的功能，台阁体式日益突出，也影响到碑文写作的铭功颂美和阿谀不实倾向，所谓"辞采增华，篇幅增长"[2]，思想内容方面多充斥浮泛空洞的政治说教。事实上，这种倾向在初唐学士碑文中就已显现，"唐兴，文士半为陈隋之遗彦，沿徐庾之旧体。太宗本好轻艳之文，首用瀛洲学士，参与密勿，纶诰之言，咸用俪偶。尔后凤池专出纳之司，翰苑掌文章之柄，率以华缛典赡为高"[3]。殆至盛唐，更为华靡虚美、绮艳淫丽。有鉴于此，学士对碑文写作展开了革新。

学士倡导碑文创作的改革，具体表现为追求清新刚健、质朴实用的写作精神，反对矫揉造作的形式主义文风，这就明确了革新的思想观念。张说《齐黄门侍郎卢思道碑》强调文章写作要"吟咏性情，纪述事业，润色王道，发挥圣门"[4]，在《大唐新语》卷八中借评说诸家之文，提倡文风的"济时适用""雅有典则"[5]，

---

[1]《全唐文》卷二八八，第2929页。

[2] 刘师培：《刘师培中古文学论集》，北京：中国社会科学出版社，1997年，第172页。

[3] 谢无量：《骈文指南》，《谢无量文集》第七卷，北京：中国人民大学出版社，2011年，第213页。

[4]《张说集校注》卷二十五，第1196页。

[5]（唐）刘肃：《大唐新语》卷八《文章》，北京：中华书局，1984年，第130页。

在《洛州张司马集序》中又提倡"逸势孤标，奇情新拔……天然壮丽"[1]，呼唤"风雅"精神，表达对清新自然、刚健有为、恢宏壮丽、雄浑博大美学风格的欣赏与追求。而在《与营州都督弟书》中，针对碑志文的创作，张说指出："骨肉世疏，居止地阔，宗族名迹，不能备知。读厌次府君状，已具历官，未书性习。夫五常之性，出于五行，禀气所钟，必有偏厚，则仁义礼智信，为品不同；六艺九流，习科各异。若以稷卨之事，赞于巢、由；孙、吴之术，铭于游、夏；必将神人于悒，未以为允。今之撰录，盖欲推美实行，崇识素心，先德台神于知我，后生想望于见意。说为他人称述，尚不敢苟，况于族尊行哉？"[2]表明自己对碑志传状文叙写不实、浮美妄赞的不良写作倾向的反对。在《与魏安洲书》中，又重申这一看法，强调碑志文创作的史笔性实录精神：

> 所堪碑记，比重奉来旨，力为牵缀，亦不敢假称虚善，附丽其迹。虽意简野，文朴陋，不足媚于众眼，然敢实录，除檀酿，亦无愧于达旨。[3]

此外，身为朝廷大手笔之一的苏颋，在《司农卿刘公神道碑》《刑部尚书韦抗神道碑》《奉和圣制答张说出雀鼠谷》中，也追求提倡文章内容与形式的统一，追求"作颂音传雅，观文色动台"[4]，批文相质，倡导为现实政治服务的雅颂之声。其他学士如李华、孙逖、萧颖士、崔沔等，也对张说、苏颋的文风改革做了积极回应。既然开元群臣都反对淫丽虚浮的文风，具有政治身份、掌握文坛发展方向的学士们必然要在观念和实践上付诸实施，正如杜确《岑嘉州诗序》："自古文体，易变多矣。……圣唐受命，斫雕为朴。开元之际，王纲复举，浅薄之风，兹焉渐革。其时作者，凡十数辈。颇能以雅参丽，以古杂今，彬彬然，粲粲然，近建安之遗范矣。"[5]

值得一提的是，这种改革在张说、苏颋之前的吴少微、富嘉谟时代就已开

---

[1]《张说集校注》卷二十八，第1329页。

[2]《张说集校注》卷三十，第1429页。

[3]《张说集校注》卷三十，第1427、1428页。

[4]（清）彭定求：《全唐诗》卷七四苏颋《奉和圣制答张说出雀鼠谷》，北京：中华书局，1999年，第807页。

[5]（唐）岑参撰，廖立笺注：《岑嘉州诗笺注》，北京：中华书局，2004年，第1页。

始，《旧唐书》："富嘉谟，雍州武功人，举进士，长安中，累转晋阳尉，与新安吴少微友善，同官。先是，文士撰碑颂，皆以徐、庾为宗，气调渐劣。嘉谟与少微属词，皆以经典为本，时人钦慕之，文体一变，称为'富吴体'。……词最高雅，作者推重。"[1]《新唐书》："天下文章尚徐、庾，浮俚不竞，独嘉谟、少微本经求，雅厚雄迈，人争慕之，号'吴富体'。"[2]开元初期，富、吴二人作碑文力求摆脱徐、庾骈俪文体的流弊，以经典为本，追求高雅雄迈之风，在文体上已呈现出创新倾向。张说与徐坚曾将"富吴体"与其他学士之文进行比较，其云：

> 李峤、崔融、薛稷、宋之问之文如良金美玉，无施不可。富嘉谟如孤峰绝岸，壁立万仞，浓云郁兴，震雷俱发，诚可畏也，若施于廊庙，骇矣！阎朝隐如丽服靓妆，燕歌赵舞，观者忘疲，若类之《风》《雅》，则罪人矣。[3]

可见"富吴体"与当时文坛盛行的绮艳流丽的形式主义文风不同，更多体现出一种雄浑壮丽、刚健厚朴的风貌。唐代出土墓志中有一篇富、吴共同撰写的《崔公墓志》，这一墓志是了解"富吴体"弥足珍贵的文史资料。从文本来看，其行文一改六朝徐、庾的华艳夸饰，叙事写人典重而质实[4]，句式已趋散化，字数长短不一、灵活生动，语言清新质朴，在创作倾向上体现出刚健有力、雄健豪壮的审美追求，这也是"富吴体"的典型特征。可见在初盛唐之交的这一阶段，文体的变革创新并非孤立、个别的现象，而是一个系统渐进的过程，这其中既有时代风气的影响，又有文体自身流变的作用。富、吴之后，文体改革的重担就落在了张说和苏颋身上。

考察开元时期的学士碑文可以发现，以张说、苏颋为代表的学士群体，在创作碑文时，以文体革新为基准，突破传统写作模式，把隶事用典与行文的遣词造句、声韵偶对、谋篇布局、意旨表达等结合，追求情感气势的博大刚健、质朴清

---

[1]《旧唐书》卷一九〇《文苑中》，第5013页。

[2]《新唐书》卷二〇二《文艺中》，第5752页。

[3]《新唐书》卷二〇一《文艺上》，第5743页。

[4] 戴伟华：《出土墓志与唐代文学研究》，《唐代文学研究丛稿》，台北：学生书局，1999年，第4页。

新，最终创作出符合墓主身份地位的佳作。在遣词用语、环境描写、细节刻画、人物塑造方面都使得本属于传统应用性公文的碑志文更多具有文学美文的特质，革新色彩明显。如苏颋《高安长公主神道碑》写景致"落月过半，秋阳浸微。清节凝兮朔风断，丹旐列兮秋云飞。望槐里而西驰，去荻园而北顾。视牵牛兮像设，过饮龙兮径度"[1]，《凉国长公主神道碑》写公主"清扬神洁，妙指心闲，犹白雪之词，冥通则应，类青溪之曲"[2]等，诗情翩翩，辞采优美。其他如张说《广州都督岭南按察五府经略使宋公遗爱碑颂》《唐故夏州都督太原王公神道碑》《周故通道馆学士张府君墓志铭》及李华《故翰林学士李君墓志铭》《著作郎赠秘书少监权君墓表》等，也具有这方面的特色。

这种革新反映在文体形态上，便是骈体与散体的发展方向。自初唐起，碑志就沿袭传统，和制书、诏令等官方文告一样，以骈俪体写就。《旧唐书·文苑中》载"先是文士撰碑颂，皆以徐、庾为宗，气调渐劣"[3]，以致"铺排郡望，藻饰官阶，殆于以人为赋，更无质实之意"，"加以为文者竞相文饰，使文章之道，多见虚浮华靡，气格不振"[4]。随着时代发展，骈俪体碑文在写人记事上的局限日益明显，散体古文的勃兴锐不可当。于是学士们在碑文创作中逐渐摒弃骈俪体的丽辞藻饰、隶事偶对，以散句行文，多骈散结合，更显记人写事的清新流畅、生动形象，体现出明显的秦汉古文特色，这说明碑志义散体化的趋势日渐明朗。张说的不少碑文便以散体写作，如《周故通道馆学士张府君墓志铭》写墓主：

性倜傥，尚气节，能引弓六钧，命中百步，车服出入拟于封君，州里颇患之。君妩励操强学。不出门者十余年，探道睹奥，郁为渊薮，周武帝闻之，征为通道馆学士。[5]

再看李华《元鲁山墓碣铭并序》：

及应府贡，如京师，不忍离亲，躬负安舆，往复千里。以才行第

[1]《全唐文》卷二五七，第2608、2609页。

[2]《全唐文》卷二五八，第2614页。

[3]《旧唐书》卷一九〇，第5013页。

[4]（清）章学诚：《文史通义》卷八，沈阳：辽宁教育出版社，1998年，第29页。

[5]《张说集校注》卷二十，第1001页。

> 一，进士登科。丁艰，声动于心。既过茔宅，刺血画佛像写经，以不赀
> 之身，申罔极之报，食无盐酪，居无爪翦者三年。[1]

写军功，写政绩，骈句散句互相结合，或全用散句，尽显明白晓畅而质朴无华。诸如此类，在唐人碑志文中比比皆是，如张九龄《故辰州泸溪令赵公碣铭并序》、王光庭《兖州都督薛君儆墓志铭》、李华《韩国公张仁愿庙碑铭并序》、李白《武昌宰韩君去思颂碑》及梁肃《越州长史李公墓志铭》等，都去除骈俪体四六对句、丽藻用典之束缚，更显自由流畅、清新优美，这种效果是传统骈俪体碑文难以比拟的。

张说、苏颋等学士将文体改革与文学发展潮流、现实政治需要结合起来，将士人个体的奋斗成才与王朝的前进结合在一起，追求碑志文创作由狭窄的宫廷视野转向博大壮阔的整个现实世界，由抒发个人遭遇的悲情走向歌唱豪迈乐观、昂扬奋发的人生理想和时代政治生活，由应时制景的模式化写作转向佐佑王化、激荡时势、振奋士心的抒情言志式写作。这种文体革新精神具备更为深刻的思想力度和时代感知，引领着盛唐文人审美意识的转变和时代文风发展方向，最终迎来学士文学的繁荣和文体改革的胜利。正如钱基博《中国文学史》云："唐代文章，莫盛于开元大宝。而开其风气之先，成一士之法，则有燕国公张说，许国公苏颋，以辅相之重，擅述作之材，佐佑王化，粉泽典章，骈称燕许。而张说诗兼李杜王孟之长，文开唐代小说之局，雄辞逸气，耸动群听；郁郁之文，于是乎在！"[2]

综上所述，盛唐文馆学士文章创作普遍具有政治考量因素。因为服务于帝唐政权建设，学士碑文偏重于意识形态构建和政治宣教，不免形成一些铭功颂美、雍容和雅的程式化特征，而这最终也导致其在思想内容、体式形态等方面的革新。学士碑文在实现政治与文学的融合方面，具有较高的水准。深入研究学士碑文的发展、嬗变与革新，有助于我们把握整个唐代文学的演进规律，对于中国古代文学、文体学的整体研究也有着启迪意义。

（作者单位：东莞理工学院中文系）

---

[1]《全唐文》卷三二〇，第3249页。

[2]钱基博：《中国文学史》第四编，南京：东方出版中心，2008年，第234页。

杜牧居所变迁探析

——兼论唐代京兆杜氏双家形态的维护

李　殷

　　魏晋至隋唐是士族形成与发展的重要时期[1]，社会的各个面向均发生着不同程度的变化。在士人群体构筑中古社会底色的背景下，士人阶层的居住问题也得到学界关注[2]。如何理解居地空间变迁的原因并进一步挖掘士人居所折射的政治内

---

[1] 毛汉光：《中古家族的变动》及《从士族籍贯迁移看唐代士族的中央化》，《中国中古社会史论》，上海书店出版社，2002年，第54～65页，第234～333页；韩昇：《南北朝隋唐士族向城市的迁移与社会变迁》，《历史研究》2003年第4期，第49～67页。前者指出士族的官僚化与中央化对中古士族变动迁移的影响，韩昇在此基础上更进一步，认为士族的迁移在不同的历史时期有不同的表现，既有向中央的集中，也有向地方的迁移，总的来说，是从乡村向城市的移动。

[2] 相关研究成果可参看：［日］妹尾达彦：《唐代长安近郊的官人别庄》，《中国都市の历史的性格》，唐代史研究会报告第VI集，1988年，第135页；甘怀真：《唐代官人的官游生活——以经济生活为中心》，中国唐代学会编《第二届唐代文化研讨会论文集》，台北：学生书局，1994年，第39～60页；王静：《终南山与唐代长安社会》，荣新江主编《唐研究》第9卷，北京大学出版社，2003年，第129～168页；黄正建：《官员日常生活的个案比较——张说与元稹的场合》，《中晚唐社会与政治研究》第四章，北京：中国社会科学出版社，2006年，第411～433页；荣新江：《高楼对阡陌，甲第连青山——唐长安城的甲第及象征意义》，《中华文史论丛》2009年第4期，第1～39页。

涵[1]？首先需要特别提到的是，王力平《中古杜氏家族的变迁》一书已经对杜氏家族的族源、诸郡望的发展变迁、家学、族产、居所变动等问题做了开创性的、全面系统的考察，对杜牧居所问题也有涉及[2]。笔者在此基础上尝试以中古世家大族京兆杜氏的代表人物杜牧为中心进行更加细化的考察[3]，观察士族代表个体杜牧如何扮演官僚、士人、家庭成员等多重社会角色，以及如何应对长安、樊川、宦游各地不同生活空间的转换；探讨代表性的士族个体其人生经历所呈现的居住诸形态，沿着"政治"与"家族"两条线索进行深入挖掘，以个案研究的形式，借用双家形态理论[4]，分析居所背后隐藏的家国情怀与中古政治、社会结构变迁之关系。

一、聚焦安仁

《元和姓纂》京兆杜氏条言："汉御史大夫周，本居南阳，以豪族徙茂陵；

[1] 相关研究成果主要有：朱玉麒：《隋唐文学人物与长安坊里空间》，《唐研究》第9卷，第85～128页；王静：《靖恭杨家——唐中后期长安官僚家族之个案研究》，《唐研究》第11卷，第389～422页；韩香：《唐代长安的旅社》，《唐研究》第15卷，第51～73页；马建红：《隋唐京兆韦氏居所考》，《新材料、新方法、新视野：中国古代国家和社会变迁》，北京师范大学出版社，2010年，第150～161页。

[2] 王力平：《中古杜氏家族的变迁》，北京：商务印书馆，2006年。

[3] 相关研究成果主要有：缪钺：《杜牧传》与《杜牧年谱》，厦门大学出版社，1991年；吴在庆：《杜牧诗文选评》，上海古籍出版社，2002年；李浩：《唐代关中士族与文学》，北京：中国社会科学出版社，2003年；王力平：《中古杜氏家族的变迁》，北京：商务印书馆，2006年；张金海：《杜牧资料汇编》，北京：中华书局，2006年；陈尚君：《杜佑以妾为妻之真相》，《文史》2012年第3期，第267～276页；胡可先：《"城南韦杜"与"杜陵野老"》，《复旦学报》2014年第5期，第81～88页；王其祎、周晓薇：《望高天下：隋唐京兆杜氏再考察——以长安新出唐杜式方夫妇墓志为案例》，杜文玉主编《唐史论丛》第17辑，2014年，第206～233页。

[4] 艾伯华（Wolfram Eberhard）曾经描述过缙绅家族典型的"双家形态"：一个缙绅家族通常有一个乡村家和一个城市家。乡村家即家族田产所在，那里居住一部分族人，管理经营其财产，如向佃农收租等，乡村家是家庭经济的支持骨干。Wolfram Eberhard, *Conquerors and Rulers: Social Forces in Medieval China*, Leiden:Brill,1965,pp.44-45.

子延年，又徙杜陵。"[1]京兆杜陵的郡望书写开启了汉唐间几个世纪的士族延续，更为杜氏家族所标榜。宋人邓名世在《古今姓氏书辩证》卷二四这样描述杜、韦氏家族在隋唐社会的地位："隋唐都京兆，杜氏、韦氏，皆以衣冠名位显，故当时语曰：'城南韦杜，去天尺五。'二家各名其乡，谓之杜曲、韦曲。自汉至唐，未尝不为大族。"[2]清人王鸣盛在《十七史商榷》中对杜佑家族有如下的概述，对我们认识杜牧的成长背景似有帮助：

> 约计佑历事六朝，仕宦五十年，出入将相，屡遇戎寇……幼则生长阀阅之门，老则目睹昆弟诸子并登显位，且著述擅名，传至今千余年，部帙如新，衰然为册府之弁冕。孙牧又以才称，能世其家学。如佑，诚可云全福，自古文人，罕见其比！[3]

作为中古时代贵族之家的代表，拥有着如此显赫出身的杜牧，会有怎样一番居住情景呢？杜牧在大中四年（850）所作《上宰相求湖州第二启》中对自己早年经历这样描写：

> 某启。某幼孤贫，安仁旧第，置于开元末，某有屋三十间。去元和末，酬偿息钱，为他人有，因此移去。八年中，凡十徙其居，奴婢寒饿，衰老者死，少壮者当面逃去，不能呵制。有一竖，恋恋悯叹，挈百卷书，随而养之。奔走困苦，无所容庇，归死延福私庙，支拄欹坏而处之。长兄以驴游丐于亲旧，某与弟颛食野蒿藿，寒无夜烛，默所记者，凡三周岁，遭遇知己，各及第得官。[4]

我们将视角首先着眼于"安仁旧第"。长安的居住格局为东贵西富，南虚北实，而安仁坊位于朱雀街东第一街从北往南第三排，从地理方位而言，安仁里

---

[1]（唐）林宝著，岑仲勉注：《元和姓纂》卷六，北京：中华书局，1994年，第911页。

[2]（宋）邓名世撰，王力平点校：《古今姓氏书辩证》卷二四，南昌：江西人民出版社，2006年，第359页。

[3]（清）王鸣盛：《十七史商榷》卷九〇"杜佑作通典"条，上海书店出版社，2005年，第816、817页。

[4]（唐）杜牧撰，吴在庆校注：《杜牧集系年校注》，北京：中华书局，2011年，第1009～1011页。

正应了唐人的俚语"城南韦杜，去天尺五"。其次关注居住人群，《长安志》中言："安仁门，东南隅，赠尚书左仆射刘延景宅。坊西南，汝州刺史王昕宅。延景即宁王宪之外祖，昕即薛王业之舅，皆是亲王外家。甲第并列，京城美之。万春公主宅。玄宗第二十五女，初降杨朏，又嫁杨锜 。户部尚书、兼殿中监章仇兼琼宅。"[1]《两京城坊考》对居住在安仁里的人物进行了增补："前中书侍郎、同中书门下平章事元载、太子宾客、燕国公于頔宅、武昌军节度使元稹宅、太保致仕、岐国公杜佑宅。"[2]安仁里的主人均是王族显贵与高等士族，物化的寄托与显赫的地位互相定义，共同成就了安仁里的政治空间。"时父作镇扬州，家财钜万，甲第在安仁里"[3]。荣新江考证杜佑任淮南节度使而坐镇扬州是在贞元六年（790）至十九年（803）间，并认为京兆杜氏的这所甲第并不是从祖上继承下来的，而是坐镇扬州时发了财，得以在安仁坊这样好的地方置办了一所甲第[4]。对于投身官场的士族而言，能够在京城长安拥有属于自己的宅第，将会在未来给自己攫取更大的政治资本。长安不仅仅是郡望所在"私"的情感宣泄，更是渗透着维系家族政治地位、施展政治才华体现"公"的象征意味。

杜牧作于开成五年（840）的《冬至日寄小侄阿宜》中言："我家公相家，剑佩尝丁当。旧第玷朱门，长安城中央……人明帝宫阙，杜曲我池塘。"[5]在门第、郡望凸显的中古社会，京兆杜氏拥有特殊的政治与社会地位。杜牧所作《唐故复州司马杜君墓志铭并序》载："岐公外殿内辅，凡十四年，贵富繁大，孙儿二十余人，晨昏起居，同堂环侍。"[6]此为杜佑在世期间，京兆杜佑房聚族而居、集体生活的热闹景象[7]。不仅如此，安仁里还杂居着杜氏同族的不同支系。

[1]（宋）宋敏求：《长安志》卷七，北京：中华书局，1990年，第81页。

[2]（清）徐松撰，张穆校补，方严点校：《唐两京城坊考》卷二，北京：中华书局，1985年，第36、37页。

[3]（后晋）刘昫：《旧唐书》卷一四七《杜佑传附杜式方传》，北京：中华书局，1975年，第3984页。

[4]荣新江：《高楼对阡陌，甲第连青山——唐长安城的甲第及象征意义》，第23页。

[5]《杜牧集系年校注》，第1162页。

[6]《杜牧集系年校注》，第763页。

[7]王力平对这一聚族而居的现象已有揭示。详见《中古杜氏家族的变迁》，第160页。

如《唐故尚食奉御杜俦墓铭》略云："朝散大夫守殿中省尚食奉御上柱国京兆杜公讳俦，字正卿，户部郎中赠刑部侍郎良辅孙，丹王傅赠尚书右仆射缜长子，年六十七，大和元年十月九日终于安仁里第，有子七人。"《杜俦妻崔氏墓志》载："其元和十五年五月廿六日殁于安仁里杜氏私第，长庆元年二月五日葬于少陵原，从杜氏之先茔也。"[1]京兆杜良辅、杜缜、杜俦一支，《新唐书·宰相世系表》与《元和姓纂》皆不载。尽管出土文献提示的信息在传世文献中无法佐证，但是记载墓主人亡故时间与地望应讹误较少，据此可以推断出杜俦一家至迟在元和十五年（820）已经居住在"安仁里"了。杜氏家族作为唐代中后期仍然处于权力核心地位的名门望族，在依托首都长安实现"中央化"与"城市化"的同时，不忘延续"杜氏大族，枝蔓蝉联"同宗不同支聚族而居的生活形态。

值得注意的是，"聚族而居"这种生活形态不仅体现在生活在城市中心的杜佑家族，《杜城郊居王处士凿山引泉记》同样描绘了杜曲附近杜氏其他家族成员聚居的情形：

> 每出国门，未尝公服，导从辈悉令简省，刍荛者莫止唐突。及栖弊陋，时会亲宾，野老衰宗，嗜夫游徼。亦同列坐，或与衔杯，由是尽得欢心，庶将洽比乡党。其城曲墟落，缁黄童艾，杜名杜氏，遍周川原。[2]

杜曲有南杜、北杜之分，南杜又名杜固，位于潏水南岸，南倚神禾原；北杜即杜曲，在潏水北岸，北依少陵原，隔河相望，均为诸杜居所[3]。杜佑一族因其煊赫的政治地位，紧紧依托政治中心的长安，而那些没有成为官宦的其他杜氏成员，则继续生活在长安城南的杜曲等地，维系士族的根基，代代书写着杜陵的郡望。杜佑作为京兆杜氏盛极一时的代表，与生活在城郊之南的"野老衰宗"依然往来密切。虽然杜佑家族居所在长安的安仁里，但是他仍旧想方设法地维护其家族肇兴之地。杜佑在世期间，杜氏家族保持了祖孙三代、同宗不同支系聚族而居

---

[1] 赵力光主编：《西安碑林博物馆新藏墓志续编》一五九《杜俦妻崔氏墓志》、一六七《唐故尚食奉御杜俦墓铭》，西安：陕西师范大学出版社，2014年，第489、512页。

[2] （清）董诰：《全唐文》卷四七七杜佑《杜城郊居王处士凿山引泉记》，上海古籍出版社，1990年，第2160页。

[3] 吕卓民：《长安韦杜家族》，西安出版社，2005年，第196～198页。

的特点，并且较为有效地维持了"城内安仁、城外樊川"的双家形态。

杜牧在安仁甲第的荣耀生活并没有持续太久，他的人生轨迹就发生了一系列变化。"少多疾病，终驾部员外郎任上"[1]。杜牧的父亲杜从郁在杜牧十来岁的时候去世。"去元和末，酬偿息钱，为他人有，因此移去。八年中，凡十徙其居，奴婢寒饿，衰老者死，少壮者当面逃去，不能呵制。有一竖，恋恋悯叹，挈百卷书，随而养之。奔走困苦，无所容庇，归死延福私庙，支拄欹坏而处之"[2]。杜牧在安仁里的住宅，应是继承祖父杜佑所得。至于缘何酬偿息钱为他人所有，以笔者目前所见文献不得而知。尽管杜牧将其继承的宅地转与他人，安仁里的住宅依然保存在杜氏家族手中。依据西安新出土唐《杜式方墓志》与杜式方妻《李氏墓志》记载："李氏卒于以大和七年（833）四月二十五日弃孝养于京师安仁里。"[3]我们发现，在杜牧离开"安仁里三十间屋"后，杜佑家族杜式方一房依然在安仁里居住，维系着往日的荣光[4]。

《上宰相求湖州第二启》中折射出杜牧早年的生活经历。"八年中"应为从元和末年（820）杜牧转卖祖宅到进士及第的大和二年（828），其中一个"徙"字精妙地表达了杜牧在祖父、父亲去世后的生活状态。在这八年中，杜牧具体住在何处？笔者认为这段时期杜牧并没有任官，借住与租借的可能性最大。贞元长庆年间在京城租房已成为社会的普遍现象，这一则是由于举子、选人、官员、商客等流动频繁，再则是由于租房便宜而买房贵[5]。如唐贞元十九年（803），时任校书郎的白居易租住在常乐里，他在《常乐里闲居偶题十六韵》一首中写道："茅屋四五间，一马二仆夫。俸钱万六千，月给亦有余。"[6]而诗人张籍在

[1]《旧唐书》卷一四七《杜佑传附杜从郁传》，第3984页。

[2]《杜牧集系年校注》，第1009～1011页。

[3]赵文成、赵君平编：《秦晋豫新出墓志搜佚续编》，北京：国家图书馆出版社，2015年，第1091页、1138页。

[4]相关唐宋家庭析产研究可参看邢铁：《唐宋分家制度》，北京：商务印书馆，2010年。

[5]黄正建：《韩愈的日常生活》，《唐研究》第4卷，第262页。

[6]（唐）白居易撰，谢思炜校注：《白居易诗集校注》，北京：中华书局，2009年，第447页。

《赠令狐博士》一诗中言："头白新年六十余，近闻生计转空虚。久为博士谁能识，自到长安赁舍居。"[1]在杜牧留下的诗文中，我们并没有发现他在这段时间租房的实际证据，"十徙"的次数记载已经无法考证，不过我们仍旧可以窥探杜牧早年生活的漂泊不定与寄人篱下的无助之感。值得留意的是，"凡十徙其居，奴婢寒饿"，即使离开安仁甲第，迁居他地，杜牧依然保留了一定数量的奴婢，他还在苦苦维持一种大族的姿态，在落魄中依稀渴求维护往日的尊严。此后的生活与祖父、父亲在世时期，每日居住在安仁甲第无法同日而语，想必杜牧心中定会有很大落差。

　　关注《上宰相求湖州第二启》中的"延福私庙"[2]，表明杜牧在离开长安甲第后，曾经在"延福私庙"居住过。《增订两京城坊考》增补了居住其中的人群，"宗正卿右翊卫大将军淮安靖王李寿、广州都督府录事参军王承业、潞州黎城县令孔硅、朔方军节度副使金紫光禄大夫行光禄卿上柱国五原公燕王慕容曦皓、云麾将军右武卫大将军东京副留守濮阳郡开国公杜府君、岭南节度使右常侍杨发"[3]。由此可见，延福坊的居住群体与之前的安仁里"皇亲外家"相较，似乎稍有逊色，但是作为祭祀先祖的家庙："在唐代，家有庙在长安，象征一种高尚的社会地位。"[4]《唐两京城坊考》卷三又据《石林燕语》载："文潞公知长安，得唐杜佑旧庙于曲江一堂四室，旁为两翼。"[5]杜佑家族拥有两处家庙，而"延福私庙"很有可能是废弃不用之地，才有作者笔下"支拄欹坏而处之"的描写[6]。搬离安仁里甲第后，杜牧早期生活并无固定居所，杜氏宗族之旧庙成了一个临时住地。"长兄以驴游丐于亲旧，某与弟顗食野蒿藿，寒无夜烛，默所记者，凡三周

　　[1]（清）彭定求：《全唐诗》卷三八五张籍《赠令狐博士》，北京：中华书局，1980年，第4334页。

　　[2]对于杜氏家族家庙问题的研究，详见王力平《中古杜氏家族的变迁》，第155页。

　　[3]（清）徐松撰，李健超增订：《增订唐两京城坊考》，西安：三秦出版社，2006年，第216页。

　　[4]甘怀真：《唐代家庙礼制研究》，台北：商务印书馆，2001年，第103页。

　　[5]《唐两京城坊考》卷三，第92页。

　　[6]甘怀真认为家庙原本是私家之庙，不同于宋元以后的祠堂，入祀者限于宗子一系，与祀者多是大宗子的大功亲之内，与宗族的关系较为疏远，所以家庙与家人实际生活密不可分。参氏著：《唐代家庙礼制研究》，台北：商务印书馆，2001年，第103页。

岁"。杜牧所在支系出现了一定程度的没落，直系亲属连基本的日常生活都难以维系。

宅第与居所是考量个人和家族政治与社会地位的一个重要标准，这种物化寄托却代表了一种身份象征。杜牧早期的居住地点，以祖父、父亲在世时期聚居在甲第安仁里为分水岭。前期的童年生活，"安仁甲第，京城美之"彰显了杜氏家族显赫的政治声望，而后期暂住私庙延福坊，迁徙各地。早年的漂泊不定，更使得杜牧自身对安仁里有着无限的向往，这份历史记忆贯穿在杜牧的一生之中，究其缘由则是安仁里第折射出的政治象征与权力的辐射作用。

二、仕宦各地

大和二年（828）杜牧进士及第，因政治空间的不断转换而徙居各地。通过其自撰墓志铭可以了解杜牧的仕宦经历：

> 牧进士及第，制策登科，弘文馆校书郎，试左武卫兵曹参军、江西团练巡官，转监察御史里行、御史，淮南节度掌书记，拜真监察，分司东都。以弟病去官。授宣州团练判官、殿中侍御史、内供奉，迁左补阙、史馆修撰，转膳部、比部员外郎，皆兼史职。出守黄、池、睦三州，迁司勋员外郎、史馆修撰，转吏部员外。以弟病，乞守湖州。入拜考功郎中、知制诰，周岁，拜中书舍人。[1]

唐代中叶以后政治、文化上最活跃的人物便是科举出身特别是进士科出身的人物[2]。宪宗朝以后，门阀通过科举有显著的增长[3]。杜牧凭借科举入仕，是门阀士族维持旧有荣光新的时代表现，这不同于京兆杜氏其他家族成员。依据正史与碑志记载杜佑三子皆门荫入仕，而杜佑孙辈中杜铨、杜悰同样依靠门第仕宦，唯有杜牧与其胞弟杜顗登进士科。这一定程度上反映出士族子弟在拥有政治特权的

---

[1]《杜牧集系年校注》，第812页。

[2] 唐长孺：《魏晋南北朝隋唐史三论》第三章《论唐代的变化》，北京：中华书局，2011年，第389页。

[3]［日］渡边孝：《中唐における"门阀"贵族官僚の动向》，《中国の传统社会と家族·柳田节子先生古稀纪念论集》，东京：汲古书院，1993年，第21～50页。

同时，也在不断调试自身以期适应时代转型的政治需要。梳理杜牧早期在长安的为官经历，先后担任"弘文馆校书郎，左武卫兵曹参军"。这期间杜牧均生活在长安，而据《上宰相求湖州第二启》"某有屋三十间。去元和末，酬偿息钱，为他人有，因此移去"[1]与《上宰相求杭州启》"自去年十二月至京，以旧第无屋，与长兄异居"[2]，可知杜牧早年在长安似乎没有固定居所，最大的可能是在任职期间居住在官署或者馆驿。文献所记载的旅社分布于兴道、务本、开化、长兴、永乐、靖安、通义等诸坊，集中于朱雀大街两旁，离皇城比较近，是入京铨选、公干人员出入比较方便之处[3]。

将视野转移到杜牧的外仕经历，早期在洪州、宣州的沈传师幕中，随后又入扬州、润州的牛僧孺幕中。他在《上刑部崔尚书状》中自言"十年为幕府吏，每促束于薄书宴游间"[4]，"十载飘然绳检外，樽前自献自为酬"[5]。江南宜人的美丽景色、开放洒脱的世风民俗，杜牧唯以宴游为事。随后，"拜真监察，分司东都"。《分司东都寓居履道叩承川尹刘侍郎大夫恩知上四十韵》中载："赐第成官舍，佣居起客亭。自注云：'某六代祖国初赐宅在洛阳仁和里，寻已属官舍，今于履道坊赁宅居止。'"[6]《唐两京城坊考》卷五《东京·外郭城》云："益州长史南阳公杜行敏宅。"[7]据王力平考证此处，"杜行敏即杜牧的六代祖，其在贞观年间曾因平定齐王之乱有功，受赐洛阳仁和里住宅"[8]。杜氏家族的复兴从"赐宅"开始，我们可以借此体会居所背后的政治内涵，居所因为地理位置与居住人群的特殊构成，成为权力结构、社会地位的象征。唐后期，皇帝不再东幸洛阳，分司官除东都御史台外基本都成了闲职，这时的分司官员在选择住宅时，便可以只从生活方便与个人爱好的角度考虑了[9]。白居易曾经在《池上篇》中言："东都

[1]《杜牧集系年校注》，第1009～1011页。

[2]《杜牧集系年校注》，第813页。

[3] 韩香：《唐代长安的旅舍》，《唐研究》第15卷，第62页。

[4]《杜牧集系年校注》，第763页。

[5]《杜牧集系年校注》，第212页。

[6]《杜牧集系年校注》，第1397页。

[7]《唐两京城坊考》卷二，第156页。

[8] 王力平：《中古杜氏家族的变迁》，北京：商务印书馆，2006年，第146页。

[9] 勾利军：《唐代东都分司官居所试析》，《史学月刊》2003年第9期，第39页。

风土水木之胜在东南偏，东南之胜在履道里……地方十七亩，屋室三之一，水五之一，竹九之一，而岛树桥道间之……东都所居履道里，疏沼种树，构石楼香山，凿八节滩。"[1]白居易笔下的履道里宁静祥和又充满乐趣，远离了长安的政治喧嚣，士人可以在洛阳追寻一方乐土。虽然杜牧笔下并无过多词语描述，但从社会生活角度着眼，这里的居所生活应是恬静而怡然自得的。

洛阳仕途并没有持续很久，中年以后杜牧担任黄州、池州、睦州三州刺史，乃是"三守僻左，七换星霜"[2]。其在大中五年（851）所作《祭周相公文》一文中回忆了这段生活：

> 牧实忝幸，亦在遣中。黄岗大泽，葭苇之场，继来池阳，西在孤岛。僻左五岁，遭逢圣明。牧拾冤沉，诛破罪恶。牧于此际，更迁桐庐，东下京江，南走千里。曲屈越嶂，如入洞穴，惊涛触舟，几至倾没。万山环合，才千余家，夜有哭鸟，昼有毒雾，病无与医，饥不兼食，抑喑逼塞，行少卧多。逐者纷纷，归轸相接，唯牧远弃，其道益艰。[3]

杜牧还曾经单独描述过在睦州仕宦的经历："某朴樕之才，粪朽之贱，遭逢盛业，三带郡符，自审事宜，实以逾忝。伏以睦州治所，在万山之中，终日昏氛，侵染衰病，自量忝官已过，不敢率然请告，唯念满岁，得保生还。"[4]而在大中二年（848）所作的《上吏部高尚书状》中更是将僻守小郡的生活做了总结："人惟朴樕，材实朽下，三守僻左，七换星霜，拘挛莫伸，抑郁谁诉。每遇时移节换，家远身孤，吊影自伤，向隅独泣。将欲渔钓一壑，栖迟一丘，无易仕之田园，有仰食之骨肉。"[5]杜牧在担任三州刺史时，无限思念长安，感叹因官职的转变而带来的侨居之苦。不断的"易仕"经历，使得杜牧更加向往"渔钓一壑，栖迟一丘"的田园生活。挖掘其中深层原因，这种叹息更源自杜牧僻守小郡无法实现自己的政治理想，而难以发挥一己之才，才将这些失意情感转化在对居

---

[1]《白居易诗集校注》，第2845、2846页。

[2][5]《杜牧集系年校注》，第989页。

[3]《杜牧集系年校注》，第909页。

[4]《杜牧集系年校注》，第981页。

住地的评价上。不仅如此，杜牧还在一定程度上承担着赡养家族成员的责任。作于大中二年（848）的《上宰相求杭州启》中载：

> 刺史七年，病弟孀妹，百口之家，经营衣食[1]。某前任刺史七年，给弟妹衣食，有余兼及长兄，亦救不足，是某一身作刺史，一家骨肉，四处安活。[2]

在《上宰相求湖州第二启》中言：

> 伏以病弟孀妹，因缘事故，寓居淮南，京中无业，今者不复西归，遂于淮南客矣。病孤之家，假使旁有强近，救接庇借，岁供衣，月供食，日问其所欠阙，尚犹戚戚多感，无乐生意。[3]

值得注意的是，从"病弟孀妹，百口之家"可以表明杜牧在外仕期间，虽然离开家族聚居地"安仁里"，但是杜氏家族的不同支系依然保持着这种聚族而居的特点，杜牧仍然希望可以保持其祖父在世时期的家庭结构，以自身经济力量维系家族支系生活。王力平认为杜牧时期大家族已有小房独立爨居，但这种分居并不彻底，传统大家族的观念仍在起作用[4]。累世同居在古代中国早有来自，有着深刻的社会政治、经济背景[5]。累世同居使得家族的精英子弟聚集一堂，互相援引支撑，更能提升家族的整体影响力，进而辐射到长安的政治舞台中，虽然杜氏家族出现没落趋势，杜牧自身并没有放弃贵族之家的生存形态，依然百般维持。

杜牧作于大中三年（849）的《许七侍御弃官东归潇洒江南颇闻自适高秋企望题诗寄赠十韵》中载："他年雪中桌，阳羡访吾庐。于义兴县，近有水榭。"[6] 杜牧任官期间，曾经在阳羡居住，此地不止一次出现在杜牧的诗句中，又如"终

---

[1]《杜牧集系年校注》，第763页。

[2]《杜牧集系年校注》，第1019页。

[3]《杜牧集系年校注》，第1015页、1016页。

[4]王力平：《中古杜氏家族的变迁》，第165页。

[5]［日］守屋美都雄：《累世同居起源考》，《东亚经济研究》第26卷第3期，1958年，第82～95页。

[6]《杜牧集系年校注》，第186页。

南山下抛泉洞，阳羡溪中买钓船。欲与明公操履杖，愿闻休去是何年"[1]。再如《正初奉酬》中："一壑风烟阳羡里，解龟休去路非赊。"[2]留意其中"终南山下抛泉洞，阳羡溪中买钓船"与"解龟休去路非赊"句，终南山因其独特地望与人文景观汇聚了众多文人雅士。王静对此有精辟的阐述："官僚权贵与士人来此的目的和心境是有所区别的。前者是炫耀游春，后者是暂时的隐退，经历隐居的体验。"[3]杜牧将终南山与阳羡放在同一位置比对，可知其中意义，杜牧的祖父杜佑在长安城南拥有樊川别墅，之所以会选择水榭楼台的别业，一则可以解释无法施展政治才能的无奈，转换居住地可以相对释放压抑的心情；二则表明杜牧对于长安、樊川的情感寄托。年幼时期的杜牧曾经徜徉于樊川，在安仁里与樊川见证了杜氏家族的辉煌与荣耀。而今自己远离政治中心，安仁里三十间房屋也早已归他人所有，或许在寓居之地购买景色宜人的别业把之想象为樊川，在异地接着维系这种双家形态，更能实现对长安的政治诉求。

随后杜牧又有短暂的京官经历，《上宰相求杭州启》云"自去年八月，特蒙奖擢，授以名曹郎官，史氏重职……言于鄙诚，已满素志"[4]。值得注意的是，杜牧在长安任职期间，竟然迅速地请求外仕。既然终于回到了朝思暮想的故地，为何又要请求调离？"是作刺史，则一家骨肉，四处皆泰；为京官，则一家骨肉，四处皆困。谋于知友曰：'杭州大郡，今月满可求，欲干告吾相，次活家命，以为如何？'"[5]供养家族的沉重负担是其中的重要因素，德宗两税法颁布之后，刺史的俸禄多少得益于所在治所的户口数量。杜牧对长安的依恋之深，却做出请求外放的举动，是现实生活的落魄给他造成了严重的经济负担，京城之职位已不能满足这一落魄家族的生活要求。经济来源的匮乏是这时期家族衰落的重要缘由之一，这里的忍痛割爱，更反映杜牧所在支系家族落寞的程度之深。

在《上宰相求杭州启》无果后，杜牧以"以弟病，乞守湖州"为缘由，连上三则求湖州启，最终实现，并在赴任之前留下了《新转南曹未叙朝散初秋暑退出

---

[1]《杜牧集系年校注》，第255页。

[2]《杜牧集系年校注》，第595页。

[3]王静：《终南山与唐代长安社会》，第129～168页。

[4][5]《杜牧集系年校注》，第1021页。

守吴兴书此篇以自见志》，其中"平生江海志，佩得左鱼归"[1]，杜牧希望在任期间可以有一番作为，获得朝廷的认可。一个"归"字，更表露了杜牧心系长安、心系故里的愿望。杜牧继承了祖父杜佑的经世致用之学，希望通过自己践行这些思想，能够有朝一日荣归故里，重新振兴杜氏家族的门风，回到昔日荣耀的安仁甲第，回到象征权力中心的长安。

由于转卖了安仁里三十间房屋，即使杜牧在长安任职，他的仕宦经历也只能以居住官署或者借住、租住作为判断。分司东都选择洛阳的履道坊是杜牧早期为官时的文人雅致，而僻守三州小郡的情感宣泄，皆离不开无法施展政治抱负的抗议，之后购买阳羡水榭，更衬托出杜牧对于樊川、长安的精神寄托。由于现实原因，在短暂的仕宦京城后，杜牧乞守湖州，然而实现家族复兴的内心诉求却始终如一。

三、终归樊川

杜牧在担任湖州刺史不久，即调回京师长安，并终于中书舍人任上。那么杜牧晚年的居住地又在何处，这样的选址又有着怎样的意义呢？权德舆在《司徒岐公杜城郊居记》中载：

> 公之华宗，自汉建平侯徙杜陵，三守本封，几乎千祀。故城南墟里，多以杜为名，逮今郊居，不忘厥初。又以见积厚流泽，此焉往复。且公之心无町畦，寿若冈陵，昭融煊赫，未始有极。德舆谬陪众君子升公之堂，嘉招盛集，靡间弦晦，以众美之不可以不纪也。承命遽书，刻于岩石云。[2]

长安城南是杜氏家族肇兴之地，杜佑更是在长安城南置办了樊川别墅[3]："朱坡樊川，颇治亭观林苁，凿山股泉，与宾客置酒为乐。"[4]《王处士凿山引瀑记》

---

[1]《杜牧集系年校注》，第407页。

[2]（唐）权德舆：《权载之诗文集》卷三一《司徒岐公杜城郊居记》，上海古籍出版社，2008年，第482页。

[3] 王力平《中古杜氏家族的变迁》中第四章"家族产业与樊川'杜城郊居'"一节对此问题有详细论述，第153页。

[4]（宋）欧阳修、宋祁：《新唐书》卷一六六《杜佑传》，北京：中华书局，1975年，第5090页。

云："岐公有林园亭沼，在国南朱陂之阳，地名樊川，乡接杜曲。却倚峻阜，旧多细泉，萦树石而散流，沥沙壤而潜耗，注未成瀑，浮不胜杯。……曩滴沥以珠堕，今潺湲而练垂，又何以助清澜于荷池，滋杂芳于药圃。不易旧所，别成新趣。岐公乘间留玩，毕景忘疲，优游宴适，更异他日矣。王生之灵襟巧思，不其至欤？"[1]城南杜氏郊居因其历史渊源成为不可更替的物化象征，杜佑本人在兴建樊川别业时更强调了这种作用：

其城曲墟落，缁黄童艾，杜名杜氏，遍周川原。群情既用，光荣老夫，唯增祗惧？ [2]

杜牧笔下更是留下了樊川的诸多印象，贯穿在他的一生中。如杜牧在大和四年（830）由宣州入京时所作的《望故园赋》："余固秦人兮故园秦地，念归途之几里。"[3]而《晚晴赋并序》："秋日晚晴，樊川子目于郊园。"[4]作者自比为樊川子，已然把自己与樊川融为一体。会昌四年（844）远在池州的杜牧，遥想樊川，心中顿生惆怅，写下"秦岭望樊川，只得回头别"[5]。杜牧无论身处何方，心中仍然对长安的安仁里与樊川有着无限的怀念。两处居住地的意义代表了杜氏家族曾经的兴盛，以杜佑为中心的杜氏家族曾是左右中枢权力的重要一脉，杜牧渴望自己可以延续家族荣耀，更是对长安政治中心这种象征意义的追寻。

杜牧不仅在外仕期间无比思念樊川，晚年更是"尽吴兴俸钱，创治其墅"[6]。王力平最早关注到这一问题[7]。由此可见求湖州三启意味深长，《湖州刺史厅壁记》云："江表大郡，吴兴为一……其英灵所诞，山泽所通，舟车所会，物土所产，雄于楚越，虽临淄之富，不若也。其冠簪之盛，汉、晋以来，敌天下三分之

[1]《全唐文》卷四七七武少仪《王处士凿山引瀑记》，上海古籍出版社，1990年，第6187页。

[2]《全唐文》卷四七七杜佑《杜城郊居王处士凿山引泉记》，第2160页。

[3]《杜牧集系年校注》，第27页。

[4]《杜牧集系年校注》，第29页。

[5]《杜牧集系年校注》，第130页。

[6]《杜牧集系年校注》，第3页。

[7]王力平：《中古杜氏家族的变迁》，第153页。

一。"[1]湖州大郡，杜牧在此任官，俸禄自然丰厚。《上宰相求湖州第三启》中载："某伏念骨肉悉皆早衰多病，常不敢以寿考自期，今更得钱三百万，资弟妹衣食之地，假使身死，死亦无恨。湖州三考，可遂此心。"[2]"在唐代中晚期以后，除法定俸禄之外，其他不载于法令而可以认为正当收入者，为数远在中央官吏之上。"[3]由此可见，资弟妹衣食只是其中原因之一，乞守湖州积累财富，修缮樊川别墅，同时也可以满足自己的精神寄托。《樊川文集》序言的作者——杜牧的外甥裴延翰，记载了杜牧晚年在酒席间与他的一段话："司马迁云，自古富贵，其名磨灭者，不可胜纪。我适稚走于此，得官受实禄，再治完具，俄及老为樊上翁，既不自期富贵，要有数百首文章，异日尔为我作序，号樊川集，如此顾樊川一禽鱼、一草木，无恨矣，庶千百年来未随此磨灭邪。"[4]已近暮年的杜牧将所有的精神寄托全部放在京兆杜陵的樊川别业，实质是对昔日繁盛的政治家族的追思。

杜牧作于大中六年（852）的《秋晚与沈十七舍人期游樊川不至》一诗更是将自己晚年的生活情境绘制了一番："邀侣以官解，泛然成独游。川光初媚日，山色正矜秋。野竹疏还密，岩泉咽复流。杜村连滴水，晚步见垂钩。"[5]虽无友人陪伴，稍显寂寥，但是这样的闲适生活给杜牧的晚年带来了轻松与自由。杜牧早在大和八年（834）所作的《上知己文章启》就曾经表达过这样的心愿："有庐终南山下，尝有耕田著书志……上都有旧第，唯书万卷，终南山下有旧庐，颇有水树，当以耒耜笔砚归其间。"[6]中年的向往终于在杜牧的晚年得以实现，樊川别墅成为杜牧的一方乐土。京官加别业曾为唐代官员的理想模式[7]，虽然难以再次拥有安仁甲第，但退而求其次，在城南拥有别墅也是一种心灵寄托。杜牧在这里守护

[1]《全唐书》卷五二九顾况《湖州刺史厅壁记》，第5372页。

[2]《杜牧集系年校注》，第1015、1016页。

[3] 陈寅恪：《元白诗中俸料钱问题》，《金明馆丛稿二编》，上海人民出版社，1980年，第59～73页。

[4]《杜牧集系年校注》，第3页。

[5]《杜牧集系年校注》，第210页。

[6]《杜牧集系年校注》，第998、999页。

[7]［日］日野开三郎：《唐代先进地带的庄园》，自家版，1986年，第37～53页。

着家族的最后一丝荣耀，双家形态的维护只能偏离一处。

值得一提的是，杜牧晚年在自撰墓志铭有这样的一句书写："某年某日，终于安仁里。"依据上文的思考，既然杜牧在长安已经没有宅地了，为何要将自己的去世地点选在"安仁里"？分析其中原因，这是杜牧自己对安仁里、对长安的情感寄托。自撰墓志铭这种书写体裁，是杜牧自己对其人生的终极评价，对安仁里的政治诉求终于在墓志铭中得以显现。安仁甲第是长安政治权力的象征，作为活跃在中古历史舞台的京兆杜氏，曾经的辉煌似乎因杜佑的离世而失色不少。杜牧所在支系也最终没有进入核心统治阶层，杜牧自己却有着"平生五色线，愿补舜衣裳"[1]的政治抱负，为《孙子》做注，写下了《罪言》《原十六卫》《战论》等结合唐代军事形势又颇具建设性的传世篇章。遗憾的是，杜牧始终没有得到上层决策者的采纳与重用，重振京兆杜氏的决心与行动只能被当作文学作品来品评，内心的苦闷与不得志充斥着杜牧的心灵。当临近作古之时，便将自己一生的政治抱负宣泄出来，落脚在"甲第并列，京城美之"的安仁里，是杜牧精神世界的深层诉求与重振家族的最终呐喊。

四、结　语

本文以杜牧为中心探讨了其人生迁转各地的居所生活实态，发现杜牧终其一生，都在尽力维持从祖父继承所得的安仁里与家族肇兴之地樊川。但是随着唐后期社会形势的急剧转型，杜佑子孙在实现中央化的同时，大家族的生活状态也在不断演化。在这其中出现了个别士族的百般维持，如杜牧、杜慥兄弟。当士族的政治影响力被逐渐剥夺后，生存成为首要问题，维系大家庭的生活结构日益困难，士族子弟在积极与政权靠拢、苦苦维系家族枝繁叶茂的同时，也出现了不同程度向小家庭过渡的过程。杜悰虽位极人臣，承杜佑之后，却早已移居别馆；杜铨则远离家乡，以躬耕为业。纵使杜牧毕生为双家形态的维护努力殆尽，也终归逃脱不了士族逐步衰落的历史图景。

（作者单位：复旦大学历史学系）

---

[1]《杜牧集系年校注》，第65页。

"韩十四"考释

王　璐　赵望秦

　　《杜工部集》卷一一《送韩十四江东觐省》："兵戈不见老莱衣，叹息人间万事非。我已无家寻弟妹，君今何处访庭闱。黄牛峡静滩声转，白马江寒树影稀。此别还须各努力，故乡犹恐未同（一作"堪"）归。"[1]原诗仅标明韩姓某人的排行，而未及其名，故不详何人。而此《杜工部集》乃白文本，故亦无从通过注文了解其人。宋人蔡梦弼《杜工部草堂诗笺》四十卷本和五十卷本虽有笺注，但俱缺此诗[2]。宋人黄鹤《黄氏补千家注纪年杜工部诗史》及《黄氏集千家注杜工部诗史补遗》俱不释"韩十四"为何人[3]。宋佚名氏《分门集注杜工部诗》亦未释其人[4]。今人辑《杜诗赵次公先后解辑校》注解此诗而不及"韩十四"[5]。明人王嗣奭《杜臆》引述明人张綖《杜工部诗通》解说此诗而亦未释其人[6]。清代注杜

　　[1] 张元济：《续古逸丛书》影印宋刻本，南京：江苏古籍出版社，2001年，第四册，第244页。

　　[2]（清）黎庶昌：《古逸丛书》覆宋刻四十卷本，南京：江苏古籍出版社，2002年，中册；《中华再造善本》影印宋刻五十卷本，北京图书馆出版社，2006年。

　　[3]《中华再造善本》影印元刻本，北京图书馆出版社，2006年；《丛书集成初编》影印宋刻本，上海商务印书馆，1936年。

　　[4]《中华再造善本》影印宋刻本，北京图书馆出版社，2003年。

　　[5]（宋）赵次公注，林继中辑校：《杜诗赵次公先后解辑校》丙帙卷四，上海古籍出版社，1994年，第478页。

　　[6]（明）王嗣奭：《杜臆》卷四，上海古籍出版社，1983年，第134页。

四家俱不考"韩十四"为何许人也[1]。今人有谓"少陵集一〇《送韩十四江东省觐》，名未详"[2]。今人又有注"韩十四可能是杜甫同乡"[3]，并未确定其人。至近年整理研究杜甫诗歌的一项大成果——《杜甫全集校注》亦谓："韩十四，不详何人。"[4]千百年以来的千百家注杜都未解决这个问题，大概是由于没有可以凭据的直接证明材料的缘故。但是，如果仔细钩稽、认真梳理有关文献资料，尚有诸多旁证材料可以作为凭据而佐证其人其事。这些旁证就是在与杜甫同时或时代相近的一些诗人笔下的"韩十四"：崔国辅《送韩十四被鲁王推递往济南府》[5]，高适《酬别薛三蔡大留简韩十四主簿》[6]，独孤及《喜辱韩十四郎中书兼封近诗示代书题赠》[7]。考察清楚这几个"韩十四"为何人，即可帮助证明杜诗中的"韩十四"为何人，由此既可再作准确的解读，又可纠正以往的误读，从而弥补千年百家注杜的一大缺失。

独孤及字至之，河南洛阳人，生于玄宗开元十三年（725）。天宝十三载（754），任华阴县尉。肃宗至德元载（756）以后，避安史之乱至江南一带。上元元年（760），曾为江淮都统李峘幕府掌书记。代宗宝应元年（762），曾任湖州武康县令。广德元年（763），曾至邕州为判官。永泰元年（765）以后，进京历任左拾遗、太常博士、礼部员外郎。大历三年（768）以后，出京历任豪州、

[1]（清）钱谦益笺注：《钱注杜诗》卷一一，上海古籍出版社，1979年，第393页；（清）浦起龙：《读杜心解》卷四之一，北京：中华书局，1961年，第622页；（清）仇兆鳌注：《杜诗详注》卷一〇，北京：中华书局，1979年，第829页；（清）杨伦笺注：《杜诗镜铨》卷八，上海古籍出版社，1980年，第361页。

[2]岑仲勉：《唐人行第录》，北京：中华书局，2004年，第180页。案，此处作"省觐"，原书即如此。

[3]陈贻焮主编：《增订注释全唐诗》，北京：文化艺术出版社，2001年，第219页。

[4]萧涤非主编：《杜甫全集校注》卷八，北京：人民文学出版社，2014年，第2410页。

[5]（清）彭定求：《全唐诗》卷一一九，北京：中华书局，1960年，第1204页。

[6]《全唐诗》卷二〇二，第2202页。

[7]《全唐诗》卷二四七，第2775页。

舒州、常州刺史。大历十二年（777）卒于常州，享年五十三[1]。可见独孤及与杜甫同时而略晚。当时许多诗人既与杜甫有酬唱往还，又与独孤及有唱和交往，如李白、高适、岑参、贾至、李华、于逖、薛华、毕曜、王鉴、陈兼、苏源明、房琯、李舟、杜亚、杨炎、李之芳、李勉等。独孤及《喜辱韩十四郎中书兼封近诗示代书题赠》一诗曰："各牵于役间游遨，独坐相思正郁陶。长跪读书心暂缓，短章投我曲何高。宦情缘木知非愿，王事敦人敢告劳。所叹在官成远别，徒言岷水才容舠。"又《癸卯岁赴南丰道中闻京师失守寄权士繇韩幼深》一诗曰："……士繇松筠操，幼深琼树姿。别来平安否，何阶一申眉。白云失帝乡，远水恨天涯。昂藏双威凤，曷月还西枝。努力爱华发，盛年振羽仪。但令迍难康，不负沧洲期。莫作新亭泣，徒使夷吾嗤。"[2]案，"癸卯岁"即代宗广德元年（763），"南丰"为抚州属县（今江西南丰）。据《旧唐书》卷一一《代宗纪》，此年十月至十二月之间，曾发生吐蕃攻陷京城长安而使代宗仓皇出逃陕州（今河南陕县）的重大事件。又案，"士繇"为权皋字，权皋为德宗时宰相权德舆之父，生于开元十一年（723），卒于大历三年（768），享年四十六[3]；"幼深"为韩洄字，韩洄为玄宗时宰相韩休之子，生于开元二十年（732），卒于德宗贞元十年（794），享年六十三[4]。二人与独孤及为挚友，也与杜甫同时而略晚。权德舆《祭韩祭酒文》曰："维贞元十年岁次甲戌三月朔日，征事郎守左补阙权德舆谨以清酌庶羞之奠，敬祭于故国子祭酒韩十四丈之灵。"[5]据《韩洄行状》及两《唐

---

[1]（清）董诰：《全唐文》卷四〇九崔祐甫《故常州刺史独孤公神道碑铭并序》、卷五二二梁肃《朝散大夫使持节常州诸军事守常州刺史赐紫金鱼袋独孤公行状》，上海古籍出版社，1990年，第1857、2348页。又详参赵望秦：《独孤及年谱》，黄永年主编《古代文献研究集林》第二集，西安：陕西师范大学出版社，1992年，第47～85页。

[2]《全唐诗》卷二四六，第2762页。

[3]（后晋）刘昫：《旧唐书》卷一四八《权德舆传附权皋传》，北京：中华书局，1975年，第4001页；（宋）欧阳修、宋祁：《新唐书》卷一九四《卓行传·权皋》，北京：中华书局，1975年，第5566页。

[4]《全唐文》卷五〇七权德舆《太中大夫守国子祭酒颍川县开国男赐紫金鱼袋赠户部尚书韩公（洄）行状》，第2284页；《旧唐书》卷一二九《韩洄传》，第3606页；《新唐书》卷一二六《韩休传附韩洄传》，第4439页。

[5]《全唐文》卷五〇八，第2290页。

书》本传，知所祭奠之"韩祭酒"，即以国子祭酒终官的韩洄。而韩洄于权德舆
为父执辈，故权德舆在祭文中尊称韩洄为"韩十四丈"，可知韩洄在家族兄弟辈中
排行十四。案上文所引《喜辱韩十四郎中书兼封近诗示代书题赠》一诗，乃独孤
及于大历六年（771）任舒州刺史时所作[1]。而考察清楚韩洄自天宝末至大历初之
间的具体事行，不仅可以确定独孤及笔下的"韩十四郎中"为何人，也可以知道
孤独及的其他诗作如《庚子岁避地至玉山酬韩司马所赠》中的"韩司马"、《诣
开悟禅师问心法次第寄韩郎中》中的"韩郎中"、《与韩侍御同寻李七舍人不遇
题壁留赠》中的"韩侍御"等究竟是谁[2]。有关韩洄这一时段的踪迹，《韩洄行
状》的记载较两《唐书》本传为详，其曰：

> 天宝末，盗陷西京，兄侄七人，遭罹不淑，茹痛违难，寓于江南，
> 布衣蔬食，不听声乐者，积六七年，友悌行义，士林以为难。翘车辟
> 书，旁午而至，累授汉中郡、江陵府二功曹，大理司直兼汉中郡司马、
> 苏州司马，且皆有宾介之请，所至之邦，待公政成。甘于粗粝，聚其
> 禄廪，办治葬具，归于京师，七丧祔窆，礼无违者，名教之士，翕然称
> 之。洪州刺史张镐以故相之重，作镇江西，奏授本州长史、莫徭副史，
> 怀徕夷落，向方率教。乾元中，江淮凶饥，相扇啸聚，而新安郡贠山洞
> 之阻，为害特甚，朝廷推其能名，除睦州别驾，知州事。俄拜监察御
> 史。又转殿中侍御史，赐绯鱼袋，充江西都团练判官，军州庶政，多所
> 访决。岁余，张终于位，公上介领留务。时吴楚剽轻，法禁未一，每长
> 吏交代，人心辄摇，公临以威重，抚以慈惠，辑宁封部，以待守臣。李
> 梁公岘之充江淮选补使也，引为判官，多所宏益。大历初，转运使刘尚
> 书晏盛选从事，分命四方，而江淮上流，为之枢会，奏改屯田员外郎，
> 兼侍御史、知扬子留后。累岁，就加司封郎中。肃给而有守，清明而中
> 节，有司之移用不匮，上国之经费有伦。六七年间，号为称职，名实益
> 茂。征拜谏议大夫。[3]

---

[1] 详参赵望秦：《独孤及年谱》，第78页；《释"韩十四"》，《陕西师范大学学
报》1987年2期，第118页。

[2]《全唐诗》卷二四六，第2763页；卷二四七，第2771、2775页。

[3]《全唐文》卷五〇七权德舆《太中大夫守国子祭酒颍川县开国男赐紫金鱼袋赠户部尚
书韩公（洄）行状》，第2284页。

案，"庚子岁"即上元二年（761），"玉山"即今江西玉山县，"开悟禅师"于大历七年（772）在舒州山谷寺驻锡弘法[1]，"汉中郡"于乾元元年（758）复改为梁州[2]，"江陵府"于上元元年（760）九月由荆州所改称[3]，"张镐"于宝应元年（762）至广德二年（764）间为洪州刺史、江南西道都团练观察等使[4]，"李岘"于广德二年（764）九月至永泰元年（765）六月在洪州为江淮选补使[5]，"刘晏"于大历元年（766）为东都京畿、河南、淮南、江南东西道、湖南、荆南、山南东道转运使[6]。综合考察，两相互证，独孤及任职的时间、地点及其事实，与韩洄任职的时间、地点及其事实，皆一一吻合，由此可以确切无疑地证明"韩十四郎中""韩郎中""韩司马""韩御史"为同一人，即韩洄[7]。

独孤及与韩家有交情，而杜甫与韩家也有交情，如《寄韩谏议》即是写给韩休之子、韩洄之兄韩泫的一首诗[8]。而《送韩十四江东省觐》诗中的内容与韩洄的事迹颇有符合之处。案，玄宗天宝十五载亦即肃宗至德元载（756）七月，安

---

[1]《全唐文》卷三九〇独孤及《舒州山谷寺觉寂塔隋故镜智禅师碑铭并序》，第1758页。

[2]《旧唐书》卷三九《地理志》，第1528页。

[3]《旧唐书》卷三九《地理志》，第1552页。

[4] 郁贤皓：《唐刺史考全编》，合肥：安徽大学出版社，2000年，第2253页。

[5]《旧唐书》卷一一《代宗纪》，第276、279页。

[6]《旧唐书》卷一一《代宗纪》，第282页。

[7] 案陶敏：《全唐诗人名考证》"2763C"条谓："《庚子岁避地至玉山酬韩司马所赠》。韩司马，疑为韩洄。"又"2771C"条谓："《诣开悟禅师问心法次第寄韩郎中》。韩郎中，韩洄。"又"2775F"条谓："《喜辱韩十四郎中书兼封近诗示代书题赠》。韩十四，韩洄。"虽属推测，无所考辨，而结论甚是。西安：陕西人民教育出版社，1996年，第325、327、328页。又案岑仲勉《唐人行第录》"又韩十四湜"条谓："毘陵集三《喜辱韩十四郎中书兼封近诗示代书题赠》，又《诣开悟禅师问心法次第寄韩郎中》，以其时与官考之，应属于（韩）湜。"则未允当。北京：中华书局，2004年，第180页。

[8] 案清人钱谦益考证"韩谏议"为韩泫，至岑仲勉、陶敏证之尤力，迄今甚少异议，唯今人乃谓钱易《南部新书》所说的"江西客词韩注"为其人，殊非。分别见《钱注杜诗》卷五，上海古籍出版社，1979年，第154页；《元和姓纂》卷四，北京：中华书局，1994年，第489页；《全唐诗人名考证》，第268页；《杜甫全集校注》卷一六，北京：人民文学出版社，2014年，第4823页。

史叛军攻陷长安，韩氏家族的人曾避乱出逃，其中，韩浩、韩洪、韩沄、韩滉、韩浑等，将要追随逃向成都的玄宗，但当跑到南山谷口时，韩浩及其四个儿子、韩洪、韩浑又被叛军抓住，一并被杀，前文所引“兄侄七人，遭罹不淑”即谓此事。韩沄、韩滉则有幸逃脱，才有后来的谏议大夫之担当和出将入相之作为。这次集体出逃行动，还应该包括韩滉之母在内，其父韩休早已去世，唯不详是生母，还是继母，抑或庶母。不过，韩滉本人肯定不在内[1]，所以才有后来的“江东觐省”之行，即诗中所谓“兵戈不见老莱衣”，“君今何处访庭闱”。又案，唐人的故乡概念有两层含义，一是祖居地，即所谓郡望，二是实居地，即所谓籍贯。故而在唐人的笔下，或个人称署，或他人称署，同一人往往有两个故乡。据两《唐书》本传，韩滉的籍贯为京兆长安（今陕西西安），而据《韩滉行状》，韩氏的郡望为河南颍川（今河南许昌）。唐人喜讲郡望，故朝廷封赠达官贵人的爵位多以郡望为号，如韩滉封爵为颍川县开国男，即以颍川为号。杜甫是巩县（今河南巩义）人[2]。在地域上，巩县与颍川相邻，都属于河南道。而杜氏的郡望为京兆杜陵（今陕西西安东南）[3]，故杜甫每每自称杜陵布衣、杜陵野老、杜陵野客。因此，诗中所谓“故乡犹恐未同归”中的“故乡”，无论是指长安[4]，还是指洛阳[5]，杜甫与韩滉都可以视为同乡人，也都可以称为“故乡”人。再案，家族兄弟排行已至第十四位，说明是一个庞大的家族。今检《新唐书》卷六一、卷六二《宰相表》及卷七三上《宰相世系表》，有唐一代，共有四个姓韩的人做过宰相，即高宗永徽时的韩瑗、玄宗开元时的韩休、德宗贞元时的韩滉、宪宗元和时的韩弘。其中，韩瑗与韩弘为相之时与杜甫的生活时代远不相及，且韩瑗死后，

[1]分别见《新唐书》卷一二六《韩休传附韩沄、韩滉、韩滉传》，第4433、4434、4439页；《全唐文》卷五〇七权德舆《太中大夫守国子祭酒颍川县开国男赐紫金鱼袋赠户部尚书韩公（滉）行状》，第2284页。

[2]《旧唐书》卷一九〇下《杜甫传》，第5054页。

[3]《新唐书》卷七二上《宰相世系表》，第2418页。

[4]《黄氏集千家注杜工部诗史补遗》卷二，《丛书集成初编》影印宋刻本，第75页；《杜诗赵次公先后解辑校》丙帙卷四，第476页。

[5]《杜诗详注》卷一〇，第829页。

曾被"追削官爵，籍其家，子孙谪广州官奴"[1]，家族衰落，在《宰相世系表》上，开元、天宝时已不见其家族的人了。反观韩休、韩滉父子，与杜甫则基本处于同一时代，只是略早或略晚而已。再从《宰相世系表》上看，仅仅在韩滉、韩洄等兄弟这一辈中，就有十七人之多。

综合上述种种，完全可以断定杜甫《送韩十四江东觐省》一诗中的"韩十四"与独孤及笔下的"韩十四"为同一人，这就是韩洄。

既然由独孤及笔下的"韩十四"进而考知杜甫笔下的"韩十四"乃韩洄无疑，那么，崔国辅和高适笔下的"韩十四"究为何人？

崔国辅《送韩十四被鲁王推递往济南府》诗曰："西候情何极，南冠怨有余。梁王虽好事，不察狱中书。"今人或谓"韩十四，不详其名"，或不作解释[2]。高适《酬别薛三蔡大留简韩十四主簿》诗曰："迢递辞京华，辛勤异乡县。登高俯沧海，回首泪如霰。同人久离别，失路还相见。薛侯怀直道，德业应时选。蔡子负清才，当年擢宾荐。韩公有奇节，词赋凌群彦。读书嵩岑间，作吏沧海甸。……"今人注曰："杜甫有《送韩十四江东省觐》诗，称'故乡犹恐未同归'，韩与杜甫同为巩县人（此诗称其"读书嵩岑间"，嵩山地近巩县）。独孤及有《喜辱韩十四郎中书兼封近诗示代书题赠》等二诗，似为另一人（岑仲勉谓"以其时与官考之，应属于滉"，见《唐人行第录》，但《韩滉传》仅称"出为同官主簿"，无作吏海滨之记载）。崔国辅有《送韩十四被鲁王推递往济南府》诗，似即此人，如然则韩曾遇横事。此诗或作于韩被递前。"[3]意谓高适笔下的"韩十四"与杜甫、崔国辅笔下的"韩十四"为同一人，推断颇合情理，惜未具体举证。又今人注曰："韩十四，名未详。独孤及有《喜辱韩十四郎中书兼封近诗示代书题赠》，知此人后做了郎中。"[4]意谓高适笔下的"韩十四"与独孤及笔下的"韩十四"为同一人，推测甚是，惜无例证。案崔国辅、高适与杜甫、独

[1]《新唐书》卷一〇五《韩瑗传》，第4031页。

[2] 万竟君：《崔国辅诗注》，上海古籍出版社，1982年，第26页；《增订注释全唐诗》，第830页。

[3] 刘开扬：《高适诗集编年笺注》，北京：中华书局，1981年，第146页。案，此处作"省觐"，原书即如此。

[4] 孙钦善：《高适集校注》，上海古籍出版社，1984年，第47页。

孤及为同时代的人。虽然，崔国辅的年龄辈分略大一点，但从他们诗作中的应酬交往看，仍属于朋友圈内的人。据《韩洄行状》："公纂承茂绪，幼有令闻，直方简重，博厚宏大，该涉群书，尤治《春秋》《诗》《礼》之学，必睹其奥而践乎中。未弱冠，以门荫补宏文生。满岁，参调，侍郎达奚珣矫枉过正，以地望降资，署章怀太子陵令，且将察其词气，以为铨藻。公恬然受署，初无愠容，当时识者，知其致远。天宝末，盗陷西京，……累授汉中郡、江陵府二功曹。"案，古人十五岁入学，二十岁称弱冠。韩洄生于开元二十年（732），则知其"未弱冠"而进入弘文馆为学生，当在十五岁至十九岁亦即天宝五载（746）至天宝九载（750）之间。而达奚珣为吏部侍郎是在天宝五载（746）至天宝七载（748）之间[1]，则可知韩洄学习满一年后至吏部"参调"而被授予章怀太子陵令之职，是在天宝六七载间。自此时至天宝末即天宝十五载（756）七月安史叛军攻陷西京长安，在这长达近十年的时间内，如果韩洄一直就为章怀太子陵令，颇不合唐朝三年考绩调任的制度。此其一。所谓"累授汉中郡、江陵府二功曹"，即多次或连续授予或迁调官职之后，才又先后担任汉中郡功曹与江陵府功曹之职。如果韩洄此前只做过章怀太子陵令一任官职，那就根本谈不上"累授"云云。此其二。可见韩洄在任章怀太子陵令至任汉中郡功曹之间，应该还有其他的任职。但是，《韩洄行状》却为何无记载，原来，这是因为权德舆为尊者讳言所造成的结果。

天宝十一载（752）四月，在京城长安因权力斗争而发生了血腥事件："御史大夫兼京兆尹王鉷赐死，坐弟銲与凶人邢縡谋逆故也。"[2]而《旧唐书》王鉷本传详记此事的前因后果：

> 时右相李林甫怙权用事，志谋不利于东储，以除不附己者，而鉷有吏干，倚之转深，以为己用。……鉷威权转盛，兼二十余使，……鉷与弟户部郎中銲召术士任海川游其门，问其相命，言有王否。……十一载四月，銲与故鸿胪少卿邢璹子縡情密累年，縡潜构逆谋，引右龙武军万骑刻取十一月杀龙武将军，因烧诸城门及市，分数百人杀杨国忠及右相

---

[1] 严耕望：《唐仆尚丞郎表》卷三《通表》中，卷一○《辑考》三下，北京：中华书局，1986年，第126、127、579、580页。

[2]《旧唐书》卷九《玄宗纪》，第226页。

李林甫、左相陈希烈等。先期二日事发，玄宗临朝，召銲，上于玉案前
过状与銲。……銲决杖死于朝堂，赐銲自尽于三卫厨。……初，銲与御
史中丞、户部侍郎杨慎矜亲，且情厚，颇为汲引，及贵盛争权，銲附于
李林甫，为所诱，陷慎矜家。经五年而銲至赤族，岂天道欤！ [1]

　　这件事牵扯连累的人不少，不仅有那些与这件事有关的人，还有一些与这件
事无关的人。如崔国辅，"坐王銲近亲，贬竟陵郡司马"[2]。又如韩浩、韩洪、韩
法等，"御史大夫王銲犯法，籍没其家。洽兄浩为万年主簿，捕其资财，有所容
隐，为京兆尹鲜于仲通所发，配流循州。洪、法并坐贬职"[3]。几位兄长一时都受
到此事的牵累，则韩洄亦当不能独免。案天宝十一载（752），韩洄二十一岁，入
仕已有数年。这件事发生在夏天，案情处理尚需时日，而崔国辅的诗写在秋天，
即所谓"西候"，时间正相合。崔国辅既无辜，"韩十四"也无辜，同病相怜，
寄寓同情，即所谓"南冠怨有余""不察狱中书"，本事正符合。由此而结合杜
甫、独孤及笔下的"韩十四"加以综合考察，则崔国辅笔下的"韩十四"非韩洄
莫属。尽管韩洄只是因受牵连而被"推递"的，但毕竟是一件让人忌讳的事，所
以，权德舆为这位父执讳言而不记载。据《旧唐书》权德舆本传记载，其父权皋
去世，"韩洄、王定为服朋友之丧"。后来，"韩洄黜陟河南，辟为从事"[4]，
即权德舆的从政之路是由韩洄所开辟的。因此，权德舆在撰写祭文时，尊称韩洄
为"韩十四丈"[5]，而在撰写行状时，自称为韩洄的"故吏"[6]。为尊者讳，为亲
者讳，这是古人临文时遵循所谓圣贤之训的一种传统做法。所以，权德舆讳笔忌
言是很正常的事。

　　高适与韩氏家族颇有交往，除《酬别薛三蔡大留简韩十四主簿》诗中
的"韩十四"，尚有《同韩四薛三东亭玩月》诗中的"韩四"和《送韩九》诗

[1]《旧唐书》卷一〇五《王銲传》，第3229～3232页。

[2]《新唐书》卷六〇《艺文志》，第1603页。

[3]《旧唐书》卷九八《韩休传附韩洽、韩洪、韩法、韩滉传》，第3079页。

[4]《旧唐书》卷一四八《权德舆传》，第4002页。

[5]《全唐文》卷五〇八《祭韩祭酒文》，第2290页。

[6]《全唐文》卷五〇七《太中大夫守国子祭酒颍川县开国男赐紫金鱼袋赠户部尚书韩公
（洄）行状》，第2284页。

中的"韩九",今人据后一首诗颔联"常与天下士,许君兄弟贤",推测"韩四""韩九""韩十四"为兄弟,甚是[1]。揆诸开元、天宝时之韩氏家族,唯韩洄兄弟足能当之。上文考知韩洄于天宝六七载已任章怀太子陵令,此后当又调任靠海某州县的主簿,而高适曾于天宝九载至十载间有燕赵河朔之行,则此诗应作于此时,可见韩洄任主簿之职也应在此时[2]。或许随后受王鉷事件的牵累而被"推递"是在主簿位上,可能就成为权德舆既不记"推递"之事,也不记"主簿"之职的主要原因。

（作者单位：陕西师范大学文学院）

---

[1]《高适诗集编年笺注》,第326页;《高适集校注》,第48页。

[2] 案赵望秦《释"韩十四"》一文曾说孙钦善"将'韩十四主簿'和'韩十四郎中'混为同一人。……即将韩十四主簿误作韩洄",见《陕西师范大学学报》1987年2期。旧说未允,自当纠正。

唐诗见证的唐朝与东南亚诸国关系[*]

石云涛

  唐朝对海外贸易采取开放和鼓励政策。经过海路入华的外国商人可以在中国自由贸易，政府允许他们把商品自由运进口岸，可以往来各地市易或开铺经营。唐代广州、交州是中外通商的要地，海外贸易进入鼎盛时期。当时南海诸国与唐朝通好的约有二十多个国家和地区，其中与东南亚地区关系最为密切的有林邑、真腊、丹丹、盘盘、堕和罗、赤土、骠国、室利佛逝、堕婆登、诃陵、婆利等，这些国家与广州、交州都有贸易往来。唐代海上交通和贸易的情况史书上有所记载，同时也反映在唐诗的描写中，唐诗中有所反映的是林邑、真腊和诃陵。

一、唐诗中的林邑

  由于海上交通的发展，唐朝与东南亚许多国家和地区的商业、外交往来都更加频繁和密切起来。这些国家和地区在中西海上交通方面不仅是重要的对象国，而且是中介国。

  在东南亚国家中，林邑国乃唐朝近邻。林邑故地在今越南中南部，秦时为象郡象林县地，西汉时为日南郡象林县地。《汉书·地理志》记载，西汉时日南郡下有五县，象林是其一[1]。汉末象林功曹之子区连自立为王，中国史籍最初称之为"象林邑"，简称"林邑"，意即"象林之邑"。8世纪下半叶，即唐朝至德年间以后改称环王国。9世纪后期，五代时又改称占城国，即占婆补罗（Champa

---

  *本文系国家社科基金后期资助项目"唐诗见证的丝绸之路变迁"（编号：17FZS001）阶段性成果。

  [1]（东汉）班固：《汉书》卷二八下《地理志下》，北京：中华书局，1962年，第1630页。

Kingdom）。"补罗"梵语意为"城"，简译占婆、占波、瞻波。林邑位于中南半岛东南部，北起今越南河静省横山关，南至平顺省潘郎、潘里地区。王都为因陀罗补罗（今越南茶荞）。林邑是古代中国经海路西行与域外交通的首经之地，因此是海上丝绸之路要道。贾耽《入四夷之路》之"广州入海夷道"云："广州东南海行，二百里至屯门山，乃帆风西行，二日至九州石。又南二日至象石。又西南三日行，至占不劳山，山在环王国东二百里海中。"[1]在历代正史中，记载中国与东南亚诸国的关系时往往首叙林邑。

唐朝从建立起便与林邑国建立起友好关系，林邑不断入贡方物。高祖武德六年（623）、武德八年（625），林邑王范梵志两次遣使与唐通好，高祖李渊举行盛宴招待其使，奏九部乐，赐其王绵彩等珍品。唐太宗时林邑三次遣使入贡，献驯犀、驯象、火珠、五色鹦鹉、白鹦鹉、镠锁、五色带、朝霞布、通天犀、杂宝等。唐太宗去世，"诏于陵所刊石图（林邑王）头黎之形，列于玄阙之前"[2]。从高宗至玄宗时林邑国一直不断遣使入贡[3]。安史之乱后唐朝盛世不再，德宗时林邑政局发生变化，改称环王国，林邑与唐朝的关系便不比过去密切，唐后期林邑入

---

[1] （宋）欧阳修、宋祁：《新唐书》卷四三下《地理志下》，北京：中华书局，1975年，第1153页。

[2] （后晋）刘昫：《旧唐书》卷一九七《南蛮传》，北京：中华书局，1975年，第5270页；《新唐书》卷二二二下《南蛮传》，第6298页。

[3] 《新唐书》卷二二二下《南蛮传》云林邑国"永徽至天宝，凡三入献"，不确。据《册府元龟》卷九七〇《外臣部·朝贡》记载，高宗永徽四年四月、永徽五年五月、显庆二年二月、显庆二年六月，则天垂拱二年三月、天授二年十月、证圣元年正月、证圣元年四月、圣历二年六月、长安元年十二月、长安三年十月，中宗神龙二年七月、神龙三年八月、景龙三年十一月，玄宗开元二年六月、开元十九年十月、开元二十二年六月、开元二十三年八月九月、天宝七载六月、天宝八载九月、天宝九载三月（北邑当为林邑之误），皆有林邑入唐朝贡的记录。据《旧唐书·南蛮传》，林邑在高祖时入贡两次，唐太宗时入贡三次，安史之乱后唐德宗贞元九年入贡一次，合计终唐至少28次。通常所谓"终唐之世，林邑使臣来唐达十五次之多"（见史仲文、胡晓林主编：《世界全史》百卷本，北京：中国国际出版社，1996年），不确；王仲荦：《唐朝与南海各国的经济文化交流》统计为26次（见《唐史论丛》第2辑，陕西人民出版社，1987年，第278～298页），李斌城主编《唐代文化》（北京：中国社会科学出版社，2002年，第1772页）从之，亦不确。

贡仅见贞元九年（793）十月一次，"环王国献犀牛，帝令见于太庙"[1]。宪宗元
和年间环王国未向唐朝入贡，唐安南都护张舟曾对林邑用兵，执其伪驩州、爱州
都统，斩三万级，虏王子59人，获战象、舠、铠等物[2]。

　　从文化交流角度看，唐朝从林邑得到的主要是土特产，而林邑从唐朝输入的
是政治制度、宗教文化和艺术等。唐朝的典章制度不少传入林邑，林邑采用唐朝
以诗文取士的科举制度，林邑佛教也从唐朝传入。林邑国使臣及所进贡的物产，
为唐代诗人乐于吟咏。"白雉""翡翠""明珠"是林邑入贡物品，这些在唐诗
中都有描写。中国古代文献中的越裳国在今越南境内，因此唐诗中往往以"越裳"
代指林邑。西周时越裳国曾向周成王进贡白雉，成为西周政治清明的象征，诗人
们喜用这一典故，用来歌颂唐朝。丁仙芝《越裳贡白雉》："圣哲承休运，伊夔
列上台。覃恩丹徼远，入贡素翚来。北阙欣初见，南枝顾未回。敛容残雪净，矫
翼片云开。驯扰将无惧，翻飞幸不猜。甘从上林里，饮啄自徘徊。"[3]王若岩《试
越裳贡白雉》："素翟宛昭彰，遥遥自越裳。冰晴朝映日，玉羽夜含霜。岁月三
年远，山川九泽长。来从碧海路，入见白云乡。作瑞兴周后，登歌美汉皇。朝天
资孝理，惠化且无疆。"[4]李沛《海水不扬波》："明朝崇大道，寰海免波扬。
既合千年圣，能安百谷王。天心随泽广，水德共灵长。不挠鱼弥乐，无澜苇可
航。化流沾率土，恩浸及殊方。岂只朝宗国，惟闻有越裳。"[5]以上几首皆为省试
诗，字面上写周朝，实际上借周颂扬唐朝，这种颂扬以唐前期林邑国屡屡入贡为
背景。李白《放后遇恩不沾》诗："天作云与雷，霈然德泽开。东风日本至，白
雉越裳来。"[6]高适《和贺兰判官望北海作》："圣代务平典，辀轩推上才。迢
遥溟海际，旷望沧波开。……风行越裳贡，水遏天吴灾。揽辔隼将击，忘机鸥复

　　[1]（宋）王钦若：《册府元龟》卷九七〇《外臣部·朝贡》，北京：中华书局影印
本，1960年，第11416页。

　　[2]《新唐书》卷二二二下《南蛮传》，第6298页。

　　[3]（清）彭定求：《全唐诗》卷一一四，北京：中华书局，1960年，第1157页。

　　[4]《全唐诗》卷七八二，第8838页。

　　[5]《全唐诗》卷七八〇，第8820页。

　　[6]（唐）李白著，瞿蜕园、朱金城校注：《李白集校注》卷二五，上海古籍出版
社，1980年，第1461页。

来。"[1]都是用"越裳"代指林邑。

安史之乱后，林邑停止了对唐朝的入贡，在唐诗中有所反映。杜甫《有感五首》其二："幽蓟余蛇（一作封）豕，乾坤尚虎狼。诸侯春不贡，使者日相望。慎勿吞青海，无劳问越裳。大君先息战，归马华山阳。"[2]"无劳"句意谓不要再希望像林邑那样远方的属国"能勤远略"，助朝廷平定叛乱。杜甫《诸将五首》其四："回首扶桑铜柱标，冥冥氛祲未（一作不）全销。越裳翡翠无消息，南海明珠久寂寥。"[3]东汉马援率兵至林邑平乱，战后立铜柱作为界碑，故后世亦用"铜柱"代指林邑之地。由于战乱，昔日一直入贡的林邑不再进献翡翠、明珠，杜诗描写与上述唐朝与林邑关系的史实是一致的。杜甫《江阁对雨有怀行营裴二端公》诗："南纪风涛壮，阴晴屡不分。野流行地日，江入度山云。层阁凭雷殷，长空水面文。雨来铜柱北，应洗伏波军。"[4]德宗时林邑又有入贡之事，韩愈《越裳操》应当歌咏其事："自周之先，其艰其勤，以有疆宇，私我后人。我祖在上，四方在下，厥临孔威，敢戏以侮。孰荒于门，孰治于田，四海既均，越裳是臣。"[5]借周事歌颂唐朝。

按照古代越南传说，越人始祖为雄王，因此林邑又有雄王国之称。雄王的传说出自越南古籍《岭南摭怪》"鸿庞氏传"条记载，炎帝神农氏后裔貉龙君与妪姬生百子："龙君曰：'我是龙种，水族之长，尔是仙种，虽阴阳之气合而有子，然水火相克，种类不同，难以久居。今相分别，吾将五十男归水府，分治各处；五十男从汝居土上，分国而治，登山入水，有事相闻，无得相废。'每男听从，然后辞去。妪姬与五十男居峰州，自相推服，尊其雄长者为主，号曰雄王，

[1] （唐）高适著，孙钦善校注：《高适集校注》，上海古籍出版社，1984年，第2192、2193页。

[2] （唐）杜甫著，（清）仇兆鳌注：《杜诗详注》卷一一，北京：中华书局，1979年，第972页。

[3] 《杜诗详注》卷一六，第1368页。

[4] 《杜诗详注》卷二三，第2078页。

[5] （唐）韩愈著，钱仲联集释：《韩昌黎诗系年集释》卷一一，上海古籍出版社，1984年，第1155页。

国号文郎国。"[1]这是雄王被越南人尊为祖先的文字记载，因此唐诗中的雄王国即林邑国。韩翃《别李明府》："宠光五世腰青组，出入珠宫引箫鼓。醉舞雄王玳瑁床，娇嘶骏马珊瑚柱。胡儿夹鼓越婢随，行捧玉盘尝荔枝。罗山道士请人送，林邑使臣调象骑。爱君一身游上国，阙下名公如旧识。万里初怀印绶归，湘江过尽岭花飞。五侯焦石烹江笋，千户沉香染客衣。别后想君难可见，苍梧云里空山县。汉苑芳菲入夏阑，待君障日蒲葵扇。"[2]唐代称县令为明府，诗人笔下的李明府当是林邑人，而且出身贵族，他来到"上国"，被任命为今湖南某地县令后赴任，诗人韩翃写此诗送行。诗中所写皆为林邑国物产，如"雄王玳瑁床""珊瑚柱""胡儿夹鼓""越婢""林邑使臣""调象"等。

林邑国曾向唐朝进献鹦鹉，唐太宗命李百药作《鹦鹉赋》，李百药借此大颂唐朝和太宗的盛德。先写鹦鹉之远从林邑进贡而来："嘉灵禽之擢秀，资品物以呈祥。含金精于兑域，体耀质于炎方。候风海而作贡，备黼黻以成章。绣领绮翼，红衿翠裳。饰以朱紫，间以玄黄。碧鸡仰而寝色，金鹅对以韬光。亘万里之重阻，随四夷而来王。既逾岭以自致，亦凌江而远翔。开神情之聪辨，发枢机而柳（当作抑）扬。"接着赞美此鸟：

> 粤惟上圣，先天成命，在万物而毕睹，举四海而咸镜。仁沾草木，信暨翔泳。咨此鸟之来仪，亦摄生而遂性。辨方物于图象，具灵表于言咏。酬对清敏，发吐祥正。实靡靡而可悦，虽喋喋而无竞。徘徊阿阁，容与堂皇。背风云之遐路，承日月之休光。听箫韶之逸响，味椒掞之余芳。更无叹于罗爵，终怀恩于稻梁。齐鹏鹤于一指，属鹓雏而两忘。翠融孔质，鸿骞鹍峙。应舞节以鸾回，慕知来而鹊起。先假道于朱咮，方徐行于绀趾。配六象以表德，参四灵而效祉。庭开雾夕，景净霞空。作（一作乍）褰珠网，始出金笼。游万年于木末，玩四照于花丛。窥仙盘而饮露，登井干以承风。怀故乡之远思，恋羁雌之旧侣。望天衢以寄声，托归飞而延伫。不假物以自卫，必任真于出处。以薄伎而见知，亦无忧于鼎俎。不违道以饰智，故忘情于所语。岂止往来丹陛，周旋玉

---

[1] ［越南］佚名：《岭南摭怪》卷一，郑州：中州古籍出版社，1991年，第10页。

[2] 《全唐诗》卷二四三，第731页。

除，悦芝英之藿靡，爱萱荚之扶疏。将以整六翮而遐逝，望一举而冲虚。希九成之兆吉，觊七日以传书。时光华而始旦，岁蹉跎而遽晚。彼候雁与宾鸿，违风霜而未返。嗟衔芦以避缴，恨日暮而途远。美嘤嘤之好音，独迁乔于上苑。仰上林之爽垲，袭昆阆之重规。实神秘之栖息，萃群飞之羽仪。翔灵囿，游天池，翳丛薄，泛涟漪。况能言之擅美，冠同类以称奇。奉皇恩之亭育，将谢生而莫施。惟一人之有庆，愿千载其若斯。[1]

这是一篇咏物小赋，也是一篇唐王朝的颂歌。赋是介于诗与散文之间的文体，咏物抒情小赋更接近诗。李百药的这篇作品便是一篇诗情浓郁的赋，在赞美鹦鹉的同时，歌颂了皇上仁德泽被万物，借鹦鹉的命运赞叹君子之风和乘机遇时，表达了个人的志趣和感恩戴德之情。林邑曾向唐朝进贡白鹦鹉，盛唐诗人王维《白鹦鹉赋》说它"名依西域，族本南海"[2]，应当是歌咏林邑之贡物。唐代诗人还借来自域外的鹦鹉表达身世之感。胡皓《同蔡孚起居咏鹦鹉》诗："鹦鹉殊姿致，鸾皇得比肩。常寻金殿里，每话玉阶前。贾谊才方达，扬雄老未迁。能言既有地，何惜为闻天。"[3]此诗借咏宫中鹦鹉，表达希望蔡孚能在皇上面前替自己美言的愿望。李义府《咏鹦鹉》则表达了与鹦鹉同病相怜之意："牵弋辞重海，触网去层峦。戢翼雕笼际，延思彩霞端。慕侣朝声切，离群夜影寒。能言殊可贵，相助忆长安。"[4]白居易《红鹦鹉》："安南远进红鹦鹉，色似桃花语似人。文章辩慧皆如此，笼槛何年出得身。"[5]这首诗题注云"商山路逢"，是他于商山道上路逢安南都护府赴京上贡红鹦鹉，写下这首讽喻诗。林邑国的方物有时是通过安南都护府进贡的，安南都护府送到京城里的红鹦鹉可能来自林邑的入贡。

林邑入贡驯象、犀牛等都出现在唐诗的描写中。封演《封氏闻见记》云："异方禽兽，象出南越，驼出北胡，今皆育于中国；然不如本土之宜也。"[6]此南越

[1][2]（宋）李昉：《文苑英华》卷一三五，北京：中华书局，1966年，第620页。

[3]《全唐诗》卷一〇八，第1123页。

[4]《全唐诗》卷三五，第469页。

[5]（唐）白居易：《白居易集》卷一五，北京：中华书局，1979年，第313页。

[6]（唐）封演撰，赵贞信校注：《封氏闻见记校注》卷七，北京：中华书局，1958年，第60页。

指林邑。林邑入贡的驯象、驯犀在宫廷里的表演进入诗人的吟咏。常衮《奉和圣制麟德殿燕百僚应制》诗："云辟御筵张，山呼圣寿长。玉阑丰瑞草，金陛立神羊。台鼎资庖膳，天星奉酒浆。蛮夷陪作位，犀象舞成行。"[1]储光羲《述韦昭应画犀牛》诗："遐方献文犀，万里随南金。大邦柔远人，以之居山林。"[2]韩翃《别李明府》诗："胡儿夹鼓越婢随，行捧玉盘尝荔枝。罗山道士请人送，林邑使臣调象骑。"[3]元稹《和李校书新题乐府十二首·驯犀》诗云："建中之初放驯象，远归林邑近交广。兽返深山鸟构巢，鹰雕鹞鹘无羁绁。贞元之岁贡驯犀，上林置圈官司养。玉盆金栈非不珍，虎唉狴牢鱼食网。渡江之橘逾汶貉，反时易性安能长。……尧民不自知有尧，但见安闲聊击壤。前观驯象后驯犀，理国其如指诸掌。"[4]从诗题可知，李绅先有以《驯犀》为题的诗，元稹和之，李绅诗不传。白居易有同题诗，当亦和李绅之作：

> 　　驯犀驯犀通天犀，躯貌骇人角骇鸡。海蛮闻有明天子，驱犀乘传来万里。一朝得谒大明宫，欢呼拜舞自论功。五年驯养始堪献，六译语言方得通。上嘉人兽俱来远，蛮馆四方犀入苑。秣以瑶刍锁以金，故乡迢递君门深。海鸟不知钟鼓乐，池鱼空结江湖心。驯犀生处南方热，秋无白露冬无雪。一入上林三四年，又逢今岁苦寒月。饮冰卧霰苦蜷蹐，角骨冻伤鳞甲蹜。驯犀死，蛮儿啼，向阙再拜颜色低。奏乞生归本国去，恐身冻死似驯犀。君不见，建中初，驯象生还放林邑。君不见，贞元末，驯犀冻死蛮儿泣。所嗟建中异贞元，象生犀死何足言。[5]

此诗小序云："感为政之难终也。"李绅和元白诗中提到林邑进献驯犀之事，在德宗建中及贞元时期。德宗施政方面的变化，在对待林邑入贡的驯犀的态度上表现出来，君王不能善始善终，受到诗人的责难。

从唐诗中的描写可知，林邑还向唐朝入贡珊瑚树和珍珠。张谓《杜侍御送

---

[1]《全唐诗》卷二五四，第2858页。

[2]《全唐诗》卷一三六，第1373页。

[3]《全唐诗》卷二四三，第731页。

[4]（唐）元稹：《元稹集》卷二四，北京：中华书局，1982年，第283页。

[5]《白居易集》卷三，第69页。

贡物戏赠》诗："铜柱朱崖道路难，伏波横海旧登坛。越人自贡珊瑚树，汉使何劳獬豸冠。疲马山中愁日晚，孤舟江上畏春寒。由来此货称难得，多恐君王不忍看。"[1]林邑国向唐朝献火珠，唐人称奇："大如鸡卵，圆白皎洁，光照数尺，状如水精，正午向日，以艾承之，即火燃。"[2]火珠是一种能聚光引火的珠，在传说和神话中是一种通灵宝物，是一种象征祥光普照大地、永不熄灭的吉祥物；在中国古代宫殿、塔廊建筑正脊上常用作装饰；有两焰、四焰、八焰等不同形式，在龙的形象面前又是雷和闪电的象征。从唐诗可知，火珠被唐人视为国宝。武则天时建天枢，以火珠为饰，诗人歌咏其事。刘肃《大唐新语》记载：

> 李峤，少负才华，代传儒学……长寿三年，则天征天下铜五十万余斤，铁三百三十余万，钱二万七千贯，于定鼎门内铸八棱铜柱，高九十尺，径一丈二尺，题曰"大周万国述德天枢"，纪革命之功，贬皇家之德。天枢下置铁山，铜龙负载，狮子、麒麟围绕。上有云盖，盖上施盘龙以托火珠，珠高一丈，围三丈，金彩荧煌，光侔日月。武三思为其文，朝士献诗者不可胜纪。唯峤诗冠绝当时，其诗曰："辙迹光西崦，勋名纪北燕。何如万国会，讽德九门前。灼灼临黄道，迢迢入紫烟。仙盘正下露，高柱欲承天。山类丛云起，珠疑大火悬。卢流尘作劫，业固海成田。圣泽倾尧酒，熏风入舜弦。欣逢下生日，还偶上皇年。"后宪司发峤附会韦庶人，左授滁州别驾而终。开元初，诏毁天枢，发卒销烁，弥月不尽。洛阳尉李休烈赋诗以咏之曰："天门街里倒天枢，火急先须御火珠。计合一条丝线挽，何劳两县索人夫。"先有讹言云："一条线挽天枢。"言其不经久也，故休烈之诗及之，士庶莫不讽咏。[3]

明堂的建与毁都有诗人歌咏其事，他们的诗都写到火珠，可见火珠给当时人们的印象多么深刻。武则天时建明堂用火珠为饰，科举考试也曾以此为题试诗。崔曙《奉试明堂火珠》："正位开重屋，凌空（一作中天）出火珠。夜来双月满，曙后一星孤。天净光难灭，云生望欲无。遥知太平代（一作还知圣明

[1]《全唐诗》卷一九七，第2020页。

[2]《旧唐书》卷一九七《南蛮传》，第5270页。

[3]（唐）刘肃：《大唐新语》卷八，北京：中华书局，1984年，第126页。

代），国宝在名都。"[1]安南向朝廷进贡珍珠，唐诗中也有反映，皮日休《正乐府十篇·贱贡士》诗云："南越贡珠玑，西蜀进罗绮。到京未晨旦，一一见天子。如何贤与俊，为贡贱如此。所知不可求，敢望前席事。"[2]该诗批判统治者重珠玑罗绮而轻视人才，故才志之士不得其位，未展其用。

产于林邑、扶南等地的苏方木被贩贸到中国。苏方又叫苏枋木、苏枋、苏芳木、苏木、红紫、赤木，分布于热带亚洲沿海国家和地区。顾况《上古之什补亡训传十三章·苏方一章》云："苏方之赤，在胡之舶，其利乃博。我土旷兮，我居阒兮，我衣不白兮。朱紫烂兮，传瑞晔兮。相唐虞之维百兮。"[3]此诗题注云："苏方，讽商胡舶舟运苏方，岁发扶南、林邑，至齐国立尽。"可知苏方木曾是商胡经海上丝路从林邑、扶南贩运到中国的商货之一，而且直到山东半岛。诗人以苏方木树皮的粗糙嘲笑人的丑陋，崔涯《嘲妓》其一："虽得苏方木，犹贪玳瑁皮。怀胎十个月，生下昆仑儿。"[4]苏方木有各种用途，根可以提取红色染料，与靛蓝、槐花等其他植物染料搭配使用时，可变为黄、红、紫、褐、绿、枣红、深红、肉红等颜色，故顾况诗说可以染衣。唐代苏鄂《苏氏演义》记载苏枋木的用途："苏枋木，出扶南、林邑外国，取细破，煮之以染色。"[5]苏方木还有医药用价值，从其心材可提取巴西木素和挥发油，具有杀菌、消肿、止痛功用。《本草纲目》中称苏方木少用则和血，多用则破血，性平、味甘、咸。苏方木能使心血管收缩增强，对中枢神经有催眠和麻醉作用。唐人已经了解苏方木的药用价值。唐代药学家苏敬《唐本草》说它"自南海、昆仑来，而交州、爱州亦有之。树似庵罗，叶若榆叶而无涩，抽条长丈许，花黄，子青熟黑。其木，人用染绛色"，说它主治"破血。产后血胀闷欲死者，水煮五两，取浓汁服"。陈藏器《本草拾遗》说它主治"霍乱呕逆，及人常呕吐，用水煎服"[6]。可见顾况诗说

[1]《全唐诗》卷一五五，第1600页。

[2]《全唐诗》卷六○八，第7020页。

[3]（唐）顾况著，赵昌平校编：《顾况诗集》卷一，南昌：江西人民出版社，1983年，第6页。

[4]《全唐诗》卷八七○，第9858页。

[5]（唐）苏鄂：《苏氏演义》卷下，沈阳：辽宁教育出版社，1988年，第28页。

[6]（明）李时珍：《本草纲目》卷三五，北京：中医古籍出版社，1994年，第871页。

商胡将苏方木运入中国，获利甚丰，而中国人只是用以染衣，看法并不全面。日本人真人元开《唐大和上东征传》记载，鉴真等因风漂至海南，至万安州（今海南省万宁县、陵水县），受到大首领冯若芳邀请供养。冯若芳从事海盗活动，每年劫掠波斯舶二三艘，"取物为己货"，获大量苏方木，"其宅后，苏芳木露积如山"[1]。说明苏方木是唐代通过海上丝绸之路自域外输入之重要商货，数量巨大。

唐诗中的"林邑"有时是泛称，成为文学意象，泛指南方沿海之荒远地区。鲍防《杂感》诗云："汉家海内承平久，万国戎王皆稽首。天马常衔苜蓿花，胡人岁献葡萄酒。五月荔枝初破颜，朝离象郡夕函关。雁飞不到桂阳岭，马走先过林邑山。"[2]欧阳詹《元日陪早朝》诗云："斗柄东回岁又新，邃旒南面挹来宾。和光仿佛楼台晓，休气氛氲天地春。仪籞不唯丹穴鸟，称觞半是越裳人。江皋腐草今何幸，亦与恒星拱北辰。"[3]柳宗元《得卢衡州书因以诗寄》诗："临蒸且莫叹炎方，为报秋来雁几行。林邑东回山似戟，牂牁南下水如汤。蒹葭淅沥含秋雾，橘柚玲珑透夕阳。非是白苹洲畔客，还将远意问潇湘。"[4]柳宗元《柳州寄京中亲故》："林邑山连瘴海秋，牂牁水向郡前流。劳君远问龙城地，正北三千到锦州。"[5]这些诗中提到的林邑，都是泛称，非实指，极言其荒远。

二、唐诗中的诃陵

从林邑往南有诃陵国，或称诃陵洲、社婆、阇婆，其国南北朝时已通中国。《旧唐书·南蛮传》记载："诃陵国，在南方海中洲上居，东与婆利、西与堕婆登、北与真腊接，南临大海。"[6]从其方位判断，其地大约在今印度尼西亚爪哇或马来半岛南部之地。其国"竖木为城，作大屋重阁，以棕榈皮覆之。王坐其中，悉用象牙为床。食不用匙箸，以手而撮。亦有文字，颇识星历。俗以椰树花为

[1]［日］真人元开：《唐大和上东征传》，北京：中华书局，1979年，第68页。

[2]《全唐诗》卷三〇七，第3485页。

[3]《全唐诗》卷三四九，第3908页。

[4]（唐）柳宗元：《柳宗元集》卷四二，北京：中华书局，1979年，第1167页。

[5]《柳宗元集》卷四二，第1185页。

[6]《旧唐书》卷一九七《南蛮传》，第5273页。

酒，其树生花，长三尺余，大如人膊，割之取汁以成酒，味甘，饮之亦醉"[1]。
"出瑇瑁、黄白金、犀、象，国最富。有穴自涌盐。以柳花、椰子为酒，饮之辄
醉，宿昔坏。有文字，知星历。食无匕箸。……王居阇婆城。其祖吉延东迁于婆
露伽斯城，旁小国二十八，莫不臣服。"[2]诃陵与唐朝有友好往来。

从贞观年间起至唐末，诃陵国多次遣使来朝入贡方物，《旧唐书·南蛮传》
记载："贞观十四年，遣使来朝。大历三年、四年皆遣使朝贡。元和十年，遣使
献僧祇僮五人、鹦鹉、频伽鸟并异种名宝。以其使李诃内为果毅，诃内请回授其
弟，诏褒而从之。十三年，遣使进僧祇女二人、鹦鹉、玳瑁及生犀等。"[3]关于诃
陵与唐朝的交往，《新唐书·南蛮传》的记载与《旧唐书》互有详略和异同。据
其记载，贞观十四年诃陵与堕婆登、堕和罗三国使节一起来朝，受到太宗热情接
待，使臣从唐朝求得良马回国。唐高宗时其国人立女王称"悉莫"，威令严肃，
道不拾遗，大食国不敢侵犯。大历年间诃陵三次遣使入唐，"元和八年，献僧祇
奴四、五色鹦鹉、频伽鸟等。宪宗拜（李诃）内四门府左果毅，使者让其弟，帝
嘉美，并官之。讫大和，再朝贡。咸通中，遣使献女乐"[4]。诃陵是中国人经海
路西去的中介国，赴印度取经的唐朝僧人有经此地者。义净《大唐西域求法高僧
传》记载道琳法师："欲寻流讨源，远游西国。乃杖锡遐逝，鼓舶南溟，越铜柱
而届郎迦，历诃陵而经裸国。"[5]

唐诗中写到诃陵，那是商人行经之地。白居易《送客春游岭南二十韵》诗
云：

> 已讶游何远，仍嗟别太频！离容君蹙促，赠语我殷勤。迢递天南面，
> 苍茫海北漘。诃陵国分界，交趾郡为邻。蓊郁三光晦，温暾四气匀。
> 阴晴变寒暑，昏晓错星辰。瘴地难为老，蛮陬不易驯。土民稀白首，
> 洞主尽黄巾。战舰犹惊浪，戎车未息尘。红旗围卉服，紫绶裹文身。
> 面苦桄榔裛，浆酸橄榄新。牙樯迎海舶，铜鼓赛江神。不冻贪泉暖，

---

[1] [3]《旧唐书》卷一九七《南蛮传》，第5273页。

[2]《新唐书》卷二二二下《南蛮传》，第6302页。

[4]《新唐书》卷二二二下《南蛮传》，第6302、6303页。

[5]（唐）义净著，王邦维校注：《大唐西域求法高僧传校注》卷下，北京：中华书
局，1988年，第133页。

无霜毒草春。云烟蟒蛇气，刀剑鳄鱼鳞。路足羁栖客，官多谪逐臣。
天黄生飓母，雨黑长枫人。回使先传语，征轩早返轮。须防杯里蛊，
莫爱橐中珍。北与南殊俗，身将货孰亲。尝闻君子诫，忧道不忧贫。[1]

诗人笔下的"客"是从事南海贸易的商贾，他可能渡海经商到达诃陵，所以白居易言其行程云"诃陵国分界"，并告诫他沿海之地不太平，劝他早日返回，要珍重生命，不要贪图财货。诃陵是岛国，故其产品具海洋特色，最引起诗人兴趣的是用鱼骨壳制成的酒具。皮日休《五贶诗·诃陵樽》诗："一片鲨鱼壳，其中生翠波。买须能（一作饶）紫贝，用合对红螺。尽泻判狂药，禁敲任浩歌。明朝与君后，争那玉山何。"[2]陆龟蒙《奉和袭美赠魏处士五贶诗·诃陵尊》："鱼骼匠成尊，犹残海浪痕。外堪欺玳瑁，中可酌昆仑（酒名）。水绕苔矶曲，山当草阁门。此中醒复醉，何必问乾坤。"[3]都是赞美这种酒具的珍贵。从这些诗中可知，唐人对于这个远方的国家是有所了解的，其名产诃陵樽深受人们喜爱。

诃陵向唐朝入贡僧祇童、僧祇女，即昆仑儿，侏儒小黑人。阿拉伯、波斯商人到中国进行贸易活动，从事奴隶贸易，他们把非洲、东南亚的黑人侏儒贩运到唐朝，诃陵国使臣还向唐朝进贡这样的黑人侏儒，成为达官贵人家庭奴仆，他们被称为"昆仑奴"或"昆仑儿"。唐诗中写到的昆仑儿，有的应来自诃陵。《旧唐书·南蛮传》云："自林邑以南，皆卷发黑身，通号为'昆仑'。"[4]这些肤色漆黑、言语特殊的昆仑奴引起汉地人的好奇，有的诗人赋诗咏叹。张籍《昆仑儿》诗："昆仑家住海中洲，蛮客将来汉地游。言语解教秦吉了，波涛初过郁林州。金环欲落曾穿耳，螺髻长卷不裹头。自爱肌肤黑如漆，行时半脱木绵裘。"[5]这里的"昆仑儿"即指随海舶到来的南洋诸岛的居民。这种体貌奇异的昆仑儿还引起画家的好奇，成为唐代人物画的题材。顾况看到一位杜姓画家画的昆仑儿，便激发了灵感，写了一首咏画诗《杜秀才画立走水牛歌》："昆仑儿，骑白象，

[1]《白居易集》卷一七，第353页。

[2]《全唐诗》卷六一二，第7059页。

[3]《全唐诗》卷六二二，第7160页。

[4]《旧唐书》卷一九七《南蛮传》，第5270页。

[5]（唐）张籍著，徐礼节、余恕诚校注：《张籍集系年校注》卷四，北京：中华书局，2011年，第533、544页。

时时锁著师子项。奚奴跨马不搭鞍，立走水牛惊汉官。江村小儿好夸骁，脚踏牛头上牛领。浅草平田撩过时，大虫著钝几落井。杜生知我恋沧洲，画作一障张床头。八十老婆拍手笑，妒他织女嫁牵牛。"[1]在中国人看来，昆仑儿属于丑陋一类，诗人用"昆仑儿"做比，嘲笑相貌丑陋者或夸张某人的丑相，如上引崔涯《嘲妓》，又如崔涯《嘲李端端》："黄昏不语不知行，鼻似烟窗耳似铛。独把象牙梳插鬓，昆仑山上月初明。"[2]诃陵向唐朝的贡物中还有鹦鹉、玳瑁及生犀等，唐诗中写到这些东西的作品很多，有的也应与诃陵贡物有关。

三、唐诗中的"扶南"

真腊在今柬埔寨立国，即古之扶南，中国文献称之为"吉蔑""真腊""文单""婆镂"等。扶南是存在于古代中南半岛上的一个古老王国，存在时间从公元1世纪到7世纪末。在所有曾经出现在东南亚古代历史的王国中，扶南国是较为广大的，其辖境大致相当于当今柬埔寨全部以及老挝南部、越南南部和泰国东南部。扶南在古代海上丝绸之路上地位重要，"为唐以前东西往来之要冲"[3]。从中国南海出发经林邑便至真腊，真腊跟扶南一样是海上丝绸之路的要道。

（一）唐朝与扶南、真腊的关系

柬埔寨民族起源和扶南国的发展，史学界颇多争议。柬埔寨的发展历史与中国有着千丝万缕的联系。柬埔寨民族起源于吉蔑族，即中国古代云南境内的昆明族，昆明族南下至今柬埔寨，建立扶南国和真腊国。真腊原是扶南国北方藩属，国王刹利氏崛起于今湄公河中下游，公元6世纪后期以武力推翻扶南王朝，建立起以吉蔑族为核心的高棉王国，即"真腊国"。关于扶南国及其与唐朝的关系，《新唐书·南蛮传》记载："扶南，在日南之南七千里，地卑洼，与环王同俗，有城郭宫室。王姓古龙，居重观，栅城，楄叶以覆屋。王出乘象。其人黑身、鬈发，倮行，俗不为寇盗。田一岁种，三岁获。国出刚金，状类紫石英，生水底石上，人没水取之，可以刻玉，扣以羖角，乃泮。人喜斗鸡及猪。以金、珠、香为

---

[1]《全唐诗》卷二六五，第2946页。

[2]《全唐诗》卷八七〇，第9859页。

[3]冯承钧：《中国南洋交通史》序例，北京：商务印书馆影印本，1998年，第3页。

税。治特牧城,俄为真腊所并,益南徙那弗那城。武德、贞观时再入朝,又献白头人二。”“白头者,直扶南西,人皆素首,肤理如脂,居山穴,四面峭绝,人莫得至,与参半国接”[1]。可知扶南国被真腊征服后,南迁余部仍向唐朝入贡,此后扶南国事失载。

真腊国,《新唐书·南蛮传》记载:“一曰吉蔑,本扶南属国,去京师二万七百里。东距车渠,西属骠,南濒海,北与道明接,东北抵驩州。其王刹利伊金那,贞观初并扶南有其地。”“有战象五千,良者饲以肉”。真腊国建立不久,便于隋大业十三年(617)遣使来中国。唐朝建立,真腊就与唐朝通好,“自武德至圣历,凡四来朝”。唐高祖武德二年(619)真腊遣使入唐。贞观二年(628)又与林邑使者一道前来朝贡,唐太宗回赐丰厚。此后真腊使者屡次携带贵重礼物来访。高宗永徽年间(650～655),真腊入贡白象达32头,这些白象都经过训练,能跪拜舞蹈,每逢节日,就在宫苑中表演。唐中宗神龙后真腊国分裂为二,形成“水真腊”和“陆真腊”,“神龙后分为二半:北多山阜,号‘陆真腊’半;南际海,饶陂泽,号‘水真腊’半。水真腊,地八百里,王居婆罗提拔城。陆真腊或曰文单,曰婆镂,地七百里,王号‘笪屈’”[2]。前者在今柬埔寨,后者在今老挝。一般认为文单国(陆真腊)都城所在,即今老挝首都万象。

“陆真腊”(文单国)与唐朝交往频繁。“开元、天宝时,王子率其属二十六来朝,拜果毅都尉。大历中,副主婆弥及妻来朝,献驯象十一。擢婆弥试殿中监,赐名宾汉。”“宾汉”之名意谓“中国上宾”。据《册府元龟》卷九七四、卷九七五、卷九六五《外臣部》、卷四二《帝王部》记载,其国多次遣使入朝。“景龙五年六月丙子,文单国、真腊国朝贡使还蕃,并降玺书及帛五百匹,赐国王。文单、真腊皆南方小国也,尝奉正朔,职贡不绝,帝嘉之,故有是宠”[3];天宝十二载“九月辛亥,文单国王子率其属二十六人来朝,并授其属果毅都尉,赐紫金鱼袋,随何履光于云南征讨,事讫听还蕃”[4];“大历六年十一月,文单国王来朝,诏曰:‘……文单国副王婆弥,慕我中朝之化,方通南极之风,

[1] [2] 《新唐书》卷二二二下《南蛮传》,第6301页。

[3] 《册府元龟》卷九七四,第11445页。

[4] 《册府元龟》卷九七五,北京,中华书局影印本,1960年,第11458页。

义在抚柔，礼当加等，可开府仪同三司、试殿中监"[1]。

（二）唐诗中的"扶南"（真腊）文化

唐诗中最早提到"真腊"，见于沈佺期五言长诗《答魑魅代书寄家人》，其中写自己贬谪远方："涨海缘真腊，崇山压古棠。雕题飞栋宇，儋耳间衣裳。"[2]形容自己贬谪之地之荒远，大海与真腊相连。但在唐诗中使用"真腊"称呼其国仅见此例，诗人们更多用其旧称"扶南"，这跟唐诗中咏及地名喜用古称的惯例有关。从真腊传来的物品，甘蔗给唐人留下深刻印象。李颀《送刘四赴夏县》诗写刘四诗名远播，被召入麒麟阁任职："新诗数岁即文雄，上书昔召蓬莱宫。明主拜官麒麟阁，光车骏马看玉童。高人往来庐山远，隐士往来张长公。扶南甘蔗甜如蜜，杂以荔枝龙州橘。"[3]刘氏在朝廷任官生活中，特意提到扶南甘蔗，朝廷里享受到的扶南甘蔗应当来自真腊人的贡物。

真腊给唐朝的贡物有名的是驯象。"大历中，副王婆弥及妻来朝，献驯象十一；擢婆弥试殿中监，赐名宾汉。是时，德宗初即位，珍禽奇兽悉纵之，蛮夷所献驯象畜苑中，元会充廷者凡三十二，悉放荆山之阳。"[4]"德宗以大历十四年五月即位，以文单国累献驯象凡四十有二，皆豢于禁中，有善舞者以备元会庭实。至是悉令放于荆山之阳。"[5]德宗放驯象被视为善政而为人称颂，进士科考试甚至以此为试题令举子作赋。唐苏鹗《杜阳杂编》记载唐德宗："上每临朝，多令征四方丘园才能学术直言极谏之士，由是提笔贡艺者满于阙下。上亲自考试，用绝请托之门。是时文学相高，公道大振，得路者咸以推贤进善为意。上试制科于宣政殿，或有词理乖谬者，即浓笔抹之至尾；如辄称旨者，必翘足朗吟。翌日，则遍示宰臣学士曰：'此皆朕门生也。'是以公卿大臣已下，无不服上藻鉴。宏词独孤绶所司试《放驯象赋》，及进其本，上自览考之，称叹者久，因吟其句曰：'化之式孚，则必受乎来献；物或违性，斯用感于至仁。'上以绶为知去就，故特书第三等。先是代宗朝文单国累进驯象三十有二。上即位，悉令放

[1]《册府元龟》卷九六五，第11351页。

[2]《全唐诗》卷九七，第1052页。

[3]《全唐诗》卷一三三，第1353页。

[4]《新唐书》卷二二二下《南蛮传》，第6301页。

[5]《册府元龟》卷四二，第481页。

之于荆山之南，而绥不辱其受献，不伤放弃，故赏其知去就焉。"[1]真腊国献驯象，德宗放之，此事也见于诗人的吟咏。元稹《和李校书新题乐府十二首·驯犀》诗云："建中之初放驯象，远归林邑近交广。兽返深山鸟构巢，鹰雕鹞鹘无羁鞿。"[2]这里说的就是代宗时真腊国所献驯象。《旧唐书·德宗纪》史臣称赞德宗："出永巷之嫔嫱，放文单之驯象。"[3]真腊国入贡的白象成为唐人绘画的素材，诗人的咏画诗提到白象。顾况《杜秀才画立走水牛歌》："昆仑儿，骑白象，时时锁著师子项。奚奴跨马不搭鞍，立走水牛惊汉官。江村小儿好夸骋，脚踏牛头上牛领。"[4]

扶南乐舞在隋初即已传入中国，《隋书·音乐志》记载隋文帝开皇年间"七部乐"之后云："又杂有疏勒、扶南、康国、百济、突厥、新罗、倭国等伎。"[5]扶南乐在唐代乐舞中有较高的地位，唐初"扶南乐"被纳入九部乐之列。杜佑《通典·乐》记载："宴乐，武德初，未暇改作，每宴享，因隋旧制，奏九部乐，一宴乐，二清商，三西凉，四扶南，五高丽，六龟兹，七安国，八疏勒，九康国。"[6]"扶南乐，舞二人，朝霞衣，朝霞行缠，赤皮鞋。隋代全用《天竺乐》，今其存者有羯鼓、都昙鼓、毛员鼓、箫、横笛、筚篥、铜钹、贝"[7]。唐太宗时把隋代《九部伎》改为《十部乐》，其中仍有"扶南乐"。盛唐诗人王维曾为《扶南乐》谱写歌词，有《扶南曲歌词》五首[8]。在唐宫廷中有扶南的乐师，他们将曲艺传授给宫廷女艺人，在节庆宴会上献演。扶南国富于民族特色的乐舞，丰富了中国古典乐舞的内容。

[1]（唐）苏鹗：《杜阳杂编》卷上，《笔记小说大观》（一），扬州：江苏广陵古籍刻印社，1983年，第144页。

[2]《元稹集》卷二四，第283页。

[3]《旧唐书》卷一三《德宗纪》，第400页。

[4]《顾况诗集》卷二，第52、53页。

[5]（唐）魏徵：《隋书》卷一五，北京：中华书局，1973年，第377页。

[6]（唐）杜佑：《通典》卷一四六《乐·坐立部伎》，北京：中华书局，1988年，第3720页。

[7]《通典》卷一四六《乐·四方乐》，第3723页。

[8]（唐）王维著，（清）赵殿成校注：《王右丞集笺注》卷二，上海古籍出版社，1984年，第10页。

　　唐朝与真腊之间的贸易十分频繁，真腊商船经常出现在中国海港，其贸易地区主要在广州和交州。唐朝的巨型帆船不断开往真腊，运销大批中国货物，如金银、缣帛、漆器、瓷器、水银、纸札、硫磺、焰硝、檀香、白芷、麝香、麻布、雨伞、铁锅、铜盘、水珠、桐油、簸箕、木梳、针、席等，特别是泉州的青瓷器和明州的草席，颇受真腊人欢迎。真腊国紫檀木传入中国。唐苏鄂《苏氏演义》记载："紫檀木，出扶南，而色紫，亦谓之紫𣜜。"[1]真腊国苏方木通过商贸活动输入中国，据上引顾况《上古之什补亡训传十三章·苏方一章》序，当时经海路运至山东的苏方木"岁发扶南、林邑"，这里的扶南即真腊。苏方木至迟在西晋时即移植中国南方，晋嵇含《南方草木状》卷中云："苏方，树类槐，黄花黑子，出九真。南人以染绛，渍以大庾之水则色愈深。"[2]李时珍《本草纲目》说苏方木"暹罗国人贱用如薪"[3]。暹罗在古扶南国境内，那里盛产苏方木，也是输入唐朝的苏方木的主要来源地。

　　如上所述，当时与唐朝通好的东南亚国家多达十多个，但在唐诗中有所反映的是上述诸国。地处今缅甸的骠国也与唐朝有友好交往，但骠国入唐不经海路，故另文探讨。由此可见，作为史料，唐诗有很大的局限性。诗人不是历史学家，他们并不承担必然记载历史的责任和任务，他们关注的是个人的兴趣，是否写诗要看周围的事物能否引起他们的诗情和灵感。唐代诗人关注社会现实，国内重大的历史事件及其引起的唐与周边国家民族关系的变迁，受到他们注意；新奇的域外事物容易吸引他们的注意力，容易激发其作诗的兴趣。但他们写到的人、事和物还是为我们认识唐代社会提供了新鲜的材料，有的可以弥补史料之不足。因此，通过诗史互证，本文中有关唐朝与东南亚各国关系的诗篇对我们认知历史具有重要意义。中外关系的发展和中外文化交流为唐诗写作提供了许多新鲜素材，中外文化交流对唐诗繁荣发展的推动和促进作用，从本文的探讨中也可窥见一斑。

（作者单位：北京外国语大学中文学院）

---

　　[1]《苏氏演义》卷下，第28页。

　　[2]（清）梁廷楠、（汉）杨孚等著，杨伟群校点：《南越五主传及其他七种》，广州：广东人民出版社，1982年，第64页。

　　[3]《本草纲目》卷三五，第871页。

大唐公主出行工具及其文化研究*

郭海文

关于公主之"行"研究，目前还未见到有关系统的研究文章。只是在黄正建《唐代的衣食住行》[1]、李志生《唐代妇女的出行礼仪——兼谈严男女之防与等级秩序》[2]有所提及。本文将从唐代公主的出行工具、出行意图两个方面展开论述，以期对唐代公主的出行文化有更深入的了解。

一、出行工具考述

唐代的礼仪制度对公主的出行工具有严格规定。《旧唐书·舆服志》："外命妇、公主、王妃乘厌翟车，驾二马。"[3]《新唐书·车服志》："外命妇、公主、王妃乘厌翟车。"[4]但现实生活中，公主的出行工具要复杂一些。包括车，人力拉、扛、举的辇、步辇、檐子、肩舆，畜力等。

（一）车

1.翟车、厌翟车、金根车

"翟车"即古代贵族妇女乘坐的以雉羽为饰的车子。《周礼·春官·巾车》："翟

*本文系2015年国家社科基金后期资助项目"大唐公主命运图谱"（编号：15FZS037）阶段性成果。

[1] 黄正建：《唐代衣食住行》，北京：中华书局，2013年。

[2] 李志生：《唐代妇女的出行礼仪——兼谈严男女之防与等级秩序》，袁行霈主编《国学研究》第25卷，北京大学出版社，2010年，第165～198页。

[3]（后晋）刘昫：《旧唐书》卷四五《舆服志》，北京：中华书局，1975年，第1935页。

[4]（宋）欧阳修、宋祁：《新唐书》卷二四《车服志》，北京：中华书局，1975年，第513页。

车，贝面组总，有握。"汉代郑玄注："以翟饰车之侧……后所乘以出桑。"[1] "太平公主大婚，假万年县为婚馆，门隘不能容翟车"[2]。

厌翟车，《周礼·春官·巾车》："厌翟，次其羽使相迫切也。"[3]就是以雉羽蔽车之两旁，雉羽编排较密，故曰厌翟。《新唐书》："贞元元年，（代宗女庄懿公主）徙封嘉诚。下嫁魏博节度使田绪，德宗幸望春亭临饯。厌翟敝不可乘，以金根代之。公主出降，乘金根车，自主始。"[4]

金根车是指以黄金为饰的、用自然圆曲的树木做车轮装配成的车子，为帝王所乘。《唐会要·公主》又载："贞元二年二月，太常奏：'长林公主出降，准开元礼，合乘厌翟车。去年嘉诚公主出降，得驾部牒，造来多年，不堪乘驾。又得内侍省报，旧例相沿，乘金根车，其时便已行用。今缘礼会日逼，创造必不及，请准嘉诚公主例，乘金根车，敕宜依。'自是公主出降，相承金根车，至今不改。"[5]

2.辂

古代帝王专用的大车。辂，本仅指古代车前面的横木，因以部件概称全体。在先秦，"辂"通"路"。《释名》："天子所乘曰路，路亦车也。谓之路者，言行于道路也。"[6]李益《过马嵬二首》有"浓香犹自随鸾辂，恨魄无由离马嵬"[7]的描写。辂也是公主交通工具中的一种，是在大婚时所用。"安乐公主出降，假后车辂，自宫送至第"[8]。当然这是一种特例。

---

[1]《周礼·春官·巾车》，（清）阮元校刻《十三经注疏》，北京：中华书局，1991年，第824页。

[2]《新唐书》卷八三《诸帝公主》，第3650页。

[3]《周礼·春官·巾车》，第823页。

[4]《新唐书》卷八三《诸帝公主》，第3663页。

[5]（宋）王溥撰，牛继清校证：《唐会要校证》卷六《杂录》，西安：三秦出版社，2012年，第61页。

[6]（清）王先谦：《释名》卷七《释车》，上海古籍出版社，1989年，第1090页。

[7]郝润华辑校，胡大浚审订：《李益诗歌集评》，兰州：甘肃人民出版社，1997年，第68页。

[8]《新唐书》卷八三《诸帝公主》，第3654页。

3.犊车

沈从文先生曾认为："汉代有'通明绣幰四望七香车'，大致只是独马。它的特点是轿子式，后面拖曳长长绣幰，还影响到隋唐贵族妇女用小黄牛驾的金犊车或油碧车。"[1]关于公主乘犊车，《唐会要》记载："公主出降，犊车两乘，一金铜装。"[2]另据记载："赵履温为司农卿，谄事安乐公主，斜裹紫衫，为公主背挽金犊车。险谀皆此类。"[3]新城公主墓道的《犊车图》可作为公主乘犊车的又一例证。"辕牛白色，作行走状。轭为黑色红边。辕厢涂黑色，厢上部残缺，后部垂淡蓝色帷帐，轮涂红色。牛身左右各立一人，似为昆仑奴形象"[4]。和政公主神道碑记载了和政公主去世前后发生在她家的牛身上的灵异事情。"栈有青牛，素服辕轭，主之薨也，踏地哀鸣，仰天屑泪，三日不餗"[5]。可推知，牛车应是公主的重要交通工具之一。

4.驲

古代驿站专用的车，后亦指驿马。《左传·文公十六年》："楚子乘驲，（驲音日，传车也。）会师于临品。"[6]唐代公主也乘过驲从外地返回长安，"安平公主，下嫁刘异。后随异居外，岁时辄乘驲入朝"[7]。

5.油輧

古代将经过油饰供贵族妇女乘坐的四周有障蔽的车称为油輧。这种车用途广泛，不仅在异域被使用，如"（拂菻国）俗皆凭而衣绣，乘辐輧白盖小车，出入

[1] 沈从文：《古人的文化》，香港：中华书局，2016年，第248页。

[2]《唐会要校证》卷三一《舆服上》，第497页。

[3]（唐）张鹭撰，袁宪校注：《朝野佥载》卷五，西安：三秦出版社，2004年，第165页。

[4] 陕西省考古研究所、陕西历史博物馆、昭陵博物馆：《唐昭陵新城长公主墓发掘简报》，《考古与文物》1997年第3期，第18页。

[5]（清）董诰：《全唐文》卷三四四《和政公主神道碑》，北京：中华书局，1983年，第3492页。

[6] 杨伯峻编著：《春秋左传注》，北京：中华书局，1993年，第619页。

[7]《新唐书》卷八三《诸帝公主》，第3668页。

击鼓，建旌旗幡帜"[1]，这种油軿车，当然也是唐代公主的交通工具。如大唐故长乐公主"保傅相仪，俨铜驼之路；辎軿警策，□灌龙之苑"[2]；鄎国长公主"及乎玉笄耀首，油軿在驭，锡之美地，邑以荆山，求之令族，嫔于薛氏"[3]；金仙公主"则仙岳遥启，其碧镂軿车，秀出于紫微，莫不秩比藩侯，礼同王后"[4]。

6.毡车

毡车源于突厥，是以毛毡为篷的车子。唐公主就有乘毡车者，武宗会昌三年（843），"春，正月……（石）雄至振武，登城望回鹘之众寡，见毡车数十乘，（毡车，以毡为车屋。）从者皆衣朱碧，类华人；使谍问之，曰：'公主帐也。'"[5]

（二）人力拉、扛、举的辇、步辇、檐子、肩舆

公主的交通工具，除上述车子外，还有使用人力拉、扛、举的出行工具，如辇、步辇、檐子、肩舆。有专家认为："由唐初到五代时期，传统家具床、榻由低向高发展的趋势更为明显。"[6]这势必影响到出行工具的变化。也就是说比较高的椅子的出现，让辇、步辇、肩舆、檐子这些出行工具更适合女子。《礼记·曲礼》曰："妇人不立乘。"[7]《疏》曰："'妇人不立乘'者，立，倚也。妇人质弱不倚乘，异男子也。男子倚乘，妇人坐乘，所以异也。"[8]

---

[1]《旧唐书》卷一九八《拂菻国》，第5314页。

[2] 文物研究所、陕西省古籍整理办公室编：《新中国出土墓志·陕西卷》第一册《大唐故长乐公主（李丽质）墓志铭》，北京：文物出版社，2003年，第29页。

[3]《全唐文》卷二三〇《鄎国长公主神道碑》，第2330页。

[4] 高峡主编：《西安碑林全集》卷一九六《金仙长公主李持盈墓志（全拓）》，广州：广东经济出版社，1999年，第1116页。

[5]（宋）司马光：《资治通鉴》卷二四七，会昌三年春正月条，北京：中华书局，1956年，第7971页。

[6] 朱大渭：《中古汉人由跪坐到垂脚高坐》，《中国史研究》1994年第4期，第101页。

[7]《礼记正义·曲礼上》，（清）阮元校刻《十三经注疏》，北京：中华书局，1991年，第1252页。

[8]《礼记正义·曲礼上》，第1253页。

1.辇

辇，《说文解字》曰："挽车也。从车从夶，在车前引之。"[1]沈从文先生认为"用人当牲口使用四人拉车的情形"[2]。也就是说，辇是人拉的车。考古工作发现了辇车的遗存，"辇车在陕西陇县边家庄5号春秋墓中出土一辆，这辆车外形与独辀车无异，只是尺寸较小，车厢广70厘米，进深60厘米，车轮最高处为30厘米，无车轼，轮轨宽114厘米，轮径115厘米，每个轮有16根车辐，车辀长182厘米，衡木长88厘米，无轭，在衡木两侧各有一彩绘木俑，以象征用人力挽车。这种辇车在宋代时还使用，李唐的《文姬归汉图》中就出现过，其外形与陕西陇县的辇车很接近"[3]。"（太平）公主又尝乘辇邀宰相于光范门内，讽以易置东宫，众皆失色"[4]。万寿公主看戏，"上大怒……命召公主至。公主走辇至，则立于阶下，不视久之"[5]。

2.步辇

步辇与辇最大的区别在于，辇是人拉的交通工具，而且有轮子；步辇是人抬的交通工具。唐阎立本的《步辇图》就是例证。大唐公主也乘坐过这种辇。如"景云二年（711）二月，时太平公主将有夺宗之计，于光范门内乘步辇，俟执政以讽之，众皆恐惧"[6]。同昌公主结婚，乘坐步辇，豪华无比。"同昌公主出降，公主乘七宝步辇，四面缀五色香囊，囊中贮辟寒香、辟邪香、瑞麟香、金凤香。此香异国所献也，仍杂以龙脑金屑。刻镂水精、马脑、辟尘犀为龙凤花，其上仍络以真珠玳瑁，又金丝为流苏，雕轻玉为浮动。每一出游，则芬馥满路，晶荧照灼，观者眩惑其目"[7]。可见，步辇在公主日常生活中用途极广，有道是"每

[1]（东汉）许慎：《说文解字》，北京：中华书局，1990年，第303页。

[2] 沈从文：《古人的文化》，第243页。

[3] 刘永华：《中国古代车舆与马具》，北京：清华大学出版社，2013年，第101页。

[4]《资治通鉴》卷二一〇，景云二年春乙丑条，第6662页。

[5]（唐）张固：《幽闲鼓吹》，北京：中华书局，1991年，第1页。

[6]（唐）刘肃撰，恒鹤校点：《大唐新语》（外五种）卷一《匡赞第一》，上海古籍出版社，2012年，第12页。

[7]（唐）苏鄂：《杜阳杂编》卷下，北京：中华书局，1958年，第55页。

出深宫里，常随步辇归"[1]。

3.肩舆

"舆"为会意字，像是四只手抬一辆车之形。《隋书·礼仪志》说："今辇，制象轺车，而不施轮，通幰朱络，饰以金玉，用人荷之。"[2]又说"今舆，制如辇而但小耳，宫苑宴私则御之。"[3]此处的"辇"当为步辇。肩舆与步辇最大的区别在于肩舆比步辇小一点。《敦煌古代衣食住行》录有一幅肩舆的壁画[4]。大唐公主的外出工具中，也少不了肩舆。"始者上（德宗）恩礼甚厚，主（郜国大长公主）常直乘肩舆抵东宫"[5]，"广德公主，与（驸马）琼偕之韶州，行则肩舆门相对，坐则执琼之带"[6]，"有公主横过驰道，（韩皋）立马杖肩舁（舁，通舆）人夫皆各二十，命捕贼吏引傲夫送公主归宅"[7]。

4.檐子

檐子亦是一种类似轿子的交通工具。《三才图会·器用卷》用图及文字将轿子的发展过程做了详细梳理。"晋陶元亮有脚疾，每有游历，使一门生与其子舁以篮舆。古无其制，疑即元亮以意为之者。"[8]篮舆形状像竹篮，乘者坐于篮中，使二人抬之。后发展为肩舆，《旧唐书·舆服志》云："开成末定制，宰相三公、诸司官及致仕官疾病，许乘檐子。如汉魏载舆、步舆之制，即今肩舆之始

[1]（唐）李白著，（清）王琦注：《李太白全集》卷五《宫中行乐词八首》，北京：中华书局，2015年，第354页。

[2][3]（唐）魏徵：《隋书》卷一〇《礼仪制》，北京：中华书局，1973年，第210页。

[4]胡同庆、王义芝编著：《敦煌古代衣食住行》，兰州：甘肃人民美术出版社，2013年，第179页。

[5]《资治通鉴》卷二三三，贞元三年八月条，第7497页。

[6]《资治通鉴》卷二五二，咸通十三年五月条，第8164页。

[7]（宋）钱易著，梁太济笺证：《南部新书溯源笺证》壬，上海：中西书局，2013年，第436页。

[8]（明）王圻：《三才图会·器用》卷五，上海古籍出版社，2016年，第1169页。

也。"[1]后来则演变成轿子[2]。

新城公主墓道东壁有《檐子图》。此图中的檐子"高207厘米，宽315厘米，位于陕西省礼泉县昭陵新城公主墓墓道东壁鞍马之后。图中檐子顶为殿庑式结构，脊角有鸱吻，檐下绘红色帷幔。四名轿夫均头戴黑幞头，着圆领袍服束革带，足蹬乌靴。新城长公主为正一品，应有八人檐舁，但图中仅有四人，显然与其身份不对等"[3]。在永泰公主墓第五过洞东壁有画一幅"约有九人，似在抬檐子"[4]。公主墓志也有对檐子的记载，代宗广德二年（764）肃宗女和政公主于吐蕃再次入寇时，"因乘檐子，直至寝殿，乃悉索阙遗，备陈利病以奏之"[5]。

目前出现的问题是，有些学者将檐子称为擔子。如上文讲的新城公主《檐子图》在其他书中却被称为《擔子图》。"可知擔子为朝廷命妇的乘舆，以抬轿力夫人数来表示等级"[6]。

图一[7]

[1]《三才图会·器用》卷五，第1169页。

[2]徐杰舜主编，周耀明、万建中、陈华文著：《汉族风俗史》第二卷《秦汉魏晋南北朝汉族风俗》，上海：学林出版社，2004年，第320～322页。

[3]程旭：《唐韵胡风》，北京：文物出版社，2016年，第37页。

[4]陕西省文物管理委员会：《唐永泰公主墓发掘简报》，《文物》1964年第1期，第17页。

[5]《全唐文》卷三四四《和政公主神道碑》，第3492页。

[6]冀东山主编，申秦雁本卷主编：《神韵与辉煌——陕西历史博物馆国宝鉴赏·唐墓壁画卷》，西安：三秦出版社，2006年，第50页。

[7]周天游：《新城、房陵、永泰公主墓壁画》，北京：文物出版社，第17页。

　　同样前文永泰公主《檐子图》，也被有的专家称为《擔子图》，"永泰公主墓第五过洞东壁绘有一幅擔子图，因破损严重，仅存中间局部。永泰公主为正一品，其乘坐的擔子应有八人相抬。图中擔子一侧存有四人，完整的应为八人，与文献记载相符。擔子形状为长方形，顶做庑殿式，抬杆饰金，显示出主人的特殊身份"[1]。

图二[2]

　　翻检正史资料，发现"檐子"与"擔子"共存，且意思都为交通工具。如檐子，《唐会要》卷三一："且妇人本合乘车。近来率用檐子。事已成俗。教在因人。今请外命妇一品二品。中书门下三品母妻。金铜饰犊车檐子。舁不得过八人。三品金铜饰犊车檐子。舁不得过六人。"[3]再如"擔子"，在《唐会要》卷二六："至内命妇朝堂。及夫、子官品高，于等从高，仍并不得乘擔子。其尊属年老。敕赐擔子者，不在此例。"[4]

　　檐了与擔子是两种乘车工具，还是因为"檐"与"擔"字形相近而将二者搞混了呢？

　　《故训汇纂》给出了答案："檐"有两个读音，第一个读音为yán，《广韵》余廉切，平盐以。谈部。檐的本义是树名。"檐，桅也。"第二个读音为dān，《集韵》都滥切，去阚端。谈部。当檐读dān时，它的意思为"肩舆也。今人亦谓轿为檐"[5]。

　　擔读音dān，《广韵》都甘切，平谈端。谈部。有"以木荷物也"之义。且

　　[1] [2] 冀东山主编，申秦雁本卷主编：《神韵与辉煌——陕西历史博物馆国宝鉴赏·唐墓壁画卷》，2006年，第184页。

　　[3]《唐会要校证》卷三一《舆服志上》，第497页。

　　[4]《唐会要校证》卷二六《命妇朝皇后》，第427页。

　　[5] 宗福邦等主编：《故训汇纂》木部，北京：商务印书馆，2003年，第1159页。

儋、檐、擔并通[1]。综上，檐子与擔子是一种乘车工具，读音都是dān。写檐子与擔子都对。

（三）畜力如马、驴

1.马

骑马是唐代贵族出行方式之一。唐代著名画家张萱的《虢国夫人游春图》，描写就是贵妇人骑马游春的场景。杜甫有"虢国夫人承主恩，平明骑马入宫门"[2]的诗句，正史亦有"从驾宫人骑马者，皆著胡帽，靓妆露面，无复障蔽"[3]的记载。有关史料表明，公主也曾扬鞭马上。这种马鞭"龙竹养根凡几年，工人截之为长鞭，一节一目皆天然。珠重重，星连连；绕指柔，纯金坚；绳不直，规不圆。把向空中捎一声，良马有心日驰千"[4]。《杨太真外传》："开元十载（722）上元节，杨家五宅夜游，遂与广宁公主骑从争西市门，杨氏奴挥鞭误及公主衣，公主堕马。"[5]"安禄山陷京师，宁国公主方媵居，（和政公）主弃三子，夺潭马以载宁国，身与潭步，日百里，潭躬水薪，主射爨，以奉宁国"[6]。《和政公主神道碑》记载了和政公主去世前发生在她家马身上的灵异事情。从"主之将薨，驭马先殒"[7]可推知，马应是公主出行的重要交通工具之一。考古资料亦能证实这一点。永泰公主墓壁画中有《胡人备马图》。新城公主墓中，发现30件女骑马俑，"头戴黑色笼冠，面部显得端庄秀丽。身穿红色交领宽袖袍，袖口内涂蓝色，腰束白宽带，两手抬置胸两侧，握拳似作持缰状。脚蹬黑色高靴，骑灰白色马，鞍鞯均

---

[1]《故训汇纂》手部，第941页。

[2] 萧涤非：《杜甫全集校注》卷二《虢国夫人》，北京：人民文学出版社，2015年，第354页。

[3]《旧唐书》卷四五《舆服》，第1957页。

[4] 孙钦善校注：《高适集校注·咏马鞭》，上海古籍出版社，2014年，第292页。

[5]（宋）乐史：《杨太真外传》，（五代）王仁裕等撰，丁如明辑校《开元天宝遗事十种》，上海古籍出版社，1985年，第134页。

[6]《新唐书》卷八三，第3661页。

[7]《全唐文》卷三四四《和政公主神道碑》，第3492页。

涂黑色，马四腿呈褐色或深褐色。通高45.2厘米"[1]。这也许就是公主生前的日常。从考古工作发现的马具，也可一窥公主策马飞奔的英姿。如马镫，马镫"被波斯人先称为中国鞋，然后又称为脚套"[2]。永泰公主墓有"马镫10件，高10.6厘米。马镳6件，长9.6、宽5.9厘米"[3]。在唐临川公主墓中曾发现"铜镫7个，铜镳9个"[4]。"公主墓的镳正面中间有凸出的圆鼻，可以穿系络头的颊带，背面有一双小环，可以穿挂在衔环上并能系结辔绳"[5]。再如鞍鞯。有专家认为："唐代的马鞍在初唐时已实现了从垂直型鞍向桥倾斜型的演变。除了后鞍桥向后倾斜外，鞍子的座位部分也得到了改进，形成了与以前的鞍子不同的弧曲形。这样就很适宜人的骑坐姿势。"[6]鞍下有鞯，今名鞍褥，鞯一般用毡子做成。新城公主墓有《牵马图》，图中"皆辔饰、鞍鞯、鞦鞦俱全。白马鞍鞯用红、绿、蓝等色绘出卷草、如意云头等图案"[7]。《新唐书·五行志》："（安乐）公主又以百兽毛为鞯面。"[8]再如"翩翩白马称金羁，领缀银花尾曳丝"[9]的各种形状的马饰，"有杏叶形、枫叶形、葡萄叶形及其他叶状等，长3.4～6.7厘米、宽2～4.5厘

[1] 陕西省考古研究所、陕西历史博物馆、昭陵博物馆：《唐昭陵新城长公主墓发掘简报》，《考古与文物》1997年第3期，第9页。

[2] ［法］阿里·玛扎海里：《丝绸之路：中国—波斯文化交流史》，耿昇译，北京：中华书局，1993年，第296页。

[3] 陕西省文物管理委员会：《唐永泰公主墓发掘简报》，《文物》1964年第1期，第13页。

[4] 陕西省文管所、昭陵文管所：《唐临川公主墓出土的墓志和诏书》，《文物》1977年第10期，第58页。

[5] 刘永华：《中国古代车舆马具》，北京：清华大学出版社，2013年，第271页。

[6] 刘文锁：《骑马生活的历史图景》，北京：商务印书馆，2014年，第66页。

[7] 陕西省考古研究所、陕西历史博物馆、昭陵博物馆：《唐昭陵新城长公主墓发掘简报》，《考古与文物》1997年第3期，第16页。

[8] 《新唐书》卷三四《五行志》，第878页。

[9] 谢思炜：《白居易诗集校注》卷三四《公垂尚书以白马见寄光洁稳善以诗谢之》，北京：中华书局，2015年，第2621页。

米；还有方形、长方形、菱形和椭圆形等，长1.5～1.8厘米、宽1～1.2厘米"[1]。有道是"骏马娇仍稳，春风灞岸晴。促来金蹬短，扶上玉人轻。帽束云鬟乱，鞭笼翠袖明。不知从此去，何处更倾城"[2]。

2.驴

驴是比马低一等的出行工具。"隋朝杜子春由富而贫，其出行工具相应地也就变成了去马而驴，去驴而徒，所以当时把驴称为'劣乘'。不过由于驴比较便宜，因而它在民众中使用较普遍"[3]。下层女子骑驴出行的例子也屡见不绝。《太平广记》记载："唐天宝初，萧颖士因游灵昌。……有一妇人年二十四五，着红衫绿裙，骑驴，驴上有衣服。"[4]《朝野佥载》："张鷟又初为岐王属，夜梦着绯乘驴，睡中自怪：我绿衣当乘马，何为衣绯却乘驴？其年应举及第，授鸿胪臣。未经考而授五品，此其应也。"[5]虽然正史上并无公主骑驴的记载，但据岐阳公主墓志记载："尚书旋出为澧州刺史，主后尚书行，郡县闻主且至，杀牛羊大为数百人供具，主至，后不二十人、六七婢，乘驴阛茸（指庸碌、低劣的人或马等），约所至不得肉食，驿吏立门外，舁饭食以返。"[6]可见驴是公主出行时，她的婢女所乘之物。

（四）舟船

目前所发现的公主乘船的史料，主要出自于一些诗歌，而这些诗歌多半是文士游玩公主园林后的一些记录。也就是说，公主的舟船行驶，不过就是在自家的园林里玩耍嬉戏而已。如"神龙初，中宗尝幸安乐公主城西池馆，公主具舟楫，

---

[1]陕西省文物管理委员会：《唐永泰公主墓发掘简报》，《文物》1964年第1期，第12页。

[2]王仲镛：《唐诗纪事校笺》卷八〇《美人骑马》，成都：巴蜀书社，1985年，第2057页。

[3]李斌城等：《隋唐五代社会生活史》，北京：中国社会科学出版社，1998年，第160页。

[4]（宋）李昉：《太平广记》卷二四二《萧颖士》，北京：中华书局，1961年，第1866页。

[5]《朝野佥载》卷三，第91页。

[6]《全唐文》卷七五六《唐故岐阳公主墓志铭》，第7839页。

请御楼船。安石谏曰：'御轻舟，乘不测，臣恐非帝王之事。'乃止"[1]。公主游玩时所行舟船，大概有几种，如槎。槎，木筏也。唐代诗人游览太平公主南庄写下如此诗句："今日还同犯牛斗，乘槎共逐海潮归。"[2]"无路乘槎窥汉渚，徒知访卜就君平"[3]。再如双鹢维舟。鹢：古籍中鸟名，指一种像鸬鹚的水鸟，能高飞。双鹢，此处代指皇帝出巡时船首画着双鹢鸟的船。《奉和幸安乐公主山庄应制》"六龙齐轸御朝曦，双鹢维舟下绿池"[4]。再如画舟。画舟是指装饰华美的游船。"春水碧于天，画船听雨眠"[5]，是唐朝诗人描写的一幅人们在画舟中荡漾的美丽、清新的场景。公主也少不了乘坐画舟游玩，像唐诗里记载的"湾路分游画舟转，岸门相向碧亭开"[6]。

以上所探讨的是大唐公主出行工具的种类。公主出行的工具与唐代一般妇女比起来，一是级别高，二是质量好，三是更为华丽。

二、公主乘坐交通工具的用途

虽然，儒家著作对女子外出有各种限定，如《礼记·内则》："男不言内，女不言外……女子出门，必拥蔽其面。"[7]《女论语·立身章》："内外各处，男女异群。莫窥外壁，莫出处庭。"[8]但是，不管怎么说，勇敢的大唐公主仍然走出了家门，这实际上就是"在空间上对男外、女内秩序的突破"[9]。

---

[1]《旧唐书》卷九二《韦安石列传》，第2956页。

[2]《全唐诗》卷一一五李乂《奉和初春幸太平公主南庄应制》，北京：中华书局，1960年，第1169页。

[3]《全唐诗》卷六九邵升《奉和初春幸太平公主南庄应制》，第774页。

[4]《全唐诗》卷一〇三赵彦昭《奉和幸安乐公主山庄应制》，第1089页。

[5] 高峰编选：《温庭筠韦庄集》，《韦庄词选·菩萨蛮其二》，南京：凤凰出版社，2013年，第224页。

[6]《全唐诗》卷一〇四萧至忠《奉和幸安乐公主山庄应制》，第1091页。

[7]《礼记正义·内则》第1462页。

[8]《女论语》第一章《立身》，史仲文《女儿规》，呼和浩特：远方出版社，2006年，第85页。

[9] 李志生：《唐代妇女的出行礼仪——兼谈严男女之防与等级秩序》，第166页。

（一）婚姻、家庭的原因

1.出嫁

出嫁，对一般公主来讲，就是从本家嫁到夫家。对和亲公主来讲则是从一个民族嫁另一个民族，意味着路途更为遥远。王建怀《唐代"和亲"的地理范围》认为："唐朝与回纥和亲最多，共有六次。其次是契丹，共四次。再次是吐谷浑和奚，各三次。再次是突厥和吐蕃，各二次。于阗、南诏和宁远国最少，各有一次。唐代和亲涉及的周边少数民族和邻国达九个之多。就地理分布而言，回纥位于唐朝的北方，其活动范围很大。奚、契丹位于东北地区，吐谷浑在青海湖一带，于阗在西部边陲，吐蕃在青藏高原，南诏在西南地区，宁远国更远一些。由此可见，唐朝与周边各主要少数民族都有和亲关系，和亲的范围是十分广泛的。"[1]阎朝隐有诗《奉和送金城公主适西蕃应制》："圣后经纶远，谋臣计画多。受降追汉策，筑馆计戎和。俗化乌孙垒，春生积石河。六龙今出饯，双鹤愿为歌。"[2]《送郑大夫惟忠从公主入蕃（赋得）还字》："凤吹遥将断，龙旗送欲还。倾都邀节使，传酌缓离颜。春碛沙连海，秋城月对关。和戎因赏魏，定远莫辞班。"[3]和亲公主的贡献是以牺牲了个人的利益，换来了国家暂时的安宁与和平。最为重要的是她走出家门、国门，将长安文化带入了域外，又将域外的文化带回了长安。正如有的学者所说，"民族的融合民族作为历史上经过长期发展而形成的稳定共同体，其重要标志之一就是生活方式的共同性。民族融合的实质，是生活方式的融合"[4]。

2.夫走妇随

大唐公主婚后虽然不完全是随夫居，但是，当驸马到外地上任或被贬谪时，

---

[1] 王建怀：《唐代"和亲"的地理范围》，《中国历史地理论丛》2000年第3期，第74页。

[2]《全唐诗》卷一〇三阎朝隐《奉和送金城公主适西蕃应制》，第1088页。

[3]（唐）张说著，熊飞校注：《张说集校注》卷六《杂诗》，北京：中华书局，2013年，第217页。

[4] 常建华：《社会生活的历史学》，北京师范大学出版社，2004年，第205页。

公主是要随夫前往的。如高宗女九江公主。永徽四年（653），房遗爱、柴绍等谋反事泄，"二月乙酉，遗爱、万彻、令武等并伏诛"[1]。公主驸马执失思力，"高宗以其战多，赦不诛，流巂州。主请削封邑偕往"[2]。太宗女临川公主，韦贵妃所生。下嫁周道务。"（贞观）廿二年（648），驸马出牧商甸，作镇嶷关。明年（649），太极升遐，公主自商州来赴，水浆不入于口，殆 将弥留，使□临，勉加饘粥。进封长公主，从朝例也"。"调露元年（679），驸马以克清边难，驿召入京，公主随从□□，途中大渐，恩敕便令于幽州安置"[3]。宪宗第十一女岐阳庄淑公主，"懿安皇后所生。下嫁杜悰，悰为澧州刺史，主与偕。开成中，悰自忠武入朝，主疾侵，曰：'愿朝兴庆宫，虽死于道，不恨。'道薨"[4]。宪宗女安平公主下嫁驸马都尉刘昇，"上谓曰：'朕只有一妹，时欲相见，淄青去京复远，卿别思之。'仍许安平公主岁时乘传入京"[5]。传，驿马也。《资治通鉴》有"乘传至汾州"的记载，胡三省注曰："传，驿马也。"[6]宣宗女广德公主，下嫁于琮。"主治家有礼法，尝从琮贬韶州，侍者才数人，却州县馈遗"[7]。在风云变幻的晚唐，广德公主始终夫走妇随，最终二人都死于黄巢之手。仅从夫走妇随看，大唐公主还是比较遵从传统观念的。

（二）政治、军事的原因

作为皇帝的女儿，哪一个公主能与政治脱得了干系？她们既要为父亲的江山立马横刀，也要乘坐车辇为自己或为父兄的江山出谋划策；当然当父兄的江山坐不稳时，她们也得随着父兄颠沛流离。

[1]《旧唐书》卷四《高宗本纪》，第71页。

[2]《新唐书》卷一一〇《契苾何力传》，第4117页。

[3]周绍良、赵超主编：《唐代墓志汇编》永淳〇二五《大唐故临川郡公主墓志铭》，上海古籍出版社，1992年，第703页。

[4]《新唐书》卷八三《诸帝公主》，3667页。

[5]（唐）裴廷裕撰，田廷柱点校：《东观奏记》上卷，北京：中华书局，1994年，第88页。

[6]《资治通鉴》卷二二三，广德二年春正月条，第7162页。

[7]《新唐书》卷八三《诸帝公主》，第3673页。

1.帮父亲打天下

唐高祖的女儿平阳公主是因为帮高祖打天下而名扬天下的。史载："初，高祖兵兴，主居长安。绍以数百骑并南山来迎，威振关中。主引精兵万人与秦王会渭北。"[1]平阳公主从长安到鄠到盩厔、武功、始平，最后到达渭北，一路下来，战绩卓著。

2.处理政事

太平公主是作为一个政治人物活跃在历史舞台上的。"时宰相七人，五出主门下"。所以，当"玄宗以太子监国，使宋王、岐王总禁兵"，"主惠权分，乘辇至光范门，召宰相白废太子"[2]。和政公主也是如此。公元764年吐蕃再度兵犯京师，举国震惊。公主不顾自己刚生完孩子，体未甚安，要去给代宗献言计策。"驸马请间，主曰：'吾业已行矣，驸马独无兄乎？'因乘檐子，直至寝殿，乃悉索阙遗，备陈利病以奏之，上欣然嘉纳"[3]。

3.随父兄逃亡

贵为公主，除了享受身份带来的荣华富贵，还要承担身份带来的灾难。当父兄因为政治、战争逃亡的时候，公主也要追随其后。肃宗的女儿和政公主从天宝十五载（756）至广德二载（764）就是在颠沛流离中度过的。"（天宝十五载八月），众凶猲乱常，潼关不守，元宗幸蜀，妃后骏奔。（和政公主）日且百里。广德元年（763）冬，上（代宗）既东幸，主志期扈跸，回兵充斥，咫尺不通，因至荆南。广德二载春二月，归于上都"[4]。和政公主还算万幸，保全了性命。德宗女儿唐安公主则在随德宗避朱泚之乱时，一路颠簸，付出了自己的生命。《资治通鉴》记载："贼已斩关而入，上乃与王贵妃、韦淑妃、太子、诸王、唐安公主自苑北门出，王贵妃以传国宝系衣中以从。后宫诸王、公主不及从者什七八。"[5]

[1]《新唐书》卷八三《诸帝公主》，第3642页。

[2]《新唐书》卷八三《诸帝公主》，第3651页。

[3]《全唐文》卷三四四《和政公主神道碑》，第3492页。

[4]《全唐文》卷三四四《和政公主神道碑》，第3491页。

[5]《资治通鉴》卷二二八，建中四年十月条，第7353页。

最后，（唐安公主）"兴元元年（784）三月十九日薨于梁州城固县之行在"[1]。

总之，大唐的政治的风云影响着公主的出行及方式。

（三）文化、娱乐的原因

公主出行除了有婚姻、政治的原因外，还有一个重要的原因，与文化娱乐有关。

1.云游四方

道教是唐代的国教，公主当中有步入道观的女冠，当然不足为奇。云游四方、求学问道是女冠的修行方式之一。有学者认为："女尼、女冠、女巫是一些从事宗教、迷信活动的专业妇女，是唐代妇女中最特殊的一个阶层。她们基本上是寄食阶层，同时又是颇具独立性、开放性的阶层。"[2]玉真公主仗着父兄皆为皇帝，入道后，在行为上更加自由，往往与名士文人一起云游各地。玄宗有《同玉真公主过大哥山池》诗："地有招贤处，人传乐善名。"[3]张说对此亦有应和"池如明镜月华开，山学香炉云气来"云云[4]。玉真公主云游四方的史事也被记载在杜光庭的《青城山记》中："玉真公主，肃宗之姑也，筑室丈人观西。游谒五岳，寓止山中，就拜灵峰于宝室洞前。"[5]在云游的过程中，公主既增长了认识，也扩大了自己的生存空间。

2.娱乐民间

（1）节日赏景

对唐代女子来说，节庆不仅是日常生活的暂时停止，也是从闺门走向更大社会空间的一个契机。《开元天宝遗事》卷下记载："都人士女，每至正月半后，各乘车跨马，供帐于园圃，或郊野中，为探春之宴。"大唐公主更不会放弃这难

[1] 赵力光：《西安碑林博物馆新藏墓志汇编》二一四《唐安公主墓志》，北京：线装书局，2007年，第542页。

[2] 高世瑜：《唐代妇女》，西安：三秦出版社，1988年，第89页。

[3] 《全唐诗》卷三唐玄宗《同玉真公主过大哥山池》，第30页。

[4] 《张说集校注》卷二《奉和同玉真公主游大哥山池题石壁（应制）二首》，第60页。

[5] 《全唐文》卷九三二杜光庭《青城山记》，第9710页。

得的机会。正如唐诗所描写的"凤城连夜九门通，帝女皇妃出汉宫。千乘宝莲珠箔卷，万条银烛碧纱笼。歌声缓过青楼月，香霭潜来紫陌风。长乐晓钟归骑后，遗簪堕珥满街中"[1]。《古今事文类聚》有大唐公主出行乐游原的记载："乐游原，汉宣帝所立。唐长安中，太平公主于原上置亭游赏。其地四望宽敞，每三月上巳九月重阳，士女游戏，就此被禊登高。幄幕云布，车马填塞，绮罗耀日，馨香满路。"[2]长安牡丹最为著名，《唐国史补》卷中云："京城贵游尚牡丹三十余年矣。每春暮，车马若狂，以不耽玩为耻。"[3] 当时，"三条九陌花时节，万户千车看牡丹"[4]。大唐公主亦不能免俗，白居易《新乐府·牡丹芳》："牡丹芳，牡丹芳，黄金蕊绽红玉房。千片赤英霞烂烂，百枝绛点灯煌煌。遂使王公与卿士，游花冠盖日相望。廋车软舆贵公主，香衫细马豪家郎。"[5]总之，公主借节庆为契机，乘车游玩，既释放了自我，又拓宽了生存空间。

（2）寺院看戏

寺院除了有传播宗教的功能外，还通过通俗的形式对社会起着教化的作用。"长安戏场，多集于慈恩，小者在青龙，其次荐福、永寿"[6]。万寿公主曾因乘辇"在慈恩寺看戏"[7]，而被父皇训斥。从而可知，寺院看戏是公主走出家门从事的娱乐活动之一。

（3）田野"演戏"

李贺《贵主征行乐》："奚骑黄铜连锁甲，罗旗香干金画叶。中军留醉河阳城，娇嘶紫燕踏花行。春营骑将如红玉，走马捎鞭上空绿。女垣素月角咿咿，牙帐未开分锦衣。"[8]诗写公主出游，以行军出征为儿戏，模仿取乐。虽然吴汝纶《李

[1]《全唐诗》卷五〇八袁不约《长安夜游》，第5772页。

[2]（宋）祝穆：《古今事文类聚》前集卷八，上海古籍出版社，1992年，第7页。

[3]（唐）李肇：《唐国史补》卷中，北京：古典文学出版社，1957年，第45页。

[4]《全唐诗》卷四七四徐凝《寄白司马》，第5378页。

[5]《白居易诗集校注》卷四《牡丹芳》，第379页。

[6]《南部新书溯源笺证》戊，第212页。

[7]（唐）张固：《幽闲鼓吹》，北京：中华书局，1991年，第1页。

[8]（唐）李贺著，吴企明笺注：《李长吉歌诗编年笺注》卷三《贵主征行乐》，北京：中华书局，2012年，第288页。

长吉诗评注》卷二曰"此讽主家骄横，以征行为戏，亵国威而荒淫也"[1]，但是，谁又能说她们不是在模仿平阳公主的娘子军呢？

总之，出行工具是公主可以进行多种娱乐方式的保障。

三、结　语

综上，通过对公主的交通工具及使用交通工具的研究，首先可以看出，公主的出行之举是对"男子居外，女子居内"的反叛。《礼记·内则》曰："礼始于谨夫妇，为宫室，辨外内。男子居外，女子居内。深宫固门，阍寺守之。男不入，女不出。"[2]《周易·家人》亦曰："女正位乎内，男正位乎外。"[3]儒家经典都对女子的行动范围做了严格的规定。但纵观大唐公主的出行活动，她们离开宫闱除了因为婚姻，还因为要在政治舞台、宗教领域、文化场所显露自己的身姿。她们在内外秩序的框架里艰难地扩充着自己的活动空间，活出自己的风采。

其次，唐代女子出行工具的多样性。"车马是中国古代最主要的陆路交通工具。数千年来，它们曾在社会生活中占据过举足轻重的地位，无论是劳动生产还是战争，或是政治活动，它们都是不可或缺的重要工具与装备，其数量的多寡与质量的优劣，经常成为衡量某一时期的社会发达与落后、国势强盛与衰弱的重要标准"[4]。然而从上文的论证过程，我们可以看到唐代女子出行工具，除有畜力之外，还有人力。同时也可看出工具从简陋到复杂的发展过程。

再次，公主的出行工具也是唐代社会等级性的体现。古代的生活消费体现着等级性。封建礼法规定，不同等级的人在衣食住行方面使用的材料、质地、形制、大小、颜色均不同。大唐公主的出行工具也是唐代等级制度的体现。《旧唐书·舆服志》："内命妇夫人乘厌翟车，嫔乘翟车，婕妤已下乘安车，各驾二马。外命妇、公主、王妃乘厌翟车，驾二马。"[5]《新唐书·车服志》亦有相同的记载。

---

[1]《李长吉歌诗编年笺注》卷三《贵主征行乐》，第291页。

[2]《礼记正义·内则》，第1468页。

[3]《周易正义·家人》，第50页。

[4]刘永华：《中国古代车舆马具》，北京：清华大学出版社，2013年，第1页。

[5]《旧唐书》卷四五《舆服志》，第1935页。

最后，底层胡人在公主的出行活动中所扮演的角色。正如有的专家所说"我们从唐墓考古发掘中获得的'胡俑'，并不足以反映当时在唐朝版图内生活的所有入华'胡人'，而只是可以反映出入华胡人的下层，他们受当时社会居于统治地位的华胡上层人士所驱使奴役，从事养马牵驼，或供随从役使"[1]，这些"既象征着各族归顺、各国臣服的心态，又显摆着墓主人'超规格'的世间生活，仿佛在地下世界可以无限延续以至奢华永远"[2]。

公主出行的故事，其实就是公主从家里走到家外的故事，就是公主让自己的灵魂可以放飞一会儿的故事。

（作者单位：陕西师范大学历史文化学院）

---

[1] 杨泓：《前言》，樊英峰《丝路胡人外来风——唐代胡俑展》，北京：文物出版社，2008年，第15页。

[2] 葛承雍：《丝路古道与唐代胡俑》，《丝路胡人外来风——唐代胡俑展》，第20页。

论唐五代时期"关"的军事职能

霍　斌　付　婷

在以往的研究中，军事职能往往被认作是隋唐时期"关"的重要职能之一[1]。然而笔者在研读《唐六典》时发现，隋唐时期的关从制度设计上来讲并不具备军事职能，如放到秦汉至宋这一长时段来考察，关的军事职能的"真空"状况只存在于隋代及唐前期。唐后期随着关使的设置，关才全面开始恢复常态军事戍守职能，而且在关司管理上出现了"关令系统"和"关使系统"并存的双轨制，直至后晋时期才废除关令系统。这些变化都是以往研究中所忽视的，有必要重新研究。

一、从关司制度看秦汉至宋"关"的军事职能演变

关司的设置，最能体现关的职能。关于关司的沿革，《唐六典》载："《周礼》有司关上士二人，又有尹喜为关令；汉有宁成为关都尉，并其职也。隋代立制，皇朝因之。"[2]此注所载并不完备，尤其是对魏晋南北朝时期关司记载有缺。

（一）秦汉时期的关司

秦汉时期关的长官是关都尉、有丞及其他属官[3]。《汉书·百官公卿表》载："关都尉，秦官。"[4]《史记·秦始皇本纪》引贾谊《过秦论》："秦并兼诸

---

[1] 如张邻、周殿杰：《唐代的关津制度》，《中华文史论丛》1985年第3辑，第185页。陈习刚：《论武则天时期关津的职能及其兴废》，《中州学刊》2007年第5期，第171页。

[2] （唐）李林甫：《唐六典》卷三〇"关"条，北京：中华书局，1992年，第756、757页。

[3] 安作璋、熊铁基：《秦汉官制史稿》，济南：齐鲁书社，2007年，第581页。

[4] （东汉）班固：《汉书》卷一九上《百官公卿表上》，北京：中华书局，1962年，第742页。

侯山东三十余郡，缮津关，据险塞，修甲兵而守之。"[1]秦关有守兵，便具有军事防御的职能。汉文帝前元十二年（前168）三月，"除关无用传"[2]。汉景帝前元四年（前153），由于七王之乱，复置津关，用传出入，以备非常[3]。汉武帝时拜宁成为关都尉，"岁余，关东吏隶郡国出入关者，号曰'宁见乳虎，无值宁成之怒'"[4]。东汉光武帝建武九年（33）省关都尉，十九年（43）复置函谷关都尉[5]。此外，居延新简E.P.F22中有多处关于"卅井关守丞"的记载[6]。汉灵帝中平元年（184）三月，"诏敕州郡修理攻守，简练器械，自函谷、大谷、广城、伊阙、轘辕、旋门、孟津、小平津诸关，并置都尉"[7]。汉代郡都尉有军事职掌可典兵[8]，关都尉或相近职官也有兵权。

（二）魏晋南北朝时期的关司

汉末三国时期的蜀地出现了"关尉"一职。《华阳国志》载："白水县有关尉，故州牧刘璋将杨怀、高沛守也。"[9]刘琳认为此关为白水关。同书还载："平武县有关尉。自景谷有步道径江油左儋出涪，邓艾伐蜀道也。刘主时，置义守，号关尉。"[10]任乃强认为此关为江由关[11]。此关尉可能是秦汉以来关都尉的省称。

---

[1]（汉）司马迁：《史记》卷六《秦始皇本纪》，北京：中华书局，1959年，第276页。

[2]《汉书》卷四《文帝纪》，第123页。

[3]《史记》卷一一《孝景本纪》，第442页。

[4]《史记》卷一二二《酷吏传》，第3144页。

[5]（南朝宋）范晔：《后汉书》卷一下《光武帝纪下》，北京：中华书局，1965年，第55、72页。

[6]甘肃省文物考古研究所等编：《居延新简》（甲渠候官与第四燧），北京：文物出版社，1990年，第485、486页。关于汉代西北边地关的研究，可参看［日］富谷至：《文书行政的汉帝国》，南京：江苏人民出版社，2013年，第260~276页。

[7]《后汉书》卷七一《皇甫嵩传》，第2300页。年月采用《资治通鉴》系年，见第1866页。

[8]参《秦汉官制史稿》，第574~581页。

[9]（晋）常璩撰，刘琳校注：《华阳国志校注》卷二，成都：巴蜀书社，1984年，第152页。

[10]《华阳国志校注》卷二，第169页。

[11]（晋）常璩撰，任乃强校注：《华阳国志校补图注》，上海古籍出版社，1987年，第107页。

北魏时期，关尉、关都尉同时出现。《水经注》载："滱水又东流历鸿山，世谓是处为鸿头，疑即《晋书地道记》所谓鸿上关者也。关尉治北平而画塞于望都。……《晋书地道记》曰：望都县有马溺关。《中山记》曰：八渡、马溺，是山曲要害之地，二关势接，疑斯城即是关尉宿治。……《晋书地道记》曰：蒲阴县有阳安关。盖阳安关都尉治。"[1]郦道元笔下，关尉与关都尉并无明显区别。

张金龙在《魏晋南北朝禁卫武官制度研究》一书中曾涉及北魏时期的关尉，书中引用《八琼室金石补正》卷一二《北魏一·司马解伯达题记》所记"都绾关□游缴校尉"一句，认为此为关尉之类。但引文有误，特辨析之。文物出版社1985年版《八琼室金石补正》，原录文如下："都绾阙口游激校尉司马解伯达造弥勒像一躯。"[2]张先生录此句时有三误：第一，将"阙"认为是"關"；第二，口误识为缺字而标为"□"；第三，"激"录为"缴"[3]。此题记见于龙门，阙口即龙门阙口。因此张先生的判断就出现了错误，此题记与北魏的关尉无关。

此外，同书中张先生还引《魏书·世宗纪》："自碣石至于剑阁，东西七千里，置二十二都尉。"[4]认为此二十二尉当为关都尉，是在北魏全境（主要在边地、要塞）系统设置关尉之开始[5]。但仅据"都尉"就判断为"关都尉"恐难凿实。因为北魏道武帝天赐元年（404）曾在"诸州各置都尉以领兵"[6]，此制度与汉代郡都尉类似，都是有军事职掌的都尉。此二十二都尉也有可能就是都尉，而非关都尉。但从碣石至剑阁如此大范围之内仅有二十二都尉，或确如张先生所言，是设置于边地和要塞。

北魏的关还有都督和都将。《魏故司徒范阳王墓铭》：元诲"乃假抚军将军平西将军，为潼关都督，仍兼尚书，为行台"[7]。《裴良墓志》："潼关襟带

---

[1]（北魏）郦道元著，陈桥驿校证：《水经注校证》卷一一，北京：中华书局，2007年，第285、286、291页。

[2]（清）陆增祥：《八琼室金石补正》第八册，北京：文物出版社，1985年，第70页。

[3]张金龙：《魏晋南北朝禁卫武官制度研究》，北京：中华书局，2004年，第775页。

[4]（北齐）魏收：《魏书》卷八《世宗纪》，北京：中华书局，1974年，第205页。

[5]张金龙：《魏晋南北朝禁卫武官制度研究》，第776页。

[6]《魏书》卷一一三《官氏志》，第2974页。

[7]赵超：《汉魏南北朝墓志汇编》，天津古籍出版社，1992年，第274页。

大川，跨据百二，神皋陆海，是则攸居，总督所委，寔归金望，以本职假安西将军，为潼关都督。"[1]《魏书·杨播列传附子侃传》载："建义初，除冠军将军、东雍州刺史，其年州罢，除中散大夫，为都督，镇潼关。"[2]但关的都督仅见潼关，或为特例。

关都将。《魏故使持节都督河凉二州诸军事卫大将军河州刺史宁国伯乞伏君墓志》载："乃为持节假振武将军，井邢关都将。"[3]《公讳徹（徐徹）墓志）》载："作将榆关，邻邦畏其雄略；屯军柏塞，敌国悚其英风。"[4]此将或为都将。

综合而言，北魏的关都尉或是沿袭前代，因而具有军事职能。至于关都督和关都将可能不是常设官，但其具有军事职掌当是无疑。

北齐时护军府领诸关尉、津尉[5]，关尉职名似已固定。南朝萧梁时，加置太府卿，关津属之[6]，但关司职名不可考。

北周效法周礼，设司关中士，正二命。司关下士，正一命[7]。但未见其他佐证材料。《尉迟运墓志》载北周武帝建德五年（576），尉迟运"除同州、蒲津、潼关、杨氏壁、龙门、湀头六防诸军事，同州刺史"[8]。此亦为特例。

就目前文献所见，北周时出现了关令。隋代的《郑謇墓志》载：

> 考伽，齐平越将军、太府寺左藏署主簿，加平西将军，周有山东，仍蒙收录，授蒲津关令。襟带山河，肃止奸寇，清明著称，物望攸归。[9]

罗新、叶炜解释为："疑北朝关津职能的军事部分属护军府，经济部分亦如

---

[1] 罗新、叶炜：《新出魏晋南北朝墓志疏证》，北京：中华书局，2005年，第199页。又见《魏书》卷六九《裴延俊传附从弟裴良传》，第1531页。

[2] 《魏书》卷五八《杨播传附子杨侃传》，第1283页。

[3] 《汉魏南北朝墓志汇编》，第304页。

[4] 《汉魏南北朝墓志汇编》，第406页。

[5] （唐）魏徵：《隋书》卷二七《百官志中》，北京：中华书局，1973年，第759页。

[6] 《隋书》卷二六《百官志上》，第725页。

[7] 王仲荦：《北周六典》卷三《地官府》，北京：中华书局，1979年，第146页。

[8] 《新出魏晋南北朝墓志疏证》，第305页。《周书》卷四〇《尉迟运传》："四年，出为同州、蒲津、潼关等六防诸军事、同州刺史。"第710页。

[9] 《新出魏晋南北朝墓志疏证》，第582页。

南朝属太府卿。郑迦入周而被用为蒲津关令，应当与他曾供职于北齐太府寺的背景有关。"[1]据此则北朝关司或有关尉、关令两位长官，一武一文，前者归属护军府，后者归属太府卿。

（三）隋代的关司

隋代的关司制度较为明确。《隋书·百官志下》云："关，置令、丞。其制，官属各立三等之差。"[2]同卷还见上中下关令、上中关丞之记载。《唐六典》所云："隋代立制，皇朝因之。"可信。

北齐护军府在政权结构中之地位微不足道，职能衰微[3]，在隋代已不存在，因此关尉亦被废除，仅存关令。而随着隋代三省六部制的定型，尚书省成为国家行政体系中的枢纽，九卿系统被边缘化，因此关虽在地方而不属于地方州县系统，而归中央直属，尚书省刑部司门司为其政务上行机构[4]。

关都尉、关尉，作为"尉"都带有一定的军事色彩，但转变为"令"则可能标志着关军事职能的丧失。但个别关仍保留了军事职能，如隋代的潼关，隋炀帝时置京辅都尉，"从三品，立府于潼关，主兵领遏。并置副都尉，从四品"[5]。《大唐创业起居注》载义宁元年（617）十二月，"屈突通自潼关都尉府欲奔东都"[6]，即为此证。唐后期出现的潼关节度使、潼关防御使与此同理。

隋代还见有榆关总管，开皇三年（583）三月癸亥"城榆关"，开皇四年四月丁巳，以上大将军贺娄子幹为榆关总管[7]。《隋书·贺娄子幹传》载："高祖以

[1]《新出魏晋南北朝墓志疏证》，第583页。

[2]《隋书》卷二八《百官志下》，第784页。

[3]张金龙：《魏晋南北朝禁卫武官制度研究》，第882～887页。

[4]（唐）李林甫：《唐六典》卷六载："刑部尚书、侍郎之职，掌天下刑法及徒隶句覆、关禁之政令。"司门郎中、员外郎掌"天下诸门及关出入往来之籍赋，而审其政"。北京：中华书局，1992年，第179、195页。

[5]《隋书》卷二八《百官志下》，第802页。同书卷二九《地理志上》载京辅都尉设在京兆郡华阴县，第808页。（唐）杜佑：《通典》卷三三《职官十五》亦载："又置京辅都尉，立府于潼关，主兵镇。大唐无其制。"北京：中华书局，1988年，第917页。

[6]（唐）温大雅：《大唐创业起居注》卷三，上海古籍出版社，1983年，第45页。

[7]《隋书》卷一《高祖纪》，第19、21页。

子幹晓习边事,授榆关总管十镇诸军事。"[1]唐代也有榆关守捉[2]。《旧唐书·地理志》载:"平卢军节度使,镇抚室韦、靺鞨,统平卢、卢龙二军,榆关守捉,安东都护府。……榆关守捉,在营州城西四百八十里,管兵三百人,马百匹。"[3]设榆关守捉主要是为了防备契丹和奚。隋唐榆关皆有军事职能无疑,但与一般关的职官设置不同。

（四）唐代的关司

唐代的关司以《唐六典》记载最详,特引于下:

> 上关,令一人,从八品下;丞二人,正九品下。录事一人,府二人,史四人,典事六人,津吏八人。
>
> 中关,令一人,正九品下;丞一人,从九品下。录事一人,府一人,史二人,典事四人,津吏六人。
>
> 下关,令一人,从九品下。府一人,史二人,典事二人,津吏四人。
>
> 关令掌禁末游,伺奸慝。凡行人车马出入往来,必据过所以勘之。
>
> 丞掌付事勾稽,监印,省署抄目,通判阅事。
>
> 录事掌受事发辰,勾检稽失。
>
> 典事掌巡船铺及杂当。
>
> 津吏掌桥舱之事。（无津则不置。）[4]

据此,我们认为隋代和唐前期关的军事职能并非其常态职能,而可能是在战争情况的特殊形态下,由于其军事地理位置的重要,暂时以驻军的形式将其转变为临时的军事堡垒。做出此判断的原因有三:

第一,《唐六典》涉及关司职能的记载均未提到军事方面。除上引文外还见

---

[1]《隋书》卷五三《贺娄子幹传》,第1353页。

[2] 与隋代榆关不是一处。隋代榆关在胜州,唐代榆关实为临渝关,简称渝关(今山海关),因音近讹为榆关。见严耕望:《唐代交通图考》第五卷《河南河北区》,上海古籍出版社,2007年,第1747~1749页。

[3]（后晋）刘昫:《旧唐书》卷三八《地理志》,北京:中华书局,1975年,第1387页。

[4]《唐六典》卷三〇"关"条,第756、757页。

同书"司门郎中员外郎"条载："（关）所以限中外，隔华夷，设险作固，闲邪正暴者也。凡关呵而不征，司货贿之出入。其犯禁者，举其货，罚其人。"[1]可见关的主要职能在于通过勘验过关文书（过所等），在于纠察违反《关市令》及相关规定的人。这点通过《天圣令·关市令》的唐令复原可以得到证实，可不详论。

第二，《唐六典》记载的关司员额：上关24人，中关16人，下关10人。人数如此之少，必不能承担防守职能。

第三，与镇、戍等地方军事机构相比，镇将、戍主等掌镇捍防守，兵曹掌防人名帐[2]。其军事职能的表达非常明确，关则不然。而且从唐代军事制度设计上，关未有专门防人的配备。

需要强调的是，《唐六典》所体现的是唐前期的关司制度，唐后期又有了新的变化。

至于宋代，关的军事职能非常明显。据曹家齐的研究可知，宋代的关设有关使、知关和都监关等，有的关既有都监关、知关，又有同知关。关塞由禁军或厢军、蕃兵把守[3]。金代和明代皆有关使，当是沿承宋制，可不详论。

综上可见，隋唐之前与之后关都拥有较为明显的军事职能。隋代创设的关司抹去其军事职能，原因可能有两点：第一，隋代开皇时期采取了一系列加强中央集权的措施。中央和地方的关系发生了变化，地方政务大量向中央集中，地方官的任免权也由中央决定[4]。因此位居地方的关，也被纳入中央直辖体系之下，而且削去军事职能也更有利于地方的稳固，或可称为"中央化"。第二，隋代和唐前期施行府兵制，在此制度下关在地方的军事职能被折冲府取代。第三，开皇九年（589），天下一统，战争冲突结束，政局稳定，不需要在府兵系统外再设置临时军事机构。

---

[1]《唐六典》卷六"司门郎中员外郎"条，第195、196页。

[2]《唐六典》卷三〇"戍"条，第756页。

[3] 曹家齐：《宋代关津管理制度初探》，《西南师范大学学报》1999年第2期，第129页。后经修订收入氏著《宋代交通管理制度研究》，开封：河南大学出版社，2002年，第75～90页。

[4] 吴宗国主编：《中国古代官僚政治制度研究》，北京大学出版社，2004年，第141页。

由此带来的余波就是在唐武德九年（626）八月十七日，李世民即位不久就下诏："潼关以东，缘河诸关，悉宜停废。"[1]因为关本身已经不具备军事防御职能，废之无关大局。同时，作为唐前期主要经济区的河北与河南的联系也更为紧密。之后在武周时期，为凸显洛阳的地位及其沟通外界的作用，在洛阳附近又设置了四面关[2]。此与文题无关，可不详论。

二、唐后期"关"军事职能的凸显和地方化

"关"军事职能的凸显应该与关司制度的变化放在一起考量。唐后期关司制度的变化是在《职员令》规定的关令、丞、录事、府、史、典事等之外出现了使职，主要是"关使"。据《资治通鉴》载：至德元载（756）七月，"安禄山遣其将高嵩以敕书、缯彩诱河、陇将士，大震关使郭英乂擒斩之"[3]。又《新唐书·方镇表》载：至德元载，"天水郡太守兼防御守捉使及大震关使"[4]。由此可知，关使之设置最晚不晚于至德元载，笔者推测可能在开元天宝时期就已经有关使之职。

在安史之乱期间设有使职的"关"还见有潼关和蒲关。乾元二年（759）三月，以河西节度副使来瑱为陕州刺史，充虢华节度、潼关防御团练等使[5]。乾元三年（760）四月，以右羽林大将军郭英乂为陕州刺史、陕西节度、潼关防御等使。大历二年（767）正月"诏潼关置兵三千"[6]。兴元元年（784）以华州置潼关节度

---

[1]（宋）王溥：《唐会要》卷八六《关市》，北京：中华书局，1985年，第1578页。

[2]可参看牛来颖：《武则天时期的洛阳关津建设——兼论〈天圣令·关市令〉关津制度》，收入王双怀、梁咏涛编《武则天与广元》，北京：文物出版社，2014年，第186～193页。

[3]（宋）司马光：《资治通鉴》卷二一八，至德元载七月条，北京：中华书局，1956年，第6986页。

[4]（宋）欧阳修、宋祁：《新唐书》卷六七《方镇表四》，北京：中华书局，1975年，第1869页。

[5]《旧唐书》卷一〇《肃宗本纪》，第255页。《新唐书》卷六四《方镇年表一》载是年"置陕虢华节度，领潼关防御、团练、镇守等使，治陕州"。第1767页。

[6]《旧唐书》卷一一《代宗本纪》，第285页。

使，贞元九年（793）罢潼关节度[1]。但此后潼关防御使依然存在。《旧唐书·李元谅传》载：泾原兵变之前，"元谅尝在潼关领军，积十数年，军士皆畏服"。唐德宗居奉天时，华州失守，"元谅自潼关将所部"复夺之[2]。潼关并无潼关使一职，而是潼关防御使。防御使更多是设于州或道，在潼关设此使，是由此处突出重要的军事防御地位所决定。上文已论北魏、北周、隋代在潼关就设有特别官职。大历二年（767）潼关置兵三千，可以明确潼关具有戍卫之职无疑。但唐前期可能潼关并无此职能。

蒲关的防御使。《资治通鉴》载至德元载七月，"改关内采访使为节度使，徙治安化，以前蒲关防御使吕崇贲为之"[3]。至德元载又是天宝十五载，因此蒲关防御使当设置于天宝年间。至德二载（757）升河中防御为河中节度，兼蒲关防御使[4]。但《新唐书·方镇表》载：至德元载置"河中防御守捉蒲关使"[5]。《新唐书·百官志》载："及安禄山反，诸郡当贼冲者，皆置防御守捉使。"[6]防御守捉使为一使职，蒲关使或为另一使职。但《资治通鉴》又载同年有"蒲关防御使"，可能两个使职都存在，此点存疑。

武关有防兵。广德元年（763）十月，郭子仪"以三千骑傍南山，至商州，得武关防兵及六军散卒四千人，招辑亡逸，其军渐振"[7]。武关在商州商洛县，此处有防兵，即表示在此时武关具有戍守之职，但未见有武关使之记载，可能是战乱时期武关成为临时军事堡垒。

唐宣宗时期明确有关使，且有戍守之兵。宣宗大中三年（849）二月，吐蕃秦、原、安乐三州及石门等七关来降。《旧唐书·宣宗本纪》亦载三州七关刺史、关使云云[8]。另据《收复河湟德音》有"七关镇守官健""三州七关创置戍

---

[1]《新唐书》卷六四《方镇表一》，第1774、1777页。

[2]《旧唐书》卷一四四《李元谅传》，第3916页。

[3]《资治通鉴》卷二一八，至德元载七月条，第6982页。

[4][5]《新唐书》卷六六《方镇年表三》，第1838页。

[6]《新唐书》卷四九下《百官志四下》，第1316页。

[7]《旧唐书》卷一二〇《郭子仪传》，第3456页。《资治通鉴》卷二二三，广德元年十月辛巳条载武关防兵之事与此同，第7152页。

[8]《旧唐书》卷一八下《宣宗本纪》，第624页。

卒"[1]之记载。七官戍卒为募兵制下的官健,而其长官为关使,据此可以断定唐后期关使是具有领兵之权且负责防守的使职。

《旧五代史·赵克裕传》记载唐末赵克裕"累居右职,擢为虎牢关使。光启中,蔡寇陷河阳,克裕率所部归于太祖,隶于宣义军"[2]。赵克裕为虎牢关使,能率"所部"归朱温,即表示关使之下有兵可用,即可以负责军事戍守。

唐后期的关使,还见有唐昭宗大顺元年(890),李克用讼冤文中提到"晋州长宁关使张承晖"[3]云云;《太平广记》引成书于唐末的《灵应传》有载"制胜关使"[4]云云。

关还有"都头"。李德裕《续得高文端贼中事宜四状》有"天井关都头薛茂卿"[5]。张国刚曾对此有专门研究,认为薛茂卿本军职是衙内十将,此处"都头"是指某一军将领一支军队出征或镇戍,这支军队的首领也被称为都头[6]。关都头可能是关使的下属。

唐后期作为一级地方行政单位的关还呈现出地方化的特点。唐代的关虽处于地方,但与州县并无隶属关系,而是直接由刑部司门司负责管理。唐后期随着中书门下制取代三省制、藩镇割据的形成、中央与地方关系转型等客观形势的转变,关与中央的政务往来关系逐渐被破坏,关的地方化趋势愈加明显。藩镇管辖区内的关一般由藩镇自己统辖。

关本身位于地方,其与州县之间的联系本就紧密。主要表现在两点:第一,关司的考课之权由州掌握。据仁井田陞复原的唐《考课令》云:"县令已下及关

---

[1](宋)宋敏求:《唐大诏令集》卷一三〇,北京:中华书局,2008年,第709页。《唐会要》卷九七《吐蕃》,《旧唐书》卷一八下《宣宗本纪》所引制文与此基本相同。

[2]《旧五代史》卷一五《梁书·赵克裕传》,第213页。

[3]《旧唐书》卷一七九《张濬传》,第4658页。此事又见《资治通鉴》卷二五八,大顺元年(890)十一月条,《考异》所引《唐末见闻录》曰:"……臣所部南界晋州长宁关使张承晖"云云。第8407页。

[4](宋)李昉:《太平广记》卷四九二,北京:中华书局,1961年,第4041页。

[5](唐)李德裕:《李卫公会昌一品集》卷一七,北京:中华书局,1985年,第146页。

[6]张国刚:《唐代藩镇研究》,北京:中国人民大学出版社,2010年,第95页。此外[日]伊藤宏明也对此有研究,参见《唐五代に関する都頭について》,《唐代史研究》第2号,1999年。

镇戍官、岳渎令，并州考。"[1]第二，当有人过关时触犯律令须被惩处时，关司本身并无司法权，应移交附近州县。此点虽无直接证据，但可从旁证进行推断。首先，《唐六典》、两《唐书》所载的关司职能并无司法权，反之却载地方都督府和州的法曹、司法参军事"掌律、令、格、式，鞫狱定刑"，县令"躬亲狱讼"[2]；其次，《天圣令·狱官令》提供了这方面的证据。复原唐1条载："诸犯罪，皆于事发处州县推断。"复原唐2条载："诸犯罪，杖罪以下，县决之；徒以上，送州推断。"[3]而且并无关司的相关记载。因此随着唐后期中央对地方控制力式微，尚书省职权衰落，关的地方化是客观形势发展下的必然结果。《唐会要》载乾元元年（758）八月敕："大散关宜依旧令凤翔府收管。"[4]说明至少在乾元元年以前，大散关已经隶属凤翔府。

三、五代时期的关司制度及其军事职能

（一）五代时期的关司制度

唐后期直至后唐和后晋，关司有两个管理系统：第一，"令式内系统"，即沿承唐前期，律令格式规定下的中央的尚书省与地方关令、丞等存在政令上承下达关系的关令系统。第二，"令式外系统"，即在藩镇体系下，作为使职对关拥有管辖权的关使系统。后晋天福三年（938）下敕废除了第一条系统，断绝了尚书省与关之间的政务往来，使得关司最终完成地方化。

《五代会要》卷一六《司门》载："晋天福三年六月敕：'应管关令丞等，宜准唐天成四年（929）四月敕，本司不得差补，只委关镇使钤辖。今日已前差补者，宜令画时勒停讫奏闻。'"[5]此敕文所谓"本司"就是尚书省刑部司门司。后

[1] ［日］仁井田陞：《唐令拾遗》，栗劲等编译，长春出版社，1989年，第240页。

[2]《唐六典》卷三〇《三府都护州县官吏》，第749、753页。

[3] 天一阁博物馆，中国社会科学院历史研究所天圣令整理课题组校证：《天一阁藏明钞本天圣令校证：附唐令复原研究》下册附《唐开元狱官令复原清本》，北京：中华书局，2006年，第643、644页。

[4]《唐会要》卷八六《关市》，第1579页。至德二载（757）十二月，置凤翔府。

[5]（宋）王溥：《五代会要》卷一六《司门》，上海古籍出版社，2006年，第262页。

唐天成元年（926）十月三日，尚书考功条奏格例："县令已下及关镇庶官、岳渎令并州考。"[1]在后唐明宗天成元年，关的庶官即令丞等是由州进行考课。可见此时关仍有令丞，天成四年（929）下敕关令丞等若缺，不再补官。从天福三年又下敕来看，后唐时期的改革可能不如人意。到了宋代关令丞已经成为"皆存其名而罕除者"[2]，这当是五代以来发展的结果。

五代时期的关司还见有牙官、守捉、权知等职官或差遣。后唐清泰三年（936），司门郎中夏侯坦上言："去年六月，诏京百司，举本司公事，当司官属，关令、丞及京城诸色人出入过所事，久不施行。其关牙官、守捉、权知者，伏以关防，以备奸诈。"[3]

牙官，可能是负责戍卫关的小头目。牙官之上有都头，都头之上有都将。唐懿宗咸通六年（865），"南蛮寇五管，陷交阯，诏徐州节度使孟球召募二千人赴援，分八百人戍桂州。旧三年一代，至是戍卒求代，尹戡以军帑匮乏，难以发兵，且留旧戍一年。其戍卒家人飞书桂林，戍卒怒，牙官许佶……等九人，杀都头王仲甫，立粮料判官庞勋为都将"[4]。据此类推，上文已经交代唐代的关有都头，牙官当为其下属。后周广顺二年（952）十月，解州刺史兼两池榷盐使张崇训言："两盐池周围极远，以棘为篱，别无城壁。其巡警牙官，数百步一人。"[5]牙官有巡警之责，因此夏侯坦所言的关牙官当负责稽勘之事。

守捉，可能是上文所言唐前期渝关之守捉。唐后期和五代有守捉使，但未见有关守捉使的记载，而且有大使小任之嫌疑。权知，即临时负责关务的差遣职名。到了宋代有知关，或承袭于此。

---

[1]《五代会要》卷一五《考功》，第245页。

[2]（元）脱脱：《宋史》卷一六八《职官志八》，北京：中华书局，1977年，第3997页。

[3]（宋）王钦若：《册府元龟》卷四六七《台省部·举职》，南京：凤凰出版社，2006年，第5278页。

[4]《旧唐书》卷一七七《崔慎由传附能子崔彦曾传》，第4581页。

[5]《册府元龟》卷四九四《邦计部·山泽第二》，第5609页。

（二）五代时期的关有兵长期戍守

后梁天平元年（907）七月敕："改虎牢关为军。（仍置虎牢关军使）。"[1]虎牢关在改军之前可能就有关使，改军之后便改为关军使。有军驻守于关内，虎牢关具有军事戍守职能无疑。但虎牢关军使在后晋已不置。后晋天福二年（937）七月，叛将张从宾攻汜水关（即虎牢关），"杀巡检使宋廷浩"[2]。《册府元龟》载此事为"宋廷浩，为房州刺史，汜水关巡检使。天福二年，为贼军所害"[3]。但在《宋史》宋廷浩子宋偓传中却载其父为"汜水关使"。"父廷浩，尚后唐庄宗女义宁公主，生偓，廷浩历石、原、房三州刺史。晋初，为汜水关使，张从宾之叛，力战死之"[4]。我们认为宋廷浩应该是兼汜水关巡检使和关使两个使职。据刘琴丽研究，五代时期的巡检有领兵之权[5]，因此后晋初年的汜水关也有戍守职能。

后梁乾化三年（913），晋王李存勖率军攻燕国，三月"居庸关使胡令珪等与诸戍将相继挈族来奔"[6]。居庸关不仅有关使，而且还有戍将，所以也具有戍守职能。文献中所见五代关使还有泥水关使和石会关使。《旧五代史·温韬传》载温韬长子温延浚，"清泰中为泥水关使"[7]。后周广顺元年（951）正月，"潞州奏，得石会关使王延美报，河东刘崇于正月十六日僭号"[8]。

五代时期的契丹也仿效汉制设有关使。《旧五代史》载：后周显德六年（959）柴荣北伐契丹，四月"今上（柴荣）先至瓦桥关，伪守将姚内斌以城降。（案《隆平集》：姚内斌，平州人也。世宗北征，将兵至瓦桥关，内斌为关使，开门请降，世宗以为汝州刺史。《旧五代史考异》）"[9]。《宋史·姚内斌传》记

[1]《五代会要》卷二六《关》，第415页。

[2]《资治通鉴》卷二八一，天福二年七月条，第9176页。

[3]《册府元龟》卷四二五《将帅部·死事第二》，第4822页。

[4]《宋史》卷二五五《宋偓传》，第8905页。

[5] 刘琴丽：《五代巡检制度》，《史学月刊》2003年第6期。

[6]（宋）薛居正：《旧五代史》卷二八《唐书·庄宗纪》，北京：中华书局，1976年，第381页。《资治通鉴》卷二六八载："燕居庸关使胡令圭等奔晋。"第8768页。

[7]《旧五代史》卷七三《温韬传》，第961页。

[8]《旧五代史》卷一一〇《太祖纪》，第1464页。

[9]《旧五代史》卷一一九《周书·世宗纪》，第1581页.

载："姚内斌，平州卢龙人。仕契丹，为关西巡检、瓦桥关使。周显德六年，太祖从世宗北征，兵次瓦桥关，内斌率众五百人以城降。"[1]姚内斌是瓦桥关使，且为"守将"，属下有士兵五百人，可见契丹在边境所设关也有戍守职能。另见宋太祖乾德元年（963）八月，"契丹幽州岐沟关使柴廷翰等来降"[2]。

此外，关由于具有特殊的军事地理优势，在军情需要时也会加兵防守。仅举两例。后唐长兴三年（932）十一月，"帝（后唐明宗）谓近臣曰：'北面频奏蕃寇，宜令河东节度使李从温，且将兵士至雁门已来巡抚。'……帝谓新除河东节度使石讳曰：'卿至河东，御虏之要，但有塞断鹘谷，凡诸关防御守备，设法以待之，慎勿与之孤斗。'"[3]雁门关隶属于河东节度使管辖范围，而且一直是对抗契丹的前沿阵地。因此唐明宗特别强调在雁门关等诸关要"防御守备"。还有后晋天福八年（943）诏永清军节度使梁汉璋率千骑戍冀州。"寻以杜重威北讨，诏以汉璋充北面军马都排阵使，戍游口关，与虏骑五千相遇于浮阳之北界，苦战竟日，以众寡不侔，为流矢所中，没于阵。"[4]北面军马都排阵使梁汉璋戍游口关也是出于战事需要而驻兵于此。

还需要强调，五代时期的关还负责"稽勘奸邪"之事，这点与《唐六典》所载关司职能相同，可见并非因有军事职能而废弃其稽查奸邪、勘验通关文书的职能。如后梁开平四年（910）十一月，太祖下诏曰："关防者，所以讥异服，察异言也。况天下未息，兵民多奸，改形易衣，觇我戎事。比者有谍皆以诈败，而未尝罪所过地；叛将逃卒，窃其妻孥而影附使者，亦未尝诘其所经。今海内未同，而缓法弛禁，非所以息奸诈、止奔亡也。应在京诸司，不得擅给公验。如有出外，须执凭由者，其司门过所先须经中书门下点检，宜委宰臣赵光逢专判出给，俾由显重，冀绝奸源。"[5]对于军事间谍以及叛将逃兵都可归为"奸邪"之类，关需要勘验公验等凭由文书。但是由于天下未息、战乱频仍，关司稽勘效率大打折

---

[1]《宋史》卷二七三《姚内斌传》，第9341页。

[2]《宋史》卷一《太祖纪》，第15页。

[3]《册府元龟》卷九九四《外臣部·备御第七》，第11511、11512页。

[4]《册府元龟》卷四二五《将帅部·死事第二》，第4822页。

[5]《册府元龟》卷一九八《闰位部·立法制》，第2133页。

扣，于是才有是诏[1]。

四、结　论

隋唐时期"关"的职能发生了两次较大的改变。第一，隋初中央和地方的关系发生了变化，位处地方的关，被纳入中央直辖体系之下，从而调整了旧的关司制度。又由于府兵制下不需要关发挥戍守职能，关从秦汉魏晋南北朝以来所具有的军事职能被废除，具有此职能的关尉一职被废。关从而成为一级地方机构，主要负责勘验过所等通关文书，稽查所谓的奸邪之徒。第二，安史之乱中，由于关本身具有军事地理的独特重要性，又开始重新具有军事戍守职能，并逐渐凸显。

随着使职差遣的兴起，关也出现了具有军事色彩的"关使"一职。但旧有的关令系统依然存在，于是在唐后期和五代前期，在关司管理上出现了"关令系统"和"关使系统"并存的双轨制，直至后晋天福三年关令系统才被正式废除。关令系统的废除，并非是指关令、丞、录事等职名不再使用，而是完全割断了唐前期三省六部制下尚书省与地方单位——关的联系。此时的关不再直接听命于中央，而是由地方的关镇使统辖，我们称其为"关的地方化"，而这种改变的趋势

---

[1] 关司的稽勘之责还体现在以下几条材料中：

后唐同光二年（924）九月，"先有敕关防道路捉搦诈伪之人，如闻诸道有诈称天使者，严加辨认"（《册府元龟》卷六五《帝王部·发号令第四》，第693页）。

后唐长兴三年（928）下敕旨曰："比置关防津铺，为要禁察奸凶。如或纵舍贼徒，透漏商税，既亏职分，难逭刑章"（《册府元龟》卷六六《帝王部·发号令第五》，第699页）。

后周广顺二年（952）十一月敕："所有牛马驴骡皮筋骨，今后官中更不禁断，并许私家共便买卖，只不得将出敌疆，仍仰关津界首，仔细觉察捕捉，所犯人必加深罪。"（《五代会要》卷二五《杂录》，第403、404页）但商人为逃关税，还是有不走设关之官道而走私路，或不凭通关文书过关的情况发生。如后唐同光二年（924）二月，租庸使孔谦奏："诸道纲运，商旅多于私路。苟免商税，不由官路往来。宜令所在关防，严加捉搦。山谷私由道路，仍须彰塞，以戢行人。"（《册府元龟》卷五〇四《邦计部·关市》，第5735页）

后唐长兴元年（926）八月，刑部郎中周知微上奏云："近年关防商贾，不凭司门公验。关禁之设，国有旧章。请诸司举行之。"（《册府元龟》卷四七五《台省部·奏议第六》，第5381页）但这种情况并未得到改善，周知微的奏疏结果是"疏奏，不报"。

从安史之乱后就已经出现。

关使作为一种使职，其设置的目的不是为分关令的权力，而是为弥补旧有关司在制度设计上缺少军事职能的不足。这种"不足"在隋代是有意为之，是当时客观政治的需求，而"弥补"是玄宗开天时期因现实军事需求重新唤起关的常态化的军事戍守职能。

关的军事职能的两次消长，恰恰与两次重要的转型期相契合。隋初结束了近三百年的魏晋南北朝分裂时代，但统治者同时也面临重新混一宇内后中央如何更好管理地方的难题。安史之乱后，唐王朝中央的统治力式微，统治者也面临如何处理好中央和地方的关系问题。作为一级地方行政单位且在交通、军事上具有突出重要性的关，在隋代被中央化，到唐后期却被地方化，从中或可看出统治者改革的方向。不论是唐宋变革，还是唐宋转型，年轻学者唯有将一些看似细枝末节的问题解决好，将唐后期、五代、北宋前期三个时期打通，或许才可能更好达到集腋成裘的研究目标。

（作者单位：山西师范大学历史与旅游文化学院）

唐开天之际安东都护府迁治新考[*]

赵智滨

关于开元天宝时期安东都护府治所迁移的情况，"开元二年，移安东都护于平州置。天宝二年，移于辽西故郡城置"[1]。对于《旧唐书》的这一观点，多数学者予以支持，但在辽西故郡城的地望上有较大分歧，史念海、李大龙认为辽西故郡城位于今辽宁锦州境内[2]；李治亭、刘统认为辽西故郡城位于今辽宁义县境内[3]；陈连开认为辽西故郡城位于今辽宁朝阳[4]；程尼娜认为辽西故郡城位于今辽宁北宁一带[5]；松井等认为辽西故郡城位于汝罗地方，津田左右吉则认为开元二十三年（735）辽西故郡城迁治汝罗[6]。不过亦有学者持不同意见，认为安东都护府曾迁

*本文系国家社科基金特别委托项目"高句丽五部与高句丽建国史研究"（编号：16@ZH012）、国家社科基金一般项目"唐代安东都护府与东北亚走廊研究"（编号：17BZS102）阶段性成果。

[1]（后晋）刘昫：《旧唐书》卷三九《地理志二》，北京：中华书局，1975年，第1526页。

[2] 史念海：《唐代历史地理研究》，北京：中国社会科学出版社，1998年，第111页；李大龙：《都护制度研究》，哈尔滨：黑龙江教育出版社，2003年，第250页。

[3] 李治亭主编：《东北通史》，郑州：中州古籍出版社，2003年，第191页；刘统：《唐代羁縻府州研究》，西安：西北大学出版社，1998年，第98页。

[4] 谭其骧主编，陈连开等著：《〈中国历史地图集〉释文汇编·东北卷》，北京：中央民族学院出版社，1988年，第66页，陈先生并未直接指出辽西故郡城位于今辽宁朝阳，而是认为安东都护府天宝二年（743）移治营州（今辽宁朝阳）。

[5] 程尼娜：《唐代安东都护府研究》，《社会科学辑刊》2005年第6期，第128页。另，辽宁北宁市于2006年改称北镇市。

[6][日] 津田左右吉：《安东都护府考》，邢玉林译，中国社会科学院民族研究所社会历史室资料组编译《民族史译文集》第13辑，北京：中国社会科学院民族研究所，1985年，第233、234页。

治燕郡城。郭声波认为开元十一年（723）安东都护府治所由平州移燕郡城（今辽宁义县），天宝二年（743）又移辽西故郡城（今辽宁北宁）[1]。金毓黻虽然也赞同开元十一年（723）安东都护府治所移燕郡城，但认为燕郡城位于幽州境内，天宝二年（743）又移辽西故郡城（今辽宁北宁）[2]。姜维东认为开元十一年（723）安东都护府治所移燕郡城，燕郡城即辽西故郡城，自开元十一年（723）起直至弃置安东都护府，治所一直没有移动[3]。

由上可知，学界对开元天宝时期安东都护府治所的迁移存在着较大分歧。那么，历史的真相究竟如何呢？笔者认为要弄清开元天宝时期安东都护府治所迁移的情况，不能只从安东都护府本身的研究视角就事论事，必须将其放在更为广阔的历史背景中考察。应将开天之际安东都护府治所迁移同唐朝与后东突厥汗国（以下称突厥）和两蕃（契丹、奚）的关系、平卢军节度使治所的迁移、归义州都督府的置废、顺化州的设置、安禄山初期历官等历史事件联系起来一同考察，才有可能接近历史的真相。笔者不揣冒昧，对开天之际安东都护府治所的迁移提出一点不成熟的看法，冀以抛砖引玉。

一、安东都护府由平州迁往燕郡城

神龙元年（705）二月，李唐复辟，朝政由一向对边疆经营持消极态度的宰相张柬之主持[4]。"神龙元年，移（营州都督）府于幽州界置，仍领渔阳、玉田二县"[5]。营州都督府内迁后，安东都护府与内地的陆路联系被切断，不久后以张柬之为首的五王派与韦后、武三思为代表的皇后派发生矛盾，争斗不已，根本无暇顾及东北边疆地区，安东都护府势难久持，内迁在所难免。"（薛讷）俄迁幽州

[1] 周振鹤主编，郭声波著：《中国行政区划通史·唐代卷》，上海：复旦大学出版社，2012年，第284页。郭先生认为燕郡城是新辽西城，故辽西城在今辽宁北宁间阳镇。

[2] 金毓黻：《东北通史》，沈阳：五十年代出版社辽大学翻印本，1981年，第244页。

[3] 姜维东：《唐丽战争史》，长春：吉林文史出版社，2001年，第251页。

[4]（宋）司马光：《资治通鉴》卷二〇八，神龙元年二月甲寅条，北京：中华书局，1956年，第6583页。

[5]《旧唐书》卷三九《地理志二》，第1521页。

都督、安东都护"[1]。薛讷就任幽州都督在景云元年（710）十月[2]，也就是说，薛讷担任安东都护也当在景云元年。考虑到薛讷是以幽州都督的身份兼任安东都护，安东都护府此时当已内迁，应位于幽州都督府境内某处。

唐玄宗即位之初，位于辽西地区的两蕃（契丹、奚）均为突厥附庸。为恢复唐朝在辽西地区的战略优势，唐玄宗开始对两蕃用兵。《旧唐书·玄宗本纪上》："（开元二年）七月，薛讷与副将杜宾客、崔宣道等总兵六万自檀州道遇贼于滦河，为贼所败。讷等屏甲遁归，减死，除名为庶人。"开元二年（714），唐军被两蕃大败，河北道边防形势急剧恶化。营州、安东失守后，平州（今河北卢龙）成为唐朝最东北的边州，两蕃若进攻唐朝，平州首当其冲。"开元二年十月二十四日。改平州为安东都护府"[3]。为加强平州的防御力量，唐朝于开元二年（714）将安东都护府迁往平州，同时废除平州建置，原平州辖境改归安东都护府管辖。

"（开元四年六月）癸酉，拔曳固斩突厥可汗默啜首来献。时默啜北击拔曳固，大破之于独乐水，恃胜轻归，不复设备，遇拔曳固迸卒颉质略，自柳林突出，斩之……（八月）辛未，契丹李失活、奚李大酺帅所部来降。制以失活为松漠郡王、行左金吾大将军兼松漠都督，因其八部落酋长，拜为刺史；又以将军薛泰督军镇抚之。大酺为饶乐郡王、行右金吾大将军兼饶乐都督"[4]。开元四年（716），突厥可汗默啜被杀，境内大乱，契丹和奚趁机摆脱突厥控制，内附唐朝，这为唐朝重新控制辽西地区提供了有利时机。"（开元五年二月）奚、契丹既内附，贝州刺史宋庆礼建议，请复营州。三月，庚戌，制复置营州都督于柳城，兼平卢军使，管内州县镇戍皆如其旧；以太子詹事姜师度为营田、支度使，与庆礼等筑之，三旬而毕"[5]。《新唐书·方镇表三》："（开元五年）营州

[1]（宋）欧阳修、宋祁：《新唐书》卷一一一《薛讷传》，北京：中华书局，1975年，第4143页。

[2]《资治通鉴》卷二一〇，景云元年十月丁酉条，第6656页。

[3]（宋）王溥：《唐会要》卷七三《安东都护府》，北京：中华书局，1955年，第1319页。

[4]《资治通鉴》卷二一一，开元四年六月癸酉条、八月辛未条，第6719、6720页。

[5]《资治通鉴》卷二一一，开元五年条，第6727页。

置平卢军使。"开元五年（717），唐朝将营州都督府迁回营州（柳城）并在营州成立平卢军。

默啜被杀后，其侄毗伽取得突厥汗位，迅速击败铁勒各部，并派军南下威胁唐朝边境安全。开元六年（718）二月，唐玄宗发布诏令，准备再次联合铁勒各部和两蕃北伐突厥。突厥迅速做出反应，于开元六年（718）夏天攻打奚部[1]。面对突厥的进攻，唐朝不得不加强辽西地区的防御力量。《新唐书·方镇表三》："（开元七年）升平卢军使为平卢军节度，经略、河北支度、管内诸蕃及营田等使，兼领安东都护及营、辽、燕三州。"《唐会要·节度使》："开元七年闰七月，张敬忠除平卢军节度使，自此始有节度之号。"开元七年（719）闰七月，唐朝将安东都护府纳入平卢军节度使管辖。那么，此时安东都护府治所是否还在平州呢？

"开元十一年三月六日……安东都护府却归燕郡。平州依旧置"[2]。解读这段史料的关键在于如何理解"却归"二字的含义。《旧唐书·吐蕃传下》："吐蕃赞普遣使农桑昔赍表请修和好，边将以闻。上以其豺狼之性，数负恩背约，不受表状，任其使却归。"从上下文意分析，这里"却归"的含义很明显就是返回。安东都护府却归燕郡，意为安东都护府治所返回燕郡城。这表明在开元八年（720）安东都护府再次迁往平州[3]以前其治所就已经在燕郡城了。那么，安东都护府是在什么时候迁往燕郡城的呢？

"其营州都督府，宜依旧于柳州置。管内州县镇戍等，并准旧额……（左骁卫大将军兼营田都督邵）宏可兼充燕郡经略镇副使，仍兼知修筑使事"[4]。开元五年（717）唐朝将营州都督府迁回营州时燕郡事务由左骁卫大将军邵宏负责，而非安东都护，这表明此时安东都护府治所尚未迁至燕郡城。前文已述，唐朝于开元七年（719）将安东都护府纳入平卢军节度使管辖，安东都护府是唐朝管理东北边疆的主要军事行政机关，其地位是非常重要的，不应成为平卢军节度使的下级

---

[1] 薛宗正：《突厥史》，北京：中国社会科学出版社，1992年，第521、533页。

[2] （宋）王溥：《唐会要》卷七三《营州都督府》，第1320页。

[3] 详见后述。

[4] （清）董诰：《全唐文》卷二七《命柳城复置营州诏》，北京：中华书局，1983年，第309页。

机构，除非其与平卢军节度使发生了某种地域上的特殊联系才有可能。燕郡城位于营州东一百八十里[1]，将安东都护府迁治燕郡城实际意味着将营州东半部划分出来，成为安东都护府辖境，而营州恰是平卢军节度使驻地。很明显，之所以要将拥有相当政治地位的安东都护府纳入平卢军节度使管辖，是因为安东都护府此时已迁治燕郡城，只有将安东都护府所辖军队纳入平卢军节度使管辖，才能建立一个完整的辽西地区军事镇戍体系。由以上可知，在开元五年（717）至开元七年（719）期间，唐朝已将安东都护府迁治燕郡城。那么，燕郡城具体位置在哪里呢？"宜州，按《皇华四达记》：营州东北（百）八十里，凡九递至燕郡城，自燕郡东经汝罗守捉，渡辽州十七驿，至安东都护府，约五百里。今以契丹地图校，至东京五百二十里。东京，即安东都护治所。（宜）州城即古之燕郡城是也"[2]。唐燕郡城即辽宜州城，根据现代考古成果，辽宜州城位于今辽宁义县县城附近[3]，因此燕郡城应位于今辽宁义县县城附近。

唐朝之所以在此时将安东都护府迁治燕郡城，主要是出于两方面的考虑。首先是军事上的考虑。营州以东至辽河有五百里的距离，而燕郡城位于营州东一百八十里，是控制营州以东地区的战略支点，此外燕郡城北面数百里就是契丹牙帐所在，在此驻扎一支强大的军队不仅有利于唐朝对辽西地区的统治，而且可以加大对契丹的控制力度。其次是政治上的考虑。开元元年（713）以后，位于辽东北部的靺鞨各部如拂涅、越喜、铁利开始向唐朝朝贡[4]。"其大者为都督府，以其首领为都督、刺史，皆得世袭……皆边州都督、都护所领"[5]，唐朝根据朝贡靺鞨各部的实力授予其名号，将其设置为羁縻府州，并将其归属于安东都护府管辖[6]。为

[1]《新唐书》卷四三下《地理志七下》："营州东百八十里至燕郡城。"第1146页。

[2]（宋）曾公亮、丁度：《武经总要》卷二二《北蕃地理》，程素红主编《中国历代兵书集成》，北京：团结出版社，1999年，第1170页。

[3] 谭其骧主编：《〈中国历史地图集〉释文汇编·东北卷》，第191、192页。

[4]《册府元龟》卷九七一《外臣部·朝贡第四》，第11237页。

[5]《新唐书》卷四三下《地理志七下》，第1119页。

[6]《新唐书》卷四三下《地理志七下》：拂涅州、拜汉州、新城州都督府、辽城州都督府、哥勿州都督府、卫乐州都督府、舍利州都督府、居素州都督府、越喜州都督府、去旦州都督府、建安州都督府右隶安东都护府。第1128、1129页。

了更好地管理这批靺鞨羁縻府州，安东都护府有必要迁至离其较近的地方，燕郡城无疑符合这一条件。

二、契丹犯境与安东都护府的迁移

"是岁（开元八年），可突干举兵击娑固，娑固败奔营州。营州都督许钦澹遣安东都护薛泰帅骁勇五百与奚王李大酺奉娑固以讨之，战败，娑固、李大酺皆为可突干所杀，生擒薛泰，营州震恐。许钦澹移军入渝关，可突干立娑固从父弟郁干为主，遣使请罪"[1]。"（开元）八年夏，契丹寇营州，发关中卒援之。军次渑池县之阙门，野营谷水上。夜半，山水暴至，二万余人皆溺死"[2]。"（开元）八年，（营州都督府）又往就渔阳。"[3]开元八年（720），安东都护薛泰被契丹首领可突干击败，契丹乘胜进攻营州，唐朝从关中派军增援营州，中途遭遇意外全军覆没。失去了支援的营州都督府无力抵御契丹的进攻，被迫内迁到渝关（今河北山海关）内的渔阳县（原属幽州）。安东都护府治所燕郡城位于营州东一百八十里，安东都护府如不随营州内迁，势必为契丹消灭，因此其也应随营州内迁。那安东都护府内迁至何地呢？《唐会要·营州都督府》："开元十一年三月六日……安东都护府却归燕郡。平州依旧置。"开元十一年（723），安东都护府迁回燕郡城，原安东都护府所辖地域恢复平州建置。前文已述，开元五年（717）至开元七年（719）期间，唐朝已将安东都护府治所由平州迁往燕郡城。从常理推断，安东都护府治所早已由平州迁往燕郡城，为何要再迁一次？这表明在开元七年（719）至开元十一年（723）期间，安东都护府治所由燕郡城又迁回了平州。联系到薛泰战败后安东都护府的内迁，说明唐朝于开元八年（720）再次将安东都护府迁往平州，同时废除平州建置，原平州辖境改归安东都护府管辖。

可突干虽然顺利控制了两蕃，占领了营州，但其处境依然十分艰难。首先是唐朝对两蕃可能的大举进攻。《全唐文·并州论边事表》："契丹、奚背恩，诚负天地不容之责，然原其状，本是夷戎君臣不和，自相诛戮耳。所望圣慈，且使其族类在朝者，将敕书再三告让，因其所欲立酋长而便定之，或可不战而定也。

---

[1]《资治通鉴》卷二一二，开元八年条，第6743页。

[2]《旧唐书》卷三七《五行志》，第1357页。

[3]《旧唐书》卷三九《地理志二》，第1521页。

必告之不驯，则大发兵马，东召靺羯，西举九姓，来春未青，数道齐入，突干之首，可拾而取，未为晚也。"《册府元龟·外臣部·征讨五》："（开元）八年九月遣左骁卫郎将、摄郎中张越使于靺鞨，以奚及契丹背恩义，讨之也。"唐朝积极备战并联络渤海靺鞨以讨伐可突干，但开元九年（721）关内道北部爆发了由康待宾领导的六胡州叛乱，对长安所在的关中地区造成了极大的威胁，唐朝不得不紧急调兵进行镇压[1]，对契丹用兵之事只好暂时搁置，待叛乱完全平定后再对契丹用兵。其次是突厥实力强大，对两蕃也构成了巨大的战略威胁。《旧唐书·玄宗本纪上》："（开元十年）夏四月丁酉，封契丹首领松漠都督李郁于为松漠郡王，奚首领饶乐都督李鲁苏为饶乐郡王……（六月）癸卯，以余姚县主女慕容氏为燕郡公主，出降奚首领饶乐郡王李鲁苏。"《旧唐书·契丹传》："十年，郁于入朝请婚。上又封从妹夫率更令慕容嘉宾女为燕郡公主以妻之，仍封郁于为松漠郡王，授左金吾卫员外大将军兼静析军经略大使，赐物千段。"契丹无力同时对抗唐朝和突厥，为了避免唐军的进攻，也为了制衡突厥，契丹选择向唐朝求和。"三十八岁时，我（毗伽）在冬天征讨契丹"[2]。面对契丹的亲唐举动，突厥立即做出反应。毗伽可汗在其三十八岁（722）冬，大举进攻契丹。"郁于还蕃，可突于来朝，拜左羽林将军，从幸并州"[3]。"（开元十一年）春正月己巳，车驾自东都北巡……辛卯，至并州……三月庚午（五日），车驾至京师"[4]。突厥的进攻使契丹别无选择，只能彻底倒向唐朝。可突干不得不亲自入朝并于开元十一年（723）从幸并州，请求唐朝将营州都督府和安东都护府迁回辽西地区，以保护契丹不被突厥侵犯。《唐会要·营州都督府》："开元十一年三月六日。营州玉田渔阳两县。却隶幽州。安东都护府却归燕郡。平州依旧置。"唐玄宗从并州回到京师的第二天便发布诏令，将营州从渔阳迁回柳城，原归营州管辖的玉田、渔阳两县（原属幽州）仍由幽州管辖。安东都护府迁回燕郡城，原安东都护府所辖地域恢复平州建置，即所谓"平州依旧置"。

需要特别指出的是，有关安东都护府迁回燕郡城的记载只见于《唐会要》，

---

[1]《资治通鉴》卷二一二，开元九年四月条，第6745页。

[2] 芮传明：《古突厥碑铭研究》，上海古籍出版社，1998年，第266页。

[3]《旧唐书》卷一九九下《契丹传》，第5352页。

[4]《资治通鉴》卷二一二，开元十一年条，第6755页。

他书未见。那么，这条史料的可信度如何呢？《旧唐书·地理志二》："神龙元年，移（营州都督）府于幽州界置，仍领渔阳、玉田二县。开元四年，复移还柳城。八年，又往就渔阳。十一年，又还柳城旧治。"《新唐书·地理志三》："（玉田）神龙元年隶营州，开元四年还隶幽州，八年隶营州，十一年又隶幽州。"从以上两条记载来看，渔阳、玉田二县确实在开元八年（720）划属营州，并于开元十一年（723）还隶幽州，这与《唐会要》的记载契合，表明这道将营州都督府和安东都护府迁回辽西地区的诏令是真实可信的。《唐故安东副都护高府君（远望）墓志铭》："君讳远望……自左骁卫郎将，帝嘉其功，拜安东大都护府副都护兼松漠使……去开元廿八年朱夏五月廿八日，终于燕郡公舍，春秋四十有四。"[1]安东副都护高远望病故于燕郡公舍，既然是公舍，说明高远望是在任上病故，这表明开元二十八年（740）安东都护府的治所在燕郡城，这也从另一个侧面反映了安东都护府确实于开元十一年（723）迁回燕郡城。

三、辽西故郡城考

《旧唐书·地理志二》："天宝二年，（安东都护府）移于辽西故郡城置。"《新唐书·地理志三》："天宝二年，（安东都护府）又徙于辽西故郡城。"《新唐书·方镇表三》："（天宝二年）平卢军节度使治辽西故城（与辽西故郡城当指一地），副都护领保定军使。"《新旧唐书·地理志》与《新唐书·方镇表三》的记载颇为不同，那究竟是安东都护府治所在天宝二年（743）迁辽西故郡城，还是平卢军节度使治所在天宝二年（743）迁辽西故郡城呢[2]？鉴于有关安东都护府治所迁移的记载相对较少，我们可以从平卢军节度使治所的变化来考察这个问题。

《唐会要·节度使》："（开元）二十八年二月，（平卢军节度使）除王

[1]吴钢主编：《全唐文补遗》第8辑，西安：三秦出版社，2005年，第47、48页。

[2]有学者认为因为平卢军节度使兼任安东都护，故平卢军节度使迁辽西故郡城和安东都护府迁辽西故郡城是一回事，这种观点是值得商榷的。当时的实际情况是，由宗室亲王任安东都护府都护（后为大都护）兼任平卢军节度大使，但亲王留京师不赴任。平卢军由平卢军节度副大使（一般称平卢军节度使）负责，安东都护府由副都护（后为副大都护）负责，两者各有各的治所，不在同一地方。

斛斯，又加押两蕃及渤海黑水等四府经略处置使，遂为定额。"自开元二十八年（740）起，平卢军节度使例兼押两蕃及渤海黑水等四府经略处置使，此时的平卢军节度使治所应仍在营州。"（开元）二十八年，（安禄山）为平卢军兵马使。二十九年三月九日，加特进"[1]。"（安禄山）后以平卢兵马使擢特进、幽州节度副使"[2]。开元二十九年（741）三月九日，安禄山由平卢军兵马使升任幽州节度副使。"（开元二十九年）八月，乙未，以禄山为营州都督，充平卢军使，两蕃、勃海、黑水四府经略使"[3]。"北州（应为营州）刺史王斛斯为幽州节度使；幽州节度副使安禄山为营州刺史，充平卢军节度副使，押两蕃、渤海、黑水四府经略使"[4]。"（开元二十九年）幽州节度副使领平卢军节度副使，治顺化州"[5]。开元二十九年（741）八月，平卢军节度使兼营州都督[6]、押两蕃及渤海黑水等四府经略处置使王斛斯调任幽州节度使，幽州节度副使安禄山兼任平卢军节度副使，同时还兼营州都督、平卢军使、押两蕃及渤海黑水等四府经略处置使，治所在顺化州。从现有的史料记载来看，王斛斯调任幽州节度使后，无人接任平卢军节度使，要么当时平卢军节度使悬而未任，要么仍由王斛斯兼任。如前所述，平卢军节度使例兼营州都督、押两蕃及渤海黑水等四府经略处置使，而这两个职务现由平卢军节度副使安禄山兼任，这说明平卢军节度副使安禄山实际上在行使着平卢军节度使职权，也就是说，当时平卢军节度使实际上的治所在顺化州。

《新唐书·地理志七下》："（羁縻）奚州九……顺化州，县一：怀远。"令人颇感疑惑的是，顺化州是一个羁縻奚州。从常理判断是不该被作为平卢军节度使实际上的治所的，而且应由顺化州的奚人贵族，而不是由粟特人安禄山来担任刺史[7]。更何况安禄山还是事实上的平卢军节度使，这是明显的高职低配，这

---

[1]（唐）姚汝能：《安禄山事迹》，上海古籍出版社，1953年，第2页。

[2]《新唐书》卷二二五上《逆臣传上》，第6412页。

[3]《资治通鉴》卷二一四，开元二十九年八月乙未条，第6845页。

[4]《旧唐书》卷九《玄宗本纪下》，第213、214页。

[5]《新唐书》卷六六《方镇表三》，第1836页。

[6] 唐朝行政惯例，都督府都督兼任治所州刺史，营州都督王斛斯也当兼任营州刺史。

[7]《新唐书》卷二二五上《逆臣传上》："授（安禄山）营州都督、平卢军使、顺化州刺史。"第6412页。

说明当时的顺化州有着非常重要的地位或者说十分特殊的情况，需要安禄山这样的高官来镇守。顺化州既然是奚州，那么它的建立发展一定同当时唐朝与奚的关系息息相关。"（开元二十年三月）己巳，祎等大破奚、契丹，俘斩甚众，可突干帅麾下远遁，余党潜窜山谷。奚酋李诗琐高帅五千余帐来降。祎引兵还。赐李诗爵归义王，充归义州都督，徙其部落置幽州境内"[1]。"归义州……侨治良乡之广阳城……开元中，信安王祎降契丹李诗部落五千帐，以其众复置"[2]。"（契丹）窥我阿降奚，我是以有卢龙之师……将吏等令驱蛮夷而袭虏庭，因寇粮以赡军用，亦降奚所勤恳也……余四万众悉降奚"[3]。"降奚"指的就是归义州都督李诗所部，唐朝将投降的四万两蕃部众交给归义州都督府管理，加上其原有的五千帐，归义州都督府拥有军士至少在万人以上。《新唐书·奚传》："李诗死，子延宠嗣，与契丹又叛，为幽州张守珪所困。"《唐故云麾将军左威卫将军兼青山州刺史上柱国陇西李公墓志铭并序》："（开元）贰拾柒载，以卢龙塞下降奚内叛，节度使张守珪令公张皇陆师，斩刈枭孽，流血色水，僵尸满原。"[4]"降奚"当指归义州都督府的蕃众，其游牧地位于平州西北的卢龙塞附近[5]。开元二十七年（739），归义州都督府蕃众在李诗子李延宠的率领下叛唐北逃，返回奚地。

"王武俊，契丹怒皆部落也[6]。祖可讷干，父路俱。开元中，饶乐府都督李诗率其部落五千帐，与路俱南河袭冠带，有诏褒美，从居蓟"[7]。"张孝忠，本

---

[1]《资治通鉴》卷二一三，开元二十年三月己巳条，第6797页。

[2]《新唐书》卷四三下《地理志七下》，第1126页。

[3]《全唐文》卷三五二《为幽州长史薛楚玉破契丹露布》，第3569～3571页。

[4] 周绍良、赵超主编：《唐代墓志汇编续集》，上海古籍出版社，2001年，第635页。

[5]（宋）乐史：《太平寰宇记》卷七〇《河北道·平州》："卢龙塞，在今郡城西北二百里。"北京：中华书局，2007年，第1420页。虽然归义州都督府治所位于良乡之广阳城（今北京房山），但是广阳城位于幽州西南，不宜数万人大规模地游牧，而平州北部地区位于游牧区和农耕区的交界处，适宜游牧，故唐朝将归义州蕃众安排在此放牧。

[6] 郭声波先生认为，怒皆部落为奚人部落，而非契丹，有理可从（详见周振鹤主编，郭声波著：《中国行政区划通史·唐代卷》，第1137页）。因李诗所部投降唐朝前是契丹可突干的部下，故《旧唐书》记载路俱为契丹。

[7]《旧唐书》卷一四二《王武俊传》，第3871页。

奚之种类。曾祖靖，祖逊，代乙失活部落酋帅。父谥，开元中以众归国"[1]。另据《李诗夫人墓志》，李延宠弟李献诚任成德军节度副使[2]。由以上可知，原隶属于归义州都督府的王武俊父子、张孝忠父子[3]与李延宠弟李献诚均未随李延宠返回奚地，这都说明归义州蕃众有相当部分留在了唐朝，并在安史之乱后聚拢在成德军。李延宠叛逃后，归义州都督府必然要被裁撤，其余众需重新安置，顺化州应该就是为安排归义州都督府余众而新设的羁縻州[4]。鉴于日后成德军强大的骑兵军团[5]，此时的顺化州应拥有相当规模的骑兵和百姓，其所在地很可能仍在平州北部的半农半牧地区。

"（开元二十八年）八月，甲戌，幽州奏破奚、契丹"[6]。《李永定墓志》："（开元）贰拾捌载，节度使李适之差公领马骑讨袭，大破奚军，斩馘其君王，系虏其人众。"[7]"（天宝四载）三月，壬申，上以……甥杨氏为宜芳公主，嫁奚王李延宠"[8]。开元二十八年（740），唐军杀死奚王，李延宠成为新奚王。考虑到李延宠对顺化州蕃众的影响力，唐朝肯定会怀疑顺化州蕃众的忠诚度，必然会采取有力措施以防止不测事件发生。"及（安禄山）长，忮忍多智，善亿测人情，通六蕃语，为互市郎"[9]。安禄山有很强的领导和沟通能力，且深受唐玄宗赏识，故唐玄宗于开元二十九年（741）将安禄山由平卢军兵马使升任幽州节度副使，其中一个重要任务就是负责安抚当时属于幽州管辖的顺化州蕃众。平卢军节度使王斛斯调任幽州节度使后，幽州节度副使安禄山兼任平卢军节度副使、顺化

---

[1]《旧唐书》卷一四一《张孝忠传》，第3854页。

[2]董坤玉：《有关〈唐归义王李府君夫人清河张氏墓志〉的几点考证》，《黑龙江史志》2014年第7期，第29页。

[3]开元时期奚人大规模投降唐朝并进入内地的非李诗莫属，奚人张谥应为李诗部下。

[4]在武则天时期孙万荣领导的两蕃叛乱中，顺化州并未出现，说明其设置当在其后。

[5]成德军素以骑兵强悍善战闻名，这与成德军吸收了李献诚、王武俊、张孝忠这批来自顺化州的奚人将领有直接关系。

[6]《资治通鉴》卷二一四，开元二十八年八月甲戌条，第6842页。

[7]周绍良、赵超主编：《唐代墓志汇编续集》，第635页。

[8]《资治通鉴》卷二一五，天宝四载三月壬申条，第6864页。

[9]《新唐书》卷二二五上《逆臣传上》，第6411页。

州刺史，治所设在顺化州，顺化州成为事实上的平卢军节度使治所[1]。

《旧唐书·地理志二》："（幽州都督府）都督幽、易、燕、北燕、平、檀六州……天宝元年，改范阳郡（大都督府）。属范阳、上谷、妫川、密云、归德、渔阳、顺义、归化八郡。"[2]原属幽州大都督府管辖的平州（北平郡）[3]，天宝元年（742）不归范阳郡（幽州）大都督府管辖，这说明该年平州（北平郡）已改归其他都督府管辖。考虑到平州（北平郡）的位置，平州（北平郡）应该归营州（柳城郡）都督府管辖，而营州（柳城郡）都督是平卢军节度使的例行兼职，也就是说，天宝元年（742）唐朝已将平州划给了平卢军节度使管辖。"（天宝元年正月）壬子，分平卢别为节度，以安禄山为节度使"[4]。考虑到天宝元年（742）唐朝"分平卢别为节度"，此次平州（包括位于其北部的顺化州）改隶平卢军节度使管辖很可能与安禄山任平卢军节度使同时。顺化州改隶平卢军节度使管辖后，安禄山升任平卢军节度使后就不会出现幽州节度使王斛斯管辖顺化州刺史（平卢军节度使）安禄山的尴尬局面了。由此可知，天宝元年（742）安禄山任平卢军节度使后，顺化州成为正式的平卢军节度使治所。

《新唐书·方镇表三》："（天宝二年）平卢军节度使治辽西故城。"《旧唐书·地理志二》："天宝二年，（安东都护府）移于辽西故郡城置。"辽西故郡城，顾名思义指原辽西郡郡城。唐朝从未设置过辽西郡，不过隋朝设置过辽西郡，此辽西故郡城当指隋辽西郡郡城。"炀帝初（营）州废，又置柳城郡"[5]。"辽西郡，旧置营州，开皇初置总管府，大业初（营州总管）府废。统县一，户七百五十一。柳城（县）……大业初，置辽西郡"[6]。《太平寰宇记》和《隋书》

---

[1]之所以不任命安禄山担任平卢军节度使，是因为唐朝仍需安禄山安抚顺化州蕃众，不能免去其顺化州刺史的职务。而顺化州位于平州北部，平州隶属幽州节度，如任命安禄山为平卢军节度使，就会出现幽州节度使王斛斯管辖顺化州刺史（平卢军节度使）安禄山的尴尬局面。

[2]《旧唐书》卷三九《地理志二》，第1515、1516页。

[3]天宝元年（742）唐玄宗改州为郡，平州改北平郡、幽州改范阳郡、营州改柳城郡。

[4]《资治通鉴》卷二一五，天宝元年正月壬子条，第6847页。

[5]《太平寰宇记》卷七一《河北道·营州》，第1431页。

[6]（唐）魏徵：《隋书》卷三〇《地理志中》，北京：中华书局，1973年，第859页。

记载有所不同，对此李燕捷认为："《隋书·地理志》所记郡县截至大业五年隋朝最为强盛之时为止，至于大业五年以后郡县建置之变化情况，一律不载。大业五年以前，柳城、燕、襄平等郡尚未建立，在后来的辽西诸郡之地，当时只有辽西一郡，即前营州改名，〈隋书·地理志〉关于隋辽西郡的记载并无失误。"[1]李燕捷之说有理，可从。《隋书·炀帝本纪上》："（大业三年四月）壬辰，改州为郡。"大业三年（607），隋朝改州为郡，将营州总管府改为辽西郡（郡治位于今辽宁朝阳）。《太平寰宇记·河北道·燕州》："炀帝大业八年为（粟末靺鞨）置辽西郡，并辽西、怀远、泸河三县以统之，取秦汉辽西郡为名也。"大业八年（612），隋炀帝设辽西郡安置内附的粟末靺鞨，为避免出现两个辽西郡，遂将原来的辽西郡改称柳城郡。《隋书·薛世雄传》："明年（大业九年）……以世雄为东北道大使，行燕郡太守，镇怀远。"《旧唐书·地理志二》："燕州，隋辽西郡……武德元年，改为燕州总管府。"大业九年（613），薛世雄兼任燕郡太守，镇守怀远，怀远应归燕郡管辖，而怀远县原归辽西郡管辖，这说明设置于大业八年（612）的辽西郡在大业九年（613）已改名燕郡，入唐后燕郡被改为燕州，其治所被称为燕郡城。从以上可知，隋朝在不同的时间段设置有两个辽西郡，一个治所位于今辽宁朝阳市[2]，一个治所位于今辽宁义县[3]。其中隋后辽西郡实际存在时间只有一年，故唐人一般不称其故城为辽西故郡城，而称其为燕郡城。隋前辽西郡实际存在时间约五年，其郡治营州城（柳城郡城）被唐人称为辽西故郡城或辽西故城[4]。

如前所述，天宝元年（742）平卢军节度使治所位于顺化州，而平卢军节度使治所在天宝中后期位于柳城郡（营州），这说明在天宝元年之后平卢军节度使治所曾发生过迁移。由此可见，《新唐书·方镇表三》的记载是正确的，天宝二年（743）平卢军节度使治所由顺化州（时位于北平郡北部）迁往柳城郡城（营州城），《旧唐书·地理志二》关于天宝二年（743）安东都护府移于辽西故郡城置

---

[1] 华林甫：《隋唐五代政区研究述评》，《中国史研究动态》2008年第8期，第18页。

[2] 本文称其为隋前辽西郡。

[3] 本文称其为隋后辽西郡。

[4]《唐会要》卷七八《节度使》："平卢军，在柳城，本古（故）辽西之地。"第1431页。

的记载是错误的。至于发生这种错误的原因，笔者认为，因为平卢军节度使治所迁柳城郡城和在安东都护府治所燕郡城置保定军两件事是同时发生的[1]，《旧唐书·地理志二》所依据的原始史料很可能是将这两件事放在一起叙述的，而《旧唐书》编撰者编辑史料时把这两件事搞混了，将平卢军节度使移于辽西故郡城置记成了安东都护府移于辽西故郡城置。《新唐书·地理志三》照抄了《旧唐书·地理志二》的错误记载，加上现存史料中对平卢军节度使治所变化的记载有缺漏，造成了当前学界对于辽西故郡城地望的争议。值得庆幸的是，《新唐书·方镇表三》保存了珍贵的史料，使我们有机会了解历史的真相。

四、天宝二年平卢军节度使镇戍体系全面调整与保定军的组建

"（天宝二年）春正月，安禄山入朝"[2]。"明年（天宝二年），入朝，奏对称旨，进骠骑大将军"[3]。"怀远军，在故辽城。天宝二年二月，安禄山奏置焉……卢龙军，置在北平郡古孤竹国。天宝二年置"[4]。天宝二年（743）正月安禄山入朝觐见唐玄宗，于当年二月奏置怀远军，平卢军节度使下辖的卢龙军也于天宝二年（743）设置，从时间上判断，也应是安禄山于此时奏置的。以上情况表明，此次安禄山入朝奏对的内容应是其对平卢军节度使镇戍体系进行全面调整的具体方案。

柳城郡（营州）位于辽西地区中心位置，战略位置十分重要，其驻军平卢军更是平卢军节度使属下的主力部队，与柳城郡（营州）相比，位于渝关内的顺化州过于靠西，不利于唐朝对两蕃用兵，因此唐朝不可能长期将顺化州作为平卢军节度使的治所。自开元十一年（723）平卢军节度使返回营州以来，经过多次较量，唐军已基本掌握了对两蕃的战争主动权，但两蕃并未屈服。与此同时，突厥陷入内乱，无力支援两蕃。此时正是唐朝彻底控制辽西地区的有利时机，因此安禄山提出了对平卢军节度使镇戍体系进行全面调整的建议，以加强军力彻底控制两蕃。从史料分析，平卢军节度使镇戍体系进行全面调整的方案大致有以下内

---

[1] 详见后述。

[2] 《资治通鉴》卷二一五，天宝二年正月条，第6856页。

[3] 《新唐书》卷二二五上《逆臣传上》，第6412页。

[4] 《唐会要》卷七八《节度使》，第1430、1431页。

容：平卢军节度使治所由顺化州（时位于北平郡北部）迁往辽西故郡城（柳城郡城，今辽宁朝阳）；同时组建卢龙军与怀远军，其中位于北平郡（平州）的卢龙军拥兵万人[1]。这样，顺化州的奚人将面对强大的卢龙军，即便没有安禄山亲自镇抚，也不敢轻举妄动[2]。应该说，安禄山的这个方案是很有见地的，故很快被唐玄宗采纳。

安东都护府隶属于平卢军节度使管辖，此次全面调整也必然会涉及它，前面提到的怀远军组建后就隶属于安东都护府[3]。《新唐书·方镇表三》："（天宝二年）平卢军节度使治辽西故城，副都护领保定军使。""副都护"很明显是指平卢军节度使下辖的安东大都护府副大都护[4]。"其三曰河北幽州节度使，其统有经略、平卢、静塞、威武、清夷、横海、高阳、唐兴、恒阳、北平十军，安东镇守、渝关守捉、北平守捉三使属焉"[5]。平卢军隶属于幽州节度使，表明这段史料说的是开元二十年（732）以后的情况[6]。此时的幽州所统没有保定军，说明保定军此时尚未建立。《太平寰宇记·河北道·营州》："（营州）东南至保定军，旧安东都护府。"从这段史料记载来看，保定军应位于安东都护府治所燕郡城。唐天宝时期的军事行政惯例，边疆地方军政长官例兼驻当地军镇长官，安东副大都护天宝二年（743）领保定军使，说明唐朝于天宝二年在安东都护府治所燕郡城置保定军[7]。

---

[1]《旧唐书》卷三八《地理志一》，第1387页。

[2] 从日后李献诚、王武俊、张孝忠积极追随安禄山叛乱来看，安禄山当时已经能够控制这批顺化州奚人。

[3]《新唐书》卷三九《地理志三》，第1023页。

[4] 据《高远望墓志》，至迟在开元二十八年（740），安东都护府已由上都护府升为大都护府，其实际负责人也应由副都护升格为副大都护。

[5]（唐）李林甫：《唐六典》卷五《尚书兵部》，北京：中华书局，1992年，第158、159页。

[6] 据《新唐书》卷六六《方镇表三》（第1835页），开元二十年（732）平卢军节度使撤销，其所属辖境隶幽州节度使。

[7] 保定军当由原来的安东镇守演变而来，同时安东都护府内还增设怀远军。从当时的整体局势分析，安东都护府军事力量的加强和平卢军节度使治所迁回柳城郡时间应大体相同，都是唐中央政府为加大对两蕃的军事压力而采取的战略步骤。

需要特别指出的是，史料中有关辽西地区安东都护府治所具体位置的记载颇有不同，有必要加以辨析。"柳城郡……东南到安东府二百七十里"[1]。"柳城（营州）……东南至保定军，旧安东都护府一百（一作二百）七十里"[2]。如前所述，安东都护府治所燕郡城位于营州东（南）一百八十里[3]。假如《通典》之说无误，就意味着安东都护府治所又向东南方向迁移了九十里，然而无论是文献记载还是考古发现，都没有任何证据可以证明这一点。从《太平寰宇记》的记载来看，很可能是在相关书籍的传抄过程中，将"一百七十里"误记为"二百七十里"。考虑到唐代的测绘技术或道路改变等因素，说燕郡城位于营州（柳城郡）东南方向一百七十里或一百八十里都是可以的。

由以上可知，天宝二年，唐朝在燕郡城组建保定军，安东副大都护兼任保定军使，安东都护府治所仍在燕郡城。

五、结　语

综上所述，开元二年（714），出于防御突厥和两蕃的战略需要，安东都护府治所迁往平州（今河北卢龙）；唐朝收复辽西地区后，于开元五年（717）至开元七年（719）期间，将安东都护府治所迁往辽西地区的燕郡城（今辽宁义县）；开元八年（720），契丹进攻唐辽西地区，安东都护府治所被迫迁回平州；开元十一年（723），契丹与唐朝达成和解协议，安东都护府治所迁回燕郡城。开元二十九年（741），顺化州（时位于平州北部）成为平卢军节度使事实上的治所，天宝元年（742），顺化州成为正式的平卢军节度使治所。天宝二年（743），为加大对两蕃的战略压力，平卢军节度使治所由顺化州迁回辽西故郡城（柳城郡城，今辽宁朝阳），同时在燕郡城组建保定军，安东副大都护兼任保定军使，《旧唐书·地理志》中关于安东都护府治所"天宝二年移于辽西故郡城置"的说法是错误的。

---

[1]（唐）杜佑：《通典》卷一七八《州郡八》，北京：中华书局，1988年，第4715页。

[2]《太平寰宇记》卷七一《河北道·营州》，第1432、1452页。

[3]从现代地图来看，义县县城位于朝阳市东面略靠南方向，考虑到唐代的测绘条件，说燕郡城位于营州东也是可以的。

开元天宝时期安东都护府治所的迁移

安东都护府治所第一次迁移	安东都护府治所第二次迁移	安东都护府治所第三次迁移	安东都护府治所第四次迁移
开元二年（714），安东都护府治所迁往平州（今河北卢龙）	开元五年（717）至开元七年（719）期间，安东都护府治所迁往燕郡城（今辽宁义县）	开元八年（720），安东都护府治所被迫迁回平州（今河北卢龙）	开元十一年（723），安东都护府治所迁回燕郡城（今辽宁义县）

（作者单位：长春师范大学历史文化学院）

唐代东亚麝香的产地及其流向

——以渤海国与东亚麝香交流为中心

胡梧挺

药材是一种具有特定产地和疗效的特殊资源，因此，在交通并不发达的古代世界，药材常常作为一种贸易品流通于各地区间。就唐代东亚地区而言，以唐朝为中心的东亚各国间就存在药材交流，而渤海国由于地处东北亚交通线的核心地带，又与唐、日本等长期交往，因此，在当时东亚药材的流通中也占有相当的地位，其与唐及日本的药材交流也见于中日史籍的记载。遗憾的是，由于史料记载的不足与研究视野的不同，国内外学界虽然对渤海国的药材问题有所涉及[1]，并认识到渤海国在日、唐药材交流中的"中继"作用[2]，但对渤海国与东亚诸国的药材交流及其地位、作用等情况则缺乏较为深入细致的认识与讨论。对此，笔者拟以麝香这种与渤海国有着密切关系的药材为例，深入讨论渤海国在东亚药材交流史上的作用，以就教于方家。

---

[1] 国内最早在相关研究中涉及渤海国药材的是金毓黻《渤海国志长编》卷十七《食货考》（王有立主编《中华文史丛书》五十五，台北：华文书局影印本，1969年）对渤海国出产药材的考证；张文宣《我国古靺鞨族医疗保健史的探讨》（《中华医史杂志》1984年第1期，第25～27页）也探讨了渤海国的药事管理与所产药材；魏国忠等《渤海国史》第八章第七节《科学技术》（北京：中国社会科学出版社，2006年，第487～493页）也有对渤海国医药的论述。

[2] 参见［日］东野治之：《日唐间における渤海の中继贸易》，《日本历史》（438），东京：吉川弘文馆，1984年11月号，第80～85页（收入氏著《遣唐使と正仓院》，东京：岩波书店，1992年）。

一、唐与新罗的麝香产地分布

　　麝香是麝科动物林麝、马麝、原麝等的成熟雄体香囊中的干燥分泌物[1]。在东亚传统医学中，麝香是一种具有悠久历史的药材，在已知东亚最早的药学著作《神农本草经》中即记载："麝香，味辛，温，无毒。主辟恶气，杀鬼精物，温疟，蛊毒，痫，痉，去三虫。久服除邪，不梦寤魇寐。"[2]可见，至迟在西汉时期[3]，中原医家已经对麝香的药性、功用等有了基本认识[4]。不过，当时医家对麝香的产地似乎还没有明确的认识。

　　此后，南朝陶弘景在其著《本草经集注》中即通过整理魏晋以来的诸名医记录（即《名医别录》），首次提及麝香的主要产地为"生中台川谷及益州、雍州山中"，并且陶氏还根据当时的实际情况，对南北朝时期麝香的产地情况做了一些补充："今出随郡、义阳、晋熙诸蛮中者亚之。"[5]所谓"中台川谷"中的"中台"应即今山西省五台山之中台（翠岩峰），"中台川谷"即指五台山的山

---

　　[1]参见南京中医药大学编：《中药大辞典（第二版）》下册"麝香"词条，上海科学技术出版社，2006年，第3867页。

　　[2]马继兴主编：《神农本草经辑注》卷三，北京：人民卫生出版社，1995年，第319页。

　　[3]关于《神农本草经》的撰著时代，马继兴先生认为"约在战国时期，即公元前三至四世纪左右"（见马继兴主编《神农本草经辑注》之《〈神农本草经辑注〉说明》，第5页）；尚志钧先生则认为"该书主体内容约成于西汉"（见尚志钧《中国本草要籍考》下篇《历代本草名录·汉魏六朝本草名录》，合肥：安徽科学技术出版社，2009年，第319页）。综合两家之说，其成书年代的下限即为西汉时期，故本文即采用此成书年代下限。

　　[4]关于麝香在古代东亚医学中的主要功用及其流变问题，笔者拟另文专门加以论述，故在此不赘述。

　　[5]（梁）陶弘景编，尚志钧、尚元胜辑校：《本草经集注》（辑校本）卷六《虫兽三品》，北京：人民卫生出版社，1994年，第390页。

谷地带[1]；益州、雍州在魏晋时期的州治分别位于成都（今四川省成都市）和长安（今陕西省西安市），其主要地理范围大体相当于今四川、甘肃、陕西之一部分；南北朝时期的随郡、义阳、晋熙等郡，其治所分别位于今湖北随县、河南信阳、安徽潜山县等地。据此可知，魏晋时期麝香的主产地在今山西五台山及四川、甘肃、陕西等地。至南北朝时期，今湖北、河南两省交界地区及安徽省西南部地区作为新的麝香产地也已被当时的医家所认知。

表一　唐代麝香产地一览表[2]

产地		州治大致地理位置	文献出处
京畿道	同州	今陕西省大荔县	《千金翼方》《元和郡县图志》《新唐书》
关内道	延州	今陕西省延安市	《唐六典》《通典》《元和郡县图志》《新唐书》
	灵州	今宁夏回族自治区灵武市西南	《元和郡县图志》《新唐书》
	庆州	今甘肃省庆城县	《唐六典》《通典》《元和郡县图志》《新唐书》
	丹州	今陕西省宜川县西南	《唐六典》《通典》《元和郡县图志》《新唐书》

---

[1]关于"中台川谷"的具体地理位置，历代本草典籍均无相关考证，而据宋代典籍《本草图经》及《太平御览》的记载，"中台川谷"往往写作"中台山谷"［见（宋）苏颂编，尚志钧辑校：《本草图经》卷十三《兽禽部·麝香》，合肥：安徽科学技术出版社，1994年，第436页；（宋）李昉：《太平御览》卷九八一《香部一·麝》，北京：中华书局影印本，1960年，第4345页］，则此"中台山"很有可能就是宋代地理总志《太平寰宇记》中所记五台山之"中台山"，见（宋）乐史：《太平寰宇记》卷四九《河东道十·代州·五台县》，北京：中华书局，2007年，第1028页。

[2]本表所列唐代地名的现代大致地理位置，除脚注特别注明外，均依据以下著作中的相关地图及词条确定：（1）谭其骧主编：《中国历史地图集》第五册《隋·唐·五代十国时期》，北京：中国地图出版社，1982年；（2）中国历史大辞典编纂委员会编：《中国历史大辞典》，上海辞书出版社，2000年。表中所有古今地名所对应的具体位置都依据"中国历史地理信息系统"第六版（CHGISV6，剑桥：哈佛大学费正清中国研究中心；上海：复旦大学历史地理研究中心，2016年12月）做了核对及订正。

续表

产地		州治大致地理位置	文献出处
河东道	虢州	今河南省灵宝市	《唐六典》《通典》《元和郡县图志》《新唐书》
	隰州	今山西省隰县	《元和郡县图志》
	代州	今山西省代县	《元和郡县图志》《新唐书》
	岚州	今山西省岚县东北	《唐六典》《通典》《新唐书》
	忻州	今山西省忻州市	《唐六典》《元和郡县图志》《新唐书》
	石州	今山西省吕梁市离石区	《元和郡县图志》
河北道	檀州	今北京市密云区	《新唐书》
	妫州	今河北省怀来县东南	《唐六典》《通典》《新唐书》
	营州	今辽宁省朝阳市	《唐六典》《通典》《新唐书》
	归顺州	今北京市顺义区	《唐六典》
山南西道	洋州	今陕西省西乡县	《新唐书》
	凤州	今陕西省凤县东北	《新唐书》
	通州	今四川省达州市通川区	《新唐书》
	利州	今四川省广元市	《元和郡县图志》《新唐书》
山南东道	商州	今陕西省商洛市商州区	《唐六典》《通典》《新唐书》
	金州	今陕西省安康市汉滨区	《新唐书》
	归州	今湖北省秭归县西北	《唐六典》
	均州	今湖北省丹江口市西北	《唐六典》《通典》《元和郡县图志》《新唐书》
	襄州	今湖北省襄阳市	《唐六典》《元和郡县图志》
	房州	今湖北省房县	《唐六典》《通典》《元和郡县图志》《新唐书》

续表

产地		州治大致地理位置	文献出处
陇右道	成州	今甘肃省礼县	《新唐书》
	兰州	今甘肃省兰州市	《唐六典》《通典》《新唐书》
	廓州	今青海省化隆回族自治县群科镇	《元和郡县图志》《新唐书》
	宕州	今甘肃省宕昌县	《唐六典》《元和郡县图志》《新唐书》
	叠州	今甘肃省迭部县	《唐六典》《通典》《元和郡县图志》《新唐书》
	阶州（武州）	今甘肃省陇南市武都区	《新唐书》
	甘州	今甘肃省张掖市	《唐六典》《新唐书》
	沙州	今甘肃省敦煌市西南	《唐六典》
	渭州	今甘肃省陇西县	《唐六典》《通典》《元和郡县图志》《新唐书》
	河州	今甘肃省临夏市	《唐六典》《通典》《元和郡县图志》《新唐书》
	洮州	今甘肃省临潭县	《通典》《新唐书》
剑南道	茂州	今四川省茂县	《唐六典》《通典》《元和郡县图志》
	巂州	今四川省西昌市	《新唐书》
	松州	今四川省松潘县西北	《唐六典》《通典》
	当州	今四川省黑水县晴朗乡	《唐六典》《元和郡县图志》《新唐书》
	扶州	今四川省九寨沟县西	《唐六典》《通典》《元和郡县图志》《新唐书》

续表

产地		州治大致地理位置	文献出处
剑南道	柘州	今四川省松潘县镇江关乡[1] 今四川省红原县东南[2]	《唐六典》《通典》 《元和郡县图志》《新唐书》
	黎州	今四川省汉源县	《新唐书》
	文州	今甘肃省文县	《唐六典》《通典》 《元和郡县图志》《新唐书》
	翼州	今四川省茂县西北	《唐六典》《通典》 《元和郡县图志》《新唐书》
	悉州	今四川省黑水县西	《唐六典》《通典》 《元和郡县图志》《新唐书》
	静州	今四川省茂县西北	《唐六典》《通典》 《元和郡县图志》《新唐书》
	恭州	今四川省马尔康市东	《通典》《新唐书》
	维州	今四川省理县薛城镇南	《唐六典》《通典》 《元和郡县图志》《新唐书》
	奉州 （保州）	今四川省理县北[3]	《通典》《新唐书》
	姚州	今云南省姚安县	《唐六典》《新唐书》
	真州	今四川省茂县西北	《元和郡县图志》《新唐书》
	昌州	今重庆市荣昌区西北	《新唐书》

---

[1]据"中国历史地理信息系统"第六版修订，此为唐太宗贞观八年（634）至贞观十二年（638）柘州地理位置。

[2]据"中国历史地理信息系统"第六版修订，此为唐高宗龙朔元年（661）至玄宗开元二十九年（741）、唐肃宗乾元元年（758）至上元二年（761）柘州地理位置。

[3]据吴松弟编著：《两唐书地理志汇释·旧唐书地理志·地理四》"保州"条，合肥：安徽教育出版社，2002年，第395页。

由于隋唐统一帝国的建立与政治版图的拓展，与南北朝时期相比，见于记载的唐代麝香产地分布范围要大得多（见表一）。从唐代各麝香产地的地理分布来看，以剑南道（17州）、陇右道（11州）的产麝香州为最多，其次则是河东道（6州）、山南东道（6州）、山南西道（4州）、河北道（4州）、关内道（4州）和京畿道（1州）。以现代行政区划为据，则唐代麝香产地主要分布在今四川、甘肃、陕西、山西、湖北等省，而在云南、青海、宁夏、河北、河南、辽宁、北京等地亦有分布。

由于麝香是麝科动物成熟雄体的干燥分泌物，因此，唐代麝香的产地分布也反映了当时麝科动物的地理分布情况。根据近现代动物学者的调查研究，中国境内的麝科动物主要有4种：原麝（Moschus moschiferus）、马麝（Moschus chrysogaster）、黑麝（Moschus fuscus）、喜马拉雅麝（Moschus leucogaster）[1]。其中，黑麝和喜马拉雅麝分布在西藏自治区，而西藏在唐代属吐蕃政权管辖，不是唐朝的统治区域，因此，当时唐朝境内的麝科动物应以原麝、马麝为主。如果将唐代麝香产地与中国马麝、原麝的近现代地理分布（见表二）加以比较，可知唐代出产麝香最多的剑南道产香诸州既有马麝分布，又有原麝分布，应以这两种麝为取香来源；陇右道产香诸州及关内道灵州则是以马麝为其主要取香来源；而其余各麝香产地则以原麝为其香源。再将唐代以原麝为香源的地区与中国境内原麝亚种近现代地理分布情况（见表三）相比较可知，剑南道、关内道（除灵州外）、京畿道及山南东、西道产香诸州应是以林麝（即原麝的"西南亚种"[2]）为香源；河东道（除虢州外）、河北道产香诸州则以东北亚种为其香源；河东道虢州则属新亚种的栖息地。综上可知，从地理分布来看，马麝和原麝是唐代麝香的主要药源动物，细绎之，则是以马麝及原麝中的林麝为其中的最大宗来源，其次则为原麝的东北亚种。

---

[1] 参见盛和林等：《中国鹿类动物》第五章《麝科》的分类，上海：华东师范大学出版社，1992年。

[2] 有观点认为林麝也是中国麝科动物中的独立种，而盛和林则根据头骨结构和染色体的比对，认为林麝是原麝的一个亚种，中国麝科动物应分为4种为宜（前引书，第47页）。笔者即以此为据，故采信盛和林的研究结论。

表二　马麝与原麝的近现代地理分布[1]

麝科动物名称	近现代地理分布
马麝（Moschus chrysogaster）	青海省除民和、乐都、湟中、湟源及平原5县（过去也有分布）以及西部柴达木地区外，全省均有分布；甘肃省祁连山区的天祝、肃南、肃北和陇南山地；宁夏回族自治区贺兰山地；西藏自治区的日喀则、山南、那曲、昌都及拉萨郊区；四川省西北部的高山深谷及高原草甸和草原灌丛地带；云南北部高山地区
原麝（Moschus moschiferus）	东北大小兴安岭及长白山、河北、山西、新疆北部的阿尔泰山区、皖北大别山、陕西秦岭、甘肃六盘山、广东及广西北部、西藏东部

表三　中国境内原麝亚种的近现代地理分布[2]

原麝亚种名称	近现代地理分布
西伯利亚亚种（M.m.moschiferus）	大兴安岭及新疆阿尔泰山区
东北亚种（M.m.parvipes）	小兴安岭及长白山一带，山西有极稀少分布
安徽亚种（M.m.anhuiensis）	皖南大别山区
西南亚种（林麝）（M.m.berezovskii）	湖北、湖南、四川、云南、贵州、西藏东部、广东及广西北部
新亚种（M.m.ssp.）	陕西秦岭、甘肃榆中县、六盘山以南及河南西部

　　除中国外，朝鲜半岛也是东亚的麝香产地。公元7世纪，新罗国统一了大半个朝鲜半岛，因此，当时的新罗境内也分布着一些麝香产地（见表四）。这些麝香产地主要分布于康州、朔州（即今韩国庆尚南道西北部及朝鲜江原道北部诸市、郡），在汉州、尚州等部分地域（即今韩国忠清北道所属市、郡）亦有分布。据研究，朝鲜半岛也是亚洲麝科动物的主要分布区之一，其所栖居的麝科动物主要是原麝的东北亚种（M.m.parvipes）[3]。由此可知，新罗麝香主要是以原麝

　　[1]本表内容主要依据盛和林等：《中国鹿类动物》第五章《麝科》，第58、75页。

　　[2]本表内容主要依据盛和林等：《中国鹿类动物》第五章《麝科》，第58、59页。

　　[3]参见"国际自然保护联盟红色名录（IUCNRedList，又译为"世界濒危物种红色名录"）"网站"Moschusmoschiferus（原麝）"条目（http://www.iucnredlist.org/details/13897/0）"地理范围（GeographicRange）"项。维基百科英文版"Siberianmuskdeer（原麝）"（https://en.wikipedia.org/wiki/Siberian_musk_deer）认为朝鲜半岛也有西伯利亚亚种（M.m.moschiferus）。

东北亚种为其取香来源的。

表四　新罗麝香产地古今地名一览[1]

统一新罗时期		朝鲜王朝时期		现代
汉州	中原京	忠清道	忠州	韩国忠清北道忠州市
	黑壤郡		镇川县	韩国忠清北道镇川郡
尚州	管城郡		沃川郡	韩国忠清北道沃川郡
康州	居昌郡	庆尚道	居昌县	韩国庆尚南道居昌郡
	嘉寿县		三嘉县	韩国庆尚南道陕川郡三嘉面
	阙城郡山阴县		山阴县	韩国庆尚南道山清郡山清邑
	天岭郡利安县		安阴县	韩国庆尚南道居昌郡马利面
	阙城郡		丹城县	韩国庆尚南道山清郡丹城面
朔州	朔庭郡	咸镜道	安边大都护府	朝鲜江原道安边郡
	井泉郡		德源都护府	朝鲜江原道元山市
	疑井泉郡地		文川郡	朝鲜江原道文川市

二、渤海国麝香产地的推测

关于渤海国是否出产麝香，史籍中没有明确的记载。现存唯一一条和麝香有关的记载，出现于日本典籍《本朝文集》中。该书卷二四引《都氏文集》卷四有都良香《谢渤海杨太使[2]赠貂裘、麝香、暗摸靴状》一文，其中出现了"麝香"[3]，即渤

---

[1] 本表内容主要根据［朝鲜］佚名：《东国舆地志》卷三《忠清道》、卷四下《庆尚道》、卷八《咸镜道》，首尔大学奎章阁藏本；［高丽］金富轼：《三国史记》卷三四《杂志三·地理》、卷三五《杂志四·地理》，长春：吉林大学出版社，2015年；维基百科日文版"忠清北道"（https://ja.wikipedia.org/wiki/忠清北道）、"庆尚南道"（https://ja.wikipedia.org/wiki/慶尚南道）及"江原道（北）"[https://ja.wikipedia.org/wiki/江原道_(北)]等词条所附诸市、郡条目。

[2] 即"杨大使"。

[3]《本朝文集》卷二四《都良香》，黑板胜美主编《新订增补国史大系》第三十卷，东京：吉川弘文馆，1938年，第76页。

海国遣日大使杨成规[1]曾赠送麝香给日本朝臣都良香。按此条史料作为渤海国出产麝香的孤证，尚不足以证明渤海国已经出产麝香。

不过，根据现代动物学的研究，小兴安岭及长白山一带、俄罗斯滨海边疆区、朝鲜半岛北部都是原麝的重要分布区，而这些地区在唐、五代时期主要是渤海国的境域范围（见表六、七）。若仅以20世纪八九十年代对黑龙江、吉林等地原麝分布情况的调查为依据，则原麝在渤海国境内的分布已经遍及全部五京十五府中的十四府，而由于这些调查所进行的时期正是东北亚原麝种群数量大幅减少的时期，因此可以推测，原麝在渤海国境内的实际种群数量及分布范围应该远远超过调查进行的时期。从原麝相关亚种的分布来看（见表五），渤海国境内的原麝主要是东北亚种（M.m.parvipes）和俄罗斯远东亚种（M.m.turovi）。

由此可见，渤海国境内遍布的原麝为采制麝香提供了极为丰富的基础条件，而前述渤海遣日使杨成规的馈赠麝香之举又表明渤海人（至少在高官贵族等统治阶层中）对麝香的功效已有了解。而考古学与民族学的一些发现也为渤海国麝香的存在提供了旁证。据俄罗斯考古学家对滨海边疆区中世纪村落遗址康斯坦丁诺夫卡–Ⅰ[2]出土的动物残骸的分析，该遗址第一发掘区下层及第二发掘区中层共出

[1]［日］酒寄雅志：《渤海と古代の日本》（东京：校仓书房，2001年，第123页）认为"渤海国杨大使"是指877年出使日本的杨中远。金毓黻先生在《渤海国志长编·食货考》"麝香"条下认为"聘日本使杨中远曾携麝香以赠人"，并将时间定为大玄锡六年（877）；然而，在同书卷十九《丛考》中则考证杨中远聘日被拒，且当时存问诸使中并无都良香，并认为渤海大使应指日本贞观十四年（872）使日的杨成规（见《渤海国志长编》卷十九《丛考》，第973页）；孙玉良编著《渤海史料全编》第二编《日本古籍中的渤海史料》（长春：吉林文史出版社，1992年，第337页）也根据《日本三代实录》贞观十四年五月二十四日对杨成规活动的记载与都氏《赠渤海杨太使状》文意相符，进而认为与此文相邻的《谢渤海杨太使赠貂裘、麝香、暗摸靴状》一文中"渤海杨太使"亦指杨成规。因此，"渤海杨太使"指杨成规更加符合历史事实，本文采用这种说法。

[2]该遗址位于俄罗斯滨海边疆区十月区康斯坦丁诺夫卡镇东南2千米处，遗址年代据放射性碳测年分析，下层和中层为5～8世纪末，上层为12～13世纪末。参见［俄］Э.В.阿列克谢耶娃等：《中世纪村落遗址康斯坦丁诺夫卡–Ⅰ出土的动物残骸》，原载《俄罗斯远东的中世纪研究》（符拉迪沃斯托克，1994年，第37～47页），王德厚译，杨志军主编《东北亚考古资料译文集》第四辑，哈尔滨：《北方文物》杂志社，2002年，第289～294页。

土10块麝的骨头[1]。滨海边疆区渤海遗址中麝骨的发现，不仅表明渤海国时期该地区有原麝分布，而且当地靺鞨人猎取麝很可能是为了采取麝香。因为古代麝香的采取多采用"捕得杀取"[2]的方法，即猎杀原麝后将成年雄体的腺囊割下，而将剩余的麝肉作为食物。这种方法直到20世纪初仍为滨海边疆区的捕麝取香人所采用，据俄国人阿尔谢尼耶夫在乌苏里江以东地区的考察报告记载，在当地的朝鲜人即采用捕麝取香的方法，设置麝窖及套子捕杀原麝，并且将捕杀的母麝丢弃，而只保留能够采取麝香的成年公麝，割取腺囊后再将麝肉作为食物吃掉，"有一只公麝就足够他们吃的了"[3]。另据人类学家凌纯声等于1930年对松花江下游依兰至抚远一带赫哲族生活与社会状况的调查研究，赫哲人对麝（称之为"香獐"）及麝香的药用价值都有所认识[4]。此外，世代栖居于大兴安岭山川莽林间的鄂伦春人也将麝香作为一种急救药来使用[5]。这些民族学的田野调查都表明，像赫哲、鄂伦春这类世居东北的民族对麝香的药用认识在其内部世代相传，那么作为渤海国的主体民族、同样世居东北的靺鞨人，理应早已了解和掌握麝香的药用价值及其采取方法。据以上诸点可以推测，当时的渤海国已经能够采制麝香，而其麝香产地应该也与唐朝的情况相似，即与原麝的分布地域基本重合。

三、唐代东亚的麝香流向与渤海国

在唐代东业诸国中，唐、新罗、渤海均为麝香产地，然而，无论是唐朝与新罗、渤海间，还是渤海与新罗间，都不见关于麝香交流的文献记载。个中原因可能

---

[1]［俄］Э.В.阿列克谢耶娃等：《中世纪村落遗址康斯坦丁诺夫卡-Ⅰ出土的动物残骸》表二《康斯坦丁诺夫卡-Ⅰ村落遗址建筑层出土的野生、家养哺乳动物骨头数量》，王德厚译，第291页。

[2]（宋）唐慎微撰，尚志钧等校点：《证类本草》卷十六《兽部上品》"麝香"条，北京：华夏出版社，1993年，第438页。

[3]［俄］弗·克·阿尔谢尼耶夫：《在乌苏里的莽林中》，北京：商务印书馆，1977年，第294页。

[4]凌纯声：《松花江下游的赫哲族》上册，《历史语言研究所单刊甲种》之十四，南京：历史语言研究所，1934年，第206页。

[5]孟金福：《动物类中药在鄂伦春民间的应用》，《塔河文史资料》第三辑，1990年，第40页。

表五　东北亚地区原麝分布现况简表[1]

亚种	分布地理范围
西伯利亚亚种 （即指名亚种，M.m.moschiferus） （异名：M. m.Sibiricus；M. m. arcticus）	俄罗斯西伯利亚，蒙古国阿尔泰山脉、杭爱山脉、肯特及库苏古尔山脉，中国内蒙古及黑龙江大兴安岭地区
东北亚种（即远东亚种，M.m.parvipes） （异名：M. m. turovi）	中国小兴安岭及长白山，朝鲜半岛，俄罗斯远东地区（不含萨哈林岛）
库页岛亚种（M. m. sachalinensis）	俄罗斯萨哈林岛（库页岛）

表六　渤海国原麝分布及麝香产地古今地名一览（中国及俄罗斯部分）[2]

渤海国时期	现代	
铁利府	通河县	黑龙江省
	方正县	
	桦南县	
怀远府	萝北县	
	饶河县	
	宝清县	

---

[1] 本表内容来源于Colin P. Groves、王应祥、Peter Grubb：《麝属（Moschus）的分类》[*Taxonomy of musk-deer, Genus Moschus(Moschidae, Mammalia)*]，《兽类学报》1995年第3期，第181~197页；"国际自然保护联盟红色名录（IUCN Red List）"网站"Moschus moschiferus（原麝）"条目"地理范围（Geographic Range）"项。

[2] 本表内容来源于以下文献：于孝臣等：《黑龙江省原麝资源现状》，《野生动物》1997年第2期，第5~7页；杨伯然：《长白山动物资源的保护与利用》，《国土与自然资源研究》1989年第2期，第57~65页；杨伯然：《长白山区的兽类资源》，《延边农学院学报》1990年第4期，第24~29页；杨伯然等：《通化地区兽类资源调查》，《长白山自然保护》1998年第1期，第16~24页；赵文双等：《辽宁省原麝资源现状及保护管理对策》，《野生动物》2001年第2期，第45、46页；"国际自然保护联盟红色名录（IUCN Red List）"网站"Moschus moschiferus（原麝）"条目"地理范围（Geographic Range）"项。其中渤海国诸府州的地域范围及其古今对应关系，依据谭其骧主编：《中国历史地图集》第五册《隋、唐、五代十国时期·渤海》，第78、79页。

续表

渤海国时期	现代	
鄚颉府	五常市	黑龙江省
	尚志市	
上京龙泉府	海林市	
	宁安市	
东平府	穆棱市	
	鸡东县	
	虎林市	
率宾府建州	东宁县	
郢州	林口县	
中京显德府	安图县	吉林省
	敦化市	
	汪清县	
西京鸭渌府	长白朝鲜族自治县	
	集安市	
	通化县	
	抚松县	
	白山市	
长岭府	靖宇县	
	辉南县	
	柳河县	
西京鸭渌府	新宾县	辽宁省
	宽甸县	
	桓仁县	
安远府	俄罗斯滨海边疆区	
安边府		
率宾府		
定理府		

表七　渤海国原麝分布及麝香产地古今地名一览（朝鲜半岛部分）[1]

渤海国时期		朝鲜王朝时期		现代
南京 南海府	南海府	咸 镜 道	咸兴府	朝鲜咸镜南道咸兴市
			高原郡	朝鲜咸镜南道高原郡
	一说南海府[2]		北青都护府	朝鲜咸镜南道北青郡
			端川郡	朝鲜咸镜南道端川市
			利城县	朝鲜咸镜南道利原郡
			甲山都护府	朝鲜两江道甲山郡
			三水郡	朝鲜两江道三水郡
	椒州		吉州	朝鲜咸镜北道吉州郡
东京龙原府			明川县	朝鲜咸镜北道化成郡下零里
			庆源都护府	朝鲜咸镜北道塞别郡
西京 鸭渌府		平 安 道	昌城都护府	朝鲜平安北道昌城郡
			朔州都护府	朝鲜平安北道朔州郡
			宁边大都护府	朝鲜平安北道宁边郡
	桓州浿水县		熙川郡	朝鲜慈江道熙川市
			泰川县	朝鲜平安北道泰川郡
			江界都护府	朝鲜慈江道江界市
			渭原郡	朝鲜慈江道渭原郡
			理山郡	朝鲜慈江道楚山郡
			宁远郡	朝鲜平安南道宁远郡
南京南海府			德川郡	朝鲜平安南道德川市
			孟山县	朝鲜平安南道孟山郡

---

[1] 本表内容主要根据［朝鲜］佚名：《东国舆地志》卷八《咸镜道》、卷九《平安道》；维基百科日文版"咸镜北道"（https://ja.wikipedia.org/wiki/咸镜北道）、"咸镜南道"（https://ja.wikipedia.org/wiki/咸镜南道）、"平安北道"（https://ja.wikipedia.org/wiki/平安北道）、"平安南道"（https://ja.wikipedia.org/wiki/平安南道）、"慈江道"（https://ja.wikipedia.org/wiki/慈江道）及"两江道"（https://ja.wikipedia.org/wiki/两江道）等词条所附诸市、郡条目。渤海国地名及地域范围根据谭其骧主编：《中国历史地图集》第五册《隋、唐、五代十国时期·渤海》，第78、79页。

[2] 金毓黻：《渤海国志长编》卷十四《地理考》，第572页。

是多方面的。

首先，从麝科动物的种类丰富度、种群数量及分布范围上来看，新罗与渤海国境内所分布的麝科动物主要是原麝的2个亚种；与之相比，唐朝全境分布有马麝及原麝的3个亚种，种类上更为丰富。

其次，虽然麝香产地遍布渤海国十五府及新罗的四州，但由于渤海国只是唐朝羁縻之下的地方政权，新罗也处在唐朝册封体制之下，其疆域局限于朝鲜半岛，因此，二者的体量与地位较之唐朝都不可同日而语。唐朝有52个州出产麝香，无论从产地数量还是地域面积上，都远超新罗和渤海国。

最后，麝香的采取在唐宋时期难度较大，据记载："（麝香）此物极难得真。……香有三种：第一生香，麝子……自以爪剔出之……此极难得……其次脐香，乃捕得杀取者；又其次心结香……此香干燥不可用。"[1]可见，当时麝香作伪者很多，要获得真正第一等的生香，其难度极大；而杀麝取脐，所获得的麝香往往并不多。也正因为如此，在唐代，麝香属于名贵药材。据吐鲁番出土文书残卷《唐天宝二年（743）交河郡市估案》记载，麝香的官方定价很高，以下等麝香为例，单位为一分的麝香价格就已达到了一百文，而单位为一小两的下等昆布、白芷等药材的价格却只有一文[2]。若按照"六铢为一分，四分成一两"[3]的标准计算，同等单位的麝香价格是昆布、白芷的400倍。可想而知，在这样的高采取难度下，新罗和渤海国所获麝香数量较唐朝则更为稀少。

由此可见，虽然新罗和渤海国都是东亚麝香产地，但由于其在麝科动物种类、数量、分布范围及麝香产量等方面都与唐朝相差悬殊，导致唐朝对新罗和渤海国麝香缺乏了解与需求，因此，新罗和渤海国的麝香也就没有流向唐朝的必要性。而新罗和渤海国之间，一方面由于两国都是麝香产地，另一方面则因为两国长期敌对，所以，两国间也没有相互输入麝香的必要性和可能性。据以上分析可以认为，唐、新罗与渤海国之间基本没有麝香的交流。

在这种情况下，日本成了唐代东亚麝香流向的主要目的地。由于日本列岛并无麝属动物分布，因此日本不产麝香。不过，根据日本正仓院文书《奉卢舍那佛

---

[1]《证类本草》卷十六《兽部上品》"麝香"条，第438页。

[2]［日］池田温：《中国古代籍帐研究》录文二一〇《唐天宝二年（743）交河郡市估案》，龚泽铣译，北京：中华书局，2007年，第311、314页。

[3]《证类本草》卷一《序例上·梁陶隐居序》，第13页。

种种药帐》，在光明皇太后和孝谦天皇于天平胜宝八年（756）献纳给东大寺卢舍那佛的60种药物清单中，就有"麝香卅剂，重卅二两并袋及里"[1]的记载。据记载，东大寺的这些麝香在收藏于正仓院后，又先后经历了五次"出纳"（即拨出使用，见表八），至弘仁十三年（822）全部耗尽。其中，除八剂用于施与患病民众、六剂用于佛教的灌顶仪式外，其余二十五剂均供天皇"内里"[2]御用。由此可见，古代日本朝廷对麝香有较大需求，而其国内又无土产麝香，因此，只能依赖从其他东亚产地输入麝香来满足需求。

表八 正仓院收藏麝香出纳使用情况简表[3]

出用时间	出用剂量	用途
天平宝字五年（761） 三月廿九日	十剂[4] 重十四两二分	献于内里
天平宝字五年 三月廿九日	八剂 重六两	施诸病者
延历十三年（794） 四月廿七日	十剂	进内里
延历十八年（799） 十月八日	五剂	进内里
弘仁十三年（822） 三月廿六日	六剂 重二两二分	灌顶行用[5]

除文献记载外，古代日本对外来麝香的依赖，还能透过至今仍收藏于京都东大寺正仓院的古代药物实物窥其一斑。位于今日本奈良市东大寺大佛殿西北的正仓院是一座收藏天平时代工艺珍品的宝库，其内部分为北仓、南仓和中仓，而前

---

[1]《奉卢舍那佛种种药帐》，东京大学史料编纂所编《大日本古文书》编年之四，东京：东京大学出版会，1940年，第172页。

[2]"内里"是古代日本平城京、平安京的宫城中天皇的私人居所，又称"御所"；下文表8中所引用的"献于内里""进内里"是指供天皇御用之意。

[3]本表内容主要根据《正仓院御物出纳文书》（五）、《正仓院御物出纳文书》（十一）、《正仓院御物出纳文书》（十二），东京大学史料编纂所编《大日本古文书·编年文书》二五《附录》，第15、75、92页。

[4]"剂"是古代麝香的计量单位，应指"脐"而言，即雄性成年麝的腺囊。

[5]"灌顶"是佛教密宗的一种基本宗教仪式，由于在仪式过程中要用到"香水"，所以需要麝香。

引《奉卢舍那佛种种药帐》中所记60种药物就收藏于正仓院的北仓中。这些药物与收藏于正仓院的其他各类宝物一样，都被后世的管理者按其收藏位置进行了编号，其中，编号"北114"的药物名为"麝香皮"，经确认为麝的性分泌囊表皮，此即天平胜宝八年献于东大寺的"麝香卌剂"的遗物。由于这些麝香早已被耗用殆尽，因此只剩下没有内容物的囊皮。根据研究，若依现代麝香价值基准判断，这些麝香囊外皮中的原有麝香当属上品，并且，其可能采取自原麝的指名亚种、林麝及马麝等麝属动物，根据这些麝香原动物的分布推测，正仓院收藏的这些麝香可能来自唐朝、渤海及新罗等国[1]。

唐朝是日本引进麝香的重要来源地之一。日本平安时代的医药典籍《本草和名》及《医心方·诸药和名》在"麝香"药名后都标注为"唐"[2]。按《本草和名》和《医心方·诸药和名》所收药物，如果是日本所产就在药名（汉名）后标注其日语名称（即"和名"）和日本产地；如果是从唐朝输入则在其后标注"唐"字。无独有偶，在创作于平安时代中期的文学作品《新猿乐记》中，也出现了商人"八郎真人"及其所交易的"唐物"（即唐朝所产之物）与"本朝物"（即日本所产之物）的记载，其中，麝香就被视作八郎真人买卖交易的45种"唐物"之一[3]。另据《唐大和上东征传》记载，鉴真东渡日本时所携带的香药中就有"麝香廿剂"[4]。可以想见，这些麝香最终也随鉴真一起从唐朝到达日本。

新罗是向古代日本输出麝香的又一重要地区。天平胜宝四年（752）闰三月己巳，新罗王子金泰廉及大使金暄率七百余人的"贡调"[5]使团抵达日本；同年六

---

[1]［日］宫内厅正仓院事务所编：《图说正仓院药物》，东京：中央公论新社，2000年，第39页。

[2]［日］深根辅仁：《本草和名》下卷，早稻田大学藏宽政八年（1796）刊本；［日］丹波康赖撰，高文柱校注：《医心方》卷一《诸药和名》，北京：华夏出版社，2011年，第24页。

[3]［日］藤原明衡：《新猿乐记》，《群书类从》第六辑，东京：经济杂志社，1899年，第1001页。

[4]［日］真人元开著，汪向荣校注：《唐大和上东征传》，北京：中华书局，1979年，第47页。

[5]"贡调"本意是指古代日本律令制下规定的国内各地（"国"）每年定期要向京城输送庸、调等赋税，这里用来指称新罗国的遣日使团，将新罗的外交行为视为下属地方对中央朝廷的"贡调"，这是日本史书有意矮化新罗，以凸显日本的地位。

月己丑，金泰廉等一行进京觐见孝谦天皇，并进献新罗特产[1]。这些新罗特产受到了当时日本贵族朝臣的关注，有不少人申请购买"新罗物"。据日本古文书《买新罗物解》[2]记载，至少有五位朝臣在其申请购入的"新罗物"清单中提到了麝香（见表九）。由此可见，新罗麝香也曾输入日本，并成为日本朝贵们趋之若鹜的特产。

表九　天平胜宝四年（752）日本朝臣申请购入新罗麝香情况简表[3]

申购时间	申购数量	申购人	所出文书
六月十五日	一齐（剂）	中臣伊势连	《中臣伊势连老人买物解》
六月廿一日	五□[4]	左大舍人犬养小足	《买物申请帐》[5]
六月廿三日	三脐	—	《氏名阙买新罗物解》
六月廿三日	—	饭高岛足	《饭高岛足买物解》
六月某日	—	鼓吹司正大石某	《鼓吹司正大石某买物解》

　　除唐与新罗外，渤海国也是日本输入麝香的来源地。前引渤海大使杨成规曾向日本朝臣都良香赠送麝香的记载，不仅是渤海国出产麝香的现存唯一文献证据，同时也揭示出渤海国麝香东传日本的史实。学界关于这条记载是否说明渤海国存在麝香是有争议的，金毓黻即据此条史料认为渤海国已经能够采取麝香[6]；而

　　[1]《续日本纪》卷十八，孝谦天皇天平胜宝四年闰三月己巳、六月己丑，黑板胜美编：《新订增补国史大系》（普及版），东京：吉川弘文馆，1968年，第213、214页。

　　[2]《买新罗物解》是指天平胜宝四年六月，日本贵族申请购入来朝的新罗使节带来的种种物品的文书。这些文书共有7通，原本贴在正仓院收藏的鸟毛立女屏风下面，后由加贺藩主前田家族收藏，现藏东京前田育德会。

　　[3]本表内容依据东京大学史料编纂所编：《大日本古文书》编年之三，第579、580页；《大日本古文书·编年文书》二五，第45、49～52页。

　　[4]原文书缺字，根据当时麝香的计量单位及其他文书的文例，应补为"脐"或"齐"。

　　[5]该文书现藏于正仓院，本不属于7通《买新罗物解》文书之列，但其申购时间和内容与《买新罗物解》文书的时间范围与申购物品完全一致，故该文书也应属于《买新罗物解》文书之内。

　　[6]金毓黻：《渤海国志长编》卷十七《食货考》，第767、768页。

日本学者则认为这条史料中出现的麝香是从唐朝经由渤海人中继而进入日本的[1]。由此可见，中外学界观点的分歧之处主要在于，杨成规所携带至日本的麝香究竟是渤海国自产还是从唐朝输入。根据前文的讨论，笔者认为，既然渤海国本身就是东亚麝香的重要产地之一，虽然由于采取难度大导致的产量小使得渤海麝香不能较大量地输入日本，但以其几乎遍及全国的麝香产地分布来看，其所产麝香作为遣日本大使馈赠日本重臣的礼物还是绰绰有余的，因此，杨成规完全可能将渤海国自产麝香赠予都良香，而非舍近求远地转赠唐朝出产的麝香。基于此，则此次渤海大使杨成规馈赠日本诗人都良香麝香一事，正是渤海国麝香东传日本的明证。

值得注意的是，杨成规赠都良香麝香一事的意义还不止于此。以杨成规为大使的渤海国遣日使团于日本清和天皇贞观十三年（872）[2]十二月十一日在日本加贺国海岸登岸[3]，而就在杨成规使团登陆后不久的贞观十四年正月，平安京地区即爆发大规模"咳逆"病，造成大量病患死亡。当时民间传言，这次"咳逆"病的流行是由"渤海客"带来的"异土毒气"导致的。而且，古代日本掌管占卜等事务的中央机构阴阳寮也在渤海使团到达不久就做出了"就蕃客来朝，可有不祥之征"[4]的预测。基于这样的预测，日本方面也一改由天皇亲自接见渤海国遣日使的惯例，将已经进京的渤海使团安置于鸿胪馆，而后的一系列仪式程序（如谯缲送迎、赐时服、授官等）也都在鸿胪馆进行，而不再安排入宫觐见天皇[5]。由此可见，渤海杨成规使团在抵日伊始即被日本朝野视作洪水猛兽，避之唯恐不及。在这样不利的形势下，对于渤海国大使杨成规而言，当务之急是如何尽快与日本朝廷接触沟通，并尽可能展示渤海国积极正面的形象。由于日方拒绝渤海国使团觐

---

[1] 参见［日］东野治之：《日唐间における渤海の中継贸易》，《日本历史》1984年11月号，第80～85页；［日］铃木靖民：《渤海の遠距離交易と荷担者》，《アジア遊学》第6号，东京：勉诚出版，1999年，第107页。

[2] 日本贞观十三年通常对应的公历年份是871年，但由于贞观十三年十二月初一对应的公历日期为872年1月14日，所以，本文在贞观十三年十二月以后的日期，将对应公历纪年写作872年。

[3]《日本三代实录》卷二十，贞观十三年十二月十一日壬子，［日］黑板胜美编《新订增补国史大系》（普及版），东京：吉川弘文馆，1971年，第301页。

[4][5]《日本三代实录》卷二一，贞观十四年五月十九日戊子，第308页。

见天皇，因此，杨成规所能接触到的只能是负责接待事务的各类日本朝臣。这其中，与之接触最多的自然是负责杨成规使团在日期间各项事宜的"掌渤海使"都良香[1]。因此，杨成规将麝香赠给都良香，一方面是考虑到麝香作为渤海国所产的珍贵药材，同时也是日本所需；另一方面也是由于麝香具有"辟恶气"、杀"温疟蛊毒"的功效[2]，因此，在大疫流行的情况下，麝香的价值就更加凸显。由此可以推知，杨成规的行为颇有深意：他借赠送麝香的机会，向日本朝廷展示了渤海国的正面形象，即渤海国是出产珍贵药材的文明之国，而非充满"异土毒气"的瘴疠之乡；渤海国使团不是带来疾疫与不祥的瘟神，而是带着能够抵御疾疫的麝香而来的友好使者。可见，渤海麝香在输入日本的过程中，还发挥了化解渤、日之间的误解以增进双方友好交往的作用。

（作者单位：黑龙江省社会科学院历史研究所）

---

　　[1]《日本三代实录》卷二一，贞观十四年四月十六日乙卯，第306页。按"都良香"，原名"都言道"。贞观十四年五月七日，他因受命为"掌渤海客使"，出于"若非佳令，何以示远人"的考虑，特向朝廷申请改名为"良香"，并得到批准。参见《日本三代实录》卷二一，贞观十四年五月七日丙子，第306页。

　　[2]《证类本草》卷十六《兽部上品·麝香》，第438页。

唐日皇帝诞节比较研究*

王兰兰

唐玄宗开创了以皇帝生日为全国性诞节的先例，开元十七年（729）始设千秋节，天宝七载（748）更名为天长节。日本奈良时代的光仁天皇（770～781），仿效唐天长节之称，在日本也设立同名节日庆祝天皇诞辰。此后出现中断，明治维新后再次设立天长节，二战后改为天皇诞生日。对这一文化交流现象，目前国内研究暂付阙如，日本学者的研究专论仅见池田温所撰《天长节管见》一文[1]，鉴于日本天长节与中国天长节在设立背景、传承情况和节日庆祝活动等方面均存在较明显的差异，本文试就此做一探讨，以就教于方家。

一、唐玄宗创设诞节

开元十七年八月，玄宗因过生日而在兴庆宫花萼楼下宴请百官，时任宰相的张说等大臣则向玄宗上表："请以每岁八月五日为千秋节，布于天下，咸令宴乐。"[2]玄宗欣然同意，此后直至清代，中国一直延续了以当朝皇帝生日为诞节的传统。

---

*本文系陕西省教育厅2014年人文社科重点研究基地科研计划项目"唐代长安与东亚宗教文化交流研究"（编号：14JZ044）阶段性成果；西安市社科基金项目"中国传统节日文化与东亚文化圈互动关系研究——以长安为中心"（编号：15WL06）阶段性成果。

[1]［日］青木和夫先生还历纪念会编：《日本古代の政治と文化》，东京：吉川弘文馆，1987年，第321～357页。又，日人原田淑人有《千秋节宴考》一文，收入《白鸟先生还历纪念东洋史论丛》，1925年出版。由于此文仅涉及千秋节宴饮及娱乐之事，与天长节关系不大，故不加引述。

[2]（宋）司马光：《资治通鉴》卷二一三，开元十七年八月条，北京：中华书局，1956年，第6786页。

据《旧唐书》《新唐书》《资治通鉴》《唐会要》等史料记载，唐玄宗时期千秋节的主要庆祝活动可分为朝廷和民间两个层面：在宫廷，玄宗与百僚于兴庆宫花萼楼下举行宴会，王公以下向皇帝献金镜绶带及承露囊。玄宗也回赠官员礼品，史载，开元十八年八月丁亥，"上御花萼楼，以千秋节百官献贺，赐四品以上金镜、珠囊、缣彩，赐五品以下束帛有差"[1]。在地方上，允许天下诸州休假宴乐三日，士人庶民都以丝线编结承露囊，互相馈赠，村社作寿酒宴乐。全国从上到下，均沉浸在欢乐的气氛中。

在中国古代农业社会，因崇拜土地神而存在春祈秋报的传统，即春天祭祀土地神，祈求好的收成，秋天再次祭祀土地神，感谢神灵的护佑，由此产生了社日，称为春社与秋社。历代社日无固定日期，唐朝规定在仲春、仲秋二时的戊日祭社稷，因为千秋节与秋社的时间很接近，因此政府不久又下令"移社就千秋节"[2]，这样，千秋节就承载了更厚重、更丰富的内容，也更加深入民间社会。

天宝年间，玄宗改千秋节为天长节。具体时间说法不一，《唐会要》卷二九《节日》记为天宝二年（743）八月，"刑部尚书兼京兆尹萧炅及百寮请改千秋节为天长节"[3]，但《旧唐书》卷九《玄宗纪下》记为天宝七载八月，《册府元龟》卷二《帝王部·诞圣》也说是天宝七载八月。从史料来源看，这三部著作均保存了大量的唐代真实史料，但相对而言，后两者是官方修史，能够接触到更多的原始资料，尤其是《册府元龟》的记载比《旧唐书》还要详细，常常是直接移录原始资料。在千秋节改名问题上，《册府元龟》的记载也最详细，在百官、萧炅之外，还提到宗室子弟也参与了诞节改名的提议。千秋节改名的缘起是什么呢？天宝七载三月，皇宫"大同殿柱产玉芝，群臣请加皇帝尊号曰开元天宝圣文神武应道，（玄宗）许之"[4]。王维《奉和圣制天长节赐宰臣歌应制》曾写道："德合天兮礼神遍，灵芝生兮庆云见……尽九服兮皆四邻，乾降瑞兮坤降珍。"[5]当此开天

---

[1]（后晋）刘昫：《旧唐书》卷八《玄宗纪上》，北京：中华书局，1975年，第195页。

[2]《资治通鉴》卷二一三，开元十七年八月条，第6786页。

[3]（宋）王溥：《唐会要》卷二九《节日》，上海古籍出版社，2006年，第631页。

[4]《旧唐书》卷九《玄宗纪下》，第222页。

[5]（清）彭定求：《全唐诗》卷一二五《王维一》，北京：中华书局，1960年，第1262页。

盛世，又天降祥瑞，地产珍宝，人们对玄宗的爱戴用"千秋万岁"已无法承载，必须换成"天长地久"，这应是萧炤等人请改千秋节为天长节的背景。综上，百官提议千秋节改名时间定为天宝七载为宜。清代学人亦有考证，认为节名更改时间当为天宝七载[1]。

但天长节的名称并没有换来长治久安，玄宗在天宝年间逐渐沉迷奢侈享乐，天宝十四载，安史之乱爆发，玄宗仓皇入蜀，肃宗即位于灵武，尊玄宗为太上皇，玄宗的天长节遂与肃宗的天成地平节并立。此后，代、德、顺宗三帝不设节名，但均在自己与前代帝王的诞辰休假一日，以致宪宗即位的元和元年（806），因玄宗、肃宗、代宗、德宗、顺宗这五位唐帝的诞辰，共休假五日。次年，宪宗取消诞节休假，此后文宗又复设诞节。唐代帝王的诞节名称均不相同，五代、两宋也是如此。至元代，统称天寿节，明清后则改称万寿节。

二、日本仿唐设立天长节

日本奈良时代的光仁天皇仿效唐朝天长节，在日本设立同名节日，对日本历史产生了重要影响。具体时间是宝龟六年（775）九月，天皇发布敕令称："十月十三日是朕生日，每至此辰，感庆兼集，宜令诸寺僧尼，每年是日转经行道，海内诸国，并宜断屠。内外百官，赐酺宴一日，仍名此日为天长节。庶使回斯功德，虔奉先慈，以此庆情，普被天下。"[2]当十月十三日日本第一个天长节到来之际，史书记载："是日天长，大酺，群臣献玩好酒食，宴毕赐禄有差。"[3]一方面光仁天皇召集群臣宴乐，并赏赐群臣，另一方面群臣也纷纷向天皇献上贺寿的礼物，君臣之间呈现其乐融融的场面。十年的天长节，光仁天皇"仍宴群臣，赐禄有差。又诏赠外祖父从五位上纪，朝臣诸人从一位"[4]。在宴饮和赏赐财物之外，又有赐官之举。

[1]（清）何焯撰，崔高维点校：《义门读书记》卷五六，北京：中华书局，1987年，第1229页。

[2][日]菅野真道：《续日本纪》卷三三《光仁天皇纪》，东京：经济杂志社，明治三十年（1897），第588页。

[3]《续日本纪》卷三三《光仁天皇纪》，第589页。

[4]《续日本纪》卷三五《光仁天皇纪》，第631页。

光仁天皇在位十二年，其中以宝龟为年号十一年，以天应为年号一年，则他在位时应有七次天长节庆诞活动，虽然目前仅有宝龟六年与十年的两年三次记载，但或可推测这只是史书作者记事的阙漏或剪裁。池田温考查光仁朝各年十月十三日记事指出，天长节设立后，宝龟七年、九年无记载，六年、十年明确点明天长节，八年、十一年、天应元年虽未言天长节，但这三年的此日均有与宝龟十年类似的赐官之举，这可认为是与该日之特殊性有关，也即与天长节有关[1]。

以皇帝生辰为诞节的做法就这样从中土大唐流传到日本，并生根发芽，延续至现代。池田温《天长节管见》一文分别从皇帝诞辰祝贺の源流、千秋节の创设、天长节への改称、后代への展开、光仁朝の天长节等方面着手，对这一唐日文化传播的重要事件做了研究。作者以丰富的资料，首先条理清晰地展示了中国以皇帝诞辰为节日的发展过程，尤其侧重唐朝诞节的设立和"千秋"至"天长"节名的转变，其次对日本光仁天皇仿唐设立天长节做了基本的史实介绍，对日本天长节的设立原因、后续发展也有涉及，但尚有可深入探讨的余地，且该文未对中日天长节的节庆活动进行细致比较，为后学者深入挖掘这一节日文化的传播留下了一定的空间。

首先，天长节为何会在光仁朝传入日本，而不是天宝七载唐天长节名出现后的其他天皇在位时呢？池田温认为，一方面光仁天皇登基时已经六十二岁，年寿已高，且宝龟年间政治安定，朝廷君臣关系融洽，皇室庆事氛围渐呈，宫廷游赏风气出现；另一方面前一时期的以吉备真备为代表的遣唐使已将唐天长节介绍到日本[2]。千秋节出现于唐开元十七年（729），改天长节为天宝七载（748），日本光仁天皇设置天长节在宝龟六年（775），距离两节的设置时间分别相差46与27年。在这46年间，日本曾派遣了两次大规模的遣唐使团来华，第一次是圣武天皇天平五年（733）四月，由大使多治比广成等率领，次年十一月归国。这时唐千秋节已经设立5年，使团在华停留一年，对千秋节应有耳闻目睹，但回国后并未建议当时的圣武天皇（724～749）设立千秋节。第二次是由大使藤原清河与副使大伴古麻吕、吉备真备等率领使团，于孝谦天皇天平胜宝四年（752）到达中国，次年十二月返回，这时已是唐千秋节改为天长节的第4年，使团也在华停留一年，对天

[1] ［日］青木和夫先生还历纪念会编：《日本古代の政治と文化》，第343页。

[2] ［日］青木和夫先生还历纪念会编：《日本古代の政治と文化》，第344页。

长节应有了解，但回国后孝谦天皇（749～758）、淳仁天皇（758～764）、称德天皇（孝谦天皇二次登基，764～770）也并未设立天长节。光仁天皇在位的最初五年，既未派遣遣唐使，也未设立诞节，但在宝龟六年，他突然设置天长节，显然，他关于天长节的知识应来源于上一次访华的遣唐使。那么，为什么早应有此知识的孝谦（称德）与淳仁天皇没有仿效唐朝设置天长节，晚于他们接触到天长节知识的光仁天皇会有此举，且是在他登基的第六年？史无详载，今试做蠡测。

唐玄宗是在开天盛世的大背景下设立了千秋节，又改名天长节。与其相反，光仁天皇的前任称德天皇实行佛教政治，重用道镜和尚，让他以僧侣身份参政，先后任命他为大臣禅师、太政大臣禅师、法王，导致政局不稳、经济凋敝、社会混乱，史书称"天皇尤崇佛道，务恤刑狱，胜宝之际，政称简约，自太师被诛，道镜擅权，轻兴力役，务缮伽蓝，公私凋丧，国用不足，政刑日峻，杀戮妄加"[1]。光仁天皇性格沉稳，未即位前韬光养晦，"自胜宝以来，皇极无贰，人疑彼此，罪废者多，（光仁）天皇深顾横祸，时或纵酒晦迹，以故免害者数矣"[2]。这样胸中颇有丘壑的天皇继位后要着手拨乱反正，致力于加强中央集权，以皇帝诞辰设全国性节日的做法显然有助于凝聚民心，加强皇权。基于此点，唐朝设置诞节的做法势必得到了光仁的认可，在他上台数年，扎稳根基后，日本的天长节遂应运而生了。

同时，唐朝赴日使节也对天长节在光仁朝的东传发挥了宣传作用，沈惟岳是这一时期的重要人物。他原为越州浦阳府折冲，唐肃宗上元二年（761）担任大使，送日本迎遣唐使藤原河清使高元度归国，到达大宰府[3]，时当淳仁天皇天平宝字五年。次年，因为"风波无便，不得渡海"[4]，遂滞留日本。光仁宝龟十一年（780），"（十一月）授唐人正六位上沈惟岳从五位下……（十二月）唐人从五位下沈惟岳赐姓清海宿祢，编附左京"[5]。这位来自大唐的官员，自踏上日本领土，到天长节设立，已历十余寒暑，经历淳仁、称德、光仁等天皇执政时期。他

[1] ［日］菅野真道：《续日本纪》卷三十《称德天皇纪》，第528页。

[2] 《续日本纪》卷三一《光仁天皇纪》，第532页。

[3] 《续日本纪》卷二三、卷二四《淳仁天皇纪》，第394、401页。

[4] 《续日本纪》卷二四《淳仁天皇纪》，第403页。

[5] 《续日本纪》卷三六《光仁天皇纪》，第649页。

受到重视是在光仁朝，被赐予日本官位和姓名，列名日本朝廷，是天皇了解大唐制度风物的最佳人选。

其次，天长节在日本的后续传承是否出现过中断，如果是，原因何在？池田温指出桓武天皇之后，鲜见有关天长节的记载，但他对其原因未曾措意。天长节在光仁朝初入日本，此时已是奈良时代的末期，光仁之后的天皇是否过天长节的记载，未见于《日本后纪》《续日本后纪》《日本文德天皇实录》《日本三代实录》等平安时代的正史及此后幕府时代史料的记载，但平安时代的《类聚国史》有关于天长节的条目。该书成书于宇多天皇宽平四年（892），是一部仿唐《艺文类聚》等类书体例编修的书籍，作者是日本著名的"文章之神"菅原道真。在该书的"岁时部"，他按照时代顺序记载日本的岁时节日，天长节被安排在卷七四岁时部五，在"天长节"条目的前后分别是"九月九日"和"冬至"条。菅原道真关于天长节具体记载为："广（光）仁天皇宝龟六年九月壬寅敕。十月十三是朕生日。每至此辰，感庆兼集，宜令诸寺僧尼，每年是日转经行道，海内诸国，并宜断屠。内外百官，赐酺宴一日，仍名此日为天长节。庶使回斯功德，虔奉先慈，以此庆情，普被天下。十月癸酉，天长，大酺，群臣献玩好酒食，宴毕赐禄有差。十年十月己酉，当天长节，仍宴群臣，赐禄有差。"[1]这与上文所引《续日本纪》中光仁朝过天长节的记载完全一样，据此记载，是否可以认为从宝龟六年至宽平四年的一百余年一直以十月十三日为天长节呢？似乎并不能下定论。因为在全书的岁时部，众多节日都留下了多次庆祝或暂时停废的历史印迹，如"天长节"前的"九月九日"重阳节，有相关记载68条，时间跨度达两个世纪，自天武天皇十四年（684）至菅原道真生活的光孝天皇仁和元年（885），其中包括菅原道真生活的清和、阳成、光孝天皇等数位天皇。再看天长节之后的冬至节，有相关记载11条，时间跨度达一个半世纪，自圣武天皇神龟二年（725）至菅原道真生活的阳成天皇元庆三年（879），其中包括菅原道真生活时代的清和、阳成天皇，数量虽少于关于重阳节的记载，但非常详细地记载了许多关于冬至的诏敕。但菅原道真对天长节的记载仅见光仁朝的两次，丝毫未论及光仁朝之后的内容。日本天长节设立之后约半个世纪，平安时代的淳和天皇（823～833）与仁明天皇

---

[1] ［日］菅原道真：《类聚国史》卷七四《岁时五》，［日］黑板胜美《新订增补国史大系》第5卷，吉川弘文馆，昭和八年（1933），第371页。

（833～850）曾以"天长"为年号，仅此也不能说明这一节日的影响在平安朝仍有存续。

《倭名类聚抄》是平安时代的又一部类书，也是一部辞书，成书于朱雀天皇承平年间（931～938），分十卷本和二十卷本。其中二十卷本有岁时部，也未见关于天长节的内容。

直到1868年明治维新后又颁布敕令设立天长节，明治新刻的石村贞一编《国史略》卷七《明治天皇纪》记载："（元年九月）二十二日，以天皇圣诞，赐酺百官，曰：'尔来以是日，为天长节。'令海内祝嘉辰。"此记载旁的小注引《太政官日志》称"始行天长节"，这说明在明治维新前，天长节的设置曾长期中断。据《宫中日记》《东巡日志》《外务省记》《神奈川县史料》《滋贺县厅报告》等资料，当日，在京官员入皇宫贺寿，赐官员、军队酒食。天皇与大臣等在行在宴饮，赐行在驿民酒食，神奈川炮台鸣放礼炮，港口停泊的各国军舰亦鸣炮致敬[1]。明治六年（1873）改用阳历，故天长节日期改为明治天皇的阳历生日十一月三日。

清代思想家黄遵宪在明治十年出使日本，他撰写的《日本国志》中有"天长节宴会"条，详细描绘了这一时期的天长节礼俗。"十一月三日为今帝生日，名曰天长节。质明，装饰正殿，午前十一时，式部头奏请御正殿，帝正服御宝座受贺，皇后陪坐宝座之左位，皇族亲王暨大臣、参议以下，麝香间祗候，文武敕任、奏任官皆上万寿，行最敬礼。礼毕，还御，赐群臣酒馔，仪同前。此间奏欧乐，宴止，众退。……全国臣民每户揭旭光旗章，以表庆贺"[2]。清光绪二十七年刊刻的《皇朝经世文统编·外交部》节录了时人《日本天长节记》的一段文字："日本明治天皇天长节，即万寿节也，乃西历十一月三号，即华历九月二十八日也。"[3]清人将日本天长节与清帝的万寿节类比，对其同为皇帝诞节这一特点

---

[1] ［日］宫内厅：《明治天皇纪》卷一，明治元年九月条，东京：吉川弘文馆，昭和四十三年（1968），第842页。

[2] （清）黄遵宪：《日本国志》卷三四《礼俗志一》，杭州：浙江书局，光绪二十四年（1898），第3页。

[3] 《日本天长节记》，邵之棠辑《皇朝经世文统编》卷五五《外交部十·外史》，上海：宝石斋，光绪二十七年（1901），第2240页。

的认识是准确的，但此处的公历日期记载正确，农历有误。

此后的大正、睦仁天皇均沿袭了以天皇诞辰为天长节的传统，只是日期随各天皇诞辰的不同有所变化而已。二战后天长节改名为天皇诞生日。

天长节在日本的中断和中国自唐玄宗朝后一脉相承的诞节，恰恰反映了诞节的本质，即以皇帝诞辰为全国性节日不是民间自然形成的岁时节日，而是由统治集团为了稳固统治而人为创设的节日，是加强中央集权的一种手段。光仁天皇致力于加强天皇权威，但此时已是奈良朝末期，他的努力只是持续了短暂的数年，此后日本历史一步步走向幕府统治，王权进一步衰落，自然也就不会为天皇庆祝生辰；而中国的中央集权制度是逐渐增强的，到明清时期达到了顶峰，所以诞节也就一直延续到清朝灭亡。

三、唐日皇帝诞节异同考察

日本天皇的天长节虽然源自唐玄宗创设的千秋节，甚至连名称也是沿用天宝后更改的天长节，但是文化的传播并不等于文化的复制，中国的诞节漂洋过海来到日本后，自然会以唐朝原有诞节为基础，适应日本的水土，吸纳日本文化的成分，发展成具有日本特色的天皇诞节。

仅以唐玄宗与光仁天皇时期的情况比较，可以发现唐朝与日本的诞节有共同的特点，那就是普天同庆，共同分享皇帝庆生的喜悦。皇帝下令全国休假，召集群臣宴会，大臣向皇帝进献礼物，皇帝宴后则赏赐臣下。

当然，在这些大同里，也有些小异。如休假日期，玄宗时休假三日，日本史书对天长节初传日本后的休假日期没有明确记载，似乎仅限当日。又如节日礼物，王公以下向皇帝献金镜绶带及承露囊，唐玄宗回赠四品以上金镜、珠囊、缣彩，赐五品以下束帛；日本光仁天皇时代，则是群臣献玩好酒食，天皇给臣子赐禄、赐官。再如唐玄宗治下的士人庶民都以丝线编结承露囊，互相馈赠，村社作寿酒宴乐；而光仁天皇的普通子民是否有庆祝活动，则记载不详。

从皇帝在诞节施恩的力度看，唐尤其是玄宗朝，远超同时代的日本。天宝十四载，唐玄宗在诞节更是大手笔展示皇恩浩荡："……属天长令节。盛德在金，爰因欢庆之辰，用申雷雨之泽，其天下见禁囚徒，有犯十恶及谋杀伪造头首罪至死者，特宜免死，配流岭南，远恶处，自余一切释放……天下百姓今载租庸，并宜放半。……江淮转输艰难……其来载水运入京宜并停。（逃户）须加安缉。……天下侍老，宜各量赐米麦。……两京文武九品以上正员，每月给俸食杂用防閤庶仆等，宜十分为率加二分……南衙九品已上并京兆府畿令等，宜共赐物两万匹，左右龙武军各赐一千匹……（唐元功臣）两军各赐物两千匹。"同时，"宜令京官五品以上正员文官，三品以上正员武官，及郎中御史，各举堪任县令一人。具名申省，委有司试择奏授。其有善恶，赏罚与举主并同"[1]。而日本并未见类似的记载。

此外，有一些玄宗时代的诞节活动是唐朝独有的，如舞马献寿，"玄宗尝命教舞马，四百蹄各为左右，分为部，目为某家宠，某家骄。时塞外亦有善马来贡者，上俾之教习，无不曲尽其妙。因命衣以文绣，络以金银，饰其鬃鬣，间杂珠玉，其曲谓之倾杯乐者数十回，奋首鼓尾，纵横应节。又施三层板床，乘马而上，旋转如飞。或命壮士举一榻，马舞于榻上，乐工数人立左右前后，皆衣淡黄衫，文玉带，必求少年而姿貌美秀者。每千秋节，命舞于勤政楼下"[2]。这是独特的大唐气象，与当时唐的雄厚国力相得益彰。

除了这些政治、经济与风俗生活的不同，在节日的国家祭祀、官方宗教活动方面，唐日也存在着可比较之处。日本史料对天长节宗教活动的记载仅仅是僧尼"转经行道"、诸国"断屠"，而唐朝的内容则丰富得多。

因为诞节最初设立的目的是希望唐玄宗千秋万岁，因此在开元二十四年（736）七月十二日，"有上封事者言月令云：'八月，日会于寿星。祠于大社坛享之。'敕曰：'宜令所司特置寿星坛，常以千秋节日修其祀典。'二十六日，敕寿星坛宜祭老人星，及角亢七宿，著之常式"[3]。这是将千秋节祭祀纳入了国家祀典，使诞节除了有节日欢娱之外，还增添了一丝庄重的色彩，毕竟皇帝的生日是与江山社稷联系在一起的。天宝十四载令："五岳四渎所在山川及得道升仙灵

---

[1]（清）董诰：《全唐文》卷二五《天长节推恩制》，北京：中华书局，1983年，第292页。

[2]（唐）郑处诲：《明皇杂录》卷四五《明皇杂录补遗》，北京：中华书局，1994，第45页。

[3]《唐会要》卷二二《祀风师雨师雷师及寿星等》，第496页。

迹之处，宜委郡县长官，至秋后各令醮祭。务从严洁，式展诚享。"[1]

因为唐代社会宗教气氛浓厚，佛教在此时已经实现了中国化，道教崇奉的始祖老子又被奉为李唐皇室的祖先，所以，在唐代，千秋节活动中掺杂着各种宗教因素。僧侣们在寺庙为皇帝设斋，志磐《佛祖统纪》卷四〇载："开元二十七年（739），命天下僧道，遇国忌就龙兴寺行道散斋，千秋节祝寿就开元寺。"[2]这一说法有些夸大，其实道士们并不去开元寺，而是在道观为皇帝行道，"凡道观三元日、千秋节日，凡修金录、明真等斋及僧寺别敕设斋，应行道官给料"[3]。道观的名字起初也以"开元"为名，后改为"开元天宝"，因为开元二十六年（738）六月一日，"敕每州各以郭下定形胜观寺。改以'开元'为额"[4]，至天宝元年（742）四月八日，开元观主李昭宗奏："本观先是清都观，敕改为开元观，属玄元降符，陛下加号。往年改额，题'开元'文字，今日崇号，合兼天宝之名。其额望请改为'大唐开元天宝之观'。"[5]玄宗同意其请，于是"其天下诸州开元观，并加'天宝'字"[6]。换言之，开元二十六年至天宝元年的千秋节，僧道分别在开元寺、开元观为玄宗行道设斋、祈福祝寿，开元二十七年的敕文可作证明，"祠部奏，诸州县行道散斋观寺，准式，以同、华等八十一州郭下僧、尼、道士、女冠等，国忌日各就龙兴寺、观行道散斋，复请改就开元观、寺。敕旨：'京兆、河南府宜依旧观、寺为定，唯千秋节及三元行道设斋，宜就开元观、寺'"[7]。这段敕文更清晰地告诉我们，京兆、河南府国忌行香在龙兴寺观，千秋节及三元行道设斋地点在开元寺观，其他地方则没有这种差别，都在开元寺观。到了天宝元年后，僧道两家则分别在开元寺、开元天宝观举行玄宗诞节宗教活动。

唐后期，皇帝常在诞节召儒道佛三教论义，司马光认为这种情况起自德宗贞

[1]《全唐文》卷二五《天长节推恩制》，第292页。

[2]［日］高楠顺次郎：《大正新修大藏经》第四九册，台北：财团法人佛陀教育基金会出版部，1990年，第375页。

[3]（唐）李林甫等撰，陈仲夫点校：《唐六典》卷四《尚书礼部》，北京：中华书局，1992年，第126页。

[4][5][6]《唐会要》卷五〇《杂记》，第1029页。

[7]《唐会要》卷五〇《杂记》，第1030页。

元十二年四月，"上生日，故事，命沙门、道士讲论于麟德殿，至是，始命以儒士参之"[1]。当时德宗"御麟德殿，召给事中徐岱、兵部郎中赵需、礼部郎中许孟容与渠牟及道士万参成、沙门谭延等十二人，讲论儒、道、释三教"[2]。文宗初即位的诞节，"召居易与僧惟澄、道士赵常盈对御讲论于麟德殿"[3]。大和七年降诞日又召"僧徒、道士讲论于麟德殿"[4]。关于唐代诞节三教讲论的研究甚多，如罗香林认为唐代诞节三教讲论倾向调和三教，且佛教地位逐渐攀升；张弓进一步指出唐代诞节三教论议逐渐成为程式化的诞节仪式；胡小伟认为中晚唐诞节的三教论衡，往往已流为形式甚至谐谑，佛教通俗化促进俗讲发展。任半塘也指出德宗朝诞节的三教论衡已不啻于听说书、看杂技，唐懿宗诞节时，在进行三教讲论后，还上演了科白类杂剧《三教论衡》[5]。这些论著为我们展示了唐代诞节宗教活动的丰富内涵与生动图景。

日本虽然大量引进中国的儒家文化与中国化的佛教，但因为日本拒绝接受玄宗向日本派遣道士[6]，所以道教并未从官方途径进入日本，自然也就不可能出现在天皇的诞节上，不但三教论衡的场面未出现在日本天长节，连儒佛论议也未见记载。神道教是日本本土的宗教，但目前尚无史料证明平安时代的天皇诞节有神道教参与，成书于10世纪初的《延喜式》，全书用五分之一的篇幅记载了日本平安时代的神祇祭祀问题，但未论及诞节。看来天长节进入日本后只与佛教发生了密切关联，光仁天皇下令僧尼每年天长节转经行道，海内诸国，此日都要断屠。而唐代诞节虽然依托佛教设斋修道，但却并未有严格的断屠钓的规定，南宋叶梦得《石林燕语》

[1]《资治通鉴》卷二三五，贞元十二年四月条，第7571页。

[2]《旧唐书》卷一三五《韦渠牟传》，第3728页。

[3]《旧唐书》卷一六六《白居易传》，第4353页。

[4]《旧唐书》卷十七下《文宗纪下》，第552页。

[5] 罗香林：《唐代三教讲论考》，中国唐代学会编《唐代研究论集》第四辑，台北：新文丰出版有限公司，1992年，第83～89页；张弓：《隋唐儒释道论议与学风流变》，《历史研究》1993年第1期，第58页；任半塘：《唐戏弄》，上海古籍出版社，1984年，第739～745页；胡小伟：《三教论衡与唐代俗讲》，白化文等编《周绍良先生欣开九秩庆寿文集》，北京：中华书局，1997年，第405～422页。

[6] ［日］真人元开著，汪向荣校注：《唐大和上东征传》，北京：中华书局，1979年，第83页。

卷四记载，只有唐文宗时，尝禁屠宰，诞节燕会惟蔬食脯醢，后旋仍旧。

明治维新后，将天长节祭列入国家官祭名单，使神道教与天皇生日纪念活动发生了联系[1]。到了20世纪，日本侵华期间曾在中国建立一些神社，并在神社纪念裕仁天皇的天长节。二战后，天长节祭被列为中祭，但不再作为官祭[2]。

四、中日节日文化交流之反思

中国的辛亥革命推翻了帝制，皇帝的诞节不复存在。日本虽是资本主义国家，但因为至今保留了天皇制度，所以天应元年（781）光仁天皇薨逝后，以皇帝诞辰为国家节日的传统却长期保留了下来，其间虽有间断，但却延续至今。这让我们感叹，中华传统文化的内容如此神奇地在邻国保存下来，也让我们看到盛唐时期中华文化对东亚文化圈国家的巨大影响力。但是，我们还必须正视历史上的伤痛，在二战期间，日本同时发动侵华、侵朝和侵略东南亚的战争，日本占领军曾在中国和朝鲜、新加坡等地庆祝日本天皇的天长节，作为宣扬武力、振奋国威和凝聚人心、激发斗志的工具，令中国有识之士深感痛心。

1932年4月29日，当驻上海日军在虹口公园庆祝天皇裕仁的天长节之际，朝鲜义士尹奉吉怀着对日本殖民朝鲜的愤慨，与中国反日爱国力量合作，制造了虹口公园爆炸案，驻华日军高级将领多人伤亡。事情发生后，日本社会反响强烈，当时上海的报道称："巨量之炸弹同时飞来，轰隆一声，似山崩地裂，此时，天雨与泥砂齐飞。"而东京报刊评论称，"抨击暗杀之卑劣行为，并谓成致迁延停战协定表示遗憾"[3]。这种观点是站在不分是非的日本军国主义的立场，所提及的"迁延停战协定"，是指1932年1月28日，日军在上海制造了"一·二八"事变，中国军队顽强抵抗，双方此时处于停战谈判阶段。

回望历史，希望日本能够认真反思，重归天长节所象征的中日和平交流之路。

（作者单位：西安文理学院长安历史文化研究中心）

---

[1] [2]张大柘：《简论日本神道教祭祀的原理、构成及主要特质》，《世界宗教研究》2000年第2期，第96页。

[3]《上海日报》1932年4月30日；《日本报纸对沪凶变论调》，《盛京日报》1932年5月2日。均转引自苏智良：《中国媒体对尹奉吉义举的报道》，《当代韩国》2008年秋季号，第17页。

唐沙门释道世生平考述

王 侃

唐初沙门释道世（596～683）俗姓韩，字玄恽。因避太宗讳，常以字行之。他祖籍伊阙（今河南省洛阳市南），因祖代为官而迁居长安，为京兆（今陕西西安）人。道世因编撰大型佛教类书《法苑珠林》而闻名于世。关于他的情况，较为集中的记载见于赞宁（919～1001）《宋高僧传》卷四、昙噩（1285～1373）《新修科分六学僧传》卷二三以及日本僧人慧坚（1649～1704）《律苑僧宝传》[1]卷五。今人对道世生平情况的说明见于诸如《宗教大辞典》等佛教辞书"道世"条以及众多有关《法苑珠林》研究的著作、论文等，然而这些介绍均不出僧传范围。由于这方面的研究成果较为丰富，笔者在此从略。本文认为，深入剖析道世的一生，有助于我们更好地理解《法苑珠林》的编撰。鉴于学界在道世出家时间和地点、师承、僧界身份界定以及参与玄奘译经等一系列细节问题上未有进一步深入、细致的考察，故笔者欲就上述问题详加考证、钩沉。

一、时年十二，出家灵感

（一）出家时间

关于道世的出家时间，有两种不同观点。其一认为他早年出家；其二以为晚年离俗。前者见于《宋高僧传》《新修科分六学僧传》以及《律苑僧宝传》之记载，均称其12岁离俗出家。另外，李俨《法苑珠林序》亦称"（道世）幼龀聚

---

[1]《佛光大辞典》载：凡十五卷。日本律僧慧坚撰。为集录我国及日本持律大德三百余人之传记。前九卷是我国诸师部分，从曹魏昙摩迦罗尊者，至明朝紫云如是思律师等，凡二百二十余人。后六卷为日本诸师之部分，收南都招提寺鉴真大师，至大鸟山神凤寺真政忍律师等，凡一百三十余人。成书于贞享四年（1687）。

砂，落饰彩衣之岁"[1]，这也是其早年出家的一则证据。

至于晚年出家的观点，其主要依据为《法苑珠林》卷一〇〇《传记篇》"述意部"中道世自叙内容，其文曰："吾少习周孔之文典，晚慕黄老之玄言。俱是未越苦河，犹沦火宅。可久可大，其惟佛教也欤？遂乃希前代之清尘，仰群英之远迹，归斯正道，拔自沈泥。"[2]清代刘毓崧称"（道世）其人本学儒业，垂暮乃逃于禅。据其自述之词，晚年始慕黄老，而归心佛教仍在其后，则为末年无疑"[3]，认为道世晚年才出家。

然而，陈垣先生称"似道世之出家在暮年，然《宋高僧传》明云：'道世年十二出家。'《珠林》总章元年李俨序亦谓：'（道世）幼龀聚砂，落饰彩衣之岁。'知《传记篇》云云，盖托词耳。"[4]陈先生赞同"早年出家"之说，认为"暮年出家"乃为托词。吴福秀在《〈法苑珠林〉分类思想研究》中提供了支撑道世"早年出家"观点的两则佐证材料，笔者以为可以信从。吴福秀谈道："道世在《受戒篇·八戒部·述意部》中说：'余以戒律宗要，定慧归承。如有乖张，明心莫显……'显然持戒多年亦有明心不显之叹。而且他还感到'深惭应供，横受福田之名；仰愧沙门，虚当乞士之号。进无菩萨兼济之能，退乏声闻自调之德。玷辱师僧，孤负檀越。不堪行国王之地。无以报父母之恩'，这又是出家多年的口吻。"[5]

台湾学者傅世怡亦赞同"年幼出家"说。他认为："李俨之序（笔者按：指《法苑珠林序》）甚可信，僧传言其出家也早，当无误。"[6]另外，吴福秀也指出，"少习周孔之文典，晚慕黄老之玄言"是针对文辞典籍而言。是说他少时

[1]（唐）道世撰，周叔迦、苏晋仁校注：《法苑珠林校注》（一），北京：中华书局，2003年，"法苑珠林序"第2页。

[2]《法苑珠林校注》（六），第2867页。

[3]（清）刘毓崧：《书〈法苑珠林〉后》，《通义堂文集》卷十二，民国吴兴刘氏刊本，第394、395页。

[4]陈垣：《中国佛教史籍概论》，上海书店出版社，2005年，第48页。

[5]具体内容可参见吴福秀：《〈法苑珠林〉分类思想研究》，北京：中国社会科学出版社，2014年，第43页。

[6]傅世怡：《〈法苑珠林〉六道篇感应缘研究》，台湾师范大学博士学位论文，1987年，第9页。

所学儒家学说与晚年所观道教文典都不足以让他真正脱离"苦海""火宅",只有佛教才有"催邪"的伟力,才能让人"归斯正道""拔自沈泥",其中含有对儒、释、道三教高下进行比较的意味。周孔文典、黄老玄言并不能说明他是在晚年学习道教学说无功之后才出家的。"垂暮乃逃于禅"不过是对道世自述的一种误解[1]。

对于"少习周孔之文典,晚慕黄老之玄言"这句话的理解,笔者认为,"晚慕"之"晚"确应理解为"以后""之后"等意,而并非"晚年"。"晚慕黄老之玄言"应指在学习儒家经典之后,才开始接触黄老之学。至于道世接触黄老之学的具体时间及学习过程,因无史料可考,我们不得而知。

分析道世在《传记篇》中的自述内容,我们可以得出几点判断:

一方面,他的入佛轨迹大致经历了先儒、后黄老,再到佛学的过程;

另一方面,体现了道世的佛教本位立场,以及佛教高于儒、道二教的三教高下观念。这一立场、观念始终贯穿在《法苑珠林》的字里行间,特别是该书的编撰体例方面,即在征引佛典的同时,亦对儒、道等外典进行了引用。他的这种处理主要有三种用意:一则,通过相关儒、道等外典内容来证明佛法之不诬;二则,彰显了佛教理论水平要胜于儒、道两教,认为佛教宣扬的理论才是整个宇宙、社会以及人生的真谛,是最为彻底的真理所在;第三,为了重新建构唐初全面、完整的佛教知识体系,具有立足佛教、统摄儒道的深刻用意。另外,该书广征博引的特点亦可看出道世一生曾博览群书,具备良好的儒、释、道文化素养。

综合僧传中相关记录以及众学者的研究,笔者赞同道世早年,即12岁出家之说。

（二）出家地点

有关道世出家地点的记载,最早见于赞宁《宋高僧传》,称"(道世)于青龙寺出家",其后的僧传史料均因袭此说。

据目前掌握的资料,关于"青龙寺"较为详细的记载,最早见于唐遇荣(生卒年不详)所集《仁王护国般若经疏法衡抄》卷一。其文云:"青龙寺在长安城东南隅也。《青龙寺记》云:昔隋朝时创置长安,以于城南本是战场,聚骨

---

[1]吴福秀:《〈法苑珠林〉分类思想研究》,第44页。

于此，帝曰：以此处是国家青龙之首，多诸坟墓。有子孙亲戚者，令移葬之其中；无亲戚者，官与移之。去城东南约七里余，穿坑埋之，后有鬼哭之声，有司闻奏。有敕令于埋骨之处与置其寺，号灵感焉。后至唐太宗皇帝女城阳公主有疾，请苏州僧法朗持念观音神呪而获疾愈。公主上请所废灵感寺地可以置寺，以答圣恩。至高宗大帝龙朔二年，敕旨宜令依旧置寺，改名观音寺。后至中宗皇帝以寺标青龙之岗，于神龙二年改为青龙寺焉。"[1]北宋王溥（922～982）《唐会要》卷四八、北宋赵州平棘（今河北赵县）人宋敏求（1019～1079）的《长安志》均载有相关内容。

　　从上述史料可知，青龙寺位于长安城东南约七里处（今陕西省西安市东南郊铁炉庙村北高地），唐时属新昌坊管辖之地。其最初名为灵感寺，建于隋开皇二年（582），后至唐武德四年（621）废弃。龙朔二年（662），城阳公主因病愈之故在废址上重新建寺，改名观音寺。唐中宗神龙二年（706）或唐睿宗景云二年（711）改名青龙寺。另据《唐会要》卷四八载，唐武宗会昌六年（846）青龙寺又改名护国寺。根据相关学者的介绍，该寺于唐宣宗大中九年（852）又恢复青龙寺本名[2]。直至北宋元祐元年（1086）以后，寺院废毁，地面建筑荡然无存，全部遗址遂被埋在地下[3]。青龙寺在有唐一代曾是佛教密宗很有影响的著名寺院，曾被日本密宗奉为祖庭。

　　《宋高僧传》中道世"青龙寺出家"之说实不确切。寺名"青龙"是在公元706或711年之后的事，然而此时道世已经过世（弘道元年，即683年卒），其出家不可能是在寺名青龙之时。笔者认为，赞宁所处的时代，特别是在他编写《高僧传》期间，该寺可能尚存，且名为"青龙"。之所以出现"青龙寺出家"一语，应是赞宁未加详考，以该寺院在他所处时代的名称——"青龙寺"来直接记录道世当年出家时的寺院所致。另据《佛祖统纪》所载，唐贞观二十二年（648）"十二月，皇太子为文德皇后建慈恩寺，择京城大德五十人以居之"[4]。道世即

---

[1]（唐）遇荣集：《仁王护国般若经疏法衡抄》卷一，《卍续藏》第26册，第424页a。

[2] 韩养民：《唐都皇家寺院》，西安：三秦出版社，2003年，第32页。

[3] 陕西考古学会：《陕西重大考古发现1949—1984》，西安：陕西人民出版社，1986年，第139页。

[4]（宋）志磐：《佛祖统纪》卷三九，《大正藏》第49册，第366页b。

为50大德之一。由此判断，道世出家时的寺院也并非名"观音寺"，准确来讲，应名为"灵感寺"。称"灵感寺"是在隋文帝开皇二年至唐高祖武德四年之间，道世出家的时间也应在582～621年这39年期间，进而亦可证明上文"早年出家"之说。

二、道世师承

因缺乏相关资料，道世出家灵感寺时从何师剃度、受业我们不得而知，但其早年向静琳法师、智首律师以及玄琬律师问学应是事实。

道世与静琳法师产生交集，以至于向其求学发生在两人共驻弘法寺期间。《法苑珠林》卷七四《十恶篇·偷盗部》之"感应缘"载有"隋宜州有人姓皇甫名迁"一验，讲述了隋大业八年（612）至大业十一年（615）间皇甫迁因偷母钱财60文私用，死后变猪偿债的感应故事。该故事末尾有文云："长安弘法寺静琳（《法苑珠林校注》作"林"，笔者改）法师是迁邻里，亲见其猪。法师传向道说之。"[1]由此可见，道世最早于615年当面听静琳法师讲述此事，并在日后编撰《法苑珠林》时将其收录到感应缘。今考道宣《续高僧传》卷二〇《唐京师弘法寺释静琳传四》，其中有文曰："武德三年（620），正平公李安远奏造弘法，素奉崇信，别令召之。"[2]可知弘法寺建于620年，静琳于是年入驻该寺。另据僧传所载，直至贞观十四年（640）秋十月二十六日圆寂，静琳一直住在弘法寺，时间长达20年之久。上述引文既已明言"长安弘法寺静琳法师"云云，那么静琳讲述该感应故事则发生在620～640年之间。根据《毗尼讨要》的署名——"长安弘法寺沙门释玄恽纂"可知，道世亦曾在弘法寺驻锡。从现有资料看，最早在贞观二十二年（648）作为50大德之一召居慈恩寺，协助玄奘译经之前，道世大概一直住在弘法寺，也正是在此期间，或许就在该寺，道世曾当静琳之面听到这则故事。两人在同一所寺院相处可能长达20年，彼此应十分熟悉。因早在隋仁寿四年（604）静琳法师便已名震京师，故在弘法寺期间道世向静琳学习十分正常。

据《续高僧传》卷二〇《释静琳传》的记载，静琳法师（565～640）俗姓

[1]《法苑珠林校注》（五），第2197页。

[2]（唐）道宣撰，郭绍林点校：《续高僧传》（中），北京：中华书局，2014年，第747页。

张，本族南阳，后居京兆华原（即今陕西省铜川市耀州区）。因有感于"法本治病，而今慢法更增，且道贵虚通，而今耽着弥固"便放弃了讲经，专门习禅。武德三年（620），正平公李安远奏造弘法寺，别令召之。其在弘法寺"削繁就简，惟敷《中论》为宗，余则《维摩》《起信》，权机屡展"，又"久以徒侣义学，爰缺律宗，乃躬请智首律师敷弘《四分》，一举十遍，身令众先，故使教法住持，京辇称最"。终其一生，静琳的弟子有文献记载者达40余人，但其中并未提及道世。笔者以为，静琳与道世并未建立正式的师徒关系，道世仅是向其问学而已。由上文可知，静琳曾在较长的时间内习禅，他对各种禅法的理解与修证应达到一定高度（《续高僧传》将其归入"习禅"类亦可作为证明）。据经录及僧传记载，道世撰有《大小乘禅门观》10卷、《大乘略止观》1卷，其禅学思想想必受到静琳的影响。因上述两书均已亡佚，其具体内容无法知晓。

玄琬（562～636）、智首（567～635）均系隋唐时期的著名律师，且与静琳年纪相仿、所处时代相同。《静琳传》中亦有专门提及两人之内容。因文中只涉及"玄琬律师，道王关河，躬承令则，自余法侣，岁献奇伦"一句，故玄琬律师与静琳的关系到底如何，不得而知。但据《法苑珠林》卷六〇《咒术篇》"千转陀罗尼神咒"中"时有长安延兴寺玄琬律师、弘法寺静琳法师等，并是道光日下，德振通贤，创获流布，洗荡瑕累"[1]以及《续高僧传》卷二〇"京师大庄严寺释昙伦传二"中"有玄琬律师、静琳法师，率门人僧伽、净等往来受法，如此众矣如鱼子焉"[2]的记载，至少说明两人相互熟识。而另一位知名律师智首，在《静琳传》中则有较多的文字呈现。静琳曾"久以徒侣义学，爰缺律宗，乃躬请智首律师敷弘《四分》，一举十遍，身令众先，故使教法住持，京辇称最。乃至沙弥、净人咸明律相，诚其功矣"[3]。智首受静琳之请大力弘扬《四分律》，他在帮助静琳整顿徒侣戒律方面发挥过积极作用。静琳对智首非常恭敬，两人过往甚密。鉴于静琳与玄琬、智首的关系，考虑到道世曾先后问学智首和玄琬（下文详述），笔者判断，道世曾向静琳学习是事实。

道世平生主要致力于律部的学习、弘扬以及对大乘佛法的宣讲。其律学主要

[1]《法苑珠林校注》（四），第1774页。

[2]《续高僧传》（中），第778页。

[3]《续高僧传》（中），第747页。

承自于智首以及玄琬律师。

自东晋时起，中国的佛教律学进入集中翻译期，《十诵律》《四分律》《摩诃僧祇律》相继译出。南朝时的律学主要以弘传《十诵律》为中心，而北朝则由最初重视《僧祇律》进而转向《四分律》。至隋唐时期，南北律学随着国家一统也逐渐由各有所主而最终统一于《四分律》。《四分律》最初由法聪传于北朝道覆，并在其作《四分律疏》后逐步开启研习四分的门径。而慧光（约468～537）更是继续研究，作《四分律疏》，并删定《羯磨戒本》，逐渐为法侣所传诵。慧光在北朝律学转向上发挥了关键作用，故其被尊为四分律宗的开祖。慧光门下翘颖如林，有"十大弟子"之说。其主要弘律者有昙隐、洪理、道云、道晖等，其他还有法上、僧范、道凭、慧顺、灵询、僧达等。此后，史传里中国"四分律宗"一系的众律师，也大都出于慧光之门[1]。

道世曾在智首律师处受具足戒。而智首的律学远承慧光，他一生的主要贡献，在于使《四分律》最终一统。在《四分律学》的发展史上，智首的总结性著作《五部区分钞》为此前的诸本律学的发展画上了句号。至此，《四分律》确立了自己的最终地位，"四分律宗"的基本形态也因之而被大致整理了出来，其基本轮廓已经显现[2]。智首有弟子道宣、道世、慧满、道兴、智兴等。道宣在《续高僧传》中称自己"尝处末座，向经十载，具观盛化，不觉谓之生常初未之钦遇也"[3]，《宋高僧传》卷十四《唐京兆西明寺道宣传》亦载："隋大业年中从智首律师受具，武德中依首习律。"[4]可知道宣曾于武德年中（618～626）跟随智首律师学习律学。虽无资料显示道世从智首习律的时间，但考虑到道世与道宣的师兄弟关系，其师从智首学习的时日亦非浅，其律学也主要承自于智首。道世撰有《四分律讨要》《四分律尼钞》等律学著作可作为明证。

《法苑珠林》卷六五《救厄篇》之感应缘"唐居士徐善才"尾注云："道年幼自见琬师说之耳。"其中所云"琬师"，即唐西京普光寺玄琬律师。道世亦曾受其教诲。

---

[1] 王建光：《中国律宗通史》，南京：凤凰出版社，2008年，第170、171页。

[2] 王建光：《中国律宗通史》，第182、183页。

[3] 《续高僧传》（中），第857页。

[4] （宋）赞宁：《宋高僧传》卷十四，《大正藏》第50册，第790页b。

　　"唐居士徐善才"这则感应故事主要讲述醴泉县（今陕西省咸阳市礼泉县）人徐善才平生常修斋戒，诵念《观世音经》逾千遍。武德二年（619）十一月，他因事还家，不料途中被胡贼捉去，后至诚称念观音圣号而免于杀害，并最终顺利归家之事。因此事发生在619年，因玄琬律师卒于贞观十年（636），故琬师向道世讲述该事是在619～636年之间，具体何时并不明确。但无论如何，此段时间正值道世24～41岁，道世自述"道年幼"应是记忆之误。"自见琬师说之"可证明两人曾有过接触，但他们之间的交往并非仅此一次。道宣在《大唐内典录》卷五中曾云："（道世）律学高誉，慕重前良。"[1]作为前良之一的玄琬，也是道世敬慕之重要对象。

　　玄琬是一位具有很高社会地位的律师，曾师从洪遵学习《四分律》，涉律三载。他精通律部，持戒严谨。洪遵（530～608）亦是隋代律学高僧，相州（河南彰德府安阳县治）人，尝在少林寺云公门下专学律部。当时邺下的道晖盛弘《四分律》，而洪遵独能入室，臻其堂奥。晖爱其才识过人，乃命其覆讲。洪遵神辩洪亮，众皆钦仰。从学者不下千人。隋开皇十六年（595），洪遵受"讲律众主"之封号，在崇敬寺讲《四分律》，令从来仅重视《僧祇律》的关内律学为之一变[2]。

　　玄琬师从洪遵，而洪遵又曾先后师从道云、道晖。因道云、道晖均为慧光弟子，故玄琬的律学亦可追溯至慧光。上文提到，智首所长律学也远承慧光，玄琬与智首的律学传承十分紧密，且两人关系也非同一般。琬师洪遵曾"亲于法座，命众师之"，率众预其法筵，听受智首讲习四分，玄琬应位列其中。另外，玄琬还曾辅助智首弘律。如《续高僧传》载："智首律师，德光荣问，于帝京者，实资成赞，能扇芳风，自见令达，罕能推挹，如此人矣。故使唐运搜举，岁拔贤良，多是律宗，实由琬之笃课也。"[3]

　　玄琬与智首关系密切，道世向智首学习律学的同时，接受玄琬的教诲也是情理之中的事。如僧传所载，玄琬曾撰《礼佛仪式》1卷，而道世亦撰有《礼佛

[1]（唐）道宣：《大唐内典录》卷五，《大正藏》第55册，第283页c。

[2] 蓝吉富主编：《中华佛教百科全书》，台南：中华佛教百科文献基金会，1994年，第3371页。

[3]《续高僧传》（中），第866页。

仪式》2卷。因两书均已佚，后者是否受前者影响不得而知。但仅从书名和卷次来看，两者之间应有一定关系，或许道世在前书基础上有所扩充，而撰成两卷本《礼佛仪式》。

正如上文所述，道世曾从智首、玄琬律师学习。他的这种师承背景，决定了律学成为其平生的主要致力方向之一。他与道宣一道，均是四分律学的主要传承与弘扬者。《宋高僧传》卷四《唐京师西明寺道世传》载："道宣律师当涂行律，世且旁敷，同驱五部之车，共导三乘之轨。人莫我及，道望芬然。"[1]

僧传中亦记载，道世"从执德瓶，止临欣鉴，律宗研核，书籍钻寻""精研律部"以及"护持奉信，如擎油盏。三藏无所不窥，而毗尼一宗至微臻极"，可见其一生主要以律部的学习、钻研为主，且平时严持戒律、守戒不违，曾为一代持戒之楷模。故李俨在《法苑珠林序》中称赞道："（道世）戒品圆明，与吞珠而等护；律义精晓，随照镜而同欣。"[2]而道宣亦在《集神州三宝感通传》中称其为"西明寺道律师"。

据《法苑珠林》卷一〇〇《传记篇》所载，道世的著作共计11部154卷，分别为：《法苑珠林》100卷、《诸经要集》20卷、《大小乘禅门观》10卷、《受戒仪式》4卷、《礼佛仪式》2卷、《大乘略止观》1卷、《辩伪显真论》1卷、《敬福论》3卷、《四分律讨要》5卷、《四分律尼钞》5卷、《金刚般若集注》3卷。上述著作中，专述律学或律仪的著作计4部16卷，约占总著作数的36%，总卷数的10%。其中至今尚存者，仅《毗尼讨要》3卷。《毗尼讨要》收于《卍续藏》第44册。其内容主要以解释《四分律》为中心，并旁通诸部律，旨在参酌、检讨律藏之精要。道世自序云："立章四十，勒成三卷。上三十五章，通戒僧尼，时有异同，并子注甄别。下有五章，偏劝尼众，今所撰者，以四分为宗，若此文不足，则用诸部补阙。"[3]

道世在《法苑珠林》中亦专门设置《受戒篇》《破戒篇》，其中包含了"三归部""五戒部""八戒部""十善部"以及"三聚部"等内容，特别是各部中的"述意"部分，集中体现了道世的戒律思想。如《受戒篇》第八七"五戒部"

---

[1]《宋高僧传》卷四，《大正藏》第50册，第726页c。

[2]《法苑珠林校注》（一），"法苑珠林序"第2页。

[3]（唐）道世：《毗尼讨要》卷一，《卍续藏》第44册，第308页a。

之"述意部"有文云："夫世俗所尚，仁义礼智信也。含识所资，不杀盗淫妄酒也。虽道俗相乖，渐教通也。故发于仁者则不杀，奉于义者则不盗，敬于礼者则不淫，悦于信者则不妄，师于智者则不酒。斯盖接化于一时，非即修本之教。修本教者，是谓正法。内训弘道，必始于因。因者，杀盗淫妄酒也。此则在于实法，指事直言，故不假饰词，托名现意。如斯而修因，不期果而果证，不羡乐而乐彰。若略近而望远，弃小而保大，则无所归趣矣。故知受持不杀之因，自证乎仁义之果。所以知其然，今见奉戒不杀，不求仁而仁著；持戒不盗，不欣义而义敷；守戒不淫，不祈礼而礼立；遵戒不妄，不慕信而信扬；受戒舍酒，不行智而智明。"[1]道世将严守五戒视为成佛之因，并将佛教的不杀、不盗、不淫、不妄语以及不饮酒等五戒与儒家"五常"——仁、义、礼、智、信相比附，起到了融摄儒、释两教的作用。

此处需要指出的是，关于道世的僧界身份，即他属律师还是法师的界定问题，值得探讨。

律师乃专门研究、解释、读诵戒律之人，与经师、论师、法师以及禅师等相对。戒律是各宗派僧人必须遵守的行为准则，具有防非止恶的作用。正所谓由戒生定，由定发慧，不管是法师、律师还是论师，学习并严守戒律应是第一位的。道世虽倾心律部的学习及弘扬，且持戒不辍，但在唐代乃至唐以后的佛教文献中，其在很大程度上却是以法师的身份出现，这一点可从相关文献在其称谓方面的记录得以反映。除去冠以"沙门"或"释"等字样而直呼其名或字者，如：沙门道世、沙门释道世、释道世、僧道世、沙门玄恽、沙门释玄恽以及沙门道世玄恽等（这部分称呼可忽略不计），以表明其出家僧人身份外，尚存在其名或字之前或之后加以"律师""法师"等标明身份界定的词汇。有关道世的称呼见于唐道宣《广弘明集》卷二〇和卷二二、李俨《法苑珠林序》与《金刚般若经集注序》、《集神州三宝感通录》卷下、《隆兴编年通论》卷十四、《释氏通鉴》卷八、《续一切经音义》卷一〇、《释氏要览》卷一、《历朝释氏资鉴》卷六、《佛祖历代通载》卷一和卷十二、《释氏稽古略》卷三、《阅藏随录》、《六道集》卷五、《醒事录》卷一、《四分比丘尼钞》卷三"尾跋"、《沙弥律仪要略述义》卷一、《沙弥律仪毗尼日用合参》卷上以及《八宗纲要钞》卷一等。

---

[1]《法苑珠林校注》（六），第2515、2516页。

上述文献在对道世的称呼中，称其为"法师"者共15处，称"律师"者仅3处。其中，唐代相关文献中称道世为"法师"者2处，均系出自李俨序，而称"律师"者仅1处，为道宣对道世之称谓。道宣、李俨均与道世熟识，道宣称其为"律师"的原因，主要是两人曾从智首受具足戒并学习律部，彼此系律学师兄关系。加之道宣以弘扬四分为主，且道世后又于西明寺旁敷。而李俨称其为"法师"，与道世居西明寺期间"驱五部之车，导三乘之轨""五部余闲，三藏遍览"以及"讲贯之余，仍览甚深之藏"的情形有关。笔者认为，道世在西明寺辅助道宣弘律之余，亦主要从事经、律、论三藏的宣讲。《法苑珠林》的编撰一方面具有便于"传记""搜检"的功能，另一方面也应起到宣讲底本的作用。

导致宋至清代绝大部分相关佛教文献将其记为"法师"的主要原因，笔者认为可归结于赞宁《宋高僧传》的编撰。众所周知，《宋高僧传》在分科编排方面主要沿袭梁僧祐《高僧传》和唐道宣《续高僧传》的体例，"循十科之旧例"，分为译经篇、义解篇、习禅篇、明律篇、护法篇、感通篇、遗身篇、读诵篇、兴福篇以及杂科声德共10类。赞宁将道世归入"义解篇第二"，且置于唐窥基之后的第2位，而却将道宣归入"明律篇第四"之第1位，两人的归属并不相同。《宋高僧传》的人物分类固然存在诸多不当之处，但赞宁对道世、道宣的分类安排有他的考量。据钱穆先生所云："僧传之分科，既可自行事见沙门对宗教之贡献，而自各科编次先后，亦可窥该类沙门在僧史上之等第。"[1]因《道世传》中有"复因讲贯之余，仍览甚深之藏""世颇多著述"云云，可知道世生前不仅讲经宣法，且戮力撰述，对中国佛教贡献其巨，颇合乎义解篇中僧人宣弘正法的寓义，故赞宁将其置于"义解篇"内或基于此因由也[2]。王建光教授也指出："《法苑珠林》为中国佛教史上的重要的佛教百科全书。尽管他的其他著作大都不存，但道世凭其一部《法苑珠林》就傲然于中国佛教史中。也可能正是由于道世的这一出色贡献，赞宁才将其列入《宋高僧传》卷四的《义解篇》中，而没入《明律篇》中。"[3]

[1] 曹仕邦：《中国佛教史传与目录源出律学沙门之探讨（上）》，《新亚学报》1964年第6卷第1期，第461页。

[2] 陈昱珍：《道世与〈法苑珠林〉》，《中华佛学学报》1992年第5期，第234页注3。

[3] 王建光：《中国律宗通史》，第303、304页。

与上述称道世为"法师"的情况相反，作为南山律宗之祖的道宣，其称呼在绝大多数相关文献中均系以"律师道宣"或"道宣律师"的情形存在。据笔者统计，此类情况达468处之多。而称"法师道宣"者仅《佛祖统纪》卷二九中一处。通过上述统计数据存在的巨大反差，我们不难发现，在唐及以后僧俗两界的观念中，道世作为法师的身份应确定无疑。

三、辅奘译经、西明创居

（一）慈恩寺辅助玄奘译经

道世是否参与了玄奘的译经工作？如果参与，那又是在何时、何地呢？正如僧传史料中的记载："显庆年中，大帝以玄奘师所翻经论，未几，诏入内，及慈恩寺大德更代行道，不替于时，世亦预其选""显庆间，以奘师新翻经论，入内共养，仍选慈恩寺大德轮番行道，不替于时，世预其列""显庆中，大帝以玄奘师所翻经论入内。敕慈恩寺大德更代行道，不替于时，师亦预其选"，道世参与奘师译经应是事实，但其中记载的时间及地点有待进一步商榷。为了说明这一问题，我们有必要先来简要考察一下奘师译经的相关情况。

唐太宗贞观十九年（645）正月，玄奘法师从西域归来。在抵达京师长安后，他将携回的大量佛经、佛像、舍利等安置在弘福寺。三月己巳，奘师受命从洛阳返回长安，于弘福寺准备经典翻译事宜，"乃条疏所须证义、缀文、笔受、书手等数，以申留守司空梁国公玄龄，玄龄遣所司具状发使定州启奏。令旨依所须供给，务使周备"[1]。四月，京师弘福寺沙门灵润、沙门文备，罗汉寺沙门慧贵，实际寺沙门明琰，宝昌寺沙门法祥，静法寺沙门普贤，法海寺沙门神昉，廓州法讲寺沙门道深，汴州演觉寺沙门玄忠，蒲州普救寺沙门神泰，绵州振音寺沙门敬明，益州多宝寺沙门道因等"证义"大德12人至。又有"缀文"大德9人至，分别为：京师普光寺沙门栖玄、弘福寺沙门明濬、会昌寺沙门辩机、终南山丰德寺沙门道宣、简州福聚寺沙门静迈、蒲州普救寺沙门行友、栖岩寺沙门道卓、幽州昭仁寺沙门慧立、洛州天宫寺沙门玄则等。又有"字学"大德1人至，即京大总

---

[1]（唐）慧立本、释彦悰笺：《大唐大慈恩寺三藏法师传》卷六，《大正藏》第50册，第253页c。

持寺沙门玄应。另外还有"证梵语、梵文"大德1人，即京大兴善寺沙门玄谟。自余笔受、书手，所司供料等并至，译经准备工作基本完成。

据《旧唐书·方伎·僧玄奘传》所载："贞观十九年，（玄奘）归至京师。太宗见之，大悦，与之谈论。于是诏将梵本六百五十七部于弘福寺翻译，仍敕右仆射房玄龄、太子左庶子许敬宗，广召硕学沙门五十余人，相助整比。"[1]《古今译经图纪》卷四亦云："帝大悦，即命所将梵本六百五十七部敕于西京弘福寺翻译。仍敕左仆射房玄龄广召国内硕学沙门慧明、灵润等五十余人助光法化，并敕太子左庶子许敬宗等专知监译。"[2]

由此可知，当时参与玄奘译经的"硕学沙门"多达50余人。除上文所列"证义"12人、缀文9人、"字学、证梵语梵文"各1人，共计23人外，据稍后的资料显示，尚有其他硕学沙门11位。如：许敬宗《瑜伽师地论后序》中提到的"弘福寺沙门灵会、灵隽、智开、知仁，会昌寺沙门玄度，大总持寺沙门道观，清禅寺沙门明觉（以上负责笔受）；大总持寺沙门道洪（详证大义）；普光寺沙门道智（证文）、玄法寺沙门玄赜（证文）、普光寺沙门处衡（证文）等"。又据历代经录所载，此后参与译经者还有大乘巍、大乘光、大乘钦、大乘林、大乘询、大乘谌、大乘云、大乘基、大乘晖、智证、慧朗、嘉尚、元瑜、神察、释诠、义褒、弘彦以及杜行顗等。

目前我们并未发现道世参与玄奘弘福寺译经工作的明确资料，但考虑到奘师译场的十科严格程序，认为他参与其中也并非没有可能。众所周知，玄奘法师主持的译场是当时较大的译场之一，其翻译工作分工明确、程序严谨，主要有译主、证义、证文、书手、笔受、缀文、参译、刊定、润文以及梵呗等十种分工。上文提及的诸位僧人仅是作为证义、缀文、证文、笔受等重要工作参与者而被相关文献记录下来，而涉及其他环节的人员并未完全交代。另外，鉴于道宣曾以缀文身份参加译事，而道世与道宣又关系密切，且两人当时皆名震京师，道世理应参与其中，只不过其从事的工作或许较为次要，未被记载罢了。

除弘福寺译经外，玄奘在20余年的翻译生涯中，驻锡慈恩寺的时间最长，达

---

[1]（后晋）刘昫：《旧唐书》卷一九一《僧玄奘传》，北京：中华书局，1975年，第5108页。

[2]（唐）靖迈：《古今译经图纪》卷四，《大正藏》第55册，第367页a。

11年之久（贞观二十二年至显庆三年）。大慈恩寺是高宗李治尚为太子之时为亡母追福所建。待到寺院落成，太子李治曾亲自参与恭送玄奘法师及50大德入慈恩寺一事。据文献记载，此事盛况空前、万人空巷。

玄奘曾与京城50大德一并入驻慈恩寺，而此50大德正是协助奘师译经的重要组成人员。根据上文赞宁《宋高僧传》的记载，道世在显庆年中（656~661）因玄奘译经而被诏入内，辅助工作，即文中所云"显庆年中，大帝以玄奘师所翻经论，未几，诏入内"。但该句之后却又紧接"及慈恩寺大德更代行道，不替于时，世亦预其选"的内容。如此一来，前后两句在彼此衔接上便出现问题，事件的发生顺序似有错位。如果道世曾作为50大德之一而参与了玄奘在慈恩寺的译经，那么时间应在贞观二十二年（648）年年末，而并非如文中所述之"显庆年中"。赞宁大概因误记时间，而将高宗尚为太子时亲自参与兴建慈恩寺并迎奘师和50大德入寺之事一并归入"显庆年中"，此是一种解读。另外，"显庆年中，大帝以玄奘师所翻经论，未几，诏入内"一句也可理解为高宗因玄奘译经而将其诏入内。如果此处仅指玄奘，而不涉及道世的话，那么上文提到的两句间的衔接问题就不存异议了。这句话的意思，可解读为：显庆年中，大帝高宗因玄奘译经而将其诏入内，参与者还有慈恩寺诸位大德，道世也在其中。《新修科分六学僧传》《律苑僧宝传》的记载"显庆间，以奘师新翻经论，入内共养，仍选慈恩寺大德轮番行道，不替于时，世预其列""显庆中，大帝以玄奘师所翻经论入内。敕慈恩寺大德更代行道，不替于时，师亦预其选"，与第二种解读一致。

通过考察显庆年间玄奘法师译经的相关事件可以发现，奘师在此期间的译经场所主要有7处，其中寺院2处、大内5处。前者为大慈恩寺和玉华寺；后者为凝阴殿院之西阁，西京大内顺贤阁、积翠宫、飞华殿以及东都洛阳大内丽日殿。

如按上文"显庆年中，大帝以玄奘师所翻经论，未几，诏入内"的第一种解释，结合这一时期玄奘的译经情况，可知道世参与奘师译经的时间，除贞观年末一说外，最早也应在显庆元年（656）3月，最迟或在是年7月翻译《阿毗达摩大毗婆沙论》过程中，地点为慈恩寺；但如果依第二种解读，那么"诏入内"三字就值得注意。正如上文所述，奘师在此期间的译经场所有慈恩寺、玉华寺以及皇宫大内。此处"诏入内"之"内"应为寺院之外的凝阴殿院之西阁、西京大内顺贤阁等处。如此一来，道世参与译经最早便是在显庆元年（656）5月于凝阴殿院之西阁。

（二）西明寺创居

西明寺与弘福寺、慈恩寺齐名，为唐代国家供养的几座大型寺院之一，也是唐长安城内著名的佛教文化中心。该寺系唐高宗李治于显庆元年（656）8月为皇太子所造，位于唐长安城延康坊西南隅，即今西安市南郊白庙村一带。显庆三年（658）六月十二日，该寺建成之后，即诏命道宣为上座，神泰为寺主，怀素为维那，建斋度僧。又请玄奘居此寺，对之礼敬有加。据《慈恩传》载："敕先委所司简大德五十人、侍者各一人，后更令诠试业行童子一百五十人拟度。至其月十三日，于寺建斋度僧，命法师看度。至秋七月十四日，迎僧入寺，其威仪、幢盖、音乐等，一如入慈恩及迎碑之则。敕遣西明寺给法师上房一口，新度沙弥海会等十人充弟子。"[1]道世应在"五十大德"之列。

西明寺从建成起，就是国家法定译经场所。据《宋高僧传·道宣传》载："及西明寺初就，诏宣充上座。三藏奘师至止，诏与翻译。"道世也参与其中，但考虑到奘师稍后移居玉华寺译经的情况，两人在西明寺期间实际并未真正开展译经工作。同时，该寺也是唐代佛教典籍的法定藏库，"显庆年际西明寺成御造藏经"并收藏在西明寺菩提院东阁，号称"一切经"。这批御造经藏是唐代最早，也是最丰富的佛教典藏。道宣根据寺中藏经目录编撰成《京师西明寺录》3卷，后又以此为蓝本编撰成《大唐内典录》。

道世曾以英博，召入斯寺。自显庆三年（658）入居，至弘道元年（683）入寂，他在西明寺驻锡长达25年。也正是在此期间，他一方面辅助道宣弘扬四分律，"同驱五部之车"，同时也注重大中小三乘佛法的宣讲；另一方面在讲贯之余，缀缉为务，兼有钞疏，注解众经，利用该寺丰富的佛教典藏，编撰完成《法苑珠林》《诸经要集》《金刚般若经集注》等著作。

四、余　论

道世一生精研戒律，尤慕大乘。他遍览三藏，具备良好的禅学、律学以及大小乘佛学素养。加之早年对儒、道等外典知识的积累，为《法苑珠林》的编撰

---

[1]《大唐大慈恩寺三藏法师传》卷一〇，《大正藏》第50册，第275页c。

奠定了扎实的理论基础，这也使他拥有更加宏大的视野与抱负。道世一生经历了隋文帝、隋炀帝的崇佛，以及唐初"道先佛后"的宗教环境，见证了唐高祖、唐太宗时期激烈的佛道论争。身为唐初一代高僧，面对隋唐之际佛教生存环境的巨大反差，他势必会采取相应举措，为佛教赢得更大的主动权与自主权。正是在此背景下，他利用西明寺丰富的文献资源，在讲贯之余花费10年之功编撰完成《法苑珠林》。该书除具备类书方便检阅的功能外，更重要的是组建起唐初完整的佛教知识体系，在征引佛典的同时，亦大量引用了儒、道等世俗典籍。这一体例的设计正是儒释道三教文化由"相争"走向"合一"背景下的必然产物，其在佛教类书编撰史上具有以佛统摄儒道的突出特色，起到承上启下的作用。更为重要的是，它在传统思想文化发展变动史上，也发挥了积极作用。一方面，整合了唐前佛教文化；另一方面又试图将异域佛教文化契入儒道等传统文化体系之中，为唐宋变革时期儒释道三教更好地融合奠定了基础。长期以来，道世在中国佛教发展史上的地位及其发挥的重要作用一直未被充分挖掘，希望引起相关学者注意。

（作者单位：四川大学道教与宗教文化研究所，西南医科大学外国语学院）

大厦将倾：杨复光、杨复恭与唐末政局研究[*]

刘永强

  《新唐书·南诏传》谓："唐亡于黄巢，而祸基于桂林。"[1]庞勋之乱尤其是王仙芝、黄巢之乱敲响了唐王朝的丧钟。检阅史籍可以发现，在唐王朝大厦将倾之际，出身于宦官世家的杨复光、杨复恭兄弟在唐末政局中扮演的角色和实施的政治作为皆产生了重大作用和影响。对此，史学界着力不多，陈仲安先生在《唐代后期的宦官世家》一文中，依据正史资料勾勒出了杨氏家族的活动情况[2]，杜文玉先生的《唐代权阉杨氏家族考》，依据关于杨氏家族的多方墓志，结合正史对杨氏家族的籍贯、世系、任官及活动情况进行了细致的考证，《唐代权阉杨玄价夫人党氏墓志铭考略》则加以补正[3]。陈、杜二先生皆以杨氏家族作为主要研究对象，着重于考证史实，对深入探讨杨复光、杨复恭兄弟与唐末政局的关系提供了有利的学术条件。本文意在整合史料，对杨复光、杨复恭兄弟及其在唐末纷

  *本文系国家社科基金项目"黑水城出土汉文占卜文书整理与研究"（编号：14CTQ038）、中国博士后科学基金第58批面上资助项目"唐代地方石刻所见的中央认同研究"（编号：2015M581512）、上海市哲学社会科学规划课题"社会转型视野下的唐宋房屋税研究"（编号：2014BLS005）阶段性成果。

  [1]（宋）欧阳修、宋祁：《新唐书》卷二二二《南诏传》，北京：中华书局，1975年，第6295页。

  [2]陈仲安：《唐代后期的宦官世家》，中国唐史学会编《唐史学会论文集》，西安：陕西人民出版社，1986年。

  [3]杜文玉：《唐代权阉杨氏家族考》，《法门寺文化研究通讯》1998年第10期；《唐代权阉杨玄价夫人党氏墓志铭考略》，《唐史论丛》第14辑，西安：陕西师范大学出版社，2012年。

繁复杂政局中的作为进行细致研究。

　　杨复光、杨复恭出身于著名的杨氏宦官家族。杨氏家族的第一代宦官是杨延祚，为内常侍、判飞龙事，获得过"宝应功臣"的称号[1]。杨延祚之子杨志廉历经代宗、德宗、宪宗，官至左神策护军中尉[2]。杨志廉之子杨钦义先为淮南监军，后入枢密使，又曾为左神策军中尉，对李德裕入朝为相助力颇多[3]。杨钦义之子杨玄翼咸通年间为枢密使，杨玄寔乾符年间为右神策军中尉[4]，杨玄价为盐州监军[5]、河南监军[6]、忠武（即陈许节度使军号）监军[7]，杨玄略大中年间先后为浙西监军使、襄阳监军使[8]。唐中后期，神策军中尉、枢密使，一则典掌禁军，一则"出纳王命"[9]，皆为皇帝"近密"[10]之臣。淮南、盐州、河南、忠武皆为大镇，浙西为唐财赋重地，襄阳为军事要镇。因此，自文宗至懿宗数十年间，杨氏家族已经"世为权家"[11]，是唐后期举足轻重的政治势力。至僖宗、昭宗时期，根基深厚的杨氏家族在杨复光、杨复恭的努力经营下，对唐末政局产生了巨大影响。

　　[1]周绍良：《唐代墓志汇编续集》，上海古籍出版社，2001年，第800页；《唐代墓志汇编》，上海古籍出版社，1992年，第2119页。

　　[2]周绍良：《唐代墓志汇编续集》，第800页。

　　[3]（宋）司马光：《资治通鉴》卷二四六，开成五年八月条，北京：中华书局，1956年，第7946页；周绍良：《唐代墓志汇编续集》，第1048页。

　　[4]（后晋）刘昫：《旧唐书》卷一八五《杨复恭传》，北京：中华书局，1975年，第4774页。

　　[5]《新唐书》卷八《宣宗纪》，第252页。

　　[6]（宋）王钦若等编纂，周勋初等校订：《册府元龟》卷六六七《内臣部·监军》，南京：凤凰出版社，2006年，第7690页。

　　[7]《新唐书》卷二〇七《杨复光传》，第5876页。

　　[8]周绍良：《唐代墓志汇编续集》，第1049页。

　　[9]（清）王鸣盛撰，黄曙辉点校：《十七史商榷》卷九十五《郭崇韬安重诲皆枢密兼节度》，上海古籍出版社，2016年，第1432页。

　　[10]《资治通鉴》卷二五四，广明元年十二月条胡注："近密，谓两中尉、两枢密。"第8238页。

　　[11]《新唐书》卷二〇七《杨复恭传》，第5889页。

一、杨复光在平定王仙芝、黄巢之乱中的政治作为

杨复光"慷慨负节义，有筹略"[1]，为养父杨玄价所赏识。凭借优越的家世，杨复光早年即有"累监诸镇军"的履历[2]。在平定王仙芝、黄巢之乱的过程中，杨复光充分运用自身的才能和谋略，立下了诸多功勋，将本已根基深厚的杨氏家族推上了权力高峰。

（一）依据形势变化招降王仙芝、收复洪州

在王仙芝起兵初期，杨复光作为兖州节度使齐克让的监军对其进行讨伐[3]。从"仙芝惧，引众历陈、许、襄、邓"的记载来看[4]，在杨复光与王仙芝的第一次交锋中，无疑是杨复光占据优势。此后，王仙芝势力不断壮大，唐廷以宋威、曾元裕为招讨正、副使，杨复光为监军进行镇压[5]。杨复光主要在曾元裕军中，又辅佐其击败王仙芝[6]。乾符四年（877）十一月，杨复光以判官吴彦宏招降王仙芝，王仙芝派尚君长等前往接洽[7]。杨复光招降王仙芝，是经过深思熟虑后的举动。经过三年的讨伐，唐廷意识到王仙芝不能在短时间内平定，于是在乾符四年三月颁布《讨草贼诏》，对王仙芝及其部众进行招降，诏中说：

> 其王仙芝及诸道草贼头首等，见制敕后，各宜洗心悔祸，解甲收兵，诣所在州府投降，便令申奏，必当超授官爵，厚赏资财，永作忠臣，常居禄位。其节级自补职掌等，亦于大藩镇内，量材与职额衣粮。其抛弃田园，胁从队伍者，并当抚绥慰劳，各令归业营农。是谓舍暗从明，得生逃死。[8]

---

[1]《旧唐书》卷一八四《杨复光传》，第4772页。

[2][6]《新唐书》卷二〇七《杨复光传》，第5876页。

[3]《册府元龟》卷六六七《内臣部·监军》，第7690页。

[4]《旧唐书》卷一五〇《黄巢传》，第5391页。

[5]《新唐书》卷二二五《黄巢传》，第6451、6452页。

[7]《资治通鉴》卷二五三，乾符四年十一月条，第8194页。

[8]（宋）宋敏求：《唐大诏令集》卷一二〇《讨草贼诏》，北京：中华书局，2008年，第639页。

　　此诏令对王仙芝及其部众归降后的待遇、安置等问题都有详细的应对措施，应当是出于朝廷的本意。有此诏令及诏令中优厚的条件，对王仙芝进行招降就有了有利的条件。而王仙芝在乾符三年（876）攻蕲州时就有意降唐，虽为黄巢反对未能成功，但足见其动摇之心[1]。至此时，招降诏令已经颁布，且王仙芝与黄巢分道扬镳，没有了黄巢的阻力，他应当有再度投降之意。杨复光曾辅佐齐克让、曾元裕多次击败王仙芝，在历次作战中对王仙芝及其部下有相当的了解，而作为皇帝所派的监军，又有一定的威慑力和感召力。既然招降王仙芝有再度实现的可能，作为最合适的唐廷代表，杨复光自然不会放弃这一建功立业的大好时机。然而，杨复光对王仙芝的招降为宋威所破坏，导致王仙芝大怒，"悉精锐击官军"[2]，再无招降之可能。不过，唐廷亦因此在罢免宋威后令杨复光"总其兵权"[3]，使杨复光获得了直接指挥军队镇压王仙芝的机会。

　　获得军队指挥权后，杨复光所做的决策便是进攻洪州，擒获守将徐唐莒。洪州于乾符四年（877）十月为王仙芝将领徐唐莒所攻取[4]，地理位置极为重要，所谓"府包络江、湖，左右吴、楚，东南一都会也。自汉高建郡以来，常为控扼之地"[5]。王仙芝之党占据此要地后，又"进破朗、岳"[6]，此时既可北上河南，

---

[1]《资治通鉴》卷二五二，乾符三年十二月条，第8187、8188页。

[2]《旧唐书》卷二〇〇《黄巢传》，第5391页。

[3]《旧唐书》卷二〇七《杨复光传》，第4772页。

[4] 关于洪州事，《旧唐书》卷二〇〇下《黄巢传》载王仙芝在"（乾符）三年七月，陷江陵。十月，又遣将徐唐莒陷洪州"（第5391页）。岑仲勉先生认为是三年为讹误，陷江陵、洪州应为四年事（见岑仲勉：《隋唐史》，北京：商务印书馆，2015年，第434、435页）。笔者同意岑先生的看法，"三"应为"四"。《旧唐书·僖宗纪》载："（乾符四年）十一月，贼王仙芝率众渡汉，攻江陵，节度使杨知温婴城拒守。"（见《旧唐书》卷一九《僖宗纪》，第700页）杨复光招降王仙芝在十一月，招降失败后王仙芝转而进攻江陵，与此时间相合，只是七月陷江陵事不确（见方积六：《黄巢起义事迹考》，北京：中国社会科学出版社，1983年，第51~54页）。杨复光总兵权后首先进攻洪州，则表明洪州在杨复光招降之前已经为徐唐莒所占领，故乾符四年十月陷洪州事当为正确记载。

[5]（清）顾祖禹：《读史方舆纪要》卷八四《江西二·南昌府》，北京：中华书局，2005年，第3892页。

[6]《新唐书》卷二二五《黄巢传》，第6453页。

又可西进荆南。在招降失败后，王仙芝转而进攻江陵。江陵乃战略要地，"府控巴、夔之要路，接襄、汉之上游，襟带江、湖，指臂吴、粤，亦一都会也……唐以中原多事，建都置军，用以镇压南服，翼蔽雍、梁"[1]。洪州既已为王仙芝所有，若江陵城再被攻克，王仙芝之党将在河南及长江中下游地区纵横驰骋，并极有可能向唐朝的财赋重地——江浙一带进军。不过，这种形势并未出现。一是江陵之危为山南东道节度使李福所解[2]。二便是杨复光收复洪州。收复洪州的意义重大，王仙芝既未能攻取江陵，又失去了洪州这一战略要地，进退失据，战场局势发生逆转，主动权为唐廷所掌握。至于在乾符五年（878）曾元裕于申州败王仙芝、于黄梅斩杀王仙芝的过程中，杨复光起了什么样的作用，因史料阙失，不得而知，但仅招降王仙芝、进取洪州二事就足以使杨复光在剿灭王仙芝的历史书写中留下浓重的一笔。

（二）控制忠武军、屯复邓州，开启扭转局势之门

王仙芝死后，尚让率余众归附黄巢，唐廷的主要征讨对象转为黄巢。宰相王铎自请将兵讨伐，唐廷"乃以铎守司徒兼侍中，充荆南节度使、南面行营招讨都统"[3]，而杨复光仍为监军[4]。至乾符六年（879）十月，黄巢部下尚让进攻江陵，王铎率众逃往襄阳。荆南之地为忠武别将宋浩所领，宋浩对杨复光无礼，而泰宁将段彦谟又不甘为宋浩之副。在杨复光的支持下，段彦谟杀宋浩，之后唐廷以郑绍业为荆南节度使，杨复光为忠武军监军。

杨复光杀宋浩而为忠武军监军，是黄巢之乱中的一件大事。忠武军即陈许节度使军号，治所在陈州，领陈、许、蔡等州，地理位置非常重要，陈州"控蔡、颖之郊，绾汴、宋之道，淮、泗有事，顺流东指"[5]；许州"西控汝、洛，东引

[1]《读史方舆纪要》卷七八《湖广四·荆州府》，第3652、3653页。

[2]《旧唐书》卷一九《僖宗纪》，第701页。

[3]《资治通鉴》卷二五三，乾符六年四月条，第8214页。关于唐廷镇压王仙芝、黄巢统兵将帅，参见方积六《唐王朝镇压黄巢起义领兵统帅考》一文（收入《魏晋南北朝史论集》，北京：中国社会科学出版社，1981年，第232～251页）。

[4]《新唐书》卷二〇七《杨复光传》，第5876页。

[5]《读史方舆纪要》卷四七《河南二·开封府·陈州》，第2174页。

淮、泗，舟车辐集，转输易通，原野宽平，耕屯有赖"[1]；蔡州"府北望汴、洛，南通淮、沔，倚荆楚之雄，走陈、许之道，山川险塞，田野平舒，战守有资，耕屯足恃，介荆、豫之间，自昔襟要处也"[2]。而忠武军英勇善战，史载"许师劲悍，常为诸军锋，故数立勋。王仙芝、黄巢反，诸道告急，多请以助守"[3]。杨复光在杀宋浩后正式任忠武监军，对忠武军有了一定的控制力。占据形胜之地，又有劲悍之军，杨复光在平定黄巢之乱中就有了更为雄厚的资本，得到了唐廷更大的重用。自乾符六年十月至中和元年（881）二月一年多的时间里，唐廷以杨复光"屯邓州，扼贼右冲"[4]。邓州的地理位置和重要性不言而喻，"其地西控商洛，南当荆楚，山高水深，舟车辏泊，号为陆海云。……唐以襄、邓为重镇，恃以震慑淮、沔"[5]。唐廷将如此战略要地交于杨复光防守，既是对他在平定叛乱中作用的肯定，又是对他才能的认可。至此，杨复光已经深为唐廷所信任和倚靠，可以独当一面了。

黄巢在江陵之战受挫后，继续流动作战，势力不断壮大，直到广明元年（880）攻陷长安，建立政权。之后，黄巢传命各藩镇，彼时"天下谓朝廷不能复振"[6]，诸藩镇也首鼠两端，"多受其伪命"[7]，唐王朝处于生死存亡的境地。在此危急时刻，郑畋在凤翔击败前来进攻的尚让军，又集结京畿诸镇数万禁军，传檄天下，"诸镇声动，各治勤王之师，巢贼闻之大惧，自是贼骑不过京西"[8]。唐廷暂时摆脱灭亡的危险，得到了宝贵的喘息之机。郑畋之功，可谓挽狂澜于既倒，而能够抓住喘息之机，开启扭转局势之门的便是杨复光。

中和元年三月，黄巢遣朱温攻陷邓州，"因戍邓州以扼荆、襄"[9]。朱温攻

---

[1]《读史方舆纪要》卷四七《河南二·开封府·许州》，第2183页。

[2]《读史方舆纪要》卷五〇《河南五·汝宁府》，第2357页。

[3]《新唐书》卷一七一《李光颜传》，第5187页。

[4]《新唐书》卷二〇七《杨复光传》，第5876页。

[5]《读史方舆纪要》卷五一《河南六·南阳府·邓州》，第2415页。

[6]《资治通鉴》卷二五四，中和元年三月条，第8294页。

[7]《旧唐书》卷一八二《王处存传》，第4699页。

[8]《旧唐书》卷一七八《郑畋传》，第178页。

[9]《资治通鉴》卷二五四，中和元年二月、三月条，第8247页。

陷邓州后，杨复光至许州依附于忠武军节度使周岌[1]，此时周岌已经投降黄巢。凭借"义不图全"[2]的忠贞和勇气，"岂舍十八叶天子而北面臣贼"的劝说以及遣养子杨守亮杀黄巢使的决断[3]，杨复光成功使忠武军反正。忠武军再度为唐廷所掌握，并成为镇压黄巢的一支劲旅。此事之后，杨复光在忠武军中的威望和影响力已经大大提升，增强了对忠武军的控制权。

忠武军反正后，杨复光入蔡州劝说反叛周岌的秦宗权共讨黄巢，再次获得成功。秦宗权遣王淑率万人随杨复光收复荆襄。至邓州时，杨复光杀逗留不进的王淑，"并其军，分为八都"[4]。杀王淑，分八都，意味着杨复光在忠武军中的威望和影响力已经无人能及，完全掌握了忠武军的控制权。杨复光对忠武军整顿后便进攻南阳，击败前来接战的朱温，收复了邓州。收复邓州不仅使黄巢再度忧惧"荆、襄之军起其后"[5]，也使杨复光和朱温再次有了正面的接触，杨复光对朱温有一定的了解和威慑力，而朱温对杨复光有了一定的畏惧之心，为后来唐廷诱降朱温提供了契机。

（三）在河中诱降朱温、建策招李克用

中和元年，杨复光被任命为天下兵马都监后即进军河中，对朱温进行诱降活动。朱温占据同州后，与屯兵数万的王重荣军对峙，但数为其所败，向黄巢求援被孟楷所阻，又看到黄巢败势，遂生异志[6]。朱温所面临的形势，当然会为杨复光所探知，所以杨复光在到达河中后便马上"遣使谕之"[7]。此时，朱温门客谢瞳又极力劝说其投降，朱温降唐之心遂决，杀黄巢所派监军使严实，投降唐廷[8]。朱温降唐是唐末政局中的又一件大事，此事使黄巢失去了同州这一重要屏障。唐朝名将李晟曾指出："河中去长安才三百里，同州当其冲。"[9]同州复为唐所有，打通了河中与长安之间的道路，为收复长安创造了有利的条件。朱温

---

[1]《册府元龟》卷六六七《内臣部·立功》，第7692页。

[2][3][4][7]《旧唐书》卷一八四《杨复光传》，第4773页。

[5]《读史方舆纪要》卷五一《河南六·南阳府·邓州》，第2415页。

[6]《资治通鉴》卷二五四，中和二年正月、二月条，第8263页。

[8]（宋）欧阳修：《新五代史》卷一《梁本纪》，北京：中华书局，1974年，第1、2页。

[9]《资治通鉴》卷二三一，贞元元年六月条，第7453页。

在黄巢起兵之时即参加巢军，对黄巢及其部属有深刻了解，而其本人又"雄勇自负"[1]，降唐后全力与黄巢为敌，对黄巢的打击更大。

朱温降唐，杨复光功不可没。首先，王重荣屯军数万之中，有杨复光所率的"陈、蔡之师万人"[2]，忠武军劲悍善战，在杨复光整顿之后实力更强，是王重荣能够多次击败朱温的重要原因。其次，在朱温降唐之前，杨复光与王重荣已经合势攻取华州。华州"前据华岳，后临泾、渭，左控桃林之塞，右阻蓝田之关，自昔为关中喉舌，用兵制胜者必出之地也"[3]。与同州互为犄角，华州既失，同州也无相援之兵，又无退路，这是朱温动摇的关键。第三，杨复光早前曾率领"八都"与朱温两次正面交战，对朱温有深刻的了解。杨复光为天下兵马都监，地位更高，权势更大，所拥有的威慑力和公信力更强。因此，招降朱温的不二人选只能是杨复光，事实亦是如此，朱温在杨复光遣使招降后不久即率部降唐。因此，杨复光在朱温降唐过程中的作用，不亚于王重荣数万之军的威慑。

朱温降唐后，黄巢失去同、华二州，"狂躁益炽"[4]，亲率数万精兵企图收复二州。杨复光与王重荣配合大败黄巢，但此役王重荣军同样伤亡惨重，深惧黄巢再次进攻，处于"臣贼则负国，讨贼则力不足"的两难境地[5]。在此形势下，杨复光建策招沙陀李克用。

吕思勉先生曾谓："僖宗时，不徒内有黄巢之乱也，外又有沙陀之事。"[6]乾符三年，沙陀李国昌子李克用杀代北水陆发运、云州防御使段文楚，后被唐廷击败，父子逃往鞑靼，"客塞下，众数千无所属"[7]。黄巢攻陷长安后，河东监军陈景思谋招李克用，李克用因而被授予代州刺史、忻代兵马留后，又招募鞑靼兵万余人，准备南下进攻黄巢，但在到达太原时为郑从谠所阻，于是大掠后返回代州。沙陀骑兵英勇善战，多次为朝廷所用，在平定庞勋、王仙芝之乱时多次立

[1] （宋）薛居正：《旧五代史》卷一《太祖纪》，北京：中华书局，1976年，第2页。

[2]《旧唐书》卷一八二《王重荣传》，第4696页。

[3]《读史方舆纪要》卷五四《陕西三·华州》，第2583页。

[4]《旧唐书》卷一八二《王重荣传》，第4696页。

[5]《资治通鉴》卷二五五，中和二年十月条，第8277页。

[6] 吕思勉：《隋唐五代史》，上海古籍出版社，2005年，第409页。

[7]《新唐书》卷二一八《沙陀传》，第6158页。

功，但到了李克用，时服时叛，难以为制。在王重荣处两难境地、李克用可能再度为患的形势下，杨复光对王重荣提出了招李克用为援的建议，谓：

> 雁门李仆射以雄武振北陲，其家尊与吾先世同患难。自播迁以来，征兵未至者，盖太原阻路也。如以朝旨谕郑公，诏到，其军必至。[1]

从"其军必至"之语可见杨复光对招李克用有相当的自信，此自信既基于杨氏家族与沙陀的历史渊源，又基于对时局的把握及妥当的招徕措施。元和年间沙陀归附唐朝以后被安置在盐州，而杨复光父杨玄价便是盐州监军，参与了对沙陀部落的安置事宜。杨玄价升为神策军中尉后，"执宜父子盖与之善"[2]，二者联系更为紧密。至杨复光、李克用时，杨氏家族与沙陀李氏已有三代长达七十余年的历史渊源。杨、李两家如此深厚的关系，既是杨复光建策的历史背景，也是李克用能被唐廷所招的前提条件。但是，杨复光并未以私交之名径直去招李克用，因为他看到了李克用与郑从谠之间的矛盾。中和元年（881），李克用受陈景思招抚后率军南下，至太原时为郑从谠所阻，据《旧唐书》载：

> 沙陀李克用军奄至，营于汾东，称奉诏赴难入关。从谠具廪饩犒劳，信宿不发，克用傅城而呼曰："本军将南下，欲与相公面言。"从谠登城谓之曰："……若仆射终以君亲为念，破贼之后，车驾还宫，却得待罪阙庭，是所愿也。唯仆射自爱。"克用拜谢而去。[3]

从中可见郑从谠对李克用的疑惧，其中原因，固然有李克用之前反叛的经历，而李克用"称奉诏赴难入关"则是关键因素。因为"称奉诏"既无所凭据，又无可靠之人可以证明，郑从谠所答之语中明显流露出对李克用的不信任，李克用明了其中隐秘，故"拜谢而去"。一年前的事情犹如昨日，因此仅凭杨、李二家的历史渊源还不足以使李克用倾心事唐。故杨复光提出以"朝旨"谕郑从谠，以消除二者尤其是李克用的疑虑。王重荣立即赞同此议，同时，杨复光还取得了东面宣慰使王徽的支持。这样，当时为都统的王铎以"墨敕召李克用，谕郑从

---

[1]《旧唐书》卷一八四《杨复光传》，第4773页。

[2]《资治通鉴》卷二五五，中和二年十月条胡注，第8277页。

[3]《旧唐书》卷一五八《郑余庆传附郑从谠传》，第4171页。

说"[1]。杨复光为天下兵马都监，取得了河中节度使王重荣、东面宣慰使王徽的支持，又得到时任都统王铎的"墨敕"，消除了郑从谠的阻碍，比陈景思的招用更为可靠，因此欲"击贼自赎"的李克用立刻接受了朝廷的招用[2]。

李克用再次被招用，对黄巢军的士气打击甚大，"诸军皆畏贼，莫敢进。及克用军至，贼惮之曰'鸦军至矣，当避其锋'"[3]。此后李克用一再击败黄巢军，唐廷终于在中和三年（883）四月再次收复长安。司马光谓"克用时年二十八，于诸将最少，而破黄巢，复长安，功第一，兵势最强，诸将皆畏之"[4]。陈寅恪先生谓"唐中央政府战胜庞勋、黄巢，实赖沙陀部落之助"[5]。李克用对于唐廷剿灭黄巢之功，毋庸赘言。李克用在剿灭黄巢的过程中，积累了重要的政治和军事资本，不但再次振兴了沙陀，更成为唐末政局中举足轻重的人物，奠定了后唐的基业。在此过程中，杨复光起到了相当关键的作用，同时使李克用与杨氏家族的联系更为紧密，在僖宗后期和昭宗初年的政局中表现更为明显（将在下文详述）。中和三年六月，在收复长安后不久，杨复光卒于河中。杨复光虽死于黄巢之乱平定之前，但"身后平贼立功者，多复光部下门人故将也"[6]。可以说，杨复光是招李克用的建策者，同时也是黄巢的直接打击者，对唐廷最终击败黄巢可谓居功至伟。

（四）建立新的权力结构

在参与平定长达十余年的王、黄之乱的过程中，杨复光凭借优越的家世背景、雄厚的权势基础及自身杰出的才能，构建了以其为中心的权力结构。这种新的权力结构，清楚地显示在杨复光所作《收复京城奏捷露布》中，其文节录如下：

[1]《资治通鉴》卷二五五，中和二年十月条，胡注谓："王铎为都都统，便宜从事，凡征调除授，皆得用墨敕。"第8277页。

[2]《新唐书》卷一六五《郑余庆传附郑从谠传》，第5603页。

[3]《资治通鉴》卷二五五，中和二年十二月条，第8283页。

[4]《资治通鉴》卷二五五，第8295页。

[5]陈寅恪：《唐代政治史述论稿》，北京：商务印书馆，2011年，第354页。

[6]《旧唐书》卷二八四《杨复光传》，第4774页。

　　河中节度使王重荣神资壮烈，天赋机谋，誓立功名，志安家国。
至于屯田待敌，率士当冲，收百姓十万余家，降贼党三万余众。……自
收同、华，进逼京师，夕烽高照于国门，游骑频临于灞岸。……雁门
节度使李克用神传将略，天付忠贞，机谋与武艺皆优，臣节共本心相
称。……统领本军南下，与臣同力前驱，虽在寝兴，不忘寇孽。……伏
自收平京国，三面皆立大功，若破敌摧锋，雁门实居其首。其余将佐，
同效驱驰，兼臣所部二万余人，数岁栉风沐雨，既兹荡定，并录以闻。[1]

　　从奏捷露布中，可以看到杨复光在杨氏家族权势基础上所构建的新的权力
结构包括两个方面。其一是河中、河东两大藩镇强有力的支持。杨复光为天下兵
马都监后，长期驻军河中，在王重荣屯田、收百姓、降贼党以及复同、华的过程
中，皆有杨复光的积极参与，前述降朱温和以忠武军助收同、华二州便是明证，
二者的合作相得益彰，其关系必然是融洽的。至于河东李克用，其父祖本已与杨
氏家族有深厚渊源，在其发展的关键时刻又得到了杨复光的建策招用，二者之间
的关系之密切毋庸赘言。新罗人崔致远为高骈所作的表、状中就明确指出"今者
风行睿略，雨集王师，杨复光任在信臣，李克用名为勇将。各思报效，竞奋骁
雄。齐心而覆灭枭巢，戮力而克收凤里"[2]，"杨骠骑受圣君之重寄，李仆射传飞
将之雄名。既无虑于二心，果有成于一力"[3]。可见在时人的眼中，收复长安之功
也是二者通力合作的结果。对河中王重荣、河东李克用来说，杨复光既是他们的
亲密合作者，又是他们在唐廷中维护其利益的代表，换言之，即宦官集团中只有
杨复光及其家族才能代表唐廷。对杨复光来说，与河中、河东两大镇所建立的牢
固利益关系，既有利于维系唐廷的统治，又强有力地巩固和扩展了自身的权势。
杨复光与河中、河东所建立的利益关系在其死后为杨复恭所继承，继续影响着昭
宗朝政局。其二即是对忠武军的控制。自杨复光杀宋浩为忠武监军、编忠武军为
八都后，忠武军就成为平定黄巢之乱的一支劲旅，屡立功勋。收复邓州后，杨复

---

　　[1]《旧唐书》卷一九《僖宗纪》，第715、716页。

　　[2]［新罗］崔致远撰，党银平校注：《桂苑笔耕集校注》卷一《贺收复京阙表》，北
京：中华书局，2007年，第21页。

　　[3]《桂苑笔耕集校注》卷六《贺收复京城状》，第139页。

光"复召徐州、宋州、寿州、荆门等军，赴援京师，皆从之，众逾二万"[1]，进一步加强了忠武军的实力。杨复光之所以为朝廷重视，能够与河中、河东两大镇进行合作而不成为其附庸，忠武军的作用相当关键。杨复光死后，忠武八都无所依附，各自散去，一部分如王建、韩建等，为田令孜所收；一部分如杨守宗、杨守亮等，为杨复恭所继承，在昭宗初期的政局中依然扮演着重要角色。

二、杨复恭在唐僖宗、唐昭宗时期的政治活动

比之杨复光，杨复恭在唐末政局中更早地崭露头角，懿宗时期已为河阳监军，庞勋之乱时又监军有功，迁为宣徽使[2]。宣徽使是中晚唐以后的重要使职，与枢密使等同列，"拟于四相"[3]，担任此职意味着杨复恭已经步入宦官领袖的行列。咸通十年（869），杨复恭又接替其父杨玄翼为枢密使[4]，在宦官集团中的地位进一步提升。宣徽使、枢密使皆为内廷职务，因此杨复恭主要活动于内廷。所以至僖宗时，杨复恭不可避免地与田令孜产生交集。

（一）杨复恭与田令孜的权力斗争和在平定襄王之乱中的作用

田令孜是僖宗朝新晋宦官领袖，比之杨复光、杨复恭兄弟，无优越的家世背景，在咸通年间只是小马坊使，其地位与杨复恭相差甚远。这与吐突承璀和梁守谦、刘弘规情形相似，陆扬曾指出二者的区别在于家奴和"国家大臣"的区别："吐突始终摆脱不了家奴的形象，而梁守谦和刘弘规则无论是他们自身的生涯发展，还是在舆论中的形象，都已经具有了'国家大臣'的实际地位。"[5]杨复光在平定王、黄之乱过程中的政治作为，俨然已经具备了"国家大臣"的实际地位和形象，所以崔致远才会在为高骈所作表、状中有"杨复光任在信臣""杨骠骑受圣君之重寄"之语，甚至在《檄黄巢书》中谓"杨司空严可称神"[6]。杨复恭

---

[1]《册府元龟》卷六六七《内臣部·立功》，第7692页。

[2][4]《旧唐书》卷一八四《杨复恭传》，第4774页。

[3]（五代）孙光宪：《北梦琐言》卷六《内官改创职事》，北京：中华书局，2002年，第141页。

[5]陆扬：《从碑志资料看九世纪唐朝政治中的宦官领袖——以梁守谦和刘弘规为例》，《文史》2010年第4期。

[6]《桂苑笔耕集校注》卷一一《檄黄巢书》，第312页。

虽然不具备"国家大臣"的形象[1]，但在僖宗即位之前的地位非田令孜所能企及。田令孜同样具备杨氏兄弟所不具备的优势，即与时为普王的僖宗所亲信，故僖宗即位后田令孜一跃成为宦官集团最高领袖。田令孜能够掌权，在于僖宗的屡次拔擢，权势基础则远逊于出身"世为权家"的杨复光、杨复恭兄弟。因此，田令孜地位和权势的上升必然对杨复光、杨复恭兄弟产生巨大的冲击，二者之间的矛盾和冲突不可避免。

早在乾符四年（877），杨复光招降王仙芝时，二者的矛盾就已经显现。杨复光的招降之策为宋威所阻而失败，与二者之间的矛盾亦有着微妙的关系。宋威为卢携所荐举[2]，而"卢携素事令孜，每建白，必阿邑倡和"[3]。宋威阻碍杨复光招降王仙芝的原因自然有忌功、固位的因素[4]，也有田令孜忌惮和抑制杨复光、杨复恭兄弟的因素。乾符六年（879），黄巢曾两次向唐廷求官，杨复恭、郑畋皆主张授予，而田令孜、卢携却两次阻挠，表明杨复恭与田令孜之间的矛盾和冲突已经成为公开事实。对于田令孜来说，杨复光已立功尤多，若杨复恭招降黄巢成功的话，自身权势会受到极大的威胁。因此，田令孜反对授予黄巢官职，抑制处在内廷的杨复恭的意图更为明显。杨复恭凭借优越的家世背景以及杨复光在外的强力支援，对田令孜"每事力争得失"[5]，田令孜早已"惮而恶之"[6]，二者之间的矛盾和冲突已经到了相当激烈的程度，终于在杨复光去世后爆发。杨复光去世后，杨复恭失去了最直接、最有力的外援，田令孜立即抓住机会，将杨复恭贬为飞龙使。同时，田令孜将忠武八都将中的王建、韩建等人收为养子，又"别募神策新军，以千人为都，凡五十四都，分左右为十军统之"[7]，企图消除杨复光、杨复恭兄弟的影响和势力。

---

[1] 杨复恭未能摆脱家奴形象，昭宗宰相孔纬于御前直指"复恭陛下家奴"。《资治通鉴》卷二五八，龙纪元年十一月条，第8390页。

[2]《旧唐书》卷一七八《卢携传》，第4638页。

[3]《新唐书》卷二〇八《田令孜传》，第5885页。

[4] 详见胡如雷：《唐末农民战争》，北京：中华书局，1979年，第95页。

[5]《旧唐书》卷一八四《杨复恭传》，第4774页。

[6]《旧唐书》卷一九《僖宗纪》，第717页。

[7]《新唐书》卷二〇八《田令孜传》，第5887页。

不过，田令孜的目的并未达到。一则杨氏家族至杨复恭时已历一百四十余年，根基深厚，田令孜无法从根本上撼动；二则杨复光所建立的权力结构为杨复恭所继承，一旦田令孜试图打破这种结构，势必遭到反击。光启元年（885），田令孜欲控制安邑、解县两处池盐，与河中节度使王重荣发生冲突。王重荣联合李克用进逼京城，穷追不舍，迫使田令孜携僖宗先后逃往凤翔、宝鸡。至此，"田令孜自知不为天下所容，乃荐枢密使杨复恭为左神策军中尉、观军容使，自除西川监军使，往依陈敬瑄"[1]，从此脱离了权力中枢。杨复恭再度掌权，"行在制置，内外经略"皆出其手[2]，已经成为最高权势拥有者，并着手解决因僖宗播迁而引起的襄王之乱。

僖宗的再次播迁，导致"天下已绝望矣"[3]，邠宁节度使朱玫趁机立襄王李煴为帝，"诸藩节将多受其伪署"[4]，"诸道贡赋多之长安，不之兴元"[5]，僖宗的合法性遭到了巨大挑战，人心不附，处境岌岌可危。在这种情况下，僖宗所可以引以为援者，最有力的只有河中王重荣、河东李克用。故与二者有密切关系的杨复恭成了扭转局势的关键者。据《旧唐书》记载：

> 杨复恭兄弟于河中、太原有破贼连衡之旧，（杜让能）乃奏遣谏议大夫刘崇望赍诏宣谕，达复恭之旨。王重荣、李克用欣然听命，寻遣使贡奉，献缣十万匹，愿杀朱玫自赎。[6]

这表明无论是僖宗还是杜让能都非常清楚，杨复恭不但是与王重荣、李克用进行有效沟通的最佳人选，而且在王重荣、李克用的眼中，杨复恭俨然成为唐中央朝廷中最值得信任的代言人。

王重荣、李克用之听命，使得局势迅速扭转，唐廷对朱玫得以反守为攻。此后朱玫军节节败退，杨复恭传檄关中，称"得朱玫首者，以静难军节度使赏之"[7]，产生了巨大作用，朱玫为王行瑜所杀，襄王逃往河中后为王重荣所杀，历时八月

---

[1][3]《资治通鉴》卷二五六，光启二年四月条，第8335页。

[2]《旧唐书》卷一八四《杨复恭传》，第4774页。

[4][6]《旧唐书》卷一九《僖宗纪》，第724页。

[5]《资治通鉴》卷二五六，光启二年五月条，第8336页。

[7]《资治通鉴》卷二五六，光启二年十二月条，第8341页。

的襄王之乱宣告结束。在此过程中，杨复恭不但成功地引王重荣、李克用为援，而且进一步加强了自身的权势。先以杨复光假子杨守亮为金商节度、京畿制置使[1]，与王重荣、李克用共讨朱玫。乱平之后，以杨复光另一假子杨守宗接替杨守亮，而以杨守亮为山南东道节度使。此时，杨复恭内掌禁军，外有杨守亮、杨守宗等人为援，又与王重荣、李克用保持密切联系，已经成为唐末中央朝廷的支柱性人物。

（二）杨复恭与唐昭宗的政治博弈

僖宗驾崩后，杨复恭拥立昭宗。在昭宗即位初期，二者关系尚为融洽，但杨复恭专典禁兵，手握军权，颇擅朝政，引起昭宗的反感，二者嫌隙渐生。不过，真正导致二者关系破裂的则是杨复恭杀昭宗舅父王瓌[2]。此事使昭宗对杨复恭极为愤恨，"每切齿道复恭"[3]。于是谋去杨复恭之权势，首先所做的便是支持宰相张濬讨伐李克用。

张濬早年为杨复恭所赏识，"自处士荐为太常博士，累转度支员外郎"[4]。但在杨复恭失势后，张濬"乃依田令孜，以至重位，而反薄复恭"[5]。至杨复恭再度掌权，对张濬甚为愤恨，将其罢黜。昭宗即位后，因不满杨复恭的专权，复用张濬为宰相。因此，张濬与杨复恭有着深刻的矛盾。不仅如此，张濬与李克用也有嫌隙。李克用鄙视张濬为人，认为他"好虚谈而无实用，倾覆之士也"[6]，张濬亦怀恨在心。彼时杨复恭与李克用内外相济，因此张濬劝昭宗募兵于京师，用以抑制二者势力。

至大顺元年（890），赫连铎、李匡威表请讨伐李克用，朱全忠亦上书请讨。讨伐李克用并非明智之举，因此唐廷"以为不可者什六七"[7]，宰相中杜让

[1]《旧唐书》卷一九《僖宗纪》，第724页。

[2]《新唐书》卷二〇八《杨复恭传》，第5890页。

[3]《旧唐书》卷一八四《杨复恭传》，第4775页。

[4]《旧唐书》卷一七九《张濬传》，第4656页。

[5]《旧唐书》卷一七九《张濬传》，第4657页。

[6][7]《资治通鉴》卷二五八，大顺元年四月条，第8396页。

能、刘崇望也持反对态度，而张濬"欲示外势而挤复恭"[1]，竭力劝说唐昭宗讨伐李克用。为了抑制杨复恭权势，昭宗不顾后果地同意讨伐李克用。事实上，讨伐李克用是昭宗轻率而又带有侥幸心理的决定，而昭宗欲依赖的藩镇中，"（朱）全忠方连兵徐郓，乃求兵粮于镇、魏，全忠终不至行营。镇、魏倚太原为扞蔽，如破太原郡，恐危镇、魏，王镕、罗弘信亦不出师。唯邠、岐、华、鄜、夏乌合之众会晋州"[2]，与李克用关系密切的杨复恭又在内"逗挠其师"[3]，因此唐廷的讨伐最终失败，张濬、孔纬被贬，李克用官爵悉复并加中书令。

张濬失败后，昭宗以杨复恭假子杨守立（后赐姓名为李顺节）为新的代理人。唐中后期，宦官养子成为一显著的政治问题，尤其是德宗贞元以后，宦官"蓄养假子，传袭爵土"[4]的现象逐渐增多，随着宦官专典禁军，宦官养军人为子现象逐渐兴盛，史谓"唐末宦官典兵者多养军中壮士为子以自强"[5]。杨复光、杨复恭有众多假子，"皆为牧守将帅"[6]。杨复恭诸假子、侄中，杨守立"勇冠于六军"[7]，为昭宗所拉拢，权势迅速上升。宦官养军人为子，是其维持和扩展权势的一种重要手段，杨复光、杨复恭之所以能频立大功，假子的作用不可忽视。但"假父子皆以利合"[8]，一旦二者利益发生冲突，久经战阵、掌握兵权的军人假子势必成为宦官权势的分散者甚至是威胁者。王寿南先生指出："宦官的武将养子视个人政治利益重于养父子的情义，使宦官养子对于武将养子失去了坚强的驾驭力，在这种情形下，宦官虽仍能控制皇宫，但其权势却不易再维持下去。"[9]故昭宗采取内部分化的办法效果明显，李顺节对杨复恭知之甚深，使昭宗在与杨复恭的权力斗争中逐渐取得上风。因此在大顺二年（891）昭宗决心削去

[1]《旧唐书》卷一七九《张濬传》，第4657页。

[2]《旧唐书》卷二〇《昭宗纪》，第745页。

[3]《北梦琐言》卷四《孙揆尚书锯解》，第70页。

[4]（宋）王溥：《唐会要》卷六五《内侍省》，北京：中华书局，1955年，第1131页。

[5]《资治通鉴》，开平四年十一月条，第8727页。

[6]《旧唐书》卷一八四《杨复光传》，第4774页。

[7]《旧唐书》卷一八四《杨复恭传》，第4775页。

[8]《资治通鉴》卷二六七，开平四年十一月条胡注，第8728页。

[9]王寿南：《唐代宦官权势之研究》，台北：正中书局，1972年，第138页。

杨复恭权势，以其为凤翔监军。此时的凤翔节度使李茂贞曾被田令孜收为假子，由此发迹，又在田令孜失势时上书请求免其罪[1]，从中可见李茂贞与杨复恭之间的关系。因此杨复恭怨怒不已，不肯前行。

于是昭宗便顺势诏杨复恭致仕。平心而论，致仕的方式比较温和，杨复恭自此退出权力中枢，而昭宗又将寻找代替杨复恭的新的宦官人选。如此结局无论是对昭宗还是对杨复恭来说都是比较圆满的。对于昭宗来说，杨氏家族根基深厚，尤其是在杨复光的经营下，至杨复恭时期已经达到鼎盛，虽然李顺节已经背叛，但其他诸假子、侄如杨守亮、杨守信、杨守宗、杨守忠等，皆为掌握实权之将帅，依然坚定地支持杨复恭，杨氏家族的势力仍不可小觑。因此，以致仕的方式处置杨复恭是恰当的，对于稳定政局是有利的。对于杨复恭来说，忠武八都中王建、韩建、晋晖、李师泰、张造等五都曾依附于田令孜，已非杨氏家族所能控制。杨复恭掌权后"惧不附己，乃出五将为郡守，以（王）建为壁州刺史"[2]，至杨守亮镇守兴元时，对王建甚为忌惮，而王建亦不自安。而与王建交好的韩建为华州刺史后，自成一方割据势力，在前时唐廷讨伐李克用时，更是不遗余力，"为都虞候兼供军粮料使"[3]，早已站在杨复恭的对立面。至于藩镇外援，王重荣于光启三年（887）被其牙将常行儒所杀，其弟王重盈继立。杨复光与河中、河东所建立起来的利益关系主要依靠其统帅王重荣、李克用二人来维持，这种利益关系在杨复光死后为杨复恭继承，但在忠武八都分化瓦解后，其牢固性已不如前。因此，在王重荣死后，河中已不复为杨复恭的支持者。至于李克用，虽然与杨复恭关系比王重荣更为密切，但因此时正在极力扩张，在景福元年（892）陷于与王镕、李匡威的征战中，无暇顾及唐廷的内部斗争，也就无法为杨复恭提供强有力的支持。在唐廷内部，李顺节的背叛，使得杨复恭无法对中央禁军进行有效的掌控，失去了维持权势的基础。因此，杨复恭虽然怨怒，却不得不接受现实，准备从此退往商山隐居。

[1]《新唐书》卷二〇八《田令孜传》，第5889页。

[2]《旧五代史》卷一三六《王建传》，第1816页。

[3]《资治通鉴》卷二五八，大顺元年四月条，第8397页。

（三）杨复恭的败亡及后果

当杨复恭准备隐居时，"或诬告云玉山军使与杨复恭谋乱"[1]。杨复恭宅第与玉山军营相近，玉山军使杨守信为杨复恭假子，至杨复恭处当是慰藉之意，并无谋反之心。不过杨复恭遗人以谋反口实，曾暗中派人刺杀昭宗的使者[2]，虽是出于怨怒，但对昭宗来说与谋反无异。因此在昭宗得到诬告之语时，并不查证，立即派遣李顺节率禁军前往讨伐。杨复恭失势后本已存不满之心，又遭人诬告谋反，其怨愤之情可想而知，与杨守信起兵抗争。之后杨复恭携其族逃往兴元（即山南西道）与杨守亮合军，率诸假子拒守。在杨复恭逃亡后不久，李顺节因恃恩骄横为神策军中尉刘景宣、西门君遂所忌恨而被诱杀，天威、捧日、登封等三都大略京城[3]。唐廷内部的权力斗争，给周边藩镇以可乘之机，李茂贞联合王行瑜、韩建、王行约和李茂庄等节度使，上表请讨杨复恭、杨守亮，并请加李茂贞为山南西道招讨使。此时，昭宗和朝臣才明白过来，"以茂贞得山南，不可复制，下诏和解之，皆不听"[4]。但是形势的变化已非唐廷所能控制，李茂贞、王行瑜等不顾唐廷的阻止，举兵进击兴元，最终昭宗不得不加李茂贞山南西道招讨使。景福元年（892）八月，李茂贞攻取兴元，杨复恭率诸假子、侄逃往阆州，从此杨复恭等人一败再败，最终在乾宁元年（894）被杀。

杨复恭的被杀标志着绵延一百四十余年的杨氏家族退出了历史舞台，对唐末政局影响甚大。杨复恭之乱导致了两次禁军内讧，对业已风雨飘摇的唐王朝是致命的打击。唐长孺先生曾指出："尽管神策军成为宦官控制政局的重要政治工具，商人、游手、富家子弟的避役渊薮，但仍然是代表皇室权威的军事力量。"[5]经过黄巢之乱的打击，唐廷固然失去了对藩镇的控制能力，但禁军仍是维系唐廷的重要力量，李碧妍指出："神策军的防御收缩至近畿，但其人数恐怕还保持在一个足以控制关中大局的水平上。"[6]对唐廷来说，杨复恭虽然专权跋扈，但其代

---

[1]《旧唐书》卷一八四《杨复恭传》，第4775页。

[2]《资治通鉴》卷二五八，大顺二年九月条，第8419页。

[3]《资治通鉴》卷二五八，大顺二年十二月条，第8421页。

[4]《资治通鉴》卷二五九，景福元年正月条，第8424页。

[5]唐长孺：《魏晋南北朝隋唐史三论》，武汉大学出版社，1992年，第457页。

[6]李碧妍：《危机与重构——唐帝国及其地方诸侯》，北京大学出版社，第249页。

表的杨氏家族势力毕竟是业已风雨飘摇的唐王朝的支持者，依靠他们禁军可以保持团结，唐廷可以维系在关中地区的统治，与周边藩镇保持相对平等的关系。然而昭宗的贸然讨伐，导致杨复恭的出逃、李顺节的被杀和李茂贞等藩镇的干预，这种平等关系被打破。在昭宗被迫正式以李茂贞为山南西道招讨使后，杨复恭、杨守亮叛乱之名已定，"左神策勇胜三都指挥使杨子实、子迁、子钊，皆守亮之假子也……知守亮必败，壬子，帅其众二万降于王建"[1]，王建势力得以增强，随后又破杨守忠于钟阳，"斩获三千余人"[2]，又破杨守厚于铜鉾，"斩获三千余人，降万五千余人"[3]，且随后因李顺节的被杀，又导致天威军使贾德晟因怨愤被杀，"麾下千余骑奔凤翔，李茂贞由是益强"[4]。禁军的分裂，杨复恭势力的被铲除，不但使得支撑唐王朝的力量大损，失去了最后可以控制的藩镇山南西道，巴蜀的财赋来源也已经断绝[5]，逐渐为藩镇所控制。虽然昭宗在乾宁三年（896）"于神策两军之外，更置安圣、捧宸、保宁、宣化等军，选补数万人，使诸王将之"[6]，崔胤在天复三年（903）"募卒于市"[7]，试图重建禁军力量，但很快为李茂贞、朱温所破坏而失败。至此，唐中央朝廷已经无维持其独立性的基础，最终为藩镇所控制，灭亡的时间亦为期不远了。

三、结　语

在唐末纷繁复杂的政局中，杨复光凭借优越的家世背景，依靠自身出众的才能和谋略，在王、黄之乱初期先后辅佐齐克让、曾元裕、王铎等人与王仙芝作战，依据形势的变化招降王仙芝、取洪州，在平定王仙芝之乱的过程中立下了诸多功勋，继而杀宋浩、建八都、反正周岌，逐渐控制了英勇善战的忠武军，取得了更大的政治和军事资本。在黄巢攻取长安后又收复邓州，以天下兵马都监的身

---

[1]（宋）司马光：《资治通鉴》卷二五九，景福元年三月条，第8428页。

[2][3][4]《资治通鉴》卷二五九，景福元年三月条，第8429页。

[5]关于巴蜀经济与唐廷的兴亡关系，可参见冯汉镛：《唐代剑南道的经济状况与李唐的兴亡关系》，《中国史研究》1982年第1期；姚乐野：《汉唐间巴蜀地区开发研究》，四川大学博士学位论文，2004年。

[6]《资治通鉴》卷二六〇，乾宁三年六月条，第8489页。

[7]《新唐书》卷二二三《崔胤传》，第6358页。

份入河中与王重荣合作，开始统筹全局。先诱降朱温，收复同州，沉重打击了黄巢军的士气，后在王重荣举棋不定之时又建策招李克用，对唐廷收复长安乃至最终平定黄巢之乱起到了至关重要的作用。在平定王、黄之乱的过程中，杨复光构筑了新的权力结构，即以忠武八都为核心的武装力量和与河中王重荣、河东李克用的利益关系，扩展了杨氏家族的权势。杨复光所建立的新的权力结构为杨复恭所继承，继续在唐末政局中发挥着重要作用。

杨复恭依此成功地将田令孜逐出权力中枢，再度掌权，化解了王重荣、李克用进攻唐廷的危机，同时又依靠他们平定了襄王之乱。在杨复恭的经营下，杨氏家族的权势在僖宗末昭宗初达到了鼎盛。然而，杨复恭的专权跋扈为昭宗所不容，昭宗先是依靠宰臣张濬、孔纬等人以讨伐李克用为契机，企图削去其权势，失败后又采取内部分化的措施，拉拢杨复恭假子李顺节，成功地打击了杨复恭。但昭宗在迫使杨复恭致仕后处理不当，贸然发动对杨复恭的征讨，导致杨复恭出逃，继而引发李茂贞等周边藩镇的干预，使支撑唐朝统治的禁军发生了两次内讧，本已脆弱不堪的禁军遭到了沉重打击，再也无力维持唐中央与藩镇的平等地位。杨复恭的败亡标志着杨氏家族权力的终结，同时也标志着唐王朝正式成为藩镇的傀儡，最终将为藩镇所灭亡。

（作者单位：上海师范大学人文与传播学院）

陕师大藏唐阎庄墓志再考

张清文

陕西师范大学博物馆藏唐代阎庄墓志一方，墓志铭为李俨所撰，原为1231字，现存1226字，墓主人阎庄为唐朝著名大臣阎立德之子。阎庄虽在两《唐书》无传，名亦不见于新唐书《宰相世系表》中，但是此墓志却因内容丰富、保存完整、书法精美而为学者所重视。研究者之中尤以陕师大历史文化学院臧振先生所作《西安新出阎立德之子阎庄墓志铭》（以下简称《新出阎庄墓志铭》）[1]一文考证翔实，影响较大。臧振先生通过对墓志中的一些字词及内容的考释，认为阎庄死因与太子李弘之死有关，间接佐证了太子李弘为非正常死亡。此观点传播较广，被一些学者和论著多次引用。但是随着近年阎氏家族成员墓志不断发现，笔者结合史料文献，细考墓志内容后认为，关于阎庄及李弘死因等问题还有可商榷和有待考证之处，此墓志需重新释读和研究。为简便易读，本文中墓志原文尽量全改用简化字，阎庄墓志铭全文在《新出阎庄墓志铭》一文中已录，在此不再重复。

一、阎庄死因

墓志铭中最为关键的内容中有以下一些文字："岂意彼苍冥昧，福寿徒欺。积痗俄侵，缠蚁床而遭祸；浮晖溘尽，随鹤版而俱逝。上元二年从幸东都，其年九月廿一日，遇疾终于河南县宣风里第。"[2]墓志最后的铭文其六中又称："剑匣双瘗，斧坟孤永。"

---

[1]臧振：《西安新出阎立德之子阎庄墓志铭》，荣新江主编《唐研究》第2卷，北京大学出版社，1996年，第455~462页。后文引此文章不再标注。

[2]即洛阳宣风坊，此处权贵宅第众多，如李重俊、苏味道、宗楚客等都曾在此先后置宅。

　　《新出阎庄墓志铭》一文中认为此段文字中涉及墓主死因关键词有"蚁床""鹤版""积痁"等，并索隐推测得出阎庄并非死于一般疾病，而是与太子李弘之死相关。但笔者通过将阎庄墓志内容与阎氏家族其他墓志相比照，并查考相关文献后认为"蚁床""鹤版"等词在古代墓志或诗文中被多次使用，属于固定用词或典故，有其固定含义和内涵，不宜过度解读。具体试析如下：

　　1.蚁床

　　蚁床为固有典故，典出南朝宋刘义庆《世说新语·纰漏》。"殷仲堪父病虚悸，闻床下蚁动，谓是牛斗。孝武不知是殷公，问仲堪'有一殷，病如此不？'"[1]蚁床即病床，此典在墓志及古诗文中亦被多次使用。如唐初名臣程知节墓志中便有"奄结蚁床之祅，俄嗟鹤版之召"[2]。蚁床亦是指病床。另有清钱谦益《放歌行赠栎园道人游武夷》："心惊蚁床自急搤，梦入鼠穴仍供趋。"[3]其中与"心惊蚁床"相对仗的"梦入鼠穴"亦是典出于《世说新语》之中，引自《世说新语·文学》"卫玠冥思成疾故事"[4]，亦与疾病相关，因限于篇幅不再详述，足可明确佐证蚁床即病床，是引自《世说新语》中的典故。古诗文中对"蚁床"一词的使用尚有很多，略举一二：

　　宋刘克庄《寄呈阳岩》："与君非复昔年时，我瞎君聋各已衰。萤案头光何必照，蚁床下斗不须知。"[5]清钱大昕《耳聋》："蚁床牛斗干谁事，蚓窍蝇声任尔矜。"[6]清叶绍本《悼亡诗三十首之二十六》："频年病悸却空闺，牛蚁床头梦尚迷。"[7]等等。这些例证中蚁床都是引《世说新语》中"床下蚁动"之典，可明确蚁床的固定含义。由此可见，阎庄墓志中蚁床的含义绝非是灵柩，而是引自

　　[1]（南朝宋）刘义庆：《世说新语》，北京：中华书局，1984年，第487、488页。

　　[2]陕西省社会学院、陕西省古籍整理办公室编：《大唐墓志书法精选：程知节高力士墓志》，北京：世界图书出版公司，2011年，第6页。

　　[3]（清）钱谦益：《牧斋有学集》卷六，北京：中华书局，1994年，第266页。

　　[4]《世说新语》，第109、110页。

　　[5]辛更儒编注：《刘克庄集笺校》卷三六，北京：中华书局，2011年，第1944页。

　　[6]（清）钱大昕：《潜研堂集》续集卷七，上海古籍出版社，2009年，第1275页。

　　[7]（清）叶绍本：《白鹤山房诗钞》卷七，《续修四库全书》集部别集类，上海古籍出版社，2013年，第1483册，第34页。

《世说新语》之典，形容阎庄之病状。

　　2.鹤版

　　鹤版亦作"鹤板""鹤书"，借指征聘贤士的诏书，在墓志及古诗文中多有成例。除前面所举《程知节墓志》中"奄结蚁床之祆，俄嗟鹤版之召"之句外，还可举例多种。如：唐王勃《上绛州上官司马书》："鸾扃停逸，频虚不次之阶；鹤板征贤，累发非常之诏。"[1]雍正《陕西通志·经籍志》引《吴筠宗元先生集》："先生讳筠，字贞节，华阴人，生年十五，笃志于道，隐于南阳。天宝初，玄纁鹤版征至京师。"[2]唐皎然《同颜使君真卿岘山送李法曹》："云书捧日去，鹤版下天来。"[3]唐顾云《题致仕武宾客嵩山旧隐诗序》："遥飞鹤版，亲授蒲轩。"[4]

　　联系阎庄墓志上下文来看，墓志中称他"方谓福善攸征，践棘林而底绩；辅仁斯验，坐槐庭而缉道"。此句中"棘林"指九卿之位。南朝陈徐陵《让五兵尚书表》："不期枚乘老叟，忽降时恩；冯唐暮年，见申明主。擢宰京邑，朝坐棘林。"[5]"槐庭"则是指三公之位。南朝齐王俭《褚渊碑文一首并序》："出参太宰军事，入为太子洗马，俄迁秘书丞，赞道槐庭，司文天阁。"[6]唐杨炯《后周明威将军梁公神道碑》："幽垅埋魂，终降槐庭之赠；高门纳驷，式居茅社之封。"[7]阎庄是太子家令，为太子家总管，并服侍太子多年，如果太子上位，其列三公九卿之位，亦未可知。上文中皆为三公九卿等词句，间接验证了鹤版即是"征聘诏书"之意。但可惜的是在阎庄志得意满、前途光明之时，却突遇太子亡故，其仕途似乎走到了终点。

　　值得注意的是，程知节墓志中"奄结蚁床之祆，俄嗟鹤版之召"一句，按

　　[1]（清）蒋清翊：《王子安集注》卷五，上海古籍出版社，1995年，第171页。

　　[2]（清）刘於义：雍正《陕西通志》，景印文渊阁四库全书，台北：商务印书馆，1983年，第555册，第519页。

　　[3]（清）彭定求：《全唐诗》卷八一八，北京：中华书局，1999年，第9297页。

　　[4]（清）董诰：《全唐文》卷八一五，北京：中华书局，1983年，第8586页。

　　[5]许逸民编注：《徐陵集校笺》卷四，北京：中华书局，2008年，第337页。

　　[6]张启成译注：《文选全译》卷五八，贵阳：贵州人民出版社，1990年，第4057页。

　　[7]（唐）杨炯：《杨炯集》卷六，北京：中华书局，1980年，第87页。

《旧唐书·程知节传》载，程知节死前不久"授岐州刺史。表请乞骸骨，许之。麟德二年卒"[1]。两相对比，程知节墓志中的"俄嗟鹤版之召"一词显然是指朝廷授他岐州刺史之事，但却被程知节辞官。阎庄墓志中的"随鹤版而俱逝"，却因缺少史书无载，未详何指。但对比程知节墓志中相关词语的用法可以判断，阎庄墓志中的"鹤版"含义同为授阎庄某官职，可能是指阎庄被授"太子家令、轻车都尉"一事，也可能是朝廷另拟授其他职位。但无论是指什么，都随着阎庄生病及太子亡故，功名官位都化成了过眼云烟。

3.积痗

"痗"意为忧思成病，"积痗"即是积久忧病。清施闰章《官湖西二载矣感而有作》："中夜多转侧，积痗成烦疴。"[2]清龚自珍《刑部主事番禺黄君妻周墓碣铭》："矧后媪之积痗兮，非女子之善戚。"[3]可见阎庄之病源于忧思。那么他忧思为何呢？阎庄虽是太子家令，但是他的前途全倚仗于太子。此时高宗体弱，太子正处于潜在危机包围之中，对于阎庄的打击也不断而来。

一年多前，咸亨四年（673）十月，阎庄之叔权臣阎立本病亡。阎氏家族失去梁柱，也使阎庄失去重要倚靠。上元元年（674）八月高宗称天皇，武后称天后。上元二年（675）三月，高宗风眩病加重，不能听政，政事由武后处理。高宗甚至欲逊位于武后，经宰相郝处俊劝谏才止。此后武后引文人学士于宫中著书，并参决表奏，以分宰相之权，被称为"北门学士"，权势斗争开始白热化，形势对于太子一派愈来愈不利。特别是上元元年十二月蒋王李恽自杀，上元二年三月武后杀周王显妃赵氏，短短三个月之间便有数人身亡，这些血腥内斗无疑已使阎庄倍感危机，更使阎庄忧思加重，阎庄因积痗而突然发病的可能性是极大的。此时太子及其拥随者为摆脱危机是否采取或谋划过什么行动，史书无载，亦难以猜测。

---

[1] （后晋）刘昫：《旧唐书》卷六九《程知节传》，北京：中华书局，1975年，第2503页。

[2] （清）施闰章：《学馀堂诗集》卷七，景印文渊阁四库全书，台北：台湾商务印书馆，1983年，1313册，第418页。

[3] （清）龚自珍：《龚自珍全集》第二辑，上海人民出版社，1975年，第155页。

4.遘祸

说文解字称"遘,遇也"。遘祸即遭遇祸事,在古诗文中亦多有成例,今不再举。从墓志上"积痗俄侵,缠蚁床而遘祸"一句可知,阎庄在忧思成疾、病后才"遘祸"。"遘祸"指遭遇太子薨这一祸事,无论太子是病死还是被杀,对于阎庄而言都是飞来横祸。太子突然去世,太子一派包括阎庄在内的臣属失去倚仗,瞬间失势,官场前途几乎消逝。

5.剑匣双瘗

"剑匣"一词典出东晋王嘉《拾遗记》卷一"未用之时,(剑)常于匣里,如龙虎之吟"[1]。剑在匣中,在古诗文中常用来表示期望得到赏识之意,如唐骆宾王《和李明府》"讵怜冲斗气,犹向匣中鸣"[2]。可惜的是随着太子的亡故,阎庄已难得到赏识,只能如双瘗的剑匣一般,抑郁于黄泉之下了。

由此可见,经过对阎庄墓志的重新考证和研究,我们可以推测出,因权势斗争激烈,太子派属失势,加之其叔宰相阎立本去世,皇族接连被杀……连续的打击,使阎庄忧思成病,病中不幸又遇太子薨,因此一病不起,郁郁而终。

至于太子之死的原因,以前或认为阎庄墓志为太子被毒杀之事增加了佐证[3],但是经过重新考释,却发觉似乎并非如此,所谓佐证多源于对墓志字词误读所致。仔细研读,墓志中并无更多信息可说明太子之死的原因,至于太子如何亡故,还需要史学家从其他方面做进一步的研究。

二、阎庄未载入《宰相世系表》及相关问题的探讨

墓志所载阎庄死后"恩敕赗赠,有加恒礼,赐灵举传承,递送还京",应该说皇上还是给予了他极大的哀荣,更从侧面证实阎庄为病死之实。阎庄死在洛阳,葬于长安附近的"雍州乾封县福阳乡阳原里高阳原"之中。墓志中对此称为"斧坟孤永","斧坟"意为坟之封土如斧相似。如:元同恕《将仕郎赵君墓

[1] 孟庆祥译注:《拾遗记译注》卷一,哈尔滨:黑龙江人民出版社,1989年,第17页。

[2] (清)陈熙晋:《骆临海集笺注》卷二,上海古籍出版社,1985年,第65页

[3] 于赓哲:《幽幽青石寂寂孤魂——〈阎庄墓志铭〉与武则天长子李弘之死》,《历史学家茶座》第八辑,济南:山东人民出版社,2007年,第24页。

志铭》"斧坟尚永，永其不泯"[1]。但是值得注意的是这里面的"孤"字。阎庄死时已经52岁，但是墓志中并无阎庄子嗣的记载，史料文献也无任何记载，似乎阎庄没有留下子嗣。其父阎立德陪葬于昭陵，其叔阎立本则葬于江西[2]。另外从出土的阎氏家族墓志来看，阎氏家族在长安葬地散布于白鹿原、高阳原及少陵原上[3]。彼此相距较远，似无固定家族墓地，在阎庄夫妇合葬高阳原之前，高阳原上也无阎氏家族人葬此地的记载。综合分析，笔者认为阎庄墓志中"斧坟孤永"一词可能有两个含义。一是阎庄并无子嗣，香火无续。二是阎庄很可能没有归葬祖茔而是孤坟独处。

《新唐书·宰相世系表》中载阎立德只有一子为玄邃（即阎邃），并无阎庄之名[4]。《新出阎庄墓志铭》一文中将其与武后联系，推测是阎家迫于武后淫威将其除名的结果。但是结合近世出土的阎氏家族的墓志可知，已知的《宰相世系表》中所遗漏的阎氏家族成员有多人，而非阎庄一人。如2011年出土于陕西的阎泰墓志称："父立德……谥曰康……君即康公之第三子也。"[5]可证阎立德还有第三子名阎泰，而阎泰同样未载入《宰相世系表》之中。又如《宰相世系表》载，阎邃（即阎玄邃）仅有二子，为知微、巨源，但是据2002年出土于西安的阎识微墓志可知，阎邃还有一子为阎识微[6]。这些例证都可说明《宰相世系表》中对于阎氏家族记载疏漏较多，资料未可足信。造成《宰相世系表》阎氏家族成员疏漏较多的原因，据笔者分析可能有二。一是通常认为《宰相世系表》为宋代吕夏卿所作，本于《元和姓纂》以唐人文集和一些氏族谱牒作补充材料编辑而成[7]。此时距盛唐已远，限于材料等缘由，难免疏漏。二是阎立德之孙阎知微因叛国降

[1]（元）同恕：《榘庵集》卷八，景印文渊阁四库全书，台北：商务印书馆，1983年，第1206册，第728页。

[2] 阎立本墓在今江西省玉山县武安山上，但另据清乾隆《西安府志》卷六五载，阎立本逝后，陪葬昭陵。孰是孰非，难以为断。但是阎立本未归葬祖茔这一点却是确定的。

[3] [6] 杨军凯：《唐阎识微及夫人裴氏墓志考释》，《文物》2014年第10期，第68～73页。

[4] 赵超编著：《新唐书宰相世系表集校》，北京：中华书局，1998年，第576页。

[5] 赵君平、赵文成编：《秦晋豫新出土墓志搜佚续编》，北京：国家图书馆出版社，2014年，第344页。

[7] 赵超编著：《新唐书宰相世系表集校》，第1页。

默啜而使阎家被夷三族,《旧唐书》卷七七载:"知微经岁余自突厥所还,则天以其随贼入寇,令百官脔割,然后斩之,并夷其三族。"[1]阎氏一脉从此断绝,所存谱系资料更少。另一方面,连叛国降敌导致阎氏被夷三族的阎知微都载入《宰相世系表》,而阎庄反没载入,必然不是由于阎庄被阎氏家族除名的结果,只可能是《宰相世系表》编写者因材料有限而漏编而已。

另外,两《唐书》阎立德、阎立本传中,均称阎氏家族为"雍州万年人",但是阎庄墓志则称阎庄为河南人,并在河南县(洛阳)宣风坊有宅第。参考近年出土的阎氏家族成员墓志,如阎用之、阎泰、阎婉、阎氏、阎仲连等墓志中皆自称为"河南人"[2],阎庄墓志连同阎氏家族其余成员墓志可证阎氏家族应为河南人,两《唐书》所记不确。

三、阎庄墓志与程知节墓志比较

程知节墓志于1986年出土于礼泉县烟霞乡上营村,现藏于昭陵博物馆中。据墓志可知,程知节葬于麟德二年(665),入葬时间比阎庄墓志早11年。但是经过笔者对二墓志进行比较后却发现,二志不仅格式、风格相似,在词句等方面也有一定的相似之处。如:

"奄结蚁床之祆,俄嗟鹤版之召。"《程知节墓志》

"积痗俄侵,缠蚁床而遘祸;浮晖溘尽,随鹤版而俱逝。"《阎庄墓志》

"大父名扬,懿哉显考。"《程知节墓志》

"大父名尊,于穆显考。"《阎庄墓志》

"虽福信偕老,而义遵同穴。"《程知节墓志》

"未终偕老,奄先同穴。"《阎庄墓志》

"智兼三略,艺总六钧。"《程知节墓志》

"艺总三略,弓弯六钧。"《阎庄墓志》

[1]《旧唐书》卷七七《阎立德传》,第2680页。

[2]张应桥:《唐画家阎立本郡望考辨》,《洛阳理工学院学报》(社会科学版)2014年第3期,第7~9页。

虽然这些字句或有墓志文为套话之用，但是"蚁床""鹤版""艺总六钧"这类的词联用却并非常见。二墓志铭很可能有一定相承关系，甚至作者极有可能为同一人。

阎庄墓志作者为太子率更令李俨。李俨两《唐书》无传，现存作品多篇，但主要是以碑文为主，甚至清河长公主李敬的碑文亦出自于李俨之手[1]，可见他是当时有名的碑文撰手。程知节墓志中未留下撰写者姓名，但是通过同阎庄墓志比对，很有可能碑文的撰写者即是李俨。尤其是李俨同程知节家有一定联系，他曾为清河长公主李敬撰写碑文，而清河长公主正下嫁于程知节之子程处亮。清河长公主薨于麟德元年（664），与程知节下葬时间只隔一年。因此程家就便请李俨为程知节撰写碑文的可能性是极大的。

综合来看，笔者通过结合阎氏家族新出系列墓志，对阎庄墓志重新考释，认为阎庄极有可能为病亡，在病中又遇太子薨这一不幸，倚仗忽失，仕途已断郁郁而终。阎庄不见于《宰相世系表》并非家族除名所致，而是《宰相世系表》编写者材料不足，缺漏所致。同时笔者根据阎庄墓志与程知节墓志的对比，推测出二志撰写者为同一人，即李俨。诚然，由于笔者学识及材料所限，考证或有不当之处，尚待方家指正。

附记：陕西师范大学臧振教授虽与笔者观点不一，但在本文的修改过程中，提出过许多有益的意见及建议，在此深表感谢。

（作者单位：河南大学历史文化学院）

---

[1]（清）陆心源：《唐文续拾》卷二，《续修四库全书》集部总集类，上海古籍出版社，2013年，第1651册，第226、227页。

新见初唐名将薛万备墓志考释

拜根兴

贞观年间国家开疆拓土，涌现出众多享誉后世的铁血战将，出身河东道的武将薛万备就是其中之一。现存文献对薛万备出征昆丘道，俘获龟兹王、说服于阗王归唐，随唐太宗征伐高丽，又率兵前往百济事迹等，要么记载简略，要么缺载不记，为后世了解其中真相造成一定的困惑。不过，近年在西安长安区高阳原出土的薛万备墓志，以及其他相关墓志资料，对还原初唐国家历史记忆、彰显边疆开拓将领功业颇有帮助。本稿力图在现有研究的基础上[1]，利用新出土墓志及文献资料，探讨薛氏兄弟贞观年间曲折沉浮，薛万备本人据守怀远镇、从征高丽，率奇兵奔袭龟兹建功立业，受家族影响连坐长流交阯，以及出征百济等事迹，希冀以此对贞观、永徽年间唐廷上升期诸多问题的解决提供佐证，并以之请教于诸师友方家。

一、墓志的收录及涉及问题

《薛万备墓志铭》收录于胡戟《珍稀墓志百品》一书中。该书分解题、墓志拓片照片、墓志铭录文三部分，其中"解题"中没有说明该墓志何时出土，出土于何地，只标明"志高58.5厘米，宽58厘米，铭文39行，满行40字，楷书，字好"。以及依据墓志中墓主葬地"雍州长安县福阳乡之高阳原"字样，推证墓志应出土于"今西安市长安区"[2]。而西安长安区高阳原所在却是隋唐时代官僚在

---

[1] 王庆卫最新发表的论文中提及薛万备参与昆丘道行军事迹。参王庆卫：《唐贞观二十二年昆丘道行军再探讨：以新出〈杨弘礼墓志〉为中心》，武汉大学中国三至九世纪研究所编《魏晋南北朝隋唐史资料》第35辑，上海古籍出版社，2017年，第138~151页。

[2] 胡戟：《珍稀墓志百品》，西安：陕西师范大学出版社，2016年，第68~71页。

京师长安的理想葬地，出土了大量的唐人墓志等文物[1]。另外，志文未见记载撰者、书丹者姓名。而据笔者了解，现存唐人墓志撰述者一般分为两种情况，即官品高功勋大者，多为唐朝门下省著作局官员依据死者行迹贡献，以及家属提供家族繁衍资料撰述，而一般官员人等墓志则为亲友故旧，或者子嗣延请所谓"名家达人"撰述[2]。从薛万备去世前曾官拜从三品的"左骁卫将军"以及"弓月道行军副总管""鸭渌道行军副总管"建立的卓越功勋看，其撰书者很可能是唐廷门下省著作局官员，对此，笔者在下文中将有进一步论述。另外，因薛氏家族历遭变故，考察志文及现存文献史料，薛万备两位兄长薛万淑、薛万均早已病逝，另一兄长薛万彻因参与"谋反"死于非命，薛万备其人已受到牵连。与此同时，未见有薛氏家族子嗣在当时担任较高官职者，这些似可排除志文为亲友延请他人撰写的可能。

二、墓志所见薛氏家族及个人行迹

查阅现存《隋书》《旧唐书》《新唐书》，有关薛万备其人记载简略。如《隋书》卷六五其父薛世雄传中，记载"有子万述、万淑、万钧、万彻"，没有提及薛万备[3]。《旧唐书》卷六九《薛万彻传附薛万备传》，只有寥寥三十七字，《新唐书》卷九四《薛万均传附薛万备传》增加到七十五字，《旧唐书》卷一九八《西戎传》记载薛万备劝说于阗王归服事迹[4]，而《东夷传》未见记载薛万备随从唐太宗征伐高丽，以及显庆五年（660）奉诏到达莱州待命等。当然，和其兄薛

[1] 李明、刘呆运、李举纲主编：《长安高阳原新出隋唐墓志》，北京：文物出版社，2016年。

[2] 参赵振华：《洛阳出土墓志撰文书丹镌刻者及其书艺研究：以晋魏隋唐墓志为中心》，收入《洛阳古代铭刻文献研究》，西安：三秦出版社，2009年，第52～89页。

[3] 唐高宗显庆年间成书的《隋书》，记载薛世雄诸子中没有提及薛万备，不知何故。只是《隋书》中的帝纪、列传成书于贞观十年（636），可能当时薛万备声名还未大显，故而才未引起编纂者注意，事实上薛万备立功边疆要到贞观后期。当然，史书编撰者漏载也不是没有可能。另外，从《隋书》卷六五记载中，可了解到薛世雄的另一儿子薛万述，这在现存唐史史料中似还未看到。

[4] （后晋）刘昫：《旧唐书》卷一九八《西戎传·于阗》，北京：中华书局，1975年，第5305页。

万均、薛万彻所建功勋相比，薛万备可能稍有逊色，但《薛万备墓志》的出土面世，既增加了一些此前学界不甚了解的内容，又可补正现有史料记载，给学界呈现更加完备的薛万备家族及其本人坎坷并丰富多彩的人生经历。

（一）薛万备兄弟及其排行

据史载，薛万备其人为贞观年间东征西讨名将薛万彻的"季弟"，按照一般理解，应该是三弟，也就是说，薛万彻有三个弟弟；其次，薛万彻有"长兄"薛万淑[1]，兄薛万均，如此看来，在贞观、永徽年间颇负盛名的薛氏竟然有六位兄弟，当然，知名的只是上述薛万淑、薛万均、薛万彻、薛万备四人。另据上述《隋书》卷六五《薛世雄传》载，薛万备的父亲薛世雄隋大业年间曾两次跟随隋炀帝征伐高丽，后担任涿郡太守，有子"薛万述、薛万淑、薛万钧、薛万彻"，如果按照一般记载程式，薛万述应该是长子，只是《旧唐书》已经确定薛万淑为"长兄"，说明五代编纂《旧唐书》之时，可能已有所依据，本稿即以《旧唐书》记载为准。如此看来，史料记载有名有姓的薛氏兄弟五人，未见记载的似有两人。而《薛万备墓志》载云"公（薛万备）为长江公之第七子也"，就是说，志文验证了上述文献史料的记载。薛万淑、薛万述谁为长兄，上已述及，不再赘言。至于薛氏兄弟长幼具体如何排列，从现有记载看，薛万彻应该排在薛万淑、薛万述、薛万均之后，他们有三个兄弟，薛万备作为其"季弟"，应该是排在最后的一位。如此看来，墓志无疑对现存史料提供了佐证。

（二）薛万彻之死与薛万备

《旧唐书》卷六九载"季弟万备……后官至左卫将军，并先万彻卒"。检讨上下文，似乎是要说明薛万淑、薛万备两人，均死于薛万彻之前。另据史载："（永徽四年）二月甲申，诏遗爱、万彻、令武皆斩，元景、恪、高阳、巴陵公主并赐自尽。……万彻临刑大言道：'薛万彻大健儿，留为国家效死力，

---

[1]《旧唐书》卷六九《薛万彻传附薛万备传》，记载薛万淑为薛万彻"长兄"，但《新唐书》卷九四则记载薛万彻为薛万淑的"兄"，两处记载矛盾。今依《旧唐书》卷六九记载为本，特予说明。

岂不佳，乃坐房遗爱杀之乎！'……"[1]就是说，薛万彻永徽四年（653）已被处死，《旧唐书·薛万彻传》亦是如此记载。按照上述记载，薛万备应死于永徽四年之前。然而，《资治通鉴》卷一九九又载"（永徽四年）二月戊子……万彻弟万备流交州。罢房玄龄配飨"。其他史料亦说明薛万备曾因薛万彻的缘故被流放交州。而《薛万备墓志》中则明确记载薛万备因其兄薛万彻的缘故，被配流交州，而且是全家流配，其妻杨氏亦于显庆元年（656）十一月病逝于交州交阯县。也就是说，《旧唐书》薛万彻本传中有关薛万备死于薛万彻之前的记载并不确实，墓志与其他史料记载就是很好的证明。

（三）薛万备以孝行著称

新、旧《唐书》薛氏兄弟传记中，均提到薛万备有孝行，如《旧唐书》卷六九载"万备有孝行，母终，庐于墓侧。太宗降玺书吊慰，仍旌表其门"。《新唐书》卷九四载"万备有至行，居母丧，庐墓前，太宗诏表异其门"。可以看出，新、旧《唐书》只是简略记载薛万备的孝行事迹，以及唐太宗的旌表，而且语言简略。但《薛万备墓志》中，则记载详细，并增加了一定的内容，云：

> 贞观八年，敕授通事舍人。寻丁太夫人忧，水浆不入于口，有过礼制，并剪发以为母髢。及葬，庐于墓侧，负土成坟，孺慕婴号，柴毁骨立。皇帝屡遣中使存问，并令旌表门闾。昔高柴泣血三年，未尝见齿；曾参绝酱七日，殆至灭性。方斯二贤，犹加一等。

就是说，墓志中不仅有新旧《唐书》已有内容，而且在此基础上，增加了薛万备"剪发以为母髢""负土成坟"以及唐太宗屡次遣使问询，并引用古人高柴、曾参典故，旌表嘉奖等。可以看出，贞观年间薛万备的孝行，成为唐太宗教化臣民的活教材，彰显了薛万备区别于其他弟兄独特的人格品德。

（四）薛万备夫人出自名门

墓志明确记载薛万备夫人为隋观国公杨恭仁孙女。杨恭仁新、旧《唐书》

---

[1]（宋）司马光：《资治通鉴》卷一九九，永徽四年条，北京：中华书局，1985年，第6280、6281页。

均有传，其墓志也已公布[1]。作为隋朝宗室，杨恭仁参与隋炀帝征讨杨玄感叛乱，入唐后官拜凉州都督，其家族和唐皇室保有多重联姻，贞观十三年（639）病逝，陪葬昭陵；唐太宗遣派将作少匠李道裕监护丧事，极尽哀荣[2]。杨氏显庆元年（656）病逝于交州，享年43岁，推算其生年为公元614年；薛万备于661年病死，享年60岁，其生年当是公元602年。如果按照唐初贵族女子正常的婚配年龄，杨氏出嫁时间当为630年左右，而此时薛万备已是三十岁上下的壮年。也就是说，两个家族联姻，很可能是在贞观初年，即薛万备兄弟受到玄武门事件影响之后。无论如何，出身河东的军功家门薛氏和贞观年间保有声望和实力的杨恭仁家族联姻，也可算得上门当户对。只是薛万备受到其兄薛万彻"谋逆"事件连坐，杨氏亦黯然随夫流配遥远的交州交阯县。贵族出身的杨氏对交州当地恶劣的自然环境适应程度令人怀疑，加之从贵妇到罪犯，一落千丈的待遇和郁闷心情当是自然，故最终命丧于彼，也是十分自然的事情。另如上所述，墓志及现存文献史料中没有具体提及薛万备与杨氏的子女，而按照薛氏当时的年龄及官品级别，如果有子女的话，也应是三十岁以上的年龄了，理应出现在墓志序文之中。对此，可能有多重解释，如有子女但墓志没有记载，子女还小没有记载，子女已夭折死亡没有记载，子女式微不予记载，杨氏家族跌宕起伏的家族命运等。只是从现有资料看，不仅薛万备墓志，其他和薛氏兄弟有关联的传记史料中，均未提及其下一代，实在令人费解！有鉴于此，薛万备与杨氏是否有子女只能存疑。

（五）也谈"凡在寮案，咸从左降"

众所周知，作为太子李建成党羽，薛万彻在玄武门之变中围攻秦王府表现神勇，失败后逃亡南山，后来受到宽大处理，并活跃于贞观年间的边疆征战之中；而贞观年间对魏徵、王珪等李建成旧人的大胆任用，标志着唐太宗本人具有独特的伟人气质，成为贞观之治选贤用能最具代表性的内容，为后世所津津乐道。但是，历史的真相到底如何？是否还有可资怀疑之处？胡明曌依据新出《张弼墓志》中"前宫僚属，例从降授"字句，以及张弼其人随后三十年间，虽然亦有出

---

[1]周绍良：《读石札记》，《文献》2001年第4期，第4～10页。

[2]《旧唐书》卷六二《杨恭仁传》，第2381～2383页；《大唐故特进观国公墓志》，收入胡元超《昭陵墓志通释》，西安：三秦出版社，2010年，第5～17页。

使丝路沿线国家，所谓"历躬卅国，经途四万里"的突出表现，但其官品却裹足不前，只升迁一级，认为作为东宫僚属，贞观年间均受到区别对待，仕途受到影响[1]。孟宪实对此持谨慎态度，他发表长文，在收集现有各种史料的同时，采用统计与量化手段，探讨玄武门事变之后唐太宗对东宫僚属采取的措施，以及东宫僚属们在贞观年间的官品履历，认为当时"确有'降授'的情况出现，但绝不是'例从降授'，张弼墓志的作者应该有替墓主解释的用意，强调不是只有他才遭受降授，是东宫僚属都享受了同样的'待遇'"[2]。而作为东宫僚属的薛万备，在其墓志中竟然也出现与张弼墓志几乎相同的记载，这就是"凡在寮案，咸从左降"字句，对此如何解释？笔者以为，李建成、李元吉败亡之后，也就是玄武门事变解决之初，对如何处理东宫齐府僚属，可能李世民还处在暴怒之余，因而做出了如上述张弼墓志、薛万备墓志记载的"苛刻"决定，东宫僚属们因此被"例从""咸从"降职处理，此记载具备很高的可信度。但随后李世民对局势全面把控，而其间所用时间无疑相当短暂，这从现有记载中可以了解。此后随着边疆开拓、政府新气象大格局的出现，新政府对各种人才需求的不断增加，唐太宗善的一面完全释放，此前对东宫齐府僚属的一些不成文的规定，被不计前嫌、任人唯贤所替代，故而才出现史书中常常提及的"不加区别"的用人格局，导致秦府旧人的怨气和不满。而历来史载的局限，加之众所周知唐太宗对自身所谓"污点"的重视，现在看到的记载无疑是经过贞观史臣巧妙包装美化、后代史家因之撰写而成的[3]，故玄武门之变解决当下对东宫、齐府旧臣们处理办法已难为人知，进而却成为后世史家称颂唐太宗贞观用人的绝好素材。而一些东宫僚属在漫漫的贞观岁月中，可能因种种原因仕途并不顺利。"人生能有几度春，无情岁月催人老"，

---

[1] 胡明曌：《有关玄武门事变和中外关系的新资料：唐张弼墓志研究》，《文物》2011年第2期，第70～74页。另参胡戟：《珍稀墓志百品》，第70、71页。

[2] 孟宪实：《论玄武门事变后对东宫旧部的政策》，荣新江主编《唐研究》第17卷，北京大学出版社，2011年，第199～220页。

[3] 史载玄武门之变后，李世民不仅没有处罚太子李建成党羽冯立、齐王元吉手下谢叔方，而且好言劝慰，并授予官职，其记载实在令人玩味。参（唐）吴兢著，谢保成集校：《贞观政要集校》卷五，北京：中华书局，2003年，第254、255页。

面对死者怀才不遇的蹉跎仕途，以及王朝政治的翻篇，可能出自家族意愿或书碑者的良知，书写这一信息并深埋地下，进而成就了千年后历史真实的再现。张弼墓志、薛万备墓志的面世，无疑为学界开启了一扇认识历史真实的窗户，对探讨武德、贞观之际朝野动向提供了新的史料。当然，笔者的这种解释是否能站得住脚，还有待时间检验。因为很可能还有新的东宫齐府僚属墓志中提及此事，我们将拭目以待。

三、参与征伐高丽、百济史事

首先，对薛万备随唐太宗征高丽，现存文献记载有歧义。其一，《旧唐书》卷六九没有提及薛万备随从唐太宗亲征高丽，亦未记载薛万备救助契苾何力事迹。而《新唐书》卷九四《薛万均传附薛万备传》记载云："以尚辇奉御从伐高丽。李勣围白岩，虏遣兵万余来援，将军契苾何力以八百骑苦战，中槊创甚，为贼所窘，万备单马进救，何力获免。"而同书契苾何力传虽记载薛万备在白岩城"中贼稍，创深，帝亲为敷药"，但没有其单枪匹马救助的记载。《资治通鉴》卷一九七"将军契苾何力以劲骑八百击之，何力挺身陷阵，槊中其腰，尚辇奉御薛万备单骑往救之，拔何力于万众之中而还。何力气益愤，束疮而战，从骑奋击，遂破高丽兵，追奔数十里，斩首千余级，会暝而罢。万备，万彻之弟也"[1]。而唐太宗《克高丽白岩城诏》中，也没有谈及薛万备飞马救助契苾何力事件[2]。无论如何，薛万备在契苾何力最为危急时刻，单骑救助契苾何力于危难之中应是事实。其二，上记史料言薛万备担当尚辇奉御，即为唐太宗亲从侍卫，参与征伐高丽战斗，而墓志却记载此时薛万备为马军总管。查阅《唐六典》卷一一，尚辇奉御为从五品上，掌管皇帝出行车辇、伞扇事务[3]。但墓志不仅记载了薛万备随唐太宗亲征前为宫中尚辇奉御，而且记载征伐高丽之时薛万备曾担当马军总管。笔者认同墓志的记载，认为薛万备确实担当唐征伐军马军总管，但应有

---

[1]《资治通鉴》卷一九七，贞观十九年五月，第6221页。

[2]（清）董诰：《全唐文》卷七《克高丽白岩城诏》，上海古籍出版社，1990年，第33页。

[3]（唐）李林甫等撰，陈仲夫点校：《唐六典》卷一一，北京：中华书局，1992年，第331页。

更具体的职务。如尉迟敬德在征伐军中的职务为"左一马军总管，从破高丽于驻跸山"，显然，马军有"左一"总管，一定还有"左二"；另外，有"左"，必然也有"右"，而薛万备理应也是某一方面，即或左或右方面的马军总管，因为从尉迟敬德当时的威望和地位，他不可能以某一方面的马军总管受薛万备节制，最大可能是作为一部马军总管，双方共同接受大总管李勣统领。从这一点上看，墓志记载可能有疏漏。当然，也有一种可能，唐太宗在征伐期间，临时任命薛万备为某一方面马军总管。其三，关于唐代行军兵种，孙继民教授专列"骑兵"目，探讨行军中马军在整个行军中所占比例，以及对隋唐之际战局胜负的决定性作用[1]，值得参考。墓志记载薛万备在征伐高丽过程中，担当马军总管，无疑为进一步探讨唐代行军制度提供了新的资料。总之，如何看待文献史料与墓志记载产生的歧义，可能会出现不同解释，但从对薛万备事迹记载个案看，墓志史料应受到重视。

其次，薛万备镇守怀远镇。有关怀远镇，文献史料有零星记载，宋卿[2]、刘向东[3]论文中均专门提及，也有论述辩驳。隋炀帝征伐高丽，其重要的粮储军械基地就设立于此，当时官拜卫尉少卿的李渊亦曾督运军粮至此。隋炀帝曾数次路过这里，在此驻跸停留。正因如此，战争期间，朝请大夫夷陵郡太守太仆卿元智其人，"大业九年，扈从辽竭，某月某日，构疾云亡，薨于怀远之镇，春秋六十有四"，即元智随从隋炀帝亲征高丽，路过怀远镇得病薨亡[4]。薛万备父亲薛世雄大业八年（612）随隋炀帝出征，杨玄感叛乱之后，炀帝返回，"帝至柳城，以世雄为东北道大使，行燕郡太守，镇怀远"[5]，即隋炀帝令其在此任官，并为随后的新的征伐埋下伏笔。但随着隋朝内部矛盾的日益加深，炀帝的计划未能实现。

---

[1]孙继民：《唐代行军制度研究》，台北：文津出版社，1995年，第124、254～260页。

[2]宋卿：《唐代营州军事设置探究》，《中国边疆史地研究》2015年第3期，第57～68页。

[3]刘向东：《隋唐东征相关地理问题考辨》，《军事历史研究》2015年第6期，第57～64页。

[4]《大隋故朝请大夫夷陵郡太守太仆卿元公之墓志铭》，收入王其祎、周晓薇编著《隋代墓志铭汇考》第五册，北京：线装书局，2007年，第203、204页。

[5]（唐）魏徵：《隋书》卷六五《薛世雄传》，北京：中华书局，1975年，1534页。

贞观后期，随着高丽事态的恶化，唐朝将关注点转向东北方向，怀远镇的重要性因此凸显。贞观十七年（643），"太常丞邓素使高丽还，请于怀远镇增戍兵以逼高丽"，虽然唐太宗以"远人不服，则修文德以服之，未闻一二百戍兵能威绝域者也"作答，好像采取消极的态度应对日益严重的高丽事态，但唐与高丽间矛盾激化，怀远镇地理位置的重要性，迫使唐太宗不得不采取必要的措施应对，现在看来，回答邓素的话语可能并非唐太宗的真实想法。薛万备墓志提供了新的佐证史料。墓志载云："贞观□□年，授朝散大夫，守尚辇奉御。高丽据有辽东，不肃王命，怀远地居要害，境接寇戎。朝廷方事经营，弥难其选。以公文不范顺，武不违敌，敕以本官检校怀远镇。公德礼既敷，权奇间出，是以革面者兽驯于素旂，遁心者鸟骇于朱旗。"从上引史料可以看出：其一，墓志中"贞观□□年"，为"贞观十七年"的可能性很大。因为按照一般的墓志行文格式，固定年份之后，必然记载墓主的重大使命或经历重大事件，而薛万备以本官检校怀远镇，应是其一生中值得大书特书的重要履历之一。其二，怀远镇因处于唐与高丽邻接地带，地理位置重要，即所谓"地居要害，境接寇戎"，要实施对高丽的征伐，怀远镇无论是如隋炀帝集结休整军队兵员，汇集粮草军械等，还是如上文邓素所说，加强镇守兵力，给高丽造成强势压力，可资利用的军事战略要地，需要多智干练并值得信赖的军将担当重任。此前唐太宗曾任用韦挺负责征伐后勤补给等重任，但其并未如期完成任务，被严诏惩处，幽州都督张士贵似亦受到牵连[1]。正因如此，同样为征伐做前期准备的镇守怀远镇人选的选择，可能还颇费周折，墓志中"弥难其选"就能说明问题。而最终选择薛万备，应是唐太宗经过深思熟虑的结果。其三，薛万备具备其他人少有的品质和优点，这就是"文不犯顺，武不违敌"八字，加之作为尚辇奉御，和唐太宗应有更多的接触机会，其忠心和干练深得皇帝赏识，故而任命薛万备镇守怀远镇，应是唐太宗本人的意思。从现存史料看，唐太宗任命出征行军将帅，多是其熟悉并认为堪当大任者，即便是在征战中有过闪失，也仍大胆任用；而唐高宗任用将帅则注重战场胜负，假若在战场上获胜，那么新的出征会继续担当重任，而一旦在战场上失利，哪怕只有

---

[1] 拜根兴：《初唐将领张士贵行迹考述：以贞观十九年征伐高丽为中心》，《唐都学刊》2017年第3期，第10～16页。

一次，可能此人就再没有作为主将出征的机会了[1]。其四，薛万备是以"本官检校怀远镇"，就是说其作为皇帝侧近的尚辇奉御，被遣派怀远镇镇守，足见唐太宗对怀远镇在整个征伐战中地位的重视。当然，从另一角度看，也说明皇帝对薛万备的看重。无论如何，到达怀远镇的薛万备按照唐太宗的旨意，一定做了许多对随后的征战至关重要的事情，以此获得唐太宗更大的信任，进而于贞观十八年，任命薛万备为马军总管，直接参与对高丽的征伐。值得注意的是，现存文献并未记载贞观十八年前，唐廷任命薛万备以本官检校怀远镇史实，故墓志可补现存史料的缺失，对于学界更深入了解贞观十八年唐廷征伐战前，如何总体规划布局提供依据。至于墓志中谈及薛万备"德礼既敷，权奇间出，是以革面者兽驯于素旗，遁心者鸟骇于朱旗"，应该是常见的称赞、褒美之词，显示出薛万备具备这样的品质，并堪当大任，为唐廷建功立业。

第三，薛万备参与出征百济事宜。依据墓志，薛万备因受到其兄薛万彻参与"谋反"事件的影响，于永徽四年"缘坐"被流配交州交阯县，两年后其夫人杨氏病逝，可能因此情绪低落，但随着对朝鲜半岛征战的开启，薛氏的境遇出现转机。显庆五年（660），唐朝为自身利益以及维护东亚天下秩序缘故，联合朝鲜半岛东南部的新罗，征伐朝鲜半岛另一政权百济，薛万备此时被"恩敕追还"，授予鸭渌道行军副总管随军出征。众所周知，这次征伐的行军大总管为左武卫大将军苏定方[2]，依据《大唐平百济国碑铭》记载，唐朝出动十四道兵众，总兵力达十三万人，从山东半岛成山角乘船，浩浩荡荡开赴朝鲜半岛。十四道中，现在了解到的只有七道，这就是神丘道、嵎夷道、马韩道、熊津道、加林道、含资道、唐山道[3]，其余者难能知晓。同样参与这次出征，聚集莱州，并作为鸭渌道副总管

[1]黄约瑟：《两唐书薛仁贵传》，收入台湾唐代学会联谊会编辑《第一届国际唐代学术会议论文集》，台北：学生书局，1989年，第949页。

[2]关于苏定方其人事迹，参拜根兴：《苏定方事迹考疑试论稿》，［韩］中国史学会编《中国史研究》第9辑，2000年，第97～119页。

[3]《大唐平百济国碑铭》只记载苏定方辖下的前四道，另外十道不得而知。笔者考察出土于韩国金泉市直指寺《含资道总管柴将军精舍草堂碑》，认为十四道还应包括上述加林道、含资道、唐山道。参拜根兴：《韩国新发现的唐〈含资道总管柴将军精舍草堂碑〉考释》，荣新江主编《唐研究》第8卷，北京大学出版社，2002年，第347～356页。

的薛万备，其鸭渌道应是十四道中之一。至于鸭渌道作战目标是为其他方面军进攻百济提供战略保障，即紧盯北面高丽动向，确保唐军开辟半岛南线进攻据点的顺利，还是直接参与进攻，征伐军中是否还有防备高丽南下驰援百济的其他方面军存在，因没有更进一步史料佐证，难有定论，但墓志为我们提供了新的可资讨论的史料和话题[1]。这样，苏定方辖下十四道中，其中八道已经明确。期待新的史料持续面世，以便对此问题的解决提供依据。

薛万备因病逗留莱州。天有不测风云，人有旦夕祸福。接受唐廷新的任命，准备大干一场的薛万备率军到达莱州之后，"忽构时疾"，就是说染上当地流行的病患，并于次年五月病逝于官第。薛氏患病是初到莱州海边水土不服，难能抵御一些常见的病症，还是因家族败落、夫人病故心情郁闷，深感皇恩浩荡报答心切，导致身心俱疲难能应对？抑或是经数年流配，交州瘴疠之地对其身体造成危害？其原因不得而知。而同样被贬官为民数年，几乎是同一时期受命到达朝鲜半岛的熊津都督王文度，在与新罗王金春秋相见过程中，突然跌倒而亡，笔者对此曾做过考察[2]。虽然两者均为个案，并与其自身体质、所处境遇密切关联，但仍可看出这一时期唐朝边疆征战频繁，其领兵将领所受压力之大。而另一和薛万备有同样经历的柴哲威将军，却走出颇为独特的人生历程。身为唐太宗外甥，柴哲威与薛万备因同一事件被流配交州，但不同的是柴氏贞观末年曾受命到达西域，担当"使持节西伊庭三州诸军事兼安西都护西州刺史上柱国谯国公"，因其弟柴令威参与房遗爱与高阳公主谋反事件，受到牵连而流配交州。荣新江教授依据吐鲁番文书对柴哲威事迹有过论述[3]，但柴哲威其人此后行踪再没有史料触及。直到1999年韩国公布新发现《含资道总管柴将军精舍草堂铭》之后，学界才知晓其亦是显庆末到达朝鲜半岛，先后担当唐加林道、含资道总管，奋战于遥远朝鲜半岛战场的功勋战将。不过，柴哲威笃信佛教，甚至在战斗间隙竟建造精舍草堂，默默祈祷佛陀，并刻碑留念，最终实现人生历程的逆袭，留下极其珍贵，但却饱含

---

[1] 拜根兴：《唐高宗时代朝鲜半岛剧变与高丽的应对：兼论高丽灭亡的原因》，《陕西师范大学学报》2014年第4期，第100～106页。

[2] 拜根兴：《初唐将领王文度事迹考述：兼论唐与百济、新罗关系》，杜文玉主编《唐史论丛》第10辑，西安：三秦出版社，2008年，第206～216页。

[3] 荣新江：《〈唐刺史考〉补遗》，《文献》1990年第2期，第90页。

苦涩、令人唏嘘的异域征战记忆[1]。

至于薛万备患病后就在莱州就地治疗，还是回到长安，文献史料及墓志均未交待，故难得其实。胡戟认为应该是死于莱州当地，其依据大概是墓志中"以龙朔元年五月十一日卒于官第，春秋六十"的记载，应该说是一种相对靠得住的看法。当然，也有一种可能，这就是苏定方率兵出征之后，薛万备因病逗留莱州，但当年十一月苏定方已从半岛返回，并在洛阳、长安两地举办大型献俘仪式，进而宣告唐朝征伐百济战事全面结束。当时疾病缠身的薛万备是否随苏定方行军大营返回洛阳或长安？因为随着战事的结束，原来各种军事建制均已撤销，按照一般的情景，不可能将患病的从三品将军单独留在当地。故这里的"官第"，应该是指长安或洛阳的官第。对此，还应做进一步的考察，以便取得令人信服的结论。

四、征战龟兹、于阗事迹

龟兹国[2]，其统治区域相当于今新疆阿克苏及巴音郭勒盟蒙古自治州一部[3]，东邻焉耆，西接疏勒，南靠大漠，北有天山，是西域所在重要的少数民族政权之一。唐朝建立之后，龟兹国遣派使臣入唐，后因臣服突厥，安西都护郭孝恪征伐焉耆，龟兹竟联合突厥援助焉耆，企图阻挠唐朝打通西去丝路通道。贞观二十一年（647）末，龟兹王苏伐叠死，其弟诃黎布失毕代立。唐太宗认为时机已到，故任命左骁卫大将军阿史那社尔为昆丘道行军大总管，右骁卫大将军契苾何力为副大总管，联合安西都护郭孝恪，司农卿、副大总管杨弘礼，以及右武卫将军李海

---

[1] 拜根兴：《韩国新发现的唐〈含资道总管柴将军精舍草堂碑〉考释》，第347～356页。

[2] 有关龟兹国历史，以及与唐朝、吐蕃关系，龟兹文献考古史料的发现整理诸问题，参［美］芮乐伟·韩森：《丝绸之路新史》，张湛译，北京联合出版公司，2015年，第73～104页。

[3] 庆昭蓉博士使用古代龟兹广义概念，界定除今日库车县、沙雅县、新和县、拜城县东部及轮台县西部之核心地域，也就是外国探险队习称之"库车地区"，还扩及整个阿克苏地区，甚至远到喀什地区巴楚县。参庆昭蓉：《吐火罗语世俗文献与古代龟兹历史》，北京大学出版社，2016年，第7页。

岸等，发铁勒等兵十余万，浩浩荡荡西进征伐。关于唐朝这次行军征讨，此前学者郭平梁[1]、王小甫[2]、吴玉贵[3]、张全民[4]、王素[5]、王庆卫[6]等依据文献史料及出土墓志，澄清了诸多史实。如吴玉贵从唐与突厥争夺焉耆、昆丘道行军背景、与突厥阿史那贺鲁关系等方面，论述昆丘道行军并非只是针对龟兹，凸显唐与突厥在西域争夺之剧烈；王素依据现有史料，对这次行军作战涉及的诸多具体问题展开论述，得出许多此前鲜为人知的信息；王庆卫则专列近年来出土的七方墓志，探讨曾参与出征，但却不见史载的唐朝军将事迹。然而，虽然《旧唐书》卷一九八《西戎传·龟兹》，《新唐书》卷二二一上《西域传·龟兹》，《资治通鉴》卷一九七，贞观二十二年条，以及阿史那社尔、契苾何力等人的传记中均有记载，但对一些特定人物事迹，仍有模糊不清或进一步探讨的必要。

对征伐战争中起到重要作用的薛万备其人事迹，因记载支离破碎，其理应得到澄清。

首先，薛万备在征伐战争中担当的官职问题。上述《旧唐书》卷一九八记尚辇奉御薛万备与沙州刺史苏海政以精干骑兵狂追龟兹王六百里：

> 西至多褐城，与龟兹王相遇，及其相那利、将羯猎颠等，有众五万，逆拒王师。威乃伪遁而引之，其王俟利发见威兵少，悉众而至。威退行三十里，与继叔军会，合击大破之。其王退保都城，社尔进军逼之，王乃轻骑而走，遂下其城，令孝恪守之。遣沙州刺史苏海政、尚辇奉御薛万备以精骑逼之，行六百里，其王窘急，退保于拨换城。社尔等

[1] 郭平梁：《西域史地探微》，新疆人民出版社，2011年，第326～330页。

[2] 王小甫：《唐吐蕃大食政治关系史》，北京大学出版社，1992年。

[3] 吴玉贵：《突厥汗国与隋唐关系史研究》，北京：中国社会科学出版社，1998年，第342～374页。

[4] 张全民：《〈唐华文弘墓志铭〉所载唐朝经略边疆史事考略》，荣新江主编《唐研究》第17卷，北京大学出版社，2011年，第441～454页。

[5] 王素：《唐华文弘墓志中有关昆丘道行军的资料：近年新刊墓志所见隋唐西域史事考释之一》，《西域研究》2013年第4期，第81～89页。

[6] 王庆卫：《唐贞观二十二年昆丘道行军再探讨：以新出〈杨弘礼墓志〉为中心》，第138～151页。

进军围之，擒其王及大将羯猎颠等。其相那利仅以身免，潜引西突厥之
众并其国兵万余人，来袭孝恪，杀之，官军大扰。仓部郎中崔义起与曹
继叔、韩威等击之，那利败走。寻为龟兹人所执以诣军。前后破其大城
五所，虏男女数万口。社尔因立其王之弟叶护为王，勒石纪功而旋。

上述《旧唐书》及《册府元龟》卷九八五记载甚为翔实，将此时薛万备的官
职记为"尚辇奉御"，就是说从贞观十七年（643）镇守怀远镇，到贞观二十二年
（648）五年间，薛万备的官职竟没有任何变化，除非其带有皇帝赋予的特殊使
命，以宫中尚辇奉御身份单独参与出征，亦是颇为奇怪的事情。《新唐书》卷二
二一上，载薛万备此时官职为昆丘道行军长史。对此两种记载，此前未见有人辩
证，故呈两者并存状态。但《薛万备墓志》明确记载此时薛万备的官职为昆丘道
行军长史，担当重任。这样，《新唐书》卷二二一上的记载即获得证明，也就是
说，墓志对区别两种不同的现存史料记载提供了客观证据。

其次，墓志可还原昆丘道行军建制的具体细节。当时参与指挥的上层军将
及一些基层官员，有些人的墓志已经公布，有些只有通过现有文献史料，才能
对参与这次战役者有更明确的了解。因这一问题并非本稿论述的重点，故列表
说明如下：

史料所见昆丘道征行军将事迹表

参战将领	当时所任官职	昆丘道征行事迹	死亡时间	史料来源
阿史那社尔	昆丘道行军大总管	二十一年，以昆丘道行军大总管与契苾何力、郭孝恪、杨弘礼、李海岸等五将军发铁勒十三部及突厥骑十万讨龟兹。师次西突厥，击处蜜、处月，败之。入自焉耆西，兵出不意，龟兹震恐	永徽六年（655）	《新唐书》卷一一〇
契苾何力	行军副大总管	俄以昆丘道总管平龟兹	仪凤年间	《新唐书》卷一一〇

续表

参战将领	当时所任官职	昆丘道征行事迹	死亡时间	史料来源
杨弘礼	司农卿行军副大总管	廿二年，授昆丘道行军副大总管。盐泽疏源，鼓长波而沃日；昆峰发地，横峭壁而干天。金满城遥，玉关路阻。跨分流之绝隥，陟县度之危峦。鹤阵频开，龙韬数运。何止一日三捷，固亦所向无前。旌旆所临，凡平处月等六国，并获名王入朝。岂若将军拥节，空出白檀；校尉连兵，唯屠赤谷。俄而司勋命赏，言酬定远之功；胤子推恩，竟启忿生之邑。	永徽年间（650~655）	《大唐故太府卿上柱国清河郡开国公杨府君墓志铭并序》
郭孝恪	安西都护西州刺史	死于保卫龟兹王城战中	贞观二十二年（648）	《旧唐书》卷八三
曹继叔	右骁卫将军	参与进攻龟兹王城及王城保卫战	不明	《旧唐书》卷一九八
韩威	伊州刺史	参与进攻龟兹王城及王城保卫战	不明	《新唐书》卷二二一上
薛万备	行军长史	廿二年，以公为昆丘道行军长史，龟兹王闻官军过碛，遂拔城而走。大总管使公领轻骑数千，星言追蹑。举悬师以深入，策疲兵以转战。途将千里，日逾十合，至拨换城，其屯势蹙道穷，婴城自守。大军后至，竟以擒获。在此行也，功冠诸军。于阗凭阻，荒遐未尝朝贡。公遂将左右册人，便往招慰，其王遂随公入朝。蒙赏物五百段，转左卫翊二府中郎将。顷之，迁左骁卫将军。其年，授弓月道行军副总管。	龙朔元年（661）	《唐故鸭渌道行军副总管薛君墓志铭并序》

续表

参战将领	当时所任官职	昆丘道征行事迹	死亡时间	史料来源
苏海政	沙州刺史	参与战斗	不明	《旧唐书》卷一九八
崔义起	仓部郎中	参与龟兹王城保卫战	不明	《旧唐书》卷一九八
刘文祎	左豹韬卫将军	廿二年，又从征龟兹。威严夏日，气烈秋霜。发黄石之兵机，运白登之奇策。勋高后劲，效着前锋。频献捷之辕门，数申功于清庙。	永昌元年（689）	《大唐故左豹韬卫将军上护军河间县开国男刘府君墓志铭并序》
仵钦	上轻车都尉	太宗文皇帝纫地垂责，维天阐化。眷昆丘之不宾，吊东夷之多僻。长毂亘野，雷动玄兔之郊；高锋慧云，电照狼河之曲。君履义为基，资忠成行，精穷饮石，勇冠蒙轮。征斾才临，群凶褫魄。贞观廿三年，诏授上轻车都尉。	总章元年（668）	《唐故朝散大夫开府仪同三司上柱国右戎卫开福福旅帅仵君墓志铭并序》
武思元	行军兵曹	贞观末年为崑丘道行军兵曹，从阿史那社尔平龟兹、处月，以勋加上骑都尉。王良策马，上将论兵，旌麾摇朔漠之风，鞞鼓思关峰之月。重兹壮气，每负勇于三军；轻彼散儒，终立功于万里。	上元元年（674）	《大唐故赠使持节汝州诸军事汝州刺史武府君墓志铭并序》
华文弘	右一军骑曹	廿二年，充昆丘道右一军骑曹。昔陈汤矫诏以立功，传介权益以行事，终扫郅支之域，竟致楼兰之首。君之望古，彼独何人。	仪凤元年（676）	《大唐故朝散大夫使持节严州诸军事严州刺史上柱国华府君墓志铭并序》

续表

参战将领	当时所任官职	昆丘道征行事迹	死亡时间	史料来源
执失奉节	上骑都尉	逮乎玉关烟密，写晨燧于甘泉；金辉尘起，类变衣于京洛。公从左卫大将军行军总管毕国公阿史那社尔平昆丘道，于时畅戎旃于绝域，驱征马于边庭。直上轮台，犹入仲宣之赋；府临悬米，似瞩文泉之图。时乃虏骑连云，胡戈蔽日，鸣鼙聒地，红尘亘天。召雨征风，云飞电集。铁马悲鸣而蹀影，鸣镝曳响而交飞。元帅命公帅所部落，伺其要害。公逸气雷骇，壮发冲冠。瞋目而举雕戈，奋臂而驰虏璧。既而敌阵靡溃，长云与征马俱分；戎营幅裂，偃月将惊鱼共散。其丑虏余党，走保危城。公夕构奇谋，朝登峻堞。应屈指而无舛，才反手而已推。然以告至定勋，蒙加上骑都尉。	显庆三年（658）	《大唐故右领军长乐府果毅执失府君（奉节）墓志之铭》
元武寿	虞候总管	廿一年，奉敕征龟兹，充虞候总管。虹旗还拂，光翻弱水之滨；日羽平飞，影入蒙池之曲。	咸亨元年（670）	《元武寿墓志》
侯任恺[1]	天山县令	上以西州创置，邻狄跨羌，天山一帮，寔惟襟带。妙练文武，镇遏边陲。君勇冠三军，当斯五辟，遂应嘉命，朝野荣之。亦既下车，政平讼息，乃降恩敕，深难能官。以征龟兹有功，酬庸之赏。既而功高见疾，赏厚被疑，甘临之谤遂兴，采葛之馋斯及。	贞观二十一年（647）？	《大唐天山县令侯府君（任恺）墓志铭》

---

[1]王庆卫认为侯任恺墓志记载有误，可能将平定高昌误记为平定龟兹，因为昆仑道行军起自贞观二十一年十二月，结束于次年，而侯任恺贞观二十一年已死于任上。

说明：本表墓志关联史料，可参王庆卫《新出刘文祎墓志所见唐平龟兹史事发微》（未刊稿）；同氏《唐贞观二十二年昆丘道行军再探讨：以新出〈杨弘礼墓志〉为中心》，武汉大学中国三至九世纪研究所编《魏晋南北朝隋唐史资料》第35辑，上海古籍出版社，2017年。

第三，从《薛万备墓志》看，薛氏参与的战斗为整个战役的中后段，即追歼龟兹王、请缨游说于阗王等。墓志载云：

> 廿二年，以公为昆丘道行军长史，龟兹王闻官军过碛（qì），遂拔城而走。大总管使公领轻骑数千，星言追蹑。举悬师以深入，策疲兵以转战。途将千里，日逾十合，至拨换城，其屯势蹙（cù）道穷，婴城自守。大军后至，竟以擒获。在此行也，功冠诸军。于阗凭阻，荒遐未尝朝贡。公遂将左右卌（xì）人，便往招慰，其王遂随公入朝。蒙赏物五百段，转左卫翊二府中郎将。顷之，迁左骁卫将军。其年，授弓月道行军副总管。

对比上引墓志与新、旧《唐书》所载，很明显，墓志对薛万备在征战中、后期的贡献阐述详细明确，而文献史料则将其简略化了。具体来说，其一，薛万备执行大总管阿史那社尔将令，率轻骑数千追赶龟兹国王，结果龟兹王坚守拨换城负隅顽抗，最终被唐军俘获。在追踪与围歼战斗中，薛万备功勋卓著。所不同的是，墓志载追踪“途将千里，日逾十合”，说明路途与所用时间，文献史料记载为“穷蹑六百里”。从一般常识看，文献记载可能比较确实，墓志可能有夸张或者言语粉饰之处。当然，如果可能，可前往以上地域做实地考察，验证石刻史料与文献记载信凭度到底如何。事实上薛万备整个行程也得到考古史料的证实。在今新疆维吾尔自治区沙雅县还发现与薛万备关联的羊达克沁古城遗址，并出土有“薛行军……监军”铭文大型陶罐，该古城正好位于龟兹前往于阗的道路上，此前东晋法显西去取经曾经过这里，20世纪30年代黄文弼先生亦曾来此考察，并有详细的记载[1]。这些遗物可以证明薛万备曾经率军路过并短暂驻屯于此，而在储粮的大型陶罐上留下自己的印痕，以及上述阿史那社尔在平定龟兹之后“勒石纪功”，从一个侧面显示出初唐国家上升时期立功边疆将士雁过留名的豪迈胸

[1] 参考吴疆：《薛行军陶罐考》，《新疆社会科学》1986年第1期，第76～84页；朱克升等：《扑朔迷离的“新疆第一缸”》，《阿克苏日报》2010年5月25日，第1版。笔者认为，现存“薛行军……监军”铭文，其中“薛行军”后可能还有“长史”二字。

怀[1]。其二，俘虏龟兹王后，龟兹相那利出逃，并援引突厥兵围攻唐军，唐军面临危境，安西都护郭孝恪父子战死，后经唐军各路兵马联合作战，才取得最后胜利。至于此一阶段薛万备是在行军大总管阿史那社尔身边出谋划策，还是接受派遣攻坚历险，墓志及文献史料均未见记载，墓志只是表述薛氏"功冠诸军"而已，可见薛万备在唐军身处艰难时刻，以铁血功勋捍卫大唐帝国的尊严。其三，薛万备率数十人前往招慰于阗。对此，文献记载薛万备主动请缨前往，即：

> 阿史那社尔之平龟兹也，其王伏阇信大惧，使子献橐它三百。长史薛
> 万备谓社尔曰："公破龟兹，西域皆震恐，愿假轻骑羁于阗王献京师。"
> 社尔许之。至于阗，陈唐威灵，劝入见天子，伏阇信乃随使者来。[2]

可以看出，墓志和文献记载各有千秋，可互相补充。墓志史料记载薛万备带领四十余人，深入于阗王都，说服于阗王伏阇信入朝，获得成功；文献则记载薛万备说服大总管采取非战措施解决于阗问题，进而主动请缨前往，获得预期的效果。从这一点看，作为一员战将，薛万备堪称文武双全，能够晓以情理说服敌手，达到不战而屈人之兵效果，对于整个昆丘行军出征战局来说，此无疑是一大亮点，值得大书特书。这显示出薛万备区别于军中其他将领，特别是与善于征战，但缺乏文韬素养的兄长薛万彻的鲁莽无行形成鲜明对比。当然，此亦和薛万备长期形成的个人修养有关，墓志明确记载薛万备"襟神俊彻，理识淹通。驰骋百家，优游六艺。琼敷玉藻，既纷霭于辞条；马笛蔡琴，亦铿锵于文律。摇笔则鸾惊燕跱，弯弓则雁落猨吟。固以魏帐晋台，推工恶妙；楚尹汉将，埒美参名"。另外，还应看到大总管阿史那社尔对整个战局的运筹帷幄和知人善任。正是这位突厥可汗之子，参与了贞观年间唐朝开疆拓土的诸多征战，对战场瞬息万变的形势和麾下战将品格能力的了如指掌，使得他能够顺应战局转变，采取行之有效的措施，不仅避免了双方更大的人员伤亡和各种损失，而且以之推进战争朝着有利于唐军的方向迈进。伏阇信到达长安，颇受唐廷礼遇。后唐廷镌刻其石

---

[1]拜根兴：《唐泾原节度使刘昌纪功碑考述：兼论唐代纪功碑功能的演变》，《山西大学学报》2016年第2期，第57~65页。

[2]（宋）欧阳修、宋祁：《新唐书》卷二二一上《西域传·于阗》，北京：中华书局，1985年，第6235、6236页。

像，树立于唐太宗昭陵献殿，著名的昭陵十四蕃君长石像，于阗王伏阇信、龟兹王诃黎布失毕石像均位列其中。至于战后对薛万备的论功行赏，王庆卫据史料认为，战后"参与的中层官员以获得勋阶为主，多未在此时获得职事官升等，唯有薛万备的官职由虚转实，这应该与其招慰于阗王一事有所关联"，进而推测薛万备战后得以仕进左卫翊二府中郎将一职，而他得授左骁卫将军疑在战事结束之后。所论极是！

　　毫无疑问，薛万备参与的昆丘道征伐战胜利，对唐朝更好地经营西域、打通丝绸之路具有划时代的意义。具体表现为：龟兹、于阗、处月等政权，此前有的虽然已经臣服唐朝，但随着形势的转变，突厥势力的渗透，已成为唐朝西向发展的障碍。而通过这场征战的胜利，唐朝对突厥势力的打击牵制颇见功效，有利于唐朝西域地区的经营。战争结束后，唐朝将安西都护治所迁至龟兹王都，统领于阗、碎叶、疏勒，号称"安西四镇"，保证了数十年西域地区唐朝风尚的传播。总之，昆丘道征伐战，作为行军长史的薛万备，不仅很好协同大总管统帅部总领全局、出谋划策，而且在关键时刻主动请缨，先是率兵追踪，完成任务；在战争末期，又率数十人担当说客，劝说于阗王伏阇信归服，避免了双方兵士的伤亡和损失，成为昆丘道征战过程中可圈可点的绝好战例。薛万备立功西域龟兹、于阗，为唐朝西部边疆的维护安宁建立了不朽功勋。

五、结　语

　　本文利用新见《薛万备墓志》，并结合现存文献史料，对唐初为唐王朝东征西讨、建立不朽功勋的薛万备其人事迹做了探讨，涉及墓志与现存文献的比正，墓志弥补文献史料的记载，墓主因受到牵累流配交州，出征百济到达莱州患病不治等。特别是依据史料，爬梳薛万备以尚辇奉御镇守怀远镇，为唐朝征伐高丽造势；随太宗亲征担当马军都督，建立功勋；又官拜昆丘道行军长史，出征龟兹、于阗，主动请缨长途追踪，冒险深入虎穴游说，为唐朝安西四镇的建立、丝绸之路的畅通建功立业，成为初唐时代文武双全、功勋卓著的著名战将。当然，由于笔者涉猎史料有限，对现有研究动态的了解还很不够，可能还有不能自圆其说之处，因而还需做进一步修正，敬请诸师友方家指正。

（作者单位：陕西师范大学历史文化学院）

唐《刘伯刍墓志》关联问题释证

介永强

唐《刘伯刍墓志》志石现藏大唐西市博物馆，拓本和录文刊载于《大唐西市博物馆藏墓志》[1]。志主在两《唐书》虽有传，然皆十分简略。《刘伯刍墓志》约2100字，大大丰富了其生平事迹。对此，高慎涛《西安新出〈刘伯刍墓志〉及相关问题考释》一文（以下简称《考释》）就刘伯刍的生卒年、籍贯、家世、科举、著述情况已有释解，并着重就刘伯刍的仕宦经历做了详细考订[2]。刘伯刍历仕唐德宗、唐顺宗、唐宪宗三朝，《刘伯刍墓志》是一方自撰与后人续撰合文的唐代墓志，无复多见，比较独特，内容又十分丰富，涉及唐代"《开元礼》举"、唐代士大夫与佛教等问题。因此，在《考释》一文主旨之外，本文兹就墓志所记重要史事，参酌历史文献，再做简要释证。

一、刘伯刍的文学和书法

刘伯刍自撰墓志称，他"六岁识字，十岁耽书。□□□□溷之间，未尝释手，于今一百九十八甲子矣。盖所阅书，殆逾万卷，其意在通性命，乐黄尧而已"[3]。

---

[1] 胡戟、荣新江主编：《大唐西市博物馆藏墓志》（下册），北京大学出版社，2012年，第793、794页。

[2] 高慎涛：《西安新出〈刘伯刍墓志〉及相关问题考释》，《中国国家博物馆馆刊》2014年第11期，第71~77页。

[3] 《□□通议大夫尚书刑部侍郎赐紫金鱼袋赠工部尚书广平刘公自撰志文并序》，《大唐西市博物馆藏墓志》（下册），第793页。下文引《刘伯刍墓志》，不赘注。

据《大唐传载》，"苏户部并、刘常侍伯刍，皆藏书至二万卷"[1]。刘伯刍家富藏书，耽书好学。他十分珍惜时间，即使如厕间隙，也是手不释卷。因而，当他四十多岁时，"盖所阅书，殆逾万卷"。刘伯刍勤奋读书，"其意在通性命，乐黄尧而已"，不能不说其精神可嘉。

刘伯刍的父亲刘乃即以"文章清雅，为当时推重"[2]。刘伯刍既有家学渊源，加之他刻苦努力，"盖所阅书，殆逾万卷"，真可谓"读书破万卷"，因而成就了他"下笔如有神"，文学造诣较高。

两《唐书》本传没有记述刘伯刍的文学成就，《新唐书·艺文志三》著录"《刘伯刍集》三十卷"。刘伯刍自撰志文称，他"好属辞而不敢苟，短章小述，必稽义正。所著文二百廿三篇，编成十三卷"。这13卷文集是刘伯刍自撰墓志时，即他43岁时编辑而成。据其子刘宽夫续撰墓志，刘伯刍后来又"著《后集》十二卷"。据墓志志文，刘伯刍的文集，前后合起来共计25卷。由此可知，《新唐书·艺文志三》著录的"《刘伯刍集》三十卷"，当是后人重新再编的结果。

《刘伯刍集》早已亡佚，《全唐文》和《全唐诗》亦无刘伯刍的诗文。唐人褚藏言《窦氏联珠集》中有"金州员外司马刘伯翁"《奉酬窦三中丞见赠》一首："多幸尝陪侍玉墀，俄惊负谴阻天涯。今日相逢问荣悴，更嗟年鬓飒然衰。"唐代未见刘伯翁其人，翁、刍二字行草相近，岑仲勉、陶敏皆以为刘伯翁应即刘伯刍[3]，《刘伯刍墓志》可以佐证这一论断。墓志记载，刘伯刍在唐德宗末年"为丑政者所构，贬虔州司马"，"顺宗御宇，移信州司马。今皇帝（宪宗）嗣位，转金州长史"。墓志称刘伯刍迁转"金州长史"，《窦氏联珠集》称"金州员外司马"，虽官称细节有差异，信为一人则无疑[4]。

刘伯刍传世诗作仅存《奉酬窦三中丞见赠》一首，他的文章留传后世者仅存《荐林蕴表》中的四句："抗忠辞于蜀郡，刘辟改容；陈大义于沧州，程权归

---

[1]（唐）佚名：《大唐传载》，参见《唐五代笔记小说大观》（上册），上海古籍出版社，2000年，第896页。

[2]（后晋）刘昫：《旧唐书》卷一五三《刘乃传》，北京：中华书局，1975年，第4083页。

[3][4]陈尚君：《贞石诠唐》，上海：复旦大学出版社，2016年，第414页。

阙。"[1]诗文虽佚，但掩蔽不了刘伯刍的文学地位，因为《刘伯刍集》曾经流行于世。值得注意的是，刘伯刍的父亲、子孙也擅长文学。刘伯刍其父刘乃为天宝中进士，以"文章清雅，为当时推重"[2]，《全唐文》收录其文2篇[3]。刘伯刍的长子刘宽夫亦登进士第，《全唐文》收录其文3篇[4]，《唐文拾遗》补录1篇[5]，又有2篇墓志文传世[6]。刘伯刍的三子刘岩夫在《全唐文》有文章2篇[7]。刘伯刍的长孙、刘宽夫的长子刘允章亦登进士第，《全唐文》收录其文1篇[8]，又有2篇墓志文传世[9]。由此可以说，刘伯刍家族在唐代也算得上一个小小的文学世家，其中以刘伯刍的文学成就最高。

刘伯刍不仅以文学名世，在书法方面的成就也不同凡响。关于刘伯刍的书法，两《唐书》本传只字未提。《刘伯刍墓志》称，其"尤善楷、隶及八分诸书，凡缙绅名流有愿叙先德而刊琬琰者，皆不远千里赴诉于公，以咨文翰之饰。得其请者，为时荣观"。这是刘伯刍之子刘宽夫为其父续撰志文所言，难免有过誉之词，但刘伯刍擅长书法，盖非虚言。《书史会要》记载，刘伯刍与权璩（权

---

[1] 陈尚君：《全唐文补编》（中册），北京：中华书局，2005年，第758页。

[2]《旧唐书》卷一五三《刘乃传》，第4083页。

[3]（清）董诰：《全唐文》卷三七八刘乃《册郭子仪尚父文》《与宋昱论铨事疏》，北京：中华书局，1983年，第3843、3844页。

[4]《全唐文》卷七四〇刘宽夫《汴州纠曹厅壁记》《邠州节度使院新建食堂记》《剿竹记》，第7649、7650页。

[5]《全唐文》附《唐文拾遗》卷二九刘宽夫《论陈岵自引罪奏》，第10699页。

[6]《唐故通直郎行□神武军兵曹参军李府君墓铭并序》《唐故庐江县令李府君墓志铭并序》，见周绍良、赵超主编《唐代墓志汇编续集》，上海古籍出版社，2001年，第861、912页。

[7]《全唐文》卷七三九刘岩夫《与段校理书》《植竹记》，第7637、7638页。

[8]《全唐文》卷八〇四刘允章《直谏书》，第8449、8450页。

[9]《唐故福建都团练观察处置等使中大夫使持节福州诸军事守福州刺史兼御史中丞柱国安定县开国男食邑三百户赐紫金鱼袋赠左散骑常侍安定皇甫公墓志铭并序》，吴钢主编《全唐文补遗》（千唐志斋新藏专辑），西安：三秦出版社，2006年，第408～410页；《故楚国夫人赠贵妃杨氏墓志铭并序》，周绍良、赵超主编《唐代墓志汇编》（下册），上海古籍出版社，1992年，第2410页。

德舆之子）、高骈等33人"并工于翰墨，有名当世"[1]。《书史会要》称刘伯刍"工于翰墨"，由墓志进一步可知，他"尤善楷、隶及八分诸书"。楷书、隶书是唐代通行的新书写体，"八分"在唐代是指有波发的旧体隶书。所谓"八分"，是指这种整齐化隶书之有波发，呈左右相背，像"八"字的样子[2]。《宣和书谱》载，唐玄宗"临轩之余，留心翰墨。初见翰苑书体狃于世习，锐意作章草、八分，遂摆脱旧学"[3]。由于唐玄宗喜作"八分"，"唐隶"于时大盛，涌现出徐浩、韩择森、史惟则、李潮、蔡有邻、梁升卿等一大批隶书家。刘伯刍是天宝中进士，他"尤善楷、隶及八分诸书"，也擅长"八分"，正是盛唐书风的具体反映。

二、刘伯刍与礼学及唐代"《开元礼》举"

《旧唐书》本传谓，刘伯刍"风姿古雅，涉学"，但却没有具体记述。《刘伯刍墓志》称：

> 今皇帝（宪宗）嗣位，转金州长史。未几，征为国子博士，除考功员外郎。……是岁，朝廷以吴蜀初平，思振儒道，命宰臣率百执事，洎公卿子诣太学，复国饮之礼。诏公与李藩、蒋武峨冠镵珮，对升高座，辩论疑义，剖析冰销，搢绅荣之，宠锡加等。

此事详载于《唐会要》卷六六《国子监》：

> 〔元和〕二年八月，国子监奏，准敕：今月二十四日，诸州府乡贡、明经、进士见讫，宜令就国子学官讲论，质定疑义。仍令百僚观礼者，伏恐学官职位稍卑，未足饰扬盛事，伏请选择常参官，有儒学者三两人，与学官同为讲说，庶得圣朝大典，辉映古今。于是，命兵部郎中蒋武、考功员外郎刘伯刍、著作郎李蕃、太常博士朱颖、郑王府咨议章廷珪，同赴国子监论讲。

[1]（明）陶宗仪：《书史会要》卷五，北京：中国书店，1984年，第218页。

[2]黄永年：《唐人楷书述论》，杜文玉主编《唐史论丛》第五辑，西安：三秦出版社，1990年，第223～237页。

[3]（宋）佚名：《宣和书谱》卷一，北京：人民美术出版社，2011年，第4页。

　　元和二年（807）的国子监论讲，朝官参加者蒋武、李藩在《旧唐书》均有传[1]，皆为一时大儒。刘伯刍"涉学"，也是饱学之士，因而他受诏与李藩、蒋武等名儒"同赴国子监论讲"。

　　刘伯刍学识渊博，他精通谥法制度。墓志称："未几，皇太子薨，命公定谥，公遵考行易名之典，拟曰惠昭，上可其奏，加朝议大夫。"《旧唐书》卷一七五《宪宗二十子》载：

> 惠昭太子宁，宪宗长子也。母曰纪美人。贞元二十一年四月，封平原郡王。元和元年八月，进封邓王。四年闰三月，立为皇太子，改名宙，寻复今名。其年有司将行册礼，以孟夏、孟秋再卜日，临事皆以雨罢，至十月方行册礼。元和六年十二月薨，年十九，废朝十三日。时敕国子司业裴茝摄太常博士，西内勾当。茝通习古今礼仪，尝为太常博士。及官至郎中，每兼其职，至改司业，方罢兼领。国典无皇太子薨礼，故又命茝领之。废朝十三日，盖用期服以日易月之制也。谥曰惠昭。

唐宪宗长子李宁薨后，刘伯刍"遵考行易名之典，拟曰惠昭，上可其奏"，则知其熟悉谥法，通晓礼学。

　　唐代建国初年，朝廷草创，未遑制礼作乐。唐太宗践祚之初，悉兴文教，诏命中书令房玄龄、秘书监魏徵等礼官学士备考旧礼，著吉礼61篇、宾礼4篇、军礼20篇、嘉礼42篇、凶礼6篇、国恤礼5篇，总计138篇，共100卷[2]，是为《贞观礼》。到了唐高宗初年，"议者以《贞观礼》节文未尽"，高宗诏令太尉长孙无忌、中书令杜正伦、李义府等人"增损旧礼"，"重加缉定"，勒成130卷[3]，是为《显庆礼》。《显庆礼》"其文杂以令式"，加之李义府、许敬宗因为得幸而"多希旨傅会"，行用之后，"议者皆以为非"，于是复用《贞观礼》。"由是终高宗世，《贞观》《显庆》二礼并行，而有司临事，远引古义，与二礼参考

[1]《旧唐书》卷一四八《李藩传》，第3997～4001页；卷一四九《蒋乂传》，第4026～4028页。

[2]《旧唐书》卷二一《礼仪志一》，第817页。

[3]《旧唐书》卷二一《礼仪志一》，第817、818页。

增损之，无复定制"[1]。唐高宗以降，唐中宗、唐睿宗和武则天之于礼制，"无可言者，博士掌礼，备官而已"[2]。

开元十四年（726），通事舍人王嵒上疏，请删削《礼记》旧文而增益新义。集贤院学士张说以为，《礼记》乃不刊之书，去圣久远，不可改易，而唐《贞观礼》《显庆礼》的仪注前后不同，宜加折中成为唐礼。于是，唐玄宗诏令集贤院学士右散骑常侍徐坚、左拾遗李锐及太常博士施敬本撰述唐礼，历年未就而李锐卒去。后来，萧嵩代李锐为学士，奏请起居舍人王仲丘撰定新礼，共150卷[3]，是为《开元礼》。"由是，唐之五礼之文始备"[4]。

然而，自汉代以来，"史官所记事物名数、降登揖让、拜俯伏兴之节，皆有司之事尔，所谓礼之末节也。然用之郊庙、朝廷，自搢绅、大夫从事其间者，皆莫能晓习，而天下之人至于老死未尝见也"，"而礼乐为虚名"[5]。欧阳修认为，唐代礼仪"考其文记，可谓备矣，以之施于贞观、开元之间，亦可谓盛矣，而不能至三代之隆者，具其文而意不在焉，此所谓'礼乐为虚名'也哉"[6]！

其实，为了改变"礼乐为虚名"的历史和现实，让"礼乐达天下，使天下安习而行之"[7]，唐代统治者也曾做出了种种努力，唐代科举考试中就有"《开元礼》""三礼"科目。《新唐书》卷四四《选举志》曰：

> 唐制，取士之科，多因隋旧，然其大要有三。由学馆者曰生徒，由州县者曰乡贡，皆升于有司而进退之。其科之目，有秀才，有明经，有俊士，有进士，有明法，有明字，有明算，有一史，有三史，有《开元礼》，有道举，有童子。而明经之别，有五经，有三经，有二经，有学究一经，有三礼，有三传，有史科。此岁举之常选也。其天子自诏者曰制举，所以待非常之才焉。

"《开元礼》举"设立于唐德宗贞元二年（786），《唐会要》卷七六《〈开元礼〉举》曰：

---

[1][2][3][4][5][6]（宋）欧阳修、宋祁：《新唐书》卷一一《礼乐志一》，北京：中华书局，1975年，第309页。

[7]《新唐书》卷一一《礼乐志一》，第307页。

贞元二年六月十一日敕：《开元礼》，国家盛典，列圣增修，今则不列学科，藏在书府，使效官者昧于郊庙之仪，治家者不达冠婚之义。移风固本，合正其源。自今已后，其诸色举人中，有能习《开元礼》者，举人同一经例。选人不限选数许习，但问大义一百条，试策三道。全通者超资与官；义通七十条，策通两道已上者，放及第，已下不在放限。其有散官能通者，亦依正官例处分。至贞元九年五月二十日敕：其习《开元礼》人，问大义一百条，试策三道。全通者为上等；大义通八十条已上，策两道以上，为次等；余一切并准三礼例处分。仍永为常式。

元和八年四月，吏部奏："应《开元礼》及学究一经登科人等，旧例据等第高下，量人才授官。近日缘校书、正字等名望稍优，但沾科第，皆求注拟，坚待员阙，或至逾年，若无科条，恐长侥幸。起今已后，等第稍高，文学兼优者，伏请量注校、正。其余习《开元礼》人，太常寺官有阙，相当注。通经人，国子监官阙，相当者，并请先授，以备讲讨。如不情愿，即通注他官。庶名实有名，纪律可守。其今年以前待阙人，亦请依此条限，使为常制。"敕旨依奏。

《册府元龟》卷六四一《贡举部·条制三》曰：

大和四年十月，中书门下奏："应《开元礼》、学究一经、三礼、三史、明习律令科人等，准大和元年十月二十三日敕，散试官及白身人并于礼部考试，其有出身及有官人，并吏部科目选者。凡是科目，本合在吏部试。自分两处考试，每处皆别与，人数转多，事理非便。臣等商量，坐准前吏部收试，其诸节目并准太和元年十月二十三日敕。"处分从之。

大中十年五月，中书门下奏："据礼部贡院见置科目内，《开元礼》、三礼、三传、三史、学究、道举、明算、明法、童子等九科，近年取人颇滥，曾无实艺可采，徒添入仕之门，须议条流，俾精事业。

由上可知，自贞元二年在科举考试中设立《开元礼》科，从后来元和八年、大和四年、大中十年的奏文和敕文看，《开元礼》这一考试科目长期开设，而且常常处于明经诸科之首。

"《开元礼》举"在唐代中后期的科目选中具有重要地位，这一考试科目的首倡者，唐代史籍并没有交代。《刘伯刍墓志》称："公任考功〔员〕外郎二年，皆为吏部奏请考试《开元礼》等四色科目，升黜不苟，藉名者皆才。"刘伯刍在唐宪宗元和初年任考功员外郎，他"为吏部奏请考试《开元礼》等四色科目"。后来，他又权领吏部选事，《开元礼》科目选在元和时期的持续举行，刘伯刍当是重要推动者。

三、刘伯刍参与译经及其与佛教

《刘伯刍墓志》云："明年，有西国竺乾僧奉敕翻译《大乘本生心地经》十卷，诏公详润其文，御制序引。"《旧唐书·刘伯刍传》没有记载此事，《宋高僧传》卷三《唐醴泉寺般若传》记载：

> 至元和五年庚寅，诏工部侍郎归登、孟简、刘伯刍、萧俛等就醴泉寺译出经八卷，号《本生心地观》，此之梵夹乃高宗朝师子国所进者，写毕进上。帝览有敕，"朕愿为序"。寻颁下其文，冠于经首，三藏赐帛，证义诸沙门锡赉有差。

又有写本《大乘本生心地观经》卷一题记：

> 元和五年七月三日内出梵夹，其月廿七日奉诏长安醴泉寺，至六年三月八日翻译进上。
>
> 罽宾国三藏赐紫沙门般若宣梵文
>
> 醴泉寺日本国沙门灵仙笔受并译语
>
> 经行寺沙门令謩润文
>
> 醴泉寺沙门少諲回文
>
> 济法寺沙门藏英润文
>
> 福寿寺沙门恒济回文
>
> 总持寺沙门大辨证义
>
> 右街都勾当大德庄严寺沙门一微详定
>
> 都勾当译经押牙散兵马使兼正将朝议郎前行陇州司功参军上柱国赐

绯鱼袋臣李霸

　　给事中守右补阙云骑尉袭徐国公臣萧俛奉敕详定

　　银青光禄大夫行尚书工部侍郎充皇太子及诸王侍读上柱国长洲县开
国男臣归登奉敕详定

　　朝请大夫守给事中充集贤殿御书院学士判院事臣刘伯刍奉敕详定

　　朝议郎守谏议大夫知匦使上柱国赐绯鱼袋臣孟简奉敕详定

　　右神策军护军中尉兼右街功德使扈从特进行右武卫大将军知内侍省
上柱国剡国公食邑三千户臣第五从直[1]

　　梵文《大乘本生心地观经》的翻译，除了中外僧人，还有朝廷重要文臣萧
俛、归登、孟简、刘伯刍等人参与其中。刘伯刍与萧俛、归登、孟简等人"奉敕
详定"，主要负责润色、刊定文字，最后定稿。唐代士大夫崇佛非常普遍，成为
社会风气[2]。他们或访僧佛寺，或设斋念经，或研读佛典，或参与译经。贞观初
年，中天竺人波颇在大兴善寺译经，上柱国、尚书左仆射房玄龄和散骑常侍、太
子詹事杜正伦参助勘定，光禄大夫、太府卿萧璟总知监护[3]。唐高宗初年，玄奘
译经，左仆射于志宁、中书令来济、礼部许敬宗、黄门侍郎薛元超、中书郎李义
府等朝臣随事润色[4]。唐隆元年（710），义净在大荐福寺译经，修文馆大学士李
峤、兵部尚书韦嗣立、中书侍郎赵彦昭、吏部侍郎卢藏用、兵部侍郎张说、中书
舍人李乂二十余人次文润色，左仆射韦巨源、右仆射苏瓌监护，秘书大监嗣虢王
邕同监护[5]。唐中宗和唐睿宗时，南天竺僧人菩提流志在长安译经，中书舍人苏
瓌、给事中崔璩、中书门下三品陆象先、尚书郭元振、中书令张说、侍中魏知古

　　[1]［日］池田温：《中国古代写本识语集录》，东京：大藏出版株式会社，1990年，第
335页。

　　[2] 郭绍林：《唐代士大夫与佛教》，西安：三秦出版社，2006年，第8页。

　　[3]（唐）道宣撰，郭绍林点校：《续高僧传》卷三《唐京师胜光寺中天竺沙门波颇传》，
北京：中华书局，2014年，第66页。

　　[4]《续高僧传》卷四《唐京师大慈恩寺玄奘传》，第128页。

　　[5]（宋）赞宁撰，范祥雍点校：《宋高僧传》卷一《唐京兆大荐福寺义净传》，北京：
中华书局，1987年，第3页。

等人参与润色，"儒释二家，构成全美"[1]。士大夫崇佛是唐代社会的常态，参与译经是刘伯刍崇佛的表现。

刘伯刍奉佛的原因，一方面，与唐代士大夫普遍崇佛的社会风气有关，另一方面，与他在中年大病一场有绝大关系。刘伯刍自撰墓志称，也就是在他43岁时，"以疾去职，寓居苏州开元寺北。居数月，遘疠疾，凡九日，疾且亟"。不料峰回路转，柳暗花明，他竟然又活了18年。刘伯刍中年患病后寓居佛寺，冥茫中起死回生，从而与佛教结下了不解之缘。

四、墓志书写与刘伯刍"动与时适，论者少之"

《刘伯刍墓志》的史料价值，可圈可点。然而，如同所有唐代墓志一样，此志多有溢美之词，且有回护之处。刘伯刍由朝臣给事中而出任地方官虢州刺史，墓志和正史就呈现出不同书写。

《刘伯刍墓志》云：

> 会当权者恶不附己，每凿空飞语，阴欲中祸。公曰："虽明君在上，终不能以颊舌自明，故於陵灌园，范蠡逃位，只远祸耳。"遂移疾请告，数月，除虢州刺史。公雅获素尚，居之翕然，而履正之徒叹其道不胜。

关于刘伯刍出任虢州刺史一事，《旧唐书·刘伯刍传》载：

> 裴垍罢相，为太子宾客，未几而卒。李吉甫复入相，与垍宿嫌，不加赠官，伯刍上疏论之，赠垍太子少傅。伯刍妻，垍从姨也。或谮于吉甫，以此论奏。伯刍惧，亟请散地，因出为虢州刺史。

在裴垍赠官这个问题上，李吉甫固然以"宿嫌"相报，但也不能说刘伯刍毫无"徇私"之意，因为"伯刍妻，垍从姨也"，所以才有人"或谮于吉甫，以此论奏"。而墓志没有交代事情原委，却说："会当权者恶不附己，每凿空飞语，阴欲中祸。"这显然不符合事实。

墓志称，刘伯刍由朝臣出任虢州刺史，"公雅获素尚，居之翕然，而履正之

---

[1]《宋高僧传》卷三《唐洛京长寿寺菩提流志传》，第43页。

徒叹其道不胜"。事实是，"伯刍惧，亟请散地，因出为虢州刺史"。正如刘伯刍自己所说，"只远祸耳"。刘伯刍为"远祸"，"遂移疾请告"，离开中央朝廷，任地方官虢州刺史，他"居之翕然，而履正之徒叹其道不胜"。因此，《旧唐书·刘伯刍传》结尾说，刘伯刍"而动与时适，论者稍薄之"；《新唐书·刘伯刍传》结尾则说，刘伯刍"而动与时适，论者少之"。

《刘伯刍墓志》的文字是《新唐书·刘伯刍传》字数的10倍多，内容十分丰富，且多于史有征，它对于我们全面了解唐代重要文臣刘伯刍的生平事迹、深刻认识唐代士大夫与佛教及唐代后期"《开元礼》举"等问题不可谓无补。但是，墓志的属性决定了墓志内容的局限性。因此，对于墓志史料，我们仍须以传世文献为基础，审慎对待，精准把握。

（作者单位：陕西师范大学历史文化学院）

新见《唐皇甫恂墓志》考述*

刘思怡

新见《唐故殿中少监锦州刺史皇甫公墓志铭并序》[1]，出土时间、地点不详。本篇墓志计有两千余字，篇幅较大，内容丰富。墓主皇甫恂正史无传。皇甫恂开元十三年因涉"私议（玄宗）休咎"事而获罪，由殿中少监而贬为锦州刺史，同年卒。两《唐书》及《资治通鉴》等史籍牵涉到皇甫恂的记载只有寥寥数笔，该墓志正可补史之阙。笔者不揣浅陋，发表一点愚见，期方家指正。

一、皇甫恂家族世系

皇甫恂墓志云："惟唐六代，有锦州刺史安定皇甫公讳恂，字中孚。梁武陵内史、建安侯明五代孙，隋南顿令仲延玄孙，皇陵州刺史珍义曾孙，太子舍人、洺州司马文房孙，徵君镜几子。"另据《大唐故徵士皇甫君（镜几）墓志铭并序》[2]载："君讳镜几，字晤道，安定朝那人也。曾祖仲延，隋南顿县令。祖珍义，皇朝朝散大夫、资州刺史。父文房，皇朝朝散大夫、太子舍人、洺州司马。"父子二人墓志所述世系可以互证，皇甫恂家族郡望在安定郡朝那县是没有问题的。

据《元和姓纂》记载[3]，"皇甫"一姓，其先祖出自周宋戴公子充石，充石

---

*本文系国家社科基金重点项目"陕西碑刻文献精粹汇编"（编号：14AZD095）阶段性成果之一。

[1] 墓志详细信息及图版、录文等见《西安新获墓志集萃》，北京：文物出版社，2016年，第120~123页。

[2] 吴钢主编：《全唐文补遗》第2辑，西安：三秦出版社，1995年，第287页。

[3]（唐）林宝撰，岑仲勉校记：《元和姓纂（附四校记）》（以下略称《姓纂》）卷五"皇甫"氏，北京：中华书局，1994年，第610页。

字"皇父"，其子孙遂以其字"皇父"为姓。直至汉代，才改"父"为"甫"，自此"皇甫"便成为这个家族的姓氏并沿袭了下来。后汉时安定都尉皇甫携生稜，从此定居于安定郡朝那县，安定郡就是皇甫氏家族所认同的郡望所在地，这便是"安定皇甫氏"的来历。稜子彪生八子，号"八祖皇甫氏"，汉以后，皇甫氏子孙不断繁衍，发展壮大，人才辈出，皇甫氏家族以其杰出的政治及家学文化影响力，成为后汉魏晋南北朝以来之著姓[1]。据《元和姓纂》的记载，大致在晋代，皇甫氏家族由族地安定郡朝那县朝外迁徙，分为南北两支：南支为皇甫氏裔孙广魏太守固，固携其子柴南下徙居襄阳，其子孙后又徙至寿春，寿春即为其定居地，这一支可称为寿春皇甫；北支为晋征士皇甫谧之后人，由安定朝那郡徙居沧州乐陵，乐陵成为其定居地，可称为乐陵皇甫。

而《元和姓纂》卷五"皇甫"寿春条载："唐黄门侍郎皇甫文房，兄子镜几、邻几、知常、希庄。"[2]可知，皇甫恂家族属南方寿春皇甫一支。

镜几卒于麟德二年（665），年廿三。此点正与皇甫恂志所云"孩日而孤，童年自立"相合，此外，皇甫恂墓志还记其有四子：除《新表》所记皇甫岳、皇甫岩外，还有皇甫屺、皇甫峦，可补《新表》《姓纂》之阙。据以上内容，可将寿春皇甫氏珍义→文房→镜几一支世系补充如下（黑体部分为新补充内容）：

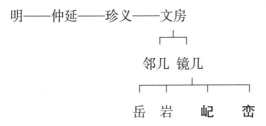

---

[1]详见王洪军、韩涛：《中古皇甫氏家族世系考论》（以下略称王文），《济南大学学报》（社会科学版）2010年第4期，第37页。按：王文已补充皇甫氏家族珍义之前世系三代。

[2]《元和姓纂》卷五，第614页。按：由皇甫恂墓志可知，皇甫镜几是皇甫文房之子，并非其兄文亮子。（宋）欧阳修、宋祁：《新唐书》卷七五下《宰相世系表》，第3394、3396页（以下略称《新表》），以及《姓纂》记载均有误。岑仲勉先生在校记中还提到：镜几、邻几或同为文房子，而知常、希庄为文亮子（希庄虽还需证据，然较合理）；《新表》所记文房、文亮官位实际上被互换过了，误。

二、皇甫恂主要生平事迹

据墓志记载可知，皇甫恂卒于开元十三年（725）十一月，享年62岁，其当生于唐高宗龙朔三年（663）。再据其父皇甫镜几墓志所记，镜几妻琅琊王氏，亦属魏晋南北朝以来的名门望族。镜几卒于麟德二年（665），恂时年才2岁。志载："孩日而孤，童年自立。……周知人事，艰难大通，王道经纬，俊才磊落。……百氏先觉，六艺早成。"正是皇甫恂童年乃至少年时期的写照。他虽为孤儿，但在其母琅琊王氏的哺育下，皇甫、王氏两族深厚的家学背景，一定深刻地影响了他的成长，所以恂弱冠（20岁）时以"待制高第"即科举及第，并不意外。皇甫恂早期仕官有同州参军、汾州司功等地方官吏。历任同州司仓、雍州司仓，富平令。"司仓"是州一级的低级官吏（级别最低从八品下，最高从七品下），主要掌公廨、度量、庖厨、仓库、租赋、征收、田园、市肆等事[1]。皇甫恂曾两任"司仓之职"，可见其早期仕途中主要从事的是与财赋出纳相关的经济事务。志文还记"除富平令。是时，中宗升遐，山陵有事"，说明皇甫恂在富平令任上恰遇中宗驾崩，便承担了他仕宦历程中很重要的一件事，即负责操办营建中宗帝陵之事（见墓志）："徙豪杰于天下，役华戎于邑中；倍王城之乌合，视尹京之烦总。理剧有道，摘伏如神。"中宗于景云元年（710）十一月葬于富平县定陵[2]，此时皇甫恂47岁。因主持营建中宗定陵事之功，皇甫恂在未满考的情况下[3]，就由富平令破格晋升为东宫太子左右卫率府之左率府郎将（正五品下），旋即又升右虞候率（正四品上）。皇甫恂此后还外放任职过渭州、银州等州刺史。

---

[1]（唐）李林甫：《唐六典》卷三〇《三府都护州县官吏》，北京：中华书局，2005年，第748页。

[2]（后晋）刘昫：《旧唐书》卷七《睿宗纪》，北京：中华书局，1975年，第156页；《新唐书》卷五《睿宗纪》，北京：中华书局，1997年，第117页；《资治通鉴》卷二一〇，景云元年十一月条，北京：中华书局，1956年，第6658页。

[3] 按：唐代县令满考任期大致为四年。参张玉兴：《唐代县令任期变动问题研究》，《史学月刊》2007年第9期。中宗崩于景云元年6月，葬于本年11月，其间不足半年，可见修陵十分迫急。假设皇甫恂在富平令上任职了3年，那么可以推断他从科举入仕到汾州司功、雍州司仓已经过了24年。

墓志中还提到皇甫恂曾"雅为朔方道元帅代公所重"，被授予"使持节、都督夏州诸军事兼押党项、突厥诸部四十二蕃"。我们知道，唐太宗贞观初年，北方劲敌突厥衰弱，唐廷趁机用兵收复了塞北突厥所在地区，突厥诸部纷纷降唐，东突厥亡。在此期间由于唐廷采取了"招抚"政策，突厥及其他北方各族也陆续降服、内附于唐，大致在贞观十七年（643）前后，就有阿史那思摩所部突厥民众南渡黄河，居于胜、夏二州之间[1]，其间追随突厥内迁的还有党项。贞观以后至安史乱前，有大批内徙的党项部族被安置在庆、灵、银、夏诸州[2]。唐中宗、睿宗时期，内迁于这些地方的党项族相对顺服，所以正如墓志中所说"威惮戎夷，严于弧矣。德变昏狡，申于法令"。皇甫恂只需采用以德归化、休养生息的政策即可，因此墓志中的这段记载是符合史实的。但是突厥就不同了，高宗时期北方相对无事，咸亨年间还有大批来降的突厥部落，居于丰、胜、灵、夏、朔、代等六州，称为降户。但是到了武则天时期，由于颉利可汗疏族、同为阿史那氏的骨咄禄及其弟默啜所部崛起，逐渐对唐廷态度轻慢，武则天基本上无计可施，默啜甚至索要到了上提的六州突厥降户，并由此强盛起来[3]。武则天到中宗、睿宗时期，唐北部边境时常遭到默啜所部骚扰，其间虽然还有来降的突厥部落居于黄河以南旧地[4]，但并不太平。皇甫恂任职的夏州地区，一定接纳有大批突厥民众，由于阿史那默啜辈复国野心的膨胀，夏州等地区的突厥部落民众难免会有所骚动，因此这里乃至于周边地区并不宁静，小冲突不断是极有可能的，所以墓志讲到的"蠢兹猃狁，俶扰疆场"应是皇甫恂所管辖的夏州地区的真实写照，至于墓志中说他"料敌情于彀中，悬戎首于麾下。献馘之日，帝用嘉之"，可能就属于溢美之词了，未必可信。

墓志云玄宗登基后，曾下诏："卿以忠贞，东朝侍从。间逢谗匿，远值外蕃。密疏深规，言犹在耳。自我不见，于今三年。属戎狄伺边，御捍是切，欲召未可，良深眷然。今特赐卿紫袍金带并衣一副。"这看似是李隆基初登帝位后，为了安抚北方边臣辛劳而下的诏书，当然也是为笼络前朝旧臣使其归心于己的策

[1]《旧唐书》卷一九四上《突厥传》，北京：中华书局，第5164、5165页。

[2] 周伟洲：《唐代党项》，桂林：广西师范大学出版社，2006年，第37页。

[3]《旧唐书》卷一九四上《突厥传》，第5167、5168页。

[4]《旧唐书》卷一九四上《突厥传》，第5167～5173页。

略，但是诏书中所言"间逢谗匿，远值外蕃。……自我不见，于今三年"，则很可疑：皇帝不大可能说皇甫恂是受人排挤，才到北方外蕃之地为官的。远值外蕃也是为国效力，这是臣子的本分，以九五之尊皇帝的身份，是不可能以这样的语气和说辞来下诏的。此外凡皇帝下诏，多自称"朕"，怎会出现"我"字？皇甫恂作为地方大员，虽有一定的影响力，但无论从资历和地位来讲，都不可能劳动皇帝来这样讲话，因此这份诏书应该是墓志撰者前乡贡进士王諲杜撰的。但是王諲假托皇帝诏书所说的皇甫恂是因为受人排挤而到北方边地夏州任职的，倒是有几分可能，这其中到底有怎样的故事，因史料缺乏，已无从考究了。开元元年（713）时，皇甫恂已经49岁。

其后，皇甫恂历官由关内道转任山南道之万州别驾（正四品下），继之转任富庶之地剑南道，历任荣州刺史、雅州都督[1]，益州大都督府司马兼充剑南道支度营田副使，这期间皇甫恂作为地方大员，可谓官运顺畅。《旧唐书》亦见记载皇甫恂曾任益州司马之事，正好可以互证：开元八年（720），苏颋知益州大都督长史事，"前司马皇甫恂破库物织新样锦以进，颋一切罢之"[2]。但《新唐书》所记更为详细："时前司马皇甫恂使蜀，檄取库钱市锦半臂、琵琶捍拨、玲珑鞭，颋不肯予。"[3]可知皇甫恂开元八年时已离任益州司马之职，转任剑南道支度营田副使。皇甫恂是以剑南道支度营田使的身份，依圣旨向时任益州大都督府长史的苏颋索要库钱的。

由墓志所载可知，开元十三年（725）前，皇甫恂还历任右金吾卫将军（从三品），兼剑南道山泽使、将作少匠等职，深得皇帝信赖，还为唐玄宗操办建造皇家清庙之事，"事毕，除殿中少监"。殿中少监是皇甫恂历官的顶峰。纵观皇甫恂一生，大致上政绩平平，仕途平坦。此方墓志辞藻华丽，文笔优美，溢美之词居多，随处可见夸大的成分。就皇甫恂而言，作为皇甫氏家族的一位遗孤、中

---

[1] 按：皇甫恂一生仕宦历程中，大致在中宗时期所任陇右道渭州刺史，关内道银州刺史，以及开元八年以前任剑南道荣州刺史，开元十三年的黔中道锦州刺史，可补郁贤皓先生的《唐刺史考全编》（合肥：安徽大学出版社，2000年）之阙。

[2]《旧唐书》卷八八《苏瑰传附苏颋传》，第2881页；《册府元龟》卷六七四《牧守部·公正》，北京：中华书局，2003年，第8054页。

[3]《新唐书》卷一二五《苏瑰传附苏颋传》，第4402页。

古时期显赫的高门望族中的一员，他做官虽未及清流，但毕竟达到了唐中央殿中少监（从四品上）的高位，也算是寿春皇甫氏中之佼佼者了。寿春皇甫氏一支中最杰出的代表当属宪宗朝宰相皇甫镈[1]，皇甫镈属皇甫恂的晚辈，镈的祖父皇甫邻几与皇甫恂之父皇甫镜几为亲兄弟。

三、皇甫恂"私议休咎"事考辨

据两《唐书》记载："（开元）十三年（725），上尝不豫。业妃弟内直郎韦宾与殿中监皇甫恂私议休咎。事发，玄宗令杖杀韦宾，左迁皇甫恂为锦州刺史。"[2]由皇甫恂墓志可知他历官最高阶为"殿中少监"，两《唐书》所记"殿中监"恐有误。何谓"休咎"事？休，指"息止也"[3]，停止之意；咎，"灾也，天火曰灾。咎者，天降之罚也"[4]，惩罚之意，引申为"罪过，过失"。"休咎"事，本意是指停止过失、罪过，引申为"不要（谈论）尊者（皇帝认为）罪大恶极的事"。那么"私议休咎"事，一定是指"私自谈论废立皇帝"之事。众所周知，玄宗是通过唐隆政变及后来铲除太平公主的势力而夺得帝位的，而他的其余兄弟们（嫡长子宋王成器、申王成义、岐王范、薛王业）都是有资格继承皇位的，从这些亲王们死后追赠的谥号让皇帝、惠庄太子、惠文太子、惠宣太子就可以看出端倪[5]。玄宗设"五王宅"，外示亲近友爱，实则对其兄弟们行监视之事，是为了杜绝他们与朝臣交结，形成政治势力而觊觎皇位，这一点《资治通鉴》有详细记载[6]。开元十三年玄宗患病期间，臣子们私下谈论皇帝废立之事，当然是对皇帝极为不利，更为微妙的是，皇甫恂是和本为玄宗极力防范

---

[1]《旧唐书》卷一三五《皇甫镈传》，第3738页。

[2]《旧唐书》卷九五《睿宗诸子传》，第3018页；《新唐书》卷八一《三宗诸子传》，第3602页。此外（宋）王钦若：《册府元龟》卷四七《帝王部·友爱》亦有载，第534页，《旧唐书》与《册府元龟》所记略同，而《新唐书》则记"妄言休咎"事。

[3]（清）王筠注：《说文解字句读》，北京：中华书局，1988年，第218页上。

[4]《说文解字句读》，第303页上。

[5]《旧唐书》卷九五《睿宗诸子传》，第3009~2019页。

[6]《资治通鉴》卷二一二，开元八年十月条，第6741页。按：《通鉴》此处将皇甫恂与韦宾"私议休咎"事置于开元八年，是要说明玄宗"禁约诸王，不使与群臣交结"所采用的手段。实际上这件事是在开元十三年发生的。

的亲兄弟之一李业的内妃弟韦宾谈论"休咎"事的，皇甫恂和韦宾"私议休咎"
事，暗含的意思自然是要在玄宗死后拥立李业了，玄宗岂能容忍！那么杖杀韦
宾、贬皇甫恂为外州刺史，自然是要杀鸡儆猴，警告李业等兄弟，还有朝中大臣
了。史载李业及其妃的反应是："妃惶惧，降服待罪，业亦不敢入谒。上遽令召
之，业至阶下，逡巡请罪。"[1]这样一件惊天的大事，皇甫恂墓志中却只字未提，
只以"奉天子之托心，落权臣之猜爪。出为锦州刺史"之句一笔带过，此句台词
也含有皇甫恂等人被权臣猜忌告密之意，但这位权臣究竟是谁，"私议休咎"事
究竟达到了怎样的程度，还有待于新史料的证明，此处不赘。墓志十分隐晦这件
几乎招来杀身之祸之事，也有意回避皇甫恂是在贬为锦州刺史当年就去世的。
《太平广记》中就记载有关于皇甫恂的神怪故事："开元中，授华州参军，暴
亡，其魂神若在长衢路中，夹道多槐树……"[2]此中的华州参军并非皇甫恂的真实
官职，但是所记"暴亡"可能并非空穴来风。皇甫恂因为"私议休咎"事，深为
玄宗忌恨，极有可能在锦州刺史任上不久就被除掉了。这就是墓志中记载的"开
元十三年龙集乙丑冬十有一月甲申，薨于官，公始春秋六十有二"。

四、余　论

皇甫恂生前做到了殿中少监的高位，然墓志撰写者只是名不见经传的前乡
贡进士王諲，这与死者的身份是不匹配的。这说明皇甫恂因"私议休咎"事而至
杀身之祸后，当朝名士有可能怕受牵连，唯恐避之而不及，皇甫恂家人只好用一
位前乡贡进士来充当墓志撰写者的角色，书写者也只是皇甫恂的子婿颜鼎而已。
皇甫恂发迹于为皇家做事——修建中宗定陵，亦败身于皇家事——"私议休咎"
事，诚为可叹！墓志记载皇甫恂妻渤海郡封氏死于开元十四年，夫妇二人于开元
十五年合葬于关内道之雍州华原县，而非其族坟葬地——洛阳邙山西原[3]，极可能
与皇甫恂的死因有关。

（作者单位：陕西省社会科学院古籍所）

[1]《旧唐书》卷九五《睿宗诸子传》，第3018、3019页

[2]（宋）李昉：《太平广记》卷三〇二《神十二·皇甫恂》，北京：中华书局，2003
年，第2393页。

[3]《唐皇甫镜几墓志》载："粤以文明元年岁次甲申八月五日，同迁祔于洛阳邙山西原
先君茔，礼也。"可知洛阳邙山西原极可能就是皇甫氏家族墓地。

丁承义墓志考释

郭艳利

安史之乱后，宦官专权，干预朝政，对当时的政治生活产生了重要影响。"宦者气盛，凌栋南司"[1]，清史家赵翼曾感慨："东汉及前明，宦官之祸烈矣，然犹窃主权以肆虐天下。至唐则宦官之权反在人主之上，立君、弑君、废君，有同儿戏，实古来未有之变也。"[2]现代学界对宦官问题也多有关注，综合的研究有王寿南的《唐代宦官权势之研究》[3]、余华青的《中国宦官制度史》[4]、王守栋的《唐中后期宦官权势演进考析》[5]、张文斌的《唐代后期宦官与皇位继承权之争》[6]等。近年来杜文玉更是将历史文献与出土碑志相结合，对唐代宦官进行了比较全面的研究，包括宦官籍贯分布、住宅和坟茔、婚姻及内部结构、文化素质和思维观念、宦官世家与唐代政治、养子问题，刘光琦家族世家、梁守谦家族

[1]（后晋）刘昫：《旧唐书》卷一八四《宦官传》，北京：中华书局，1975年，第4762页。

[2]（清）赵翼著，王树民校正：《廿二史札记》卷二〇《唐代宦官之祸》，北京：中华书局，1984年，第424页。

[3]王寿南：《唐代宦官权势之研究》，台北：正中书局，1971年。

[4]余华青：《中国宦官制度史》，上海人民出版社，1993年。

[5]王守栋：《唐中后期宦官权势演进考析》，《长春师范学院学报》（人文社会科学版）2007年第7期，第33～35页。

[6]张文斌：《唐代后期宦官与皇位继承权之争》，《湖南大学学报》（社会科学版）2002年第6期，第54～59页。

世家、刘弘规家族世家、吴氏宦官世家等[1]。研究唐代中晚期的历史绕不过对宦官这个群体的分析，权势显赫的大宦官们因参与不少重要政治事件而受到了学界的重视。唐代中晚期宦官群势力庞大，错综复杂，除了与政治紧密有关的大宦官们外，还有数量众多的中下层宦官未曾被关注，其原因主要是史书不载，材料不足，而墓志的出土可以弥补这方面的不足。本文以中层宦官丁承义墓志为材料，试通过个例的解读进而分析这类群体，以期对宦官问题有更全面系统的认识。

一、丁承义墓志出土情况与录文

该墓志出土于陕西省西安市，现藏于陕西师范大学教育博物馆历史文化馆（编号SDB0782）。墓志为青石，方形，边长37.6厘米，厚度9.0厘米。志文21行，满行22字，实有359字[2]，正书。志盖已失。为方便讨论，现录文如下：

> 唐故奉天定难功臣兴元元从朝议郎行内侍省奚官局令员外置同正员
> 上柱国丁府君墓志铭并序　乡贡进士李周撰
> 公讳承义，其先三原县人也。自晋汉间，簪组继代，咸□史策。曾

[1] 杜文玉：《唐代宦官的文化素质与思维观念》，《河南师范大学学报》（哲学社会科学版）1997年第6期，第40～44页；《唐代宦官世家考述》，《陕西师范大学学报》（哲学社会科学版）1998年第2期，第78～85页；《唐代长安宦官的住宅与坟茔分布》，《中国历史地理论丛》1997年第4期，第79～94页；《唐代宦官的籍贯分布》，《中国历史地理论丛》1998年第1期，第161～174页；《唐代宦官婚姻及其内部结构》，《学术月刊》2000年第6期，第88～95页；《宦官世家与唐代政治》，《文史知识》2005年第2期，第33～40页；《论五代十国收养假子风气的社会环境与历史根源》，《陕西师范大学学报》（哲学社会科学版）2010年第3期，第111～116页；《唐代宦官刘光琦家族考》，《陕西师范大学学报》（哲学社会科学版）2000年第3期，第28～34页；《唐代吴氏宦官家族研究》，《唐史论丛》第20辑，第150～169页；《唐代宦官刘弘规家族世系考述》，《唐史论丛》第21辑，第140～150页；《唐代宦官梁守谦家族世系考》，《唐史论丛》第22辑，第1～10页。

[2] 周绍良曾藏有该墓志拓片，其正书21行，行21字（应为满行22字），题跋印记钤"周绍良藏拓本""长安张五建强手拓印"等印，详见https://baike.baidu.com/item/%E4%B8%81%E6%89%BF%E4%B9%89%E5%A2%93%E5%BF%97。惜未见该拓片，与墓志略有差异。王雪玲也曾对丁承义墓志有过简单分析，其录文与周绍良所藏相同（王雪玲：《新发现五种隋唐墓志考证》，西安碑林博物馆编《碑林集刊》第7辑，第66、67页）。

祖讳沂，祖讳空，皆恬然乐道，清虚自安。父讳[1]门雅，前河中府监军使、朝议郎、行内侍省内谒者监、员外置同正员、上柱国、赐绯鱼袋。常侍以俭素□□□以高，乃全峻节。上方欲大用，终于京师。诏赠中大夫、内侍省内常侍同正员、上柱国、谯郡食邑三百户。公即常侍长子也。少尚名节，躬履仁义，故能克崇旧业，祗宠前勋，从务有声，累迁其职。呜呼！疾风迅雷，奋及大夜，以大和八年八月九日，终于长安颁政里之私第，春秋八十有三。即以其年八月廿四日吉辰，葬于京兆府长安县龙门乡南漕村安厝，礼也。夫人朱氏，柔顺淑德，作嫔妃君子。有子一人，曰仕用，上柱国、赐绿。幼而孝敏，长而恪勤，奉亲以仁孝，与朋友而信。仕用与宗族有远见之贤，恐陵谷交变，日月推移，奉命有请，敢为铭曰：

公生于福，嗟不盈目，孝子夜哀，宗亲昼哭。白马素车，新坟古木，魂去不归，岂无华屋！

二、生平简释

丁承义史书无录，其家族世系情况典籍中亦无只字记载。志文曰："公讳承义，其先三原县人也。"三原县，即当时的京兆府三原县，可知丁承义祖籍为三原。志文未明言其远祖，其籍贯或为养父籍贯[2]。关于其曾祖、祖、父，史籍亦无载，志文亦简略："曾祖讳沂，祖讳空，皆恬然乐道，清虚自安。"其父门雅，任河中府监军使、朝议郎、行内侍省内谒者监、员外置同正员、上柱国、赐绯鱼袋，诏赠中大夫、内侍省内常侍同正员、上柱国、谯郡食邑三百户。

丁承义"以大和八年八月九日，终于长安颁政里之私第，春秋八十有三"，据这一卒年及享年逆推，其当生于唐玄宗天宝十载（751）。关于其生平，墓志没

---

[1]现存墓志上缺两字，而《唐代墓志汇编续集》的大和047录文中为父□（周绍良、赵超：《唐代墓志汇编续集》大和047，上海古籍出版社，2001年），根据墓志残缺的笔画尚可辨识，据此可推第二字或为讳。

[2]杜文玉认为："由于唐代宦官养子成风，凡养子多以养父籍贯为本人籍贯，其原籍反倒湮没不闻。"（详见杜文玉：《唐代宦官的籍贯分布》，《中国历史地理论丛》1998年第1期，第167页）

有详细的记载，只是说"少尚名节，躬履仁义，故能克崇旧业，祗宠前勋，从务有声，累迁其职"云云，推测丁承义当是通过门荫一途进入仕途的。其历任官职情况亦不清楚，从首行题看，其散官为朝议郎，职事官为行内侍省奚官局令员外置同正员，勋官为上柱国，这一切当为其最终官职。总之，丁承义生前的官职不显，权势不张，此类身份的宦官大抵如此。

丁承义的一生虽没有显赫的功绩，但从志文看，其有妻子，所谓"夫人朱氏，柔顺淑德"，其子丁仕用，"奉亲以仁孝"。丁承义最终埋葬于京城附近的"京兆府长安县龙门乡南漕村"，即今西安市土门村、车刘村附近[1]。该区域属于庶人墓葬的聚集区，唐代的部分宦官、宫女、富商和低级官吏多葬于此[2]。

三、关于"奉天定难功臣兴元元从"

丁承义一生中值得一书的就是"奉天定难功臣兴元元从"。奉天定难之事是唐代历史的关键点，"故奉天一事，诚唐室政策之转捩，国家兴亡之关键也"[3]。史书记载，德宗即位之初，试图削弱藩镇，不惜使用武力。但是，在削藩过程中，利用藩镇打藩镇，导致了参与朝廷削藩战役"四镇"联合对抗朝廷，并与淮西节度使李希烈勾结反叛。战火从河北蔓延到河南，东都告急。建中四年（783）十月，赴河南前线的泾原士卒路经长安时，因中央赏赐不够，加上供应的饭菜又都是糙米和素菜，遂发生了哗变，拥戴原幽州节度使朱泚为帝，德宗仓皇出奔奉天（今陕西乾县），是为"泾师之变"。朱泚称帝后兵围奉天，城几倾

---

[1] 尚民杰认为，唐代的长安县龙门乡所在地也称龙门原，在今土门村西边，与土门村尚有一段距离。龙门乡有南漕村，"南漕"当指漕渠而言（尚民杰：《唐长安县、万年县乡村续考》，西安市文物考古研究所编《西安文物考古研究——西安市文物保护考古所成立十周年纪念》，陕西人民出版社，2004年，第365～390页）。而程义认为龙门乡位置在今枣园、车刘村附近（程义：《隋唐长安辖县乡里考新补》，《中国历史地理论丛》2006年第4期，第100页附表2）。查之于西安地图，三地相距较近。综合考虑，认为当时的南漕村在今土门和车刘村之间。

[2] 杜文玉：《唐代长安的宦官住宅与坟茔分布》，《中国历史地理论丛》1997年第4期，第70～94页；程义：《唐代长安城周围墓葬区的分布》，《唐史论丛》第13辑，第78页。

[3] 傅乐成：《序》，任育才《唐德宗奉天定难及其史料之研究》，台北：中国学术著作奖助委员会，1970年，第1页。

陷。十一月，朔方节度使李怀光率朔方将士自河北撤军勤王，奉天之围始解。兴元元年（784）二月，李怀光联络朱泚反叛，德宗不得不再次逃往梁州（今陕西汉中）避乱。李晟在五月打败朱泚、收复京师，七月德宗才得以重返长安，结束了颠沛的流亡生活。

在奉天定难事件和一年多的流亡中，德宗先后赐功臣号。《文献通考》载"德宗以泾军煽逆，而有'定难'之号"[1]，"扈跸将士并加'奉天定难功臣'之号"[2]。《文献通考》也记"德宗幸梁还，以神策兵有劳，皆号'兴元元从奉天定难功臣'，恕死罪"[3]。其中建中四年十一月二十四日德宗颁布《赐将士名奉天定难等功臣诏》[4]，兴元元年又颁布《奉天改兴元元年赦》[5]。据此可知，德宗避难奉天一事中授予了三种功臣号，即奉天定难功臣、元从奉天定难功臣、元从功臣，这三种功臣号得到了墓志材料的证实。

但关于这三种功臣号的区别，学界有不同的认识。黄楼认为，"奉天定难功臣"与"元从奉天定难功臣"是两个不同的概念。"奉天定难功臣"指德宗幸奉天时的扈从将士及虽未从幸奉天但正在进收长安的将士；而"元从奉天定难功臣"则指德宗为李怀光所迫，南奔梁州时由奉天带去以及从方镇征召的扈从将士及扈从宦官。"奉天定难功臣"仅赐及将士，不包括宦官，而"元从奉天定难功臣"则包括宦官。"元从奉天定难功臣"与德宗关系更为亲近，其地位要高于"定难功臣"，宪宗元和以后二者逐渐不作区分，将其笼统地称为"奉天定难功臣"[6]。王苗则认为，德宗朝"元从奉天定难功臣""奉天定难功臣"以将士为主，鲜见宦官，而"元从功臣"基本以宦官为主，此次赐封功臣号以事件名为

[1]（宋）马端临：《文献通考》卷六四《职官考十八》"勋官功臣"，北京：中华书局，1986年，第581页。

[2]（元）脱脱：《宋史》卷一六八《职官八》，北京：中华书局，1977年，第4007页。

[3]《文献通考》卷一五一《兵考三》，第1323页。

[4]（唐）陆贽，王素点校：《陆贽集》，北京：中华书局，2006年，第360页。

[5]（宋）宋敏求：《唐大诏令集》卷五，北京：商务印书馆，1959年，第27页。

[6]黄楼：《唐德宗"奉天定难功臣""元从奉天定难功臣"杂考》，武汉大学中国三至九世纪研究所编《魏晋南北朝隋唐史资料》第24辑，2008年，第150～164页。

号，且按贡献大小不同赐予高低不同的三种功臣号[1]。二位学者均以墓志为统计材料，但得出的结论不一致，究其原因，在于其视角不同，观察功臣号的角度不同。

根据王苗搜集的资料[2]，所谓"元从奉天定难功臣"共16人，均为武人；而其在"奉天定难功臣"和"元从功臣"的统计中存在着若一人有两个称号均算一次的现象，如宦官刘幽岩两个称号都算，这说明这两个称号可能不好区分。《资治通鉴》记载"诸军、诸道应赴奉天及进收京城将士，并赐名奉天定难功臣"[3]，"初，上还长安，以神策等军有卫从之劳。皆赐名兴元元从奉天定难功臣"。胡注引宋白曰："德宗驻跸奉天及幸山南，赐从驾立功将校为元从奉天定难功臣。谷口已来，元从将士赐名元从功臣。"[4]"兴元元年四月，帝在梁州，诏诸军从奉天随从将士并赐为'元从奉天定难功臣'，从谷口已来随从将士赐名'元从功臣'。"[5]据此可知，"奉天定难功臣"在先，随后有"兴元元从奉天定难功臣""元从功臣"。由于墓志信息的简练，加之有些墓志是后人追溯祖辈的荣耀，因而难以区分出所有称号的赐封先后。本文将与奉天定难有功的宦官罗列在下表中，可以看出，这些功臣号没有严格的高低之分，每个功臣号中的官职都高低不一，各种功臣号仅是死者生前的荣耀而已。宦官获得此殊荣的大多不见于史传记载，也许与当时的朝臣建议有关，据载："（时帝）又欲以谷口已北，从臣赐号曰'奉天定难功臣'，谷口以南，随扈者曰'元从功臣'，不选朝官内官，一例俱赐。赞奏曰：'破贼扞难，武臣之效。至如宫闱近侍，班列员僚，但驰走从行而已，恐与介胄奋命之士俱号功臣，伏恐武臣愤惋。'乃止。"[6]在搜集

---

[1]王苗：《唐代功臣号研究》，中央民族大学硕士学位论文，2012年，第45页。

[2]王苗：《唐代功臣号研究》，中央民族大学硕士学位论文，2012年，表四~五，第36~42页。

[3]（宋）司马光：《资治通鉴》卷二二九，兴元元年正月癸酉条，北京：中华书局，1956年，第7392页。

[4]《资治通鉴》卷二三三，贞元七年二月戊戌条注，第7523页。

[5]《旧唐书·德宗纪》附其事于兴元元年四月壬寅（二日），《通鉴》卷二三三，贞元七年（791）二月甲子条注引宋白语略同。

[6]（宋）王钦若等编纂，周勋初等校订：《册府元龟》卷五五二《词臣部·献替》，南京：凤凰出版社，2006年，第6319页。

到的19方墓志中，仅有2方记载相关史实：骆明珣的墓志里记载"兴元中，逆率乱常，上西避敌，銮舆顺动，巡狩巴梁。公扈跸载驰，心悬捧日。洎王纲反正，恩奖稠叠，游泳皇泽，休声蔚尔"[1]，祁宪直的墓志亦云"洎建中祀，逆率乱常，銮舆省方。公扈我琼辇，能致其身。帝甚嘉之，迁内谒者"[2]。丁承义的墓志关于此荣耀，与其他宦官一样，虽未花大量笔墨特书，但在墓志的开首即为"唐故奉天定难功臣兴元元从"。

唐"奉天定难功臣""兴元元从"等宦官功臣表[3]

编号	姓名	称号	官职	出处
1	李辅光	兴元元从	正议大夫、行内侍省内侍、知省事、上柱国、赐紫金鱼袋、赠特进、左武卫大将军	《汇编》元和〇八三，第2007页
2	朱某	兴元元从	登仕郎、守内侍省内侍伯员外同正员、上柱国	《汇编》大和〇七九，第2153页
3	刘某	兴元元从	辅国大将军、滕国公、赠开府	《全唐文补遗》第三辑《刘士准墓志》，第226页
4	骆明珣	兴元元从	中散大夫、守内侍省内给事、员外置同正员、上柱国、赐绯鱼袋	《续集》大和〇一七，第891页
5	王明哲	兴元元从	朝散大夫、内谒者监	《续集》大和〇二五，第900页
6	祁宪直	兴元元从	朝议郎、行内侍省奚官局令、员外置同正员、上柱国、赐绯鱼袋	《续集》大和〇三四，第907页
7	焦奉超	兴元元从	辅国大将军、行右卫大将军员外置同正员、兼内侍省内侍知省事、上柱国、广平县开国公、食邑一千五百户、赠骠骑大将军	《续集》会昌〇一九，第957页

[1] 周绍良、赵超：《唐代墓志汇编续集》大和〇一七，上海古籍出版社，2001年，第891页。

[2]《唐代墓志汇编续集》大和〇三四，第907页。

[3] 本表中《汇编》即《唐代墓志汇编》，上海古籍出版社，1992年；《续表》即《唐代墓志汇编续集》。

续表

编号	姓名	称号	官职	出处
8	雷彦芬	元从兴元元从	通议大夫、行内侍省内常侍、上柱国	《续集》贞元〇〇一，第735页
9	王希迁	元从兴元元从	右神策军使、营幕使、镇军大将军、行右监门卫将军、知内侍省事、上柱国	《大唐贞元续开元释教目录》卷一七
10	张尚进	元从兴元元从	右神威军护军、正议大夫、行内侍省内侍员外置同正员、兼内谒者监、上柱国、清河县开国男，食邑三百户，赐紫金鱼袋	《续集》咸通〇八六，第1099页
11	王朝英	奉天元从	正议大夫、内侍省内给事，赐绯鱼袋	牛来顺：《西市博物馆藏王彦真墓志研究》，第81页
12	薛盈珍	兴元元从功臣	右神策护军中尉	《旧唐书》卷十四《宪宗本纪》上，第414页
13	丁承义	奉天定难功臣兴元元从	朝议郎、行内侍省奚官局令、员外置同正、上柱国	
14	王英进	奉天定难南朝元从功臣	内侍省内侍、赐紫金鱼袋、内弓箭库使	《汇编》会昌〇三七，第2237页
15	王臣端	奉天定难随驾南朝元从功臣	右神策军散副将、云麾将军、试殿中监	《汇编》会昌〇三七，第2237页
16	刘幽岩	奉天定难功臣南朝元从	定远城监军使、散朝大夫、行内侍省内侍伯、员外置同正员、上柱国、赐绯鱼袋	《续集》会昌〇〇九，第949页

续表

编号	姓名	称号	官职	出处
17	牛义	奉天定难功臣	朝散大夫、行内侍省内仆局令、兼口味库使	《续集》咸通〇一六，第1045页
18	孟日华	奉天定难功臣	左神策将军、兼御史大夫武陵郡王	《册府元龟》卷一三四《帝王部·念功门》，第1485页
19	张某	奉天定难功臣	云麾将军、守左金吾卫大将军、兼试太常卿、上柱国、开国伯、右神策军副将专知苑内都巡官	《关中金石文字存逸考》卷四《张公夫人王氏墓志铭》，第10454页

四、从丁承义墓志看唐代的宦官家族

唐代宦官专权始于玄宗时期，之后愈演愈烈，成为唐代中后期政坛上一支重要的力量，随之也形成错综复杂的宦官群体。宦官势力的膨胀之因，学界也多有讨论，其中日本学者认为宦官诸职制和假子制是宦官获得权势并能长久持续的原因[1]。所谓假子制即宦官通过娶妻养子建立家庭，这种宦官家庭不断分化繁衍，构成了宦官家族。在唐代，这种宦官家族很多，绵亘百年者比比皆是，有的甚至直至五代时期仍然具有很大的势力[2]。

唐代的宦官家族群体逐渐庞大，不仅上层宦官世代娶妻养子形成世家，而且广大的中下层宦官只要财力允许也都纷纷成家立业。学界对上层宦官世系多有关注，而中下层宦官家族由于资料少、其政治地位不高等因素的影响，多不被重视，这不利于唐代宦官家族整体情况的研究，也在一定程度上影响了对整个唐代社会状况的了解。丁承义墓志正好提供了这样的资料。

[1] ［日］矢野主税：《唐代宦官権勢獲得因由考》，日本《史学雑誌》第六三卷，1954年第10期，第920～934页。

[2] 杜文玉：《唐代权阉杨氏家族考》，韩金科主编《'98法门寺唐文化国际学术讨论会论文集》，西安：陕西人民出版社，2000年，第370～377页。

丁承义志文记载："自晋汉间，簪组继代，咸□史策。""簪组"本义为冠簪和冠带，也借指官宦，如《旧五代史》载："伪宰相郑珏等一十一人，皆本朝簪组，儒苑品流。"[1]据此可知，丁承义所依附的这个宦官家族或由来已久，或是虚指。其曾祖、祖父的情况不清，未曾入仕，志文说他们"皆恬然乐道，清虚自安"。到了他的父亲门雅时，"行内侍省内谒者监、员外置同正员、上柱国、赐绯鱼袋"。唐代设立内侍省，是专门的宦官管理机构，史载"元和十五年四月……内侍省奏：应管高品品官白身，共四千六百一十八人"[2]，从"应管"二字可以看出，宦官的日常管理应在内侍省，其官员也由宦官担任。唐初，不为内侍省置三品官，其最高官员内侍仅为从四品上的官阶[3]，丁门雅的内谒者监为正六品，可见史书记载确是；同时，丁门雅的勋官可达正二品的上柱国，并获赐绯鱼袋，说明其受赐是在玄宗以后，这一时期的鱼袋赏赐制度是逐渐松懈的，表现为官职级别越来越低[4]，散官不及五品者天子可赐绯袍与银鱼袋，以示恩宠，丁门雅赐绯鱼袋当属于此。到了丁承义时，勋官为正二品的"上柱国"，有学者认为"从德宗至宣宗，是宦官势力的巩固与发展阶段；由于宦官干政的各项制度逐步确立，使宦官典军、掌枢要成为定制，权势趋于稳固，而相权则大大削弱"[5]。及至其子丁仕用，为"上柱国、赐绿"。

丁承义墓志中展现了从曾祖到儿子五代人的一些信息，其身份均为宦官，属于典型的假子制。唐初曾明令宦官不得养子，"国初故事，以三十人为员，衣黄衣，不得养子"[6]。贞元之后，"于是畜养假子，传袭爵土"[7]。《旧唐书·宦官传序》亦称："自贞元之后，（宦官）威权日炽，兰锜将臣，率皆子蓄。"[8]有

[1]（宋）薛居正：《旧五代史》卷三〇《唐书·庄宗纪四》，北京：中华书局，2007年，第412页。

[2]（宋）王溥：《唐会要》卷六五《内侍省》，北京：中华书局，1955年，第1133页。

[3][8]《旧唐书》卷一八四《宦官传序》，第4754页。

[4]王佳：《唐代鱼袋制度研究》，暨南大学硕士学位论文，2012年，第28页。

[5]王守栋：《唐中后期宦官权势演进考析》，《长春师范学院学报》（人文社会科学版）第34页。

[6]《新唐书》卷二〇八《宦者下》，第5901页。

[7]《唐会要》卷六五《内侍省》，第1131页。

学者研究发现，从唐初至睿宗时期，宦官权势极受抑制，但宦官养子现象一直存在，养子数目非一人，养子地位低下，不以承袭爵位为目的，开始出现宦官家族等。进入唐玄宗时期，宦官权势开始兴盛，又出现了新的特点，如宦官养子为宦官现象扩大、宦官家族增多、宦官养子为军人等[1]。这种现象是就宦官群体整体而言的，对于中下层宦官家庭来说，虽然受政治影响，但养子现象的变化没有那么明显，更多地遵从规定，"内侍省五品以上，许养一子，仍以同姓者，初养不得过十岁"[2]。丁承义家族均为养子一人，且官职相对稳定，"传袭爵土"，也许正是因为这样，中下层的宦官难以进入高层宦官阶层。

丁承义志文中也显示了其婚姻状况。由于志文简略，不清楚他何时娶妻。夫人的信息模糊，志文"夫人朱氏，柔顺淑德，作嫔妃君子"字语，均为普通用语，不知其祖籍和出身门第，也难以确定是否宦官之女。从目前出土的材料来看，宦官家族之间互相联姻的现象十分普遍，尤其是上层宦官之间的互通婚姻。上层宦官家族通过婚姻建立的这种关系，使得他们之间"枝派蝉联"，盘根错节，形成了家族集团，从而使其结成了政治联盟关系，对唐代的社会政治带来了极大的影响。宦官家族之间的这种关系使他们在政治上相互提携，经济上互相关照，一损俱损，一荣俱荣，这也是唐代的宦官家族能够世代延续，长期生存的一个原因[3]。就此看来，宦官联姻的目的也是门当户对的，丁承义身份不高，故娶妻也是一般人。

与大宦官们的墓志相比，丁承义的墓志简略；但与更下层的宦官相较，其志文尚可，这些均反映出丁承义居于宦官中的中下层。这个群体的宦官们地位不高，难以进入到高层的宦官世家和体系中；但其拥有一定的官职和财产，可以娶妻养子，一方面如正常人一般传宗接代，更重要的是使自己已有的政治地位和财产有所继承。

（作者单位：陕西师范大学历史文化学院）

---

[1] 刘永强：《唐代前期宦官养子现象研究》，《河北师范大学学报》（哲学社会科学版）2016年第6期，第63~66页。

[2]《唐会要》卷六五《内侍省》，第1133页。

[3] 杜文玉：《墓志在古代家族史研究中的价值——以唐代宦官家族为中心》，赵振华主编《洛阳出土墓志研究文集》，北京：朝华出版社，2002年，第178页。

新见晚唐宦官张彦敏墓志所涉史事考述

王庆昱

晚唐裘甫之乱，开启了唐末农民战争的先声。之后的庞勋之乱，王仙芝、黄巢起义的爆发，最终导致了唐朝的灭亡。近年出土一方唐代宦官墓志，从墓志记载内容来看，其人先后参与了平定庞勋之乱、招抚王仙芝起义军，最终在担任敕使招安之时殉命。

一、墓志录文

这方墓志出土地不详，据云出土于陕西省西安市，志文尚未公开披露，笔者有幸获得友人馈赠拓片。从拓片情况看，墓志有志有盖，志盖篆书："唐故赠内常侍清河张公墓志。"墓志长、宽各77厘米，正书。根据志文记载知志主为张彦敏，曾经参与了平定庞勋之乱、治理关中郑白渠、作为敕使成员之一前往蕲州招降王仙芝。为了论述方便，现根据墓志拓片，录文如下：

唐故朝散大夫行内侍省内寺伯员外置同正员上柱国赐紫金鱼袋清河张公墓志铭并序

乡贡进士崔镛撰　乡贡学究□□书

夫天降时雨，则山川出云；代有明君，则英雄居世。亦由钟簴下假，壩麓相湏。是以八元登于舜时，三杰用于汉代。今由古也，理得言焉。至若折冲罇俎之前，勤劳王室之下。多材多艺，乃武乃文。词辩□于激泉，气概殷于高岳。言必书史，动为箴规，即有清河张公矣。公名彦敏，字洵美，常山□族，汾水承祧。论谱籍而百代绵然，语公侯而万古多矣。故得辉焕图谍，丹青士林。彼既备详，此固略举。祖讳贤，显名誉于乡里，振孝悌于宗亲。考讳弘缜，任内园栽接判官、宣德郎、行内侍省内府局丞员外置同正员、上柱国。贞白立身，宽和养志。《易》曰积善余庆，《诗》云百世本枝。富哉是言，服之无报。公即判官之子也。幼而岐嶷，不独孔融；淫于诗书，岂世刘峻。识王戎之苦李，轻秦密之谭天。不欲佩觿，忽思筮仕。宣宗锡之绿服，懿宗赐其蓝衫。鸿渐于大中之初，豹变自咸通之□。□□秉持难重，赞佐五坊。遣卑者奏公，使尊者思理。复以所职，稍迁翰林。才及周星，又转勾务。丝毫不紊于心计，课最□□□诚明。是知骥步难留，鹏抟易远。征拜内养，咸曰当仁。济济于班序之中，謇謇于宫闱之内。或宣扬帝语，其出如□；□敷奏王庭，绰有余裕。旋以砀山蜂聚，蒲盗兴，以公有王常金石之心，识马援山川之势，统彼多众，远届□□。□□以越礼违谦，后布以鱼丽雁阵。不劳三鼓，止用一麾，易若摧枯，去同破竹。自后庞勋作逆此际，分野尤危，命□□军戎，飞挽粟帛，况路无庄驿，而贼淑康衢。公巧用机宜，密量行止。终无虞于剽夺，皆克副于倒悬。俾三军兴愦辝之□，□将有渡泸之志。是何嘉画，如此不躬。尔后内帑藉材，大君有命。虽谓渥泽，且拜判官。未闻日就月将，已免□□窜窃。公畏樊污良玉，瑕起明珠。适我愿兮，不如内养。圣上俯从私便，复处旧班。已见谁何，行我故事。遽奏易水，□变更。以公识孤虚向背之机，有田巴仲连之说。俾传日下之旨，冀静燕中之人。公至止之时，下车之后，先示以□□，后诲以人情。吐茹刚柔，低摧跋扈。何言□动，一瞬谧宁。爰有夏州，亦乱中国。蕞尔射雕之将，敢干有土诸侯。主上□□，命公告谕。骎骎马足，落落雄姿。才□□坛，已安井邑。矧兹健卒，孰敢不庭。咸识前非，争归至化。公之通变，既□□之德业，又如彼功厚赏薄，材高位卑。□论洋洋，人情悒悒。今皇帝践登宝位，搜访瑰材，向公干盅之能，籍□□□之誉。特加朱绂，用旌楙勋。旋以郑白旧渠，秦汉所保，既人民是赖，实衣食之原。堰埭致于六门，破坏皆由春水。国力□费，常岁缮修。功用千余，金帛万计。莫保磐石之固，常忧累卵之危。欲谋经久之牢，须资奇异之略。公于此际，实在金论。恩命既颁，监工斯至。伐丁丁之木，召赳赳之夫。持畚者举袂成帏，荷锸者挥汗如雨。俄闻奏罢，已见画图。功且逾于建桥，诚更恳于凿井。坚固莫量其远近，缗钱且省其万余。伏奏未终，金章已赐。光辉里巷，惬称时情。行止渐逼于烟霄，问望更臻于外内。既历试诸难，合践天钧。当四方多垒之时，是数处屯兵之日。厥有草贼自号仙芝，枭鸣于扬楚荆襄，狼戾于寿光汝郑。嗟乎四海，半丧元元。天子旰食为忧，丞相问牛且罢。虽赵城悬釜，鲁阳挥戈，以诸藩维，未为危迫。或奏云尚君长效款，王仙芝倒戈，望降急宣，兼示优宠。主上欲令尽居率土，不愿更有征师。选内庭之重臣，求庶僚之硕德。往持君命，不易其人。博访通材，罕有备者。怀倜傥之智，或短于见机；负果决之谋，或病于无勇。四者兼著，公诚有之。召对青蒲，我有刍荛之说；捧持丹诏，时推介耿之臣。执友临流以送行，达官出境而分袂。翩翩去骑，共赞使乎。才及蕲州，已临贼垒。稍回征骑，且止黄州。将陈善诱之谋，潜度非常之计。殊不知寒谷易变，逆贼难悛。既无礼乐君臣，自固狐城鼠社。碎国信于是日，害哲人于此时。日月惨然，山川寂尔。若郑国之亡子产，似晋代之失羊公。以乾符四年十月十五日薨于此州界马鞍□下独山馆东。一人罢朝，百官洒涕。何期壮节，旋作孤魂。公奉上为忠臣，居家称孝子。应对类严助，笔札若张华。有方朔之滑稽，蕴黄宪之器度。至于盃觞谑浪，风月笙歌。触类多能，尽美尽善。幼有乡党之誉，长为人物之规。合保永年，宜终多福。欻随逝水，空有嘉猷。惜其未成钟鼎勋庸，痛其未至穷高极贵。天之报施，何其寮与。明年正月，有恩旨，遣长子从铋、故吏陈绍，护灵榇以还京阙，涉几多之水陆，度无限之邑居。去日而尽仰清风，来时而共悲丹旐。岁不我与，窀穸是归。白杨未即成林，眠牛且云告吉。以六年八月十五日殡于京兆府长安县龙门乡栾村先茔之原，礼也。追加朝散大夫、内寺伯，亦主上优崇之礼，君臣终毕之仪。夫人吕氏，既见重于六姻，亦克修其四德。入夜绝鼽，还同穆伯之妻；亲仁择邻，又见孟轲之母。泣欲崩其巨墣，誓更深于柏舟。有二子，长曰从铋，陷在贼中七十余日，危言逊行，却得来归，必继箕裘，已为内养。次曰从镳，虽限其服，亦老成人。皆悲甚填膺，泪终继血。共驰名于颜子，俱争誉于高侪。空负土为坟，而陟岵何望。镛早响公声价，未面公风仪。握管为铭，潸然满目。文字虽鄙，莫纪徽猷。将夸窆宪之功，须求班固；欲作仲宣之诔，必访东阿。如镛者，诗□补亡，赋非掷地。书勋叙德，惭无黄绢之词；留示后□，难俟彩毫之语。向风鸣咽，乃作铭云：

猗与张公，聿生大国。爰有奇器，寔彰清德。亦文亦武，□□克贞。贵处班袟，日闻令名。自东自西，徂南迈北。衔□□□，于何不克。淮海封豕，荆楚长蛇。势不可遏，民实□□。□□金论，费诏往问。悉令招携，皆遣归逊。伊人作孽，□□□非。歼我哲人，侮我天威。人之云亡，邦国殄瘁。□□□□，天不慭遗。灵异告旋，遵途几千。薤歌历历，绛旐翩翩。□□□丘，俄连吉日。公归窀穸，永安幽室。薄云凝□，□□□□。□□魂断，宾朋泪流。莫高匪天，莫厚匪地。谁能升降，诉公冤气。已矣已矣，近道有言。死为归人，亦又□□。

玉册官邵宗简刻字

二、张彦敏生平仕宦考述

根据墓志记载，张彦敏卒于唐懿宗乾符四年（877）十月十五日，葬于唐懿宗乾符六年（879）八月十五日，卒时年龄不详。张彦敏虽然是宦官出身，但是生前组建有家庭。根据墓志记载夫人为吕氏，有二子，分别为张从铋、张从鑴。根据相关研究可知唐代宦官娶妻的现象普遍存在，主要是看其财力和官职的大小[1]。根据墓志可知，张彦敏去世后朝廷给予的朝散大夫为从五品下的文散官，其内侍省内寺伯为正七品下。由于唐代中期以后，宦官数量大量增加，原来内侍省的职位远远不足，所以使职、员外官也大量设置。正如志文所记："追加朝散大夫、内寺伯，亦主上优崇之礼，君臣终毕之仪。"可见张彦敏作为内养，尽管属于皇帝的亲信，但品阶并不高。

根据墓志记载，张彦敏出身于清河张氏，清河张氏在唐代属于著名的仕宦家族。然而根据相关研究，唐代张氏的郡望不单只有清河一支，从唐初到唐末的变化过程中，其他郡望逐渐消亡，只有清河张氏呈现上升趋势，逐渐从郡望演变成

---

[1] 杜文玉：《唐代宦官婚姻及其内部结构》，《学术月刊》2000年第6期，第88页。

了姓望[1]。张彦敏生活在晚唐时期，因而此时清河张氏已经由原来的郡望演变为姓望。

众所周知，唐代宦官以收养假子来延续家族，学界多有研究，此不赘述[2]。关于张彦敏的家族世系，墓志记载："祖讳贤，显名誉于乡里，振孝悌于宗亲。考讳弘缜，任内园栽接判官、宣德郎、行内侍省内府局丞员外置同正员、上柱国。"张彦敏的祖父张贤，墓志没有记载其有仕宦经历，应当不是士人家庭出身。至于墓志讲述的张贤的所谓"美德"，当为溢美之词。张彦敏的父亲张弘缜，担任内园栽接使判官，文散官为正七品下的宣德郎，内府局丞为正九品下，也为员外官，属于中下层宦官。张彦敏家族从其父亲张弘缜才入宫成为宦官，并且从墓志内容来看，张弘缜、张彦敏担任的官职都不显，因而当不属于唐代的宦官世家。

至于张彦敏何时成为宦官，志文没有明确说明，只是用"宣宗锡之绿服，懿宗赐其蓝衫。鸿渐于大中之初，豹变自咸通之□"一句来概括。关于绿服，根据《唐会要》记载："于是三品以上服紫，四品、五品已上服绯，六品、七品以绿，八品、九品以青。"[3]根据墓志可知张彦敏去世之时的文散官，品阶为五品，其职事官品级不高。因而"绿服"当是指其入仕。"蓝衫"又称襕衫，根据《新唐书·车服志》记载："太宗时……士人以棠苧襕衫为上服，贵女功之始也。"[4]这里的"蓝衫"当借指士人的衣服。唐代诗人韦应物有诗："近作新婚镊白髭，长怀旧卷映蓝衫。"因而志文用"绿服""蓝衫"当指在唐宣宗大中年间（847～860）张彦敏开始入仕、唐懿宗咸通（860～874）时期逐渐升迁的历程，据此推断，其入宫当在武宗或文宗末期。

[1]郭峰：《唐代士族个案研究——以吴郡、清河、范阳、敦煌张氏为中心》，厦门大学出版社，1999年，第188～191页。

[2]胡如雷：《略谈唐代宦官滥收假子的现象》，《河北师院学报》（社会科学版）1996年第2期，第31、32页；张文斌：《唐代宦官养子制度探略》，《云梦学刊》2002年第4期，第42、43页。

[3]（宋）王溥：《唐会要》卷三一《舆服上》，上海古籍出版社，2006年，第663页。

[4]（宋）欧阳修、宋祁：《新唐书》卷二四《车服志》，北京：中华书局，1975年，第527页。

根据志文记载："□□秉持难重，赞佐五坊。遣卑者奏公，使尊者思理。复以所职，稍迁翰林。才及周星，又转勾务。丝毫不紊于心计，课最□□□诚明。"赞佐是辅助的意思。五坊，根据《唐会要》记载："五坊，谓雕、鹘、鹰、鹞、狗，共为五坊，宫苑旧以一使掌之。自宝应二年后，五坊使入隶内宫苑使，近又有闲厩使，兼宫苑之职焉。"[1]关于五坊使，已有多篇论文研究，此不赘述[2]。因而张彦敏赞佐五坊当是在五坊使手下任职，至于所任何职，根据墓志"遣卑者奏公，使尊者思理"一句来看，起到的应是辅助作用。

唐代有翰林学士院，根据相关研究可知翰林使的职能是负责向学士们宣示皇帝的旨意，又向皇帝报告学士们的意见，起到上下沟通的作用[3]。翰林学士在中晚唐地位重要，参与朝政[4]，因而翰林学士院使职责重要，非高层宦官不能担任。张彦敏在翰林学士院任职，应当是在翰林使手下负责某种事务。

张彦敏在翰林学士院没干多长时间，志文用"不及周星"来概述。之后又转任他职，担任勾务。勾务，根据《唐律疏议》解释："勾者，署名勾讫，录事参军之类。"[5]唐代中央除了中书门下不设勾检机构，别的部门普遍设置。勾检官位卑权重，起到对官员权力的限制和制约作用[6]。由此可见张彦敏担任勾务，应当是对内侍省系统的勾检之务。志文用"丝毫不紊于心计，课最□□□诚明"的语句，十分贴切地说明了张彦敏担任勾务的职责所在。

由于张彦敏任职尽职尽责，故不久"征拜内养，咸曰当仁。济济于班序之中，謇謇于宫闱之内。或宣扬帝语，其出如□；□敷奏王庭，绰有余裕"。相关

[1]《唐会要》卷七八《诸使中》，第1682页。

[2] 杜文玉：《唐代内诸司使考略》，《陕西师范大学学报》（哲学社会科学版）1999年第3期，第27~35页；赵晶：《论唐代五坊的渊源与设立》，《首都师范大学学报》（社会科学版）2011年增刊，第42~45页。

[3] 杜文玉：《唐代内诸司使考略》，第35页。

[4] 赵雨乐：《唐代翰林学士院与南北衙之争》，《唐都学刊》2001年第1期，第27~33页。

[5]（唐）长孙无忌等编，刘俊文校：《唐律疏议》卷五《名例律》，北京：中华书局，1983年，第113页。

[6] 杜文玉：《唐代地方州县勾检制度研究》，《唐史论丛》第16辑，西安：陕西师范大学出版社，2013年，第13、14页。

研究认为内养品阶高下不同，与皇帝关系密切，并且个人能力较强，属于受到皇帝宠信的特殊群体。从志文来看，张彦敏是因为具有很高的才能才被选为内养，并且出入宫闱，充当敕使，传达皇帝的旨意，受到了重用。

晚唐时期，朝廷对地方的控制力被削弱，地方的独立性加强。由于频繁地征调，致使地方出现动荡。张彦敏作为内养，宣扬皇帝的旨意，一旦地方有风吹草动，作为皇帝的亲信，也会负责地方事务。根据志文记载："旋以砀山蜂聚，藿蒲盗兴，以公有王常金石之心，识马援山川之势，统彼多众，远届□□。□□以越礼违谦，后布以鱼丽雁阵。不劳三鼓，止用一麾，易若摧枯，去同破竹。自后庞勋作逆此际，分野尤危，命□□军戎，飞挽粟帛，况路无庄驿，而贼淑康衢。公巧用机宜，密量行止。终无虞于剽夺，皆克副于倒悬。"砀山县在唐代隶属于宋州，为上县[1]。"藿蒲"意为水草，应当代指水边。张彦敏是在唐宣宗大中年间开始任职于内侍省，墓志记载的地方起义，应是发生于唐懿宗咸通时期。然而查诸史书，这一时期在砀山没有发生农民起义。既然"藿蒲"代指水边，这里的"砀山"也当是代指山区。唐末裘甫起义之后，唐朝地方陆续有农民起义。志文记载张彦敏平定的这次农民起义，规模应该不大，故不见于史籍记载。庞勋起义发生于唐懿宗咸通九年（868），持续了一年多最终被镇压。在平定其战争中，根据志文记载，可知张彦敏负责的是运送粮食和钱帛，至于其担任何种使职，志文无载。从"终无虞于剽夺，皆克副于倒悬"之句看，张彦敏很好地完成了交给他的任务。

在平定了这些叛乱后，张彦敏又回到中央，志文曰："尔后内帑藉材，大君有命。虽谓渥泽，且拜判官。未闻日就月将，已免□□窜窃。公畏樊污良玉，瑕起明珠。适我愿兮，不如内养。圣上俯从私便，复处旧班。"内帑，根据相关研究，应是指大盈库，负责收贮钱帛丝布[2]。张彦敏应是在大盈库使手下任判官。有研究认为大盈库判官地位低下，但是地位重要[3]。在内诸司使系统做判官尽管地位不高，但是对一般的宦官仍有吸引力。但是张彦敏担任判官之后不久，"复处旧班"，又奉命出使河北，因何出使，志文没有明确记载，只是说："公至止之

---

[1]《新唐书》卷三八《地理二》，第990页。

[2]杜文玉：《唐代内诸司使考略》，第34页。

[3]赖瑞和：《唐代中层文官》，北京：中华书局，2011年，第433页。

时，下车之后，先示以□□，后诲以人情。吐茹刚柔，低摧跋扈。何言□动，一瞬谧宁。"显然是安抚了某次骚乱。

志文又曰："爰有夏州，亦乱中国。蕞尔射雕之将，敢干有土诸侯。"当是夏州地区发生了暴动，查诸史书没有这次暴动的记载。但根据新近出土的《白敬立墓志》记载，唐末在夏州发生了一场兵乱，持续半年左右，最终被平定下来[1]。《白敬立墓志》记载的这次兵变，发生的时间和地点，都与张彦敏墓志记载的兵变比较相似。张彦敏作为敕使，前往夏州宣扬皇命，根据志文："主上□□，命公告谕。骎骎马足，落落雄姿。才□□壃，已安井邑。"可知这次事件发生于唐懿宗咸通时期。

晚唐时期由于地方藩镇的独立性加强，藩镇之间时常发生战争。作为中央命脉的东南财赋，时常因为地方叛乱而被延误甚至中断，致使中央最终不得不舍近求远。根据相关研究可知在唐代后期，中央在地方大部分财赋收入失控的情况下，通过重振关中农业，以期补充财赋收入之不足。志文曰："旋以郑白旧渠，秦汉所保，既人民是赖，实衣食之原。堰堨致于六门，破坏皆由春水。国力□费，常岁缮修。"可见唐朝后期政府加强了对关中渠道的修理，以期能够供应百姓所需，然而政府常年修缮的原因主要是权贵设立水车舂米，以获取利益。根据相关研究，唐朝后期关中水利的引泾灌溉以白渠为主，灌溉体系趋于完善，发挥了巨大的经济效益[2]。因而根据志文可知，一直到唐代后期，尽管中央对地方的控制被削弱，然而朝廷仍然重视对关中泾系渠道的治理工作。志文用"恩命既颁，监工斯至"来概括张彦敏的职责。唐代设立有渠堰使，但是担任者一般品级较高[3]。志文没有记载张彦敏在修理渠道时的具体职务，因而其职位当不会太高。

张彦敏正是由于作为内养，在中央负责宣扬皇命，在地方曾经参与平定叛乱、运送军粮、负责修建堤坝等，表现不俗，因而在王仙芝、黄巢起义之时，也不可避免地参与其中。根据《资治通鉴》记载，在蕲州第一次招降王仙芝失败之

[1] 康兰英：《榆林碑石》，西安：三秦出版社，2003年，第242、243页。

[2] 李令福：《论唐代引泾灌溉的渠系变化与效益增加》，《中国农史》2008年第2期，第14～22页。

[3] 宁志新：《隋唐使职制度研究》（农牧工商编），北京：中华书局，2005年，第151、152页。

后，杨复光于唐僖宗乾符四年（877）十一月再次遣使说降王仙芝，最终因为尚君长被杀而失败[1]。根据志文记载，张彦敏在"以乾符四年十月十五日薨于此州界马鞍□下独山馆东"。《资治通鉴》把这次和谈的时间定在乾符四年十一月[2]。根据志文："明年正月，有恩旨，遣长子从铋、故吏陈绍，护灵榇以还京阙，涉几多之水陆，度无限之邑居。"可见张彦敏遗体是在第二年，也就是乾符五年（878）正月在其长子护送下回到长安。志文记载说其"有二子，长曰从铋，陷在贼中七十余日，危言逊行，却得来归，必继箕裘，已为内养"。可见其长子张从铋很可能是跟随在张彦敏身边的，因而这次和谈的时间应当是张彦敏被害的乾符四年十月十五日之前。

张彦敏在唐懿宗乾符四年十月十五日被害之后，于乾符五年正月由其子和故吏护送回长安，直到乾符六年才下葬，所谓"以六年八月十五日殡于京兆府长安县龙门乡栾村先茔之原，礼也"。根据相关研究，可知唐代宦官的卒葬地与其生前居住地的分布有密切关系，一般都是采取就近安葬的原则[3]。"先茔之原"，是指其家族墓地。长安县龙门乡这一带属于唐代宦官的卒葬地之一，栾村位于长安城西十里，大体位置在西安西郊张家庄以西，阎村以南这一范围内[4]。

三、志文所涉王仙芝起义史事考

宋代史学家宋祁在论及唐朝灭亡的原因时，曾说道："唐亡于黄巢，而祸基于桂林。"[5]一般都认为唐朝的灭亡，起因就是晚唐王仙芝、黄巢起义。吕思勉先生在详细考察了晚唐的兵乱和农民起义后，曾说："盖唐自肃代以来，久恃江淮财赋以为命，故其重之如此也。仇甫虽失败。然黄巢以后，卒至两河、江淮，

---

[1]（宋）司马光：《资治通鉴》卷二五二，乾符四年十一月条，北京：中华书局，1956年，第8194页。

[2]《资治通鉴》卷二五三，乾符四年十一月条，第8193页。

[3] 杜文玉：《唐代长安的宦官住宅与坟茔分布》，《中国历史地理论丛》1997年第4期，第89~94页。

[4] 杜文玉：《唐代长安的宦官住宅与坟茔分布》，第93、94页。

[5]《新唐书》卷二二二中《南蛮中》，第6295页。

财不上供，而唐遂瓦解矣。"[1]黄巢起义切断了唐朝的东南供赋，使得赖以维持的财政体系逐渐瓦解，从而加剧了地方藩镇的独立化和混战，拉开了唐朝灭亡的序幕，最终使唐朝灭亡于藩镇之间的战争。

唐懿宗乾符二年（875）五月王仙芝率众起义[2]，义军发展迅速，震惊朝廷，拉开了王仙芝、黄巢起义的序幕。尽管王仙芝起义势头很猛，但是一开始唐朝政府仍然把其看作一般的草贼，正如《旧唐书》记载："王仙芝本为盐贼，自号草军，南至寿、庐，北经曹、宋。半年烧劫，仅十五州；两火转斗，逾七千众。"[3]然而朝廷剿杀不力，在很短的时间里，王仙芝、黄巢起义的军队已经从两河到达江淮地区。正如《资治通鉴》记载："群盗侵淫，剽掠十余州，至于淮南，多者千余人，少者数百人。"[4]尽管唐廷紧急派遣军队镇压，但是最终都归于失败，王仙芝起义军声势越来越大。史书记载中央招讨军曾经打败起义军，然根据相关研究认为不可信[5]。

根据相关研究可知，王仙芝在流动作战的过程中，南下攻打蕲、黄等，北上攻打宋州，又派尚君长乞降，后南下攻打江陵[6]。志文这样记载："厥有草贼自号仙芝，枭鸣于扬楚荆襄，狼戾于寿光汝郑。嗟乎四海，半丧元元。"由此可见义军声势之大。根据《资治通鉴》记载："王仙芝攻蕲州。蕲州刺史裴偓，工铎知举时所擢进士也。王镣在贼中，为仙芝以书说偓。偓与仙芝约，敛兵不战，许为之奏官；镣亦说仙芝以如约。偓乃开城延仙芝及黄巢辈三十余人入城，置酒，大陈货贿以赠之，表陈其状。诸宰相多言：'先帝不赦庞勋，期年卒诛之。今仙芝小贼，非庞勋之比，赦罪除官，益长奸宄。'王铎固请，许之；乃以仙芝为左神策军押牙兼监察御史，遣中使以告身即蕲州授之。仙芝得之甚喜，镣、偓皆贺。未退，黄巢以官不及己，大怒曰：'始者共立大誓，横行天下，今独取官赴

---

[1] 吕思勉：《隋唐五代史》，上海古籍出版社，2005年，第401页。

[2] 方积六：《黄巢起义考》，北京：中国社会科学出版社，1983年，第9页。

[3] （后晋）刘昫：《旧唐书》卷一九下《僖宗本纪》，北京：中华书局，1975年，第699页。

[4] 《资治通鉴》卷二五二，乾符二年十一月条，第8182页。

[5] 方积六：《黄巢起义考》，第23页。

[6] 方积六：《黄巢起义考》，第25页。

左军，使此五千余众安所归乎！'因殴仙芝，伤其首，其众喧噪不已。仙芝畏众怒，遂不受命，大掠蕲州，城中之人，半驱半杀，焚其庐舍。偓奔鄂州，敕使奔襄州，镣为贼所拘。"[1]根据《唐刺史考全编》，可知在唐僖宗乾符二年到三年（875～876）王镣担任汝州刺史，被起义军所俘虏[2]。因而王仙芝这次乞降发生在乾符三年（876），志文记载发生在乾符四年（877）。根据《资治通鉴》记载王仙芝曾经七状乞降[3]，可见王仙芝乞降不是一次。

　　根据志文记载："天子旰食为忧，丞相问牛且罢。虽赵城悬釜，鲁阳挥戈，以诸藩维，未为危迫。或奏云尚君长效款，王仙芝倒戈，望降急宣，兼示优宠。主上欲令尽居率土，不愿更有征师。选内庭之重臣，求庶僚之硕德。往持君命，不易其人。"查《资治通鉴》可知："招讨副使、都监杨复光遣人说谕王仙芝，仙芝遣尚君长等请降于复光，宋威遣兵于道中劫取君长等。"[4]根据相关研究可知王仙芝派遣尚君长乞降，中途被宋威劫取，朝廷最终将尚斩杀于长安[5]。因而王仙芝这次乞降时间是在唐僖宗乾符四年十月十五日前。志文记载张彦敏"才及蕲州，已临贼垒。稍回征骑，且止黄州"。可见杨复光派遣张彦敏前去招安王仙芝，但是宋威劫夺尚君长，并且朝廷将尚斩杀于长安。招安失败，张彦敏在从蕲州回逃的过程中，于黄州被擒，死于该州马鞍□下独山馆东。志文："有二子，长曰从铋，陷在贼中七十余日，危言逊行，却得来归，必继箕裘，已为内养。"因而张彦敏应当是这次招安的负责人。但最终由于朝廷斩杀尚君长，导致招安失败，作为前往招安的敕使张彦敏被杀。

（作者单位：暨南大学中外关系研究所）

---

[1]《资治通鉴》卷二五二，乾符三年十二月条，第8187、8188页。

[2] 郁贤皓：《唐刺史考全编》卷五四《汝州》，合肥：安徽大学出版社，2000年，第727、728页；方积六：《黄巢起义考》，第27页。

[3]《资治通鉴》卷二五三，乾符四年十月条，第8193页。

[4]《资治通鉴》卷二五三，乾符四年十一月条，第8194页。

[5] 方积六：《黄巢起义考》，第46～50页。

"四平王"之封与唐五代的节度使政治[*]

刘　喆

　　封爵制度是中国古代政治制度的重要组成部分，长期以来一直受到中外学者的关注。有关唐五代时期封爵制度的研究，中外成果均有不少。杨光辉《汉唐封爵制度》及仁井田陞《唐代の封爵及び食封制》对唐代封爵制度的基本情况进行了研究[1]，金子修一的一组文章讨论了唐代对外夷的册封规律[2]，杜文玉师等《五代十国封爵制度初探》介绍了五代封爵制度的几个特点，如受封者所得爵名的变化、食封与食实封的变化等[3]，杜文玉师《五代十国制度研究》一书中又对五代十国时期的封爵与叙封制度进行了更加深入和详细的讨论[4]。

　　山崎觉士《吴越国王与"真王"含义——五代十国的中华秩序》是以封爵为

　　*本文系"中国人民大学2017年度拔尖创新人才培育资助计划成果"与国家社科基金重大项目"五代十国历史文献的整理与研究"（编号：14ZDB032）的阶段性成果。

　　[1]［日］仁井田陞：《唐代の封爵及び食封制》，《东方学报》10-1，1939年，第1~64页。杨光辉：《汉唐封爵制度》，北京：学苑出版社，2002年。

　　[2]［日］金子修一：《唐代册封制一斑——周边诸民族における"王"号と"国王"号》，西嶋定生博士还历纪念论丛编集委员会《东アジア史における国家と农民》，东京：山川出版社，1984年，第297~326页；《唐代の异民族における郡王号について——契丹·奚を中心にして》，《山梨大学教育学部研究报告》（第三十六号），1985年，第47~63页。《唐朝より见た渤海の名分の位置付けについて》，《唐代史研究会报告第Ⅷ集》，东京：刀水书房，1999年，第401~424页。

　　[3]杜文玉、王丽梅：《五代十国封爵制度初探》，《陕西师范大学继续教育学报》2003年第4期，第86~91页。

　　[4]杜文玉：《五代十国制度研究》，北京：人民出版社，2006年，第210~238页。

切入点对五代统治秩序的考察[1]。曾成《唐末五代王爵考》对唐末五代王爵的授予、王爵体系的分层及其对后世的影响进行了详细的论证[2]。果美侠对唐代异姓王群体进行了研究，对其分封方式、分类、命名及其与政治的关系都有所涉及[3]。本文所要讨论的唐五代时期以节度使封"四平王"的问题，属于特定历史时期的特殊历史现象，是封爵制度的一个特殊侧面，尚少有学人关注，就笔者所见，仅前引日本学者山崎觉士《五代の"中国"と平王》一文有所涉及[4]。在这篇文章中，川崎觉士讨论了五代时期平王的位阶和特性。他认为五代最高的封爵为国王，以下依次为一字王、平王、二字王、二字（一字）郡王；"平王"具有标示"中国"范围的特殊意义，其地位高于其他以郡王号命名的两字王。山崎觉士的文章对我们很有启发意义，但他的论述偏向于"平王"与五代天下秩序的关系，对于"平王"本身的政治特性，尤其是以节度使任"平王"的政治意蕴挖掘不够，尚有继续研究之必要。故笔者不揣浅陋，草成此文，以就教于方家。

一、"四平郡"和唐代（昭宗朝以前）的"四平王"

所谓"四平王"，指的是唐代（昭宗朝以前）用以册封勋贵的东平郡王、西平郡王、南平郡王、北平郡王，以及唐末（昭宗朝开始）五代的东平王、西平王、南平王、北平王。"四平王"起初都是郡王，按唐制，"郡王，从一品，食邑五千户"[5]。至唐末五代时，出现了以郡命名的王爵，级别在郡王之上[6]，东西

[1]［日］山崎觉士：《吴越国王与"真王"含义——五代十国的中华秩序》，［日］平田茂树等编《宋代社会的空间与交流》，郑州：河南大学出版社，2008年，第127～154页。

[2]曾成：《唐末五代王爵考》，武汉大学中国三至九世纪研究所编《魏晋南北朝隋唐史资料》第28辑，2012年，第224～242页。

[3]果美侠：《唐代异姓王研究》，首都师范大学硕士学位论文，2003年。

[4]［日］山崎觉士：《五代の"中国"と平王》，《中国五代国家论》第一章，京都：思文阁出版，2010年，第35～65页。

[5]（唐）李林甫等撰，陈仲夫点校：《唐六典》卷二《尚书吏部》，北京：中华书局，1992年，第37页。

[6]详细考证见曾成：《唐末五代王爵考》，第224～242页。

南北"四平王"爵号也于此时形成[1]。唐五代时期的"四平王"有其特殊的政治含义，欲了解"四平王"的政治内涵，首先需要理清"四平郡"的相关情况。

东平郡，建置始于西汉，东汉、西晋、隋、唐因之，其地始终在郓州附近。据《汉书·地理志》记载："东平国，故梁国，景帝中六年别为济东国，武帝元鼎元年为大河郡，宣帝甘露二年为东平国。"[2]又《后汉书·郡国志》："东平国，故梁，景帝分为济东国，宣帝改。"[3]又《晋书·地理志》："东平国，汉置。统县七，户六千四百。"[4]《隋书·地理志》云："东平郡，后周置鲁州，寻废。开皇十年置郓州。统县六，户八万六千九十。"[5]《新唐书·地理志》载："郓州东平郡，紧。本治郓城，贞观八年徙治须昌。"[6]

西平郡，地在陇西，始置于汉献帝建安十八年，晋、魏、隋、唐因之，后为吐蕃攻陷，遂废。《后汉书·郡国志》载："省司隶校尉，以司隶部分属豫州、冀州、雍州。省凉州刺史，以并雍州部，郡得弘农、京兆、左冯翊、右扶风、上郡、安定、陇西、汉阳、北地、武都、武威、金城、西平、西郡、张掖、张掖属国、酒泉、敦煌、西海、汉兴、永阳、东安南，凡二十二郡。"[7]又《晋书·地理志》："西平郡，汉置。统县四，户四千。"[8]又《隋书·地理志》："西平郡，旧置鄯州，统县二，户三千一百一十八。"[9]《旧唐书·地理志》载："鄯州，下都督府，隋西平郡。武德二年，平薛举，置鄯州，治故乐都城。贞观中，置都督府。天宝元年，改为西平郡。乾元元年，复为鄯州。上元二年九月，州为吐蕃所

---

[1] 本文认为四"平王"的得名与四"平郡"并无关联，详见下文。四"平王"由郡王发展为二字王是在昭宗朝以后，故前文以昭宗朝为二者之分界。

[2]（东汉）班固：《汉书》卷二八《地理志》，北京：中华书局，1962年，第1637页。

[3]（南朝宋）范晔：《后汉书》志第二一《郡国志》，北京：中华书局，1965年，第3451页。

[4]（唐）房玄龄：《晋书》卷一四《地理志》，北京：中华书局，1974年，第419页。

[5]（唐）魏徵：《隋书》卷三〇《地理志》，北京：中华书局，1973年，第844页。

[6]（宋）欧阳修、宋祁：《新唐书》卷三八《地理志》，北京：中华书局，1975年，第992页。

[7]《后汉书》志第二八《百官志》，第3618页。

[8]《晋书》卷一四《地理志》，第433页。

[9]《隋书》卷二九《地理志》，第814页。

陷，遂废。"[1]

南平郡，建置始于西晋。《晋书·地理志》载："及武帝平吴，分南郡为南平郡。"[2]南朝因之。隋灭陈，郡废。《隋书·地理志》载："孱陵，旧曰作唐，置南平郡。平陈，置县，大业初置郡。"[3]唐亦曾置南平郡，地在渝州。《旧唐书·地理志》载："渝州，隋之巴郡。武德元年，置渝州，因开皇旧名，领江津、涪陵二县。其年，以涪陵属涪州。三年，置万春县，改万春为万寿县。贞观十三年，以废霸州之南平县来属。天宝元年，改为南平郡。乾元初，复为渝州。"[4]

北平郡，建置始于秦，汉、晋、隋、唐因之，其地始终在幽州、平州一带。《史记·秦始皇本纪》载："（秦始皇二十六年）分天下以为三十六郡"[5]，右北平郡为其一。《汉书·地理志》载："右北平郡，秦置。莽曰北顺。属幽州。户六万六千六百八十九，口三十二万七百八十。"[6]《后汉书·郡国志》载："右北平郡，秦置。雒阳东北二千三百里。四城，户九千一百七十，口五万三千四百七十五。"[7]《晋书·地理志》载："北平郡，秦置。统县四，户五千。"[8]《隋书·地理志》载："北平郡，旧置平州。统县一，户二千二百六十九。"[9]《旧唐书·地理志》载："平州，隋为北平郡。武德二年，改为平州……天宝元年，改为北平郡。乾元元年，复为平州。"[10]

通过以上材料可以看出，除南平外，东平、西平、北平三郡从建置起至于唐，其地理范围都比较固定，而南平的地理范围分为两个：一在荆州一带；一在渝州一带。

---

[1]（后晋）刘昫：《旧唐书》卷四〇《地理志》，北京：中华书局，1975年，第1633页。

[2]《晋书》卷一五《地理志》，第454页。

[3]《隋书》卷三一《地理志》，第895页。

[4]《旧唐书》卷三九《地理志》，第1542页。

[5]（汉）司马迁：《史记》卷六《秦始皇本纪》，北京：中华书局，1959年，第239页。

[6]《汉书》卷二八《地理志》，第1624页。

[7]《后汉书》志第二三《郡国志》，第3528页。

[8]《晋书》卷一四《地理志》，第426页。

[9]《隋书》卷三〇《地理志》，第858页。

[10]《旧唐书》卷三九《地理志》，第1519页。

唐代（昭宗朝以前）以节度使获封"四平王"者，共有七人，分别是：

安禄山。天宝九载（750）夏五月，"乙卯，安禄山进封东平郡王。节度使封王，自此始也"[1]。

哥舒翰。天宝十二载（753）"进封凉国公，食实封三百户，加河西节度使，寻封西平郡王"[2]。

李忠臣。代宗大历年间，"以忠臣为汴州刺史，加检校司空、同中书门下平章事，封西平郡王"[3]。

李希烈。建中二年（781）五月，"己巳，以淮宁军节度使李希烈充汉南北诸道都知兵马招抚处置等使，封南平王"[4]。

李晟。兴元元年（784）八月，"癸卯，加司徒、中书令、合川郡王李晟兼凤翔尹，充凤翔陇右节度等使、泾原四镇北庭行营兵马副帅，改封西平郡王"[5]。

马燧。兴元元年（784）正月，"加检校司徒，封北平郡王"[6]。

高崇文。元和元年（806）九月，"丙寅，以剑南东川节度使、检校兵部尚书、梓州刺史、封渤海郡王高崇文检校司空，兼成都尹、御史大夫，充剑南西川节度副大使、知节度事、管内度支营田观察使、处置统押近界诸蛮及西山八国兼云南安抚等使，仍改封南平郡王，食邑三千户"[7]。

唐人李涪在《刊误》卷下"封爵"条说："凡所封邑必取得姓之地。"观以上七次有关"四平王"的册封，与李涪总结的这条原则颇有不同之处。首先是玄宗时的两次册封。安禄山是营州柳城人，《全唐文》中保留了《封安禄山东平郡王制》[8]，制书中载安禄山受封东平郡王之前的封爵为"柳城郡开国公"；按安

[1]《旧唐书》卷九《玄宗纪》，第224页。

[2]《旧唐书》卷一〇四《哥舒翰传》，第3213页。

[3]《新唐书》卷二二四《叛臣传》，第6389页。

[4]《旧唐书》卷一二《德宗纪》，第329页。

[5]《旧唐书》卷一二《德宗纪》，第345页。

[6]《旧唐书》卷一三四《马燧传》，第3696页。

[7]《旧唐书》卷一四《宪宗纪》，第418、419页。

[8]（清）董诰：《全唐文》卷二五《封安禄山东平郡王制》，北京：中华书局，1983年，第289页。

禄山受封时身兼范阳、平卢两镇节度，无论从哪方面看都与东平郡毫无关系，为何未封辽西郡王或北平郡王，而是被封为东平郡王呢？检看其册封制书，笔者认为，此处的东平并非东平郡之东平，而是为了彰显安禄山功业而取的美称。制书中盛赞其功，又有"不有殊恩，孰彰茂绩"之语，便是此般。哥舒翰生于安西，以凉国公进位西平郡王，应该也有彰显功业的意思。还有一个原因与玄宗朝的军事格局有关，当时安禄山与哥舒翰隐隐为玄宗朝东西两大军事集团的领袖，在安禄山获封东平郡王、身兼三镇之后不久，朝廷便册封哥舒翰为西平郡王，某种意义上也是为了平衡制约，稳定政局。李忠臣本名董秦，是幽州蓟县人。乾元二年（759），代宗将其"召至京师，赐姓李氏，名忠臣，封陇西郡公"。大历年间又封西平郡王。李希烈，燕州辽西人。其于建中二年（781）获封"南平郡王"，是由于兴兵讨伐梁崇义之故。未建功而先授爵，深含勉励之意。与此相似的还有兴元元年（784）获封"北平郡王"的马燧。马燧本为汝州郏城人，获封"北平郡王"时为河东节度使，受命讨伐河北叛镇。同为德宗朝的李晟，在册封上更为特殊。李晟是洮州临潭人，获封"西平郡王"之前，其爵号为"合川郡王"，是典型的"以得姓之地"册封。但其受封"合川郡王"之后又授"西平郡王"，则至少能反映出两个信息：一是此处的"西平郡王"定非"以得姓之地"册封；二是"西平郡王"在地位上要高于"合川郡王"。宪宗朝名将高崇文，"其先自渤海徙幽州"，故其始封爵号"渤海郡王"也是属于"以得姓之地"册封。元和元年（806）高崇文率军讨平刘辟之乱，改封为"南平郡王"，则此处的"南平郡王"也并非"以得姓之地"册封，且地位高于"渤海郡王"。

以上七人在获封"四平王"时均不满足以"得姓之地"册封的原则。详考其册封过程可以发现："四平王"的册封与"四平郡"并无太大关联，"四平王"封号应属美称爵号，有其特殊的政治含义。这种特殊含义在笔者看来就是"使四方平定安宁"，对藩镇将帅乃至全国武人来说，实为殊勋。也正是由于这种特殊的政治内涵，使得"四平王"比一般"以得姓之地"冠名的郡王地位更高，亦使得"四平王"之号与"必取得姓之地"的原则不相吻合。需要注意的是，该时期"四平王"虽具有一定的特殊性，但从位阶上看仍属于郡王级，只是地位比一般郡王要高，且获封"四平王"之对象均为朝廷倚靠之大将，与中央政府关系密切。

二、唐末（昭宗朝开始）五代的"四平王"

唐末五代以节度使获封"四平王"者，共有二十二人。其中东平王为朱全忠、张全义、房知温、王建立、杨光远；西平王为杜洪、朱友谦、李从曒、李彝兴；南平王为赵匡凝、钟传、刘隐、刘岩、高季兴、高从海、高保融；北平王为罗弘信（追封）、王镕、王处直、高万兴、赵德钧、刘知远。为便于阅读，列表如下：

唐末五代"四平王"统计表

姓名	获封时间	王爵	官职
朱全忠	龙纪元年（889）	东平王	宣武淮南等节度副大使
王　镕	乾宁五年（898）	北平王	成德节度使
罗弘信	光化元年（898）	北平王（追封）	魏博节度使
赵匡凝	光化三年（900）	南平王	忠义节度使
钟　传		南平王	镇南节度使
杜　洪	天祐元年（904）	西平王	武昌军节度使
张全义	天祐元年（904）	东平王	天平军节度使
王处直	开平三年（909）	北平王	义武节度使
刘　隐	开平三年（909）	南平王	广州节度使
刘　岩	乾化元年（911）	南平王	广州节度使
高万兴	后梁时	北平王	鄜延节度使
朱友谦	天祐十七年（920）	西平王	河中节度使
高季兴	同光二年（924）	南平王	荆南节度使
高从海	应顺元年（934）	南平王	荆南节度使
房知温	清泰元年（934）	东平王	平卢军节度使
李从曒	清泰元年（934）	西平王	凤翔节度使
赵德钧	清泰元年（934）	北平王	幽州节度使
王建立	天福三年（938）	东平王	青州节度使
杨光远	天福五年（940）	东平王	青州节度使
刘知远	开运二年（945）	北平王	河东节度使
高保融	显德元年（954）	南平王	荆南节度使
李彝兴	显德中	西平王	夏州节度使

注：除"王镕"条出自《五代墓志汇考》外，表格中其他内容均出自两《唐书》和新、旧《五代史》。

　　唐末五代时间跨度较大，各朝自有典章，为清晰呈现"四平王"的演变过程，笔者将该时期划为两个阶段分别予以分析。

　　首先是唐末和后梁时期。唐末获封"四平王"者共有七人，分别是朱全忠、王镕、罗弘信（追封）、赵匡凝、钟传、杜洪、张全义。朱全忠，宋州砀山人，获封"东平王"前已先后被封为"沛郡王""吴兴郡王"。昭宗龙纪元年（889），因讨平蔡州秦宗权而进封为"东平王"，以彰其功业。据《王镕墓志》和曾成的研究，王镕于乾宁五年（898）获封"北平王"[1]。按王镕时为成德节度使，获封"北平王"之前的封号为"常山郡王"。罗弘信之"北平王"为光化元年（898）追封，其生前封号为"临清郡王"。值得注意的是，光化元年（898）同时册封王镕并追封罗弘信为"北平王"，是有其深层的政治意味的。盖因光化元年（898）朱温派大将葛从周攻取了李克用控制的邢、洺、磁三州，则其奏请唐廷先封王镕是为了翦除河东之援手，取三州之后命王镕绝晋归梁，又追封罗弘信为"北平王"，则是为了挑起魏博与成德之隙的一种政治手段。赵匡凝，袭父爵为淮安郡王，后封"南平王"、楚王。钟传，僖宗朝获封镇南节度使、颍川郡王，又徙南平[2]。按钟传卒于天祐三年（906），"南平王"为其最高官爵，但至迟从光化三年（900）起至天祐元年（904）朝廷一直是以赵匡凝为"南平王"，故钟传之"南平王"封号不可能早于天祐元年（904）。杜洪，以武昌军节度使为"西平王"。按杜洪与钟传均为效力朱温之人，在朱温和杨行密的争衡中起到了重要的牵制作用。二人一在杨吴之西、一在杨吴之南，"西平王""南平王"之封，或缘于此[3]。张全义，濮州人，获封"东平王"时为天平军节度使。按张全义久镇河南，移镇天平纯是由于"梁祖将图禅代，虑全义心有异同"之故，其进爵很大程度上也是朱温为博取他支持而使用的一种政治手段。昭宗遇害后，张全义很快又改河南尹兼忠武军节度使。

　　后梁时期，获封"四平王"的共有四人，分别是王处直、刘隐、刘岩、高万

---

[1] 曾成：《唐末五代王爵考》，第222、223页。

[2] 《新唐书》卷一九〇《钟传传》，第5487页。

[3] 杜洪、钟传及下文高万兴获封"四平王"的情况较为特殊，三人并不符合常规的"平王"册封方式，而是以其所在的位置相对于割据政权的位置来册封的。这种情况也适用于后梁时的其他几位"平王"，或为后梁朝所特有（朱温在唐末即已实际控制政权），亦未可知。

兴[1]。其中王处直与刘隐均为开平三年（909）所册，此二人仅为当年所册五王之二，其余三人为：福建节度使王审知封闽王、同州节度使刘知俊封大彭郡王、山南东道节度使杨师厚封弘农郡王[2]。朱温的此次册封，带有十分明显的军事战略意图，五王的布局，均在河东、杨吴、秦岐等割据政权之侧。后梁对刘隐、刘岩兄弟的册封始于开平三年（909），直至贞明五年（919）九月，才因刘岩僭号而止。对王处直的册封，则一直持续到龙德三年（923）其去世为止。高万兴，山崎觉士认为其同光元年（923）获封"北平王"，此言不确。据《旧五代史·世袭列传》："及万金卒，梁祖以万兴兼彰武、保大两镇，累加至太师、中书令，封北平王。庄宗定河洛，万兴来朝，预郊礼陪位，既还镇，复以旧爵授之。"[3]可知高万兴于后梁时已被封为"北平王"。又因"北平王"爵位先赐王处直，故万兴获爵应在处直之后。后梁册高万兴为"北平王"，实际上还是沿袭了朱温时的做法，将"平王"设置于割据政权之侧，以达到牵制、骚扰的军事目的。

　　通过以上分析可以看出，唐末及后梁时册封"四平王"有以下几个特点：一是"四平王"的位阶已经明显高于郡王，但仍低于一字王。二是"四平王"的设置大多是出于某项具体的政治或军事需要，其设置的位置也大多位于割据势力之侧。三是获封"四平王"的藩镇大多具有相当程度的独立性，中央政府对"四平王"并无实际上的控制力，而只是具有名义上的统御权和号召力。这种情况是唐末藩镇割据政治生态的一种历史遗留。

　　其次是后唐至后周时期。该时期共置"四平王"十二人，分别是：朱友谦、高万兴、高季兴、高从海、房知温、李从曮、赵德钧、王建立、杨光远、刘知远、高保融、李彝兴。其中高万兴为后梁旧臣，荆南高氏世据南平之地，略去不论。则这一时期先后设置的东平王有房知温、王建立、杨光远；西平王有朱友谦、李从曮、李彝兴；北平王有赵德钧、刘知远。

　　朱友谦，天祐十七年（920）以河中节度使获封"西平王"。按其在后梁时已获封"冀王"，但河东奉唐为正朔，视后梁为伪朝，故其封号应该也低于一字王。房知温、李从曮、赵德钧三人均于清泰元年（934）进位"平王"，时末帝废

---

[1] 朱友谦为李存勖所封，故不计入后梁封爵之列。

[2] （宋）薛居正：《旧五代史》卷四《太祖纪》，北京：中华书局，1976年，第68页。

[3] 《旧五代史》卷一三二《世袭列传》，第1744页。

愍帝而自立，册封三人应是为了稳定政局之用。李从曮，李茂贞长子，明宗时为天平节度使。末帝起兵于凤翔，尽取李从曮家中财物，称帝后又以从曮为凤翔节度使、西平王，很明显是为了予其恩德、稳定政局。但这种做法也有一定的负面影响，明宗以李从曮为天平节度使，以末帝为凤翔节度使，基本上实现了对秦岐地区的有效管理，将其重新纳入中央政府的控御之下。末帝的行为无异于放虎归山，使得秦岐地区一定程度上又回到半独立的状态中去了。王建立、杨光远皆是勋贵旧臣，王建立为石敬瑭旧友，数掌大镇；杨光远则在后唐围攻河东的关键时刻降于石敬瑭，二人获封俱在情理之中。刘知远获封"北平王"实为抵御契丹之故，李彝兴于显德年间获封则是因其多有勋劳。

纵观后唐至后周时期"四平王"的设置，可以发现如下几个特点：

一是南平王的设置在地理空间上始终没有发生过大的变化。荆南高氏于同光二年（924）向庄宗称臣，后虽偶有叛乱不轨，但基本上维持了称臣的状态，直至入宋。故其封域在几十年的时间里并未发生太大的变化。

二是北平王的设置由河北道转移到了河东道。唐末及后梁时，北平王的置地在魏博、成德、义武、鄜延等地流转，但大部分的时间都在河北道。后唐时以幽州赵德钧为北平王，亦是将北平王置于河北道。至后晋少帝时将刘知远册为北平王，首次将北平王的封域设置在了河东。出现这种情况的原因有三：一是由于后唐时终结了所谓"河朔故事"，将河北的割据藩镇尽皆消灭，实现了对这一地区的有效统治和管理；二是由于后晋时割幽云十六州予契丹，河北道伤筋动骨，在军事力量上已经逐渐落后于兵马精强的河东道，不能满足抵御契丹的需求；三是由于晋少帝本人虽出身河东，但与时任河东节度使刘知远并不十分和睦，晋少帝与契丹作战时，刘知远常作壁上观，实际上处于一种"半独立"的状态，因而封其为北平王。

三是东平王封域的东移和西平王封域的西移。东平王的封域由郓州天平军转移到了青州平卢军。唐末以郓州天平军为东平王的封域，后梁不置东平王，后唐及后晋则以青州平卢军为东平王的封域。西平王的封域则由河中转移到凤翔最终落到夏州定难军。

需要注意的是，该时期四"平王"的位阶，仍然都在一字王之下。如李从曮，后唐时为西平王，后晋天福年间获封岐王、秦王；再如赵德钧，先封北平王，后被追封为燕王；又如杨光远，先封东平王，后被封为寿王；又如李彝兴，后周显德中封西平王，后追封为夏王。

纵观唐末五代时期，可以发现：该时期"四平王"的授予对象或者说授予目的发生了一些变化。昭宗朝以前的"四平王"，其政治内涵为"使四方平定"，授予的主要目的是"旌功业"；该时期"平王"的授予则带有明显的拉拢意味。"四平王"的封授对象或许并未建有平定四方之功，其册封只是中央政府为实现某种政治或军事目的的一种手段，是对封爵制度的一种灵活应用。随着中央集权的逐渐增强，"四平王"的相对独立性有所下降，东平王和北平王逐渐退出历史舞台。后唐至后周时期"四平王"封域的变化反映了该时期中央集权实际控制范围变化的动态过程。

三、"四平王"折射出的节度使政治

纵观唐五代"四平王"的演变过程可以发现，在整个唐宋时期的封爵体系中，"四平王"的角色始终在发生变化。唐末五代的"四平王"与昭宗朝以前的"四平王"本质不同，这种不同不仅体现在位阶上，更体现在授予对象和授予目的上。从位阶上看，唐代昭宗朝以前，"四平王"在位阶上属于郡王级，只是地位比一般郡王高；唐末五代时，"四平王"的位阶超越郡王，成为介于郡王和一字王之间的特殊王爵。从授予对象和授予目的上看，唐代昭宗朝以前，"四平王"主要授予中央政府倚靠的、关系密切的大将，其主要目的是"旌功业"；唐末五代时，"四平王"则主要授予"半独立"的藩镇将帅，其主要目的是拉拢、收买。之所以出现这样的情况，与唐五代时期的节度使政治是密切相关的。唐后期以来藩镇割据，中央集权衰落，掌有重兵的节度使成为重要的政治力量。这种政治力量的异军突起对唐五代社会的方方面面都造成了极大的冲击，这其中当然也包括封爵制度。

赵翼曾经对唐后期滥授王爵的情况进行过激烈的批评，称"是时爵命虽荣，人皆不以为贵，即身受者亦不以为荣，故大将军告身才易一醉。爵赏驭人之柄，于是乎穷"[1]。赵翼所批评的滥授的王爵主要是郡王爵，这种批评形象地反映了当

---

[1]（清）赵翼：《陔馀丛考》卷一七《唐时王爵之滥》，北京：中华书局，1963年，第337页。

时封爵制度"爵赏驭人"功能的瘫痪。为了重建封爵制度"爵赏驭人"的功能，唐末五代的中央政府进行了不懈的努力，创造出了许多新的位阶高于郡王的封号，以赏功而收勋贵之心。以郡命名的二字王、平王、国王、二字国王，这些高于郡王位阶的封号也都因之产生。之所以进行这样的封赏，根本原因还是由于受封的节度使尚掌有比较强大的政治军事力量，即还具有相当程度的独立性。一旦节度使失去这些力量，丧失独立之根基，则其所获之封爵，也就随之失去了。东平王与北平王的逐渐消失，能够清晰地反映出这个问题。

东平王，唐末时授予朱温，后曾短暂地授予张全义。终后梁一朝，始终不置东平王。笔者分析其原因，大致有二：一是东平王本为朱温之封号，他代唐称帝后，不愿授也无人敢受此封号；二是后梁时期，中央政府对东部疆域的控御始终都很严密，不具备册封"东平王"的条件。后唐时授房知温为"东平王"，是因为末帝新立，为稳定政局之故。后晋时以王建立和杨光远为"东平王"，均是以赏功之故。北平王，唐末至后晋曾先后置于魏博、成德、义武、鄜延、幽州、河东，刘知远称帝后，史书再不见以节度使任北平王之记载。东平王与北平王的停置，根本原因在于经过后唐明宗和后周世宗对禁军的改革后，中央集权的力量大大加强，对藩镇形成了压倒性优势，将山东和河北地区的藩镇纷纷收拢在中央政府的强力管控之下。而河东地区则倚其精兵险隘自立为北汉政权，在某种意义上也可以看作一个自立的"北平王"，但已不在讨论之列了。

总之，随着中央集权的逐渐恢复，中央政府对国家东北部地区的控制逐渐加强，东平王与北平王也因之丧失了生存的土壤，一步步退出历史舞台，而西平王和南平王则因远离政治中心，在宋代获得了新的发展。

余论：西平、南平的立国与宋代封爵制度的重建

建隆元年（960），赵匡胤黄袍加身，成为北宋开国君主。此时，南平王荆南高氏和西平王夏州李氏两个割据政权均还存在。建隆四年（963），高继冲纳地请降，荆南灭亡，高氏南平王至此而绝。强大的中央集权迅速席卷了荆南，南平王在随后的几十年里被停置，似乎是步了东平王和北平王的后尘。但与东平王和北平王不同的是，南方的疆域在地理上终究是远离北宋的政治中心的，也就是说，中央集权在向南方推进的过程中终究是会衰弱的。太宗太平兴国四年（979）

灭北汉，消除了北方的割据势力。次年（980），又派侯仁宝、孙全兴率兵攻打交州黎桓。六年（981），宋军伐交州不利，不得已承认了黎桓的统治地位，并于淳化四年（993）封其为交阯郡王[1]。太宗至道三年（997）夏四月，又以"静海军节度使、交阯郡王黎桓加兼侍中，进封南平王"[2]，使得停置三十四年之久的"南平王"重新回到历史舞台。前黎朝灭亡之后，北宋又继续册封李朝的诸位君主为南平王。至南宋淳熙元年（1174）春正月，"以交阯入贡，诏赐国名安南，封南平王李天祚为安南国王"[3]。太平兴国七年（982），夏州李继捧献银、夏、绥、宥等地，其弟李继迁叛。历经多年征战，李继迁始终活跃于西北，并于真宗咸平五年（1002）攻克西北重镇灵州。继迁死后，其子德明嗣位。景德三年（1006），宋"以赵德明为定难军节度兼侍中，封西平王"[4]。明道元年（1032），德明死，其子元昊嗣位。宝元元年（1038），李元昊称帝，建国号为大夏，遣使奉表告于宋。次年，宋仁宗下诏削夺元昊在身官爵，宋夏开战。庆历四年（1044），宋夏议和，夏向宋称臣，宋封元昊为夏国王。

西平王、南平王两脉的复兴及立国，并不是偶然的。按北宋太宗太平兴国年间的用兵，都是针对周边割据势力的，最终的结果是灭北汉、止交州。李继捧献地入朝之后，继迁祖孙三代始终能够活跃于西北并最终立国。出现这种不同情况的根本原因还是在于重建的中央政府的实力已不足以对西北诸州和交州形成有效的控制和管理。

宋初对藩镇进行了"稍夺其权，制其钱谷，收其精兵"的改革，自此之后，藩镇的政治军事力量大减，已不足以对中央集权形成威胁。西平、南平两脉的立国是唐末五代节度使政治发展的余晖，是在特殊的历史条件下形成的。此时的"西平"及"南平"封号，其政治意义已开始由域内向域外进行转移，即不同于唐末五代均将"四平王"置于疆域之内，宋代所置之"西平王"和"南平王"，某种意义上意味着中央政府对这些地区独立性的默许，而"夏国王"和"安南国王"的出现，则是对这些地区独立性的正式认可。

---

[1]（元）脱脱：《宋史》卷五《太宗纪》，北京：中华书局，1977年，第91页。

[2]《宋史》卷六《真宗纪》，第104页。

[3]《宋史》卷三四《孝宗纪》，第657页。

[4]《宋史》卷七《真宗纪》，第131页。

以郡命名的二字王、平王、国王、二字国王，都是在唐末五代节度使政治的特殊历史条件下形成的，这种特殊性也必然会随着中央集权的重建而消失。宋代以唐制为蓝本重新修定封爵制度，列爵九等："曰王，曰郡王，曰国公，曰郡公，曰县公，曰侯，曰伯，曰子，曰男。"[1]当然，宋代实际行用中的爵等与条文品令中所记载的爵等并非全然一致[2]，但其基本沿袭了唐制，这是没有疑问的。诚如《文献通考》所言："封爵之差，唐制：王食邑五千户；郡王、国公，三千户；开国郡公，二千户；县公，千五百户；县侯，千户；伯，七百户；子，五百户；男，三百户。又有食实封者，给缣帛，每赐爵，递加一级。唐末及五代始有特加邑户，而罢实封之给，又去县公之名，封侯以郡。宋朝沿其制……又于王爵之上有国王及西平、南平之号，皆非常典所加。"[3]随着宋代对自身疆域内领地管控程度的增强，二字国王、国王、平王等封号便逐渐不再对内授予，而对已经存在的这些封号，也是采取逐渐消解的方式，以使疆域内所有的爵号都尽量符合重新设计好的制度规定。以吴越钱氏为例，钱氏自钱镠获封吴越国王，历钱元瓘、钱佐、钱倧直至钱俶，始终为吴越国王。太平兴国三年（978），钱俶降宋，改封淮海国工，后又被改封汉南国王、南阳国王。雍熙元年（984），去国王号，改封许王，端拱元年（988），又封邓王，由二字国王逐渐成为一种普通王爵。而对难以控御的割据力量，便以"平王"和"国王"授之，这种现象反映了"平王"作为一种爵号在政治意义上自内而外的演化。

结　语

唐五代"四平王"的册封，从总体上来说经历了一个位阶由低到高、封域由内而外的过程。从位阶的变化上看，唐代昭宗朝以前，"四平王"只是带有一些特殊性的郡王；唐末五代时，"四平王"的位阶高于郡王而低于一字王、国王；至宋代，"四平王"的位阶又跃居王爵之上、国王之下。从册封对象的变化上看，唐代昭宗朝以前，"四平王"的册封对象主要是功臣和朝廷需要倚重之人；

[1]《宋史》卷一六三《职官志》，第3837页。

[2] 陈希丰：《再谈宋代爵的等级》，《文史》2016年第3辑，235～255页。

[3]（元）马端临：《文献通考》卷二七七《封建考十八》，北京：中华书局，1986年，第2199页。

唐末五代时，"四平王"则主要授予割据势力即具有较大独立性的藩镇节度使，但随着割据势力逐渐被消灭，"四平王"的授予也逐渐减少，东平王和北平王退出历史舞台；至宋代，西平王和南平王都曾短暂停置，重置之后则由域内转向域外，成为夏国王和安南国王的前身。

山崎觉士认为五代"平王"具有标识"中国"范围的特殊意义，这一点笔者并不认同。五代不同时期"四平王"的设置各有其原因，或许其中有一些能够表明"中国"的范围，但肯定不是全部。"四平王"所代表的与其说是天下秩序，不如说是中央王朝的边界。"四平王"册封形式的变化是政治过程的表现之一。唐至五代中央集权破碎、节度使政治崛起，表现在"四平王"的册封上就是位阶升高并向割据势力转移；五代至宋中央集权重塑、节度使政治逐渐衰落，但由于统治重心的转移和国家周边势力的新变化，新生的中央集权难以对西北诸州和交州形成有效的统治，这一系列的政治过程反映在"四平王"的册封上就是其位阶继续升高并由域内转向域外。概而言之，"四平王"册封的变化反映了唐宋时期中央集权从破碎到重新建构的动态过程。

附记：本文在撰写和修改的过程中蒙四川大学陈希丰、中国人民大学张亦冰、湖南大学闫建飞三位老师和中国人民大学张飘博士提供的诸多有价值的参考意见，在此一并致谢。

（作者单位：中国人民大学历史学院）

新、旧《五代史》勘误四则*

吴继刚

新、旧《五代史》是二十四史之一，是研究五代时期历史的重要典籍。中华书局将此书点校出版[1]，后陈尚君先生对点校本作修订[2]，为广大学人的研究提供了很大的便利。但限于材料，修订后的点校本仍有部分讹误、疏漏之处。今据谢彦章、李茂贞及夫人刘氏、孟知祥、罗周敬等人墓志材料，并结合传世文献对二书点校之修订本中几人传记中的错讹记载做校订，以期为中国史的深入研究提供准确的文献参考。

1.《旧五代史》卷十六《谢彦章传》、《新五代史》卷二三《谢彦章传》均载："谢彦章，许州人。"[3]

按：谢彦章，后梁将领，新、旧《五代史》皆有传。然正史所载之名讳、籍贯与志文有所不同。后梁贞明六年（920）《谢彦璋墓志》曰："公讳彦璋，字光

*本文系国家社科基金重大招标项目"5-11世纪中国文学写本整理、编年与综合研究"（编号：16ZDA175）、国家社科基金青年项目"巴蜀佛教碑文辑校汇考"（编号：16CTQ015）阶段性成果。

[1]（宋）薛居正：《旧五代史》，北京：中华书局，1976年；（宋）欧阳修：《新五代史》，北京：中华书局，1974年。

[2]（宋）薛居正等撰，陈尚君修订：《旧五代史》，北京：中华书局，2015年；（宋）欧阳修撰，徐无党注，陈尚君修订：《新五代史》，北京：中华书局，2015年。

[3]（宋）薛居正等撰，陈尚君修订：《旧五代史》卷十六《谢彦章传》，第252页；（宋）欧阳修撰，徐无党注，陈尚君修订：《新五代史》卷二三《谢彦章传》，第275页。

远，许州舞阳县人耶。"[1]志文曰"彦璋"，异于新、旧《五代史》之"彦章"，当以同时材料志文为正，且明本《册府元龟》卷一六六《帝王部》[2]、《太平广记》卷三五四《鬼三九》引《玉堂闲话》[3]作"彦璋"，亦为其证；且志文所载名讳"字光远"为正史所无，可据补。关于谢彦璋的籍贯，新、旧《五代史》均作"许州人"，相比之下，志文所载"许州舞阳县人"为详，正史无"舞阳县"，可据补。

2.《旧五代史》卷一三二《李茂贞传》载李继筹事："光化中，加茂贞尚书令，岐王，令其子继筹以兵宿卫。"[4]《新五代史》卷四〇《李茂贞传》亦载其事："中尉韩全诲等亦倚茂贞之强，以为外援，茂贞遣其子继筹以兵数千宿卫京师。"[5]

按：新、旧《五代史》均认为，李继筹是唐末藩镇李茂贞之子。《资治通鉴》卷二六二，天复元年正月条"崔胤以宦官典兵，终为肘腋之患，欲以外兵制之，讽茂贞留兵三千于京师，充宿卫，以茂贞假子继筹将之"[6]，则点明李继筹为李茂贞"假子"，即养子。而后唐同光三年（925）《李茂贞墓志》所载不同："亲兄茂庄，皇任山南节度观察处置等使、检校太尉兼侍中、赠太师。亲侄继筹，皇任邠府节度观察处置等使、检校太保、同中书门下平章事，赠太尉。亲

---

[1]陈长安主编：《隋唐五代墓志汇编·洛阳卷》，天津古籍出版社，1991年，第123页；北京图书馆金石组编：《北京图书馆藏中国历代石刻拓本汇编》第三十六册，郑州：中州古籍出版社，1997年，第20页；陈尚君辑校：《全唐文补编》中册，北京：中华书局，2008年，第1162、1163页；罗振玉：《芒洛冢墓遗文》卷下，民国六年（1917）自刊本，第1页；陈尚君辑纂：《旧五代史新辑会证》卷第十六，上海：复旦大学出版社，2005年，第434、435页。

[2]（宋）王钦若：《册府元龟》卷一六六《帝王部》，文渊阁四库全书，第905册，台北：商务印书馆，1986年，第48页。

[3]（宋）李昉：《太平广记》卷三五四《鬼三九》，文渊阁四库全书，第1045册，台北：商务印书馆，1986年，第3、4页。

[4]《旧五代史》卷一三二《李茂贞传》，第2024页。

[5]《新五代史》卷四〇《李茂贞传》，第489页。

[6]（宋）司马光：《资治通鉴》卷二六二，天复元年正月条，北京：中华书局，1956年，第8546页。

侄廓，皇任原州刺史、充本州防御使、检校太保。"[1]如此，则李继筠、李廓皆为李茂庄之子，李茂贞之侄，当以墓志所记为准。至于李继筠的官职，《李茂贞墓志》曰："亲侄继筠，皇任邠府节度观察处置等使、检校太保、同中书门下平章事，赠太尉。"这些官职，其他史料未见记载，恐不可信；至于赠官太尉一事，更不可信。据《资治通鉴》卷二六三，天复三年正月条："戊申，李茂贞独见上……茂贞请诛全诲等，与朱全忠和解，奉车驾还京。上喜，即遣内养帅凤翔卒四十人收全诲等，斩之。……是夕，又斩李继筠、李继诲、李彦弼及内诸司使韦处廷等十六人。己酉，遣韩偓及赵国夫人诣全忠营；又遣使囊全诲等二十余人首以示全忠，曰：'向来胁留车驾，惧罪离间，不欲协和，皆此曹也。今朕与茂贞决意诛之，卿可晓谕诸军以豁众愤。'辛亥，全忠遣观察判官李振奉表入谢。"[2]由此可见，李继筠作为叔父李茂贞与朱温（全忠）和解的替罪羊而被处死，罪名为"胁留车驾，惧罪离间，不欲协和"，此等罪大恶极之人，当无赠官太尉之理。

又，李茂庄事略史籍记载较少，仅见于《旧唐书》《资治通鉴》。《旧唐书》卷二十《昭宗本纪》曰："景福元年春正月丙午朔……凤翔李茂贞、邠州王行瑜、华州韩建、同州王行约、秦州李茂庄等上表疏兴元杨守亮纳叛臣杨复恭，请同出本军讨伐，兼自备供军粮料，不取给于度支，只请加茂贞山南招讨使名。"[3]《资治通鉴》卷二五九，景福元年正月条曰："凤翔李茂贞、静难王行瑜、镇国韩建、同州王行约、秦州李茂庄五节度使上言：杨守亮容匿叛臣杨复恭，请出军讨之，乞加茂贞山南西道招讨使。"[4]二书同记一事，但均未点明茂庄与茂贞是亲兄弟关系，可据志文补。

3.《旧五代史》卷一三二《李茂贞传》："从曮，茂贞之长子也"；"从昶，茂贞之第二子也"；"弟从照，历陇州刺史、诸卫大将军"[5]。

---

[1] 王凤翔：《新见唐秦王李茂贞墓志浅释》，《文物春秋》2006年第6期，第61~65页；宝鸡市考古研究所编著：《五代李茂贞夫妇墓》，北京：科学出版社，2008年，第122页。

[2]《资治通鉴》卷二六三，天复三年正月条，第8591、8592页。

[3]（后晋）刘昫：《旧唐书》卷二〇《昭宗本纪》，北京：中华书局，1975年，第747页。

[4]《资治通鉴》卷二五九，景福元年正月条，第8424页。

[5]《旧五代史》卷一三二《李茂贞传》，第2025页。

按：由《旧五代史》可知，李茂贞有三子：长子李从曎，次子李从昶，三子李从照。同前又载，"天成元年……九月，敕曰：李从曎等世联宗属……宜于'曎''昶''照'上改称'从'"。可知"曎""昶""照"前本无"从"字，后受皇封而加辈分字"从"。今考以后晋开运二年（945）《李茂贞夫人刘氏墓志》，"今凤翔节度使、秦王，即夫人长子也"；"故忠武军节度使从昶、前邠州行军司马从昭、前凤翔衙内都指挥使继曎，皆子也"[1]，可知"李从照"当为"李从昭"之误，当据志文正之。《旧五代史》卷一三〇《世袭列传第一》校勘记〔一五〕云："弟从照，李茂贞妻刘氏墓志（拓片刊《五代李茂贞夫妇墓》）记其子名从昭，或即此人。"[2]校勘记太过谨慎。撰写墓志时，一般志主之亲人会提供志主及其亲人名讳，且志文一经上石，不会随世更易，因此当以"从昭"为是。此外，据志文可知，李茂贞尚有一子名为李继曎，史籍未载此人，可据志补。

又，综合考察李茂贞、刘氏夫妇墓志，《李茂贞墓志》曰："长男，见任凤翔陇州节度观察处置等使，兼凤翔尹，检校太尉，兼中书令。次男，见任彰义军节度观察营田等使，检校太傅。次男，见任原州刺史，充本州防御使，检校太保。次男，次男，次男。长女出适柳氏，次女出适卢氏，又次女出适卢氏，又孙女出适裴氏，又次女出适郭氏，又次女出适路氏。"[3]《李茂贞夫人刘氏墓志》曰："故忠武节度使从昶，前邠州行军司马从昭，前凤翔衙内都指挥使继曎，皆子也。……长女出适卢氏，早世（逝）。次适凤翔节度判官韩昉。次适凤翔节度推官张居逊。"[4]两相比照可知，《李茂贞墓志》载李茂贞共六子五女，其中三子出于刘氏，即从昶、从昭、继曎。《李茂贞夫人刘氏墓志》载刘氏尚有二女，"次适凤翔节度判官韩昉"，"次适凤翔节度推官张居逊"，此二女《李

[1] 宝鸡市考古研究所编著：《五代李茂贞夫妇墓》，第178～180页；王凤翔：《唐秦王李茂贞之妻刘氏墓志考释》，杜文玉主编《唐史论丛》第9辑，西安：三秦出版社，2007年，第259～269页。

[2]《旧五代史》卷一三〇《世袭列传第一》，第2036页。

[3] 王凤翔：《新见唐秦王李茂贞墓志浅释》，第62页。

[4] 宝鸡市考古研究所编著：《后晋秦国贤德太夫人墓志考释》，《五代李茂贞夫妇墓》第179页。

茂贞墓志》未载，《旧五代史·李茂贞传》亦未载，可据志文补；但因文献不足故，此二女暂无从考证。

4.《旧五代史》卷九十一《罗周敬列传》："逾三年，征授秘书监、检校司空、驸马都尉，尚梁普安公主。"[1]《新五代史》卷三九《罗绍威传》云："周敬亦娶末帝女，曰晋安公主。"[2]

按：《旧五代史》认为罗周敬之妻是"普安公主"，《新五代史》则认为罗周敬之妻为"晋安公主"，二书所言龃龉。《旧五代史》引影库本粘签云："普安，原本作'荃安'，今从《五代会要》改正。"[3]今检《五代会要》，无此条。《新五代史》作"晋安"，知"荃安"为"晋安"之音讹。而后晋天福二年（937）《罗周敬墓志》则云："壬午冬十月，出降普安公主。""公以己丑岁五月，梁普安公主薨于同州。后再娶东海郡徐氏夫人，即故东川节度使、太师弟五女也。""长女适郝氏，次适娄氏，二女方幼，诸子皆普安公主之出也"[4]。志文中"普安"一词三现。墓志乃同时之人所作，当从之。《册府元龟》卷三〇〇《外戚部》亦云："罗周敬，初在梁，为许州节度使，征授秘书中监、驸马都尉，尚普安公主。"[5]正是。故《新五代史》作"普安"为是，《旧五代史》作"晋安"为非。

又，罗周敬之祖"弘信"，新、旧《五代史》有载。《旧五代史》卷十四《罗绍威传》曰："罗绍威，魏州贵乡人。父弘信，本名宗弁，初为马牧监，事节度使乐彦贞。"[6]《新五代史》卷三九《罗绍威传》曰："罗绍威，字端己，其先长沙人。祖让，北迁为魏州贵乡人。父弘信，为牧监卒。"[7]《罗周敬墓

---

[1] [3]《旧五代史》卷九一《罗周敬传》，第1408页。

[2]《新五代史》卷三九《罗绍威传》，第471页。

[4] 北京图书馆金石组编：《北京图书馆藏中国历代石刻拓本汇编》第三十六册，第62页；陈长安主编：《隋唐五代墓志汇编·洛阳卷》，第147页；陈尚君辑纂：《旧五代史新辑会证》卷九一，第2827、2828页；（清）王昶：《金石萃编》卷一二〇《罗周敬墓志》，北京：中国书店影印本，1985年，第1页。

[5]《册府元龟》卷三〇〇《外戚部》，第210页。

[6]《旧五代史》卷十四《罗绍威传》，第213页。

[7]《新五代史》卷三九《罗绍威传》，第468页。

志》亦有述："祖讳弘信，皇天雄军节度使、检校太师兼中书令、长沙王，累赠守太师，累封赵王，谥曰庄肃。"志文可为两《五代史》传记的直接佐证。而《全唐文》卷八百五十二《晋故竭诚匡定保乂功臣特进检校太保右金吾卫上将军兼御史大夫上柱国长沙郡开国公食邑一千八百户食实封一百户赠太傅罗公墓志铭（并序）》释文作："祖讳宏信，皇天雄军节度使检校太师兼中书令长沙王。"[1]释文作"宏信"，乃避清乾隆帝弘历名讳而改字。

（作者单位：西华师范大学古籍整理研究所）

---

[1]（清）董诰：《全唐文》卷八五二《晋故竭诚匡定保乂功臣特进检校太保右金吾卫上将军兼御史大夫上柱国长沙郡开国公食邑一千八百户食实封一百户赠太傅罗公墓志铭（并序）》，北京：中华书局，1983年，第8945页。

《唐史论丛》引文规范及说明

《唐史论丛》编辑部

一、一律使用简体字，人名、地名等简化后会产生歧义的可使用繁体字。

二、引文文字、标点等项，如有改动，须在注释中做出说明。

三、注释采用脚注，每页重新排序，序号用"[1]、[2]、[3]……"标识。体例如下：

（一）古籍类

一般情况下，引用古籍标注项目与顺序：责任者与责任方式/书名/卷次/部类名及篇名/出版地/出版社/出版时间/页码。

例：（宋）欧阳修、宋祁：《新唐书》卷四六《百官志》，北京：中华书局，1975年，第1183页。

注意事项：

1.若加注作者朝代，一律使用圆括号（ ）；若作者为外国人，一律使用方括号，如：［日］。

2.古籍卷次一律不得使用阿拉伯数字。《资治通鉴》等古籍须标注年月，为避免混乱，在卷次后加逗号"，"。如：《资治通鉴》卷二〇〇，永徽六年十月条，北京：中华书局，1956年，第6293页。

3.出版社须标注地址，如出版社名称中可体现地址（如：上海古籍出版社），则可不用标注。通行的中华书局点校本不标注"点校本"字样。影印、古籍刻本须标注。

4.页码连续在两页以内者，用顿号"、"（如：第1、2页）；在三页及以上者用浪纹线"～"（如：第1～3页）。

（二）一般图书

标注项目与顺序：责任者与责任方式/书名/卷册/出版地点（城市）/出版者/出版时间/页码。

例：张树年主编：《张元济年谱》，北京：商务印书馆，1991年，第6页。

注意事项：

若为译著，标注译者于卷册篇名后、出版地点前。如：〔日〕仁井田陞：《唐令拾遗》卷二一《公式令》，栗劲等译，长春出版社，1989年，第2页。

（三）析出文献

标注项目与顺：作者/析出文献名/文集编者/文集题名/卷册/出版地点（城市）/出版者/出版时间/页码。

例：（清）黄宗羲：《汪魏美先生墓志铭》，沈善洪主编《黄宗羲全集》第10册，杭州：浙江古籍出版社，1992年，第382页。

（四）期刊

引用期刊中的文章，标注项目与顺序：作者/文章名称/期刊名称/卷册号及出版日期/页码。

例：吴艳红：《明代流刑考》，《历史研究》2000年第6期，第34页。

（五）外文文献

1.引外文文献，原则上应使用该文种通行的引证标注方式。

2.引英文文献的标注方式：

（1）引证专著（编著、译著），标注项目与顺序：作者/书名（斜体）/出版地点/出版者/出版时间/页码。

例：*Randolph Starn and Loren Partridge,The Arts of Power:Three Halls of State in*

Italy,1300—1600,Berkeley:University of California University,1992,pp.19-28.

（2）引期刊中的文章，标注项目与顺序：作者/文章名称/期刊名称（斜体）/卷期号/出版时间/页码。

例：Heath B.Chamberlain, "On the Search for Civil Society in China," *Modern China*,vol.19,no.2 (April 1993),pp.199-215.

（3）引文集中的析出文献，标注项目与顺序：作者/文章名/编者/文集名（斜体）/出版地点/出版者/出版时间/页码。

例：R.S.Schfield, "The Impact of Scarcity and Plenty on Population Change in England ," in R.I.Rotberg and T.K.Rabb (eds.),*Hunger and History:The Impact of Changing Food Production and Consumption Pat tern on Societ*,Cambridge:Cambridge University Press,1983,p.79.

注意事项：

1.外文文献注意单词间隔。

2.一律使用半角符号。

（六）其他要求

1.同一文献再次引用时出版信息（出版地点、出版者、出版时间）省略；古籍作者、朝代也可省略。

例：《晋书》卷九六《列女传》，第2520页。

2.再次引用同一文献时，第二责任者（译者、点校者）可以省略。

例：《唐令拾遗》卷二一《公式令》，第2页。

3.析出文献再次引用时，根据情况将论文集、资料集、档案集的编者省略。

4.转引文献，须注明原文献出版信息。

（七）数字的用法

一般都使用阿拉伯数字，起讫用"～"表示，如：643～685。表示旧历纪年（大业九年）、古籍篇目（《新唐书》卷一三）一律用汉字表示。排行、顺序、时间（如三天后）、约数（八九个）、品阶等情况，可以用汉字。